吴天如　曹磊　陈晓黎／编著

# 税务行政处罚

## 工作手册

*Tax Administrative Penalty Handbook*

中国财经出版传媒集团
中国财政经济出版社
北京

**图书在版编目（CIP）数据**

税务行政处罚工作手册 / 吴天如，曹磊，陈晓黎编著.--北京：中国财政经济出版社，2024.6（2025.3重印）

ISBN 978-7-5223-3075-4

Ⅰ.①税… Ⅱ.①吴… ②曹… ③陈… Ⅲ.①税收管理—行政处罚—中国—手册 Ⅳ.①D922.220.4

中国国家版本馆CIP数据核字（2024）第078343号

责任编辑：孙丛丛　　责任校对：胡永立

封面设计：MXK DESIGN STUDIO Q:1765628429　　责任印制：史大鹏

税务行政处罚工作手册

SHUIWU XINGZHENG CHUFA GONGZUO SHOUCE

中国财政经济出版社 出版

**URL**：http：//www.cfeph.cn

E-mail：cfeph@cfeph.cn



社址：北京市海淀区阜成路甲28号　邮政编码：100142

营销中心电话：010-88191522

天猫网店：中国财政经济出版社旗舰店

网址：https：//zgczjjcbs.tmall.com

涿州汇美亿浓印刷有限公司印刷　各地新华书店经销

成品尺寸：170mm×240mm　16开　28.5印张　381 000字

2024年6月第1版　2025年3月河北第2次印刷

定价：88.00元

ISBN 978-7-5223-3075-4

（图书出现印装问题，本社负责调换，电话：010-88190548）

本社图书质量投诉电话：010-88190744

**打击盗版举报热线：010-88191661　QQ：2242791300**

# 前 言
PREFACE

历时1年，在各位作者和中国财政经济出版社各位编辑老师的共同努力下，这本《税务行政处罚工作手册》最终呈现在您的面前。

随着2021年新修订的《中华人民共和国行政处罚法》、2023年新修订的《中华人民共和国行政复议法》等相关法律法规的公布，税收领域也出现了许多新的行政处罚问题，给税收执法工作带来了诸多困扰。如何去写一本方便实用的税收执法用书，帮助大家更好防控执法风险、维护税收秩序、促进依法治税，成为本书的初衷所在。

法律的生命力在于实施，法律的权威也在于实施。为突出本书的实战性，本书三位作者经过反复推敲，最后确定本书包括四个部分：第一部分是行政处罚答疑解惑。此部分收集了近年来税收法治工作实践以及与各地税务同仁交流中收集的120个典型性问题，依据税收法理和现行法律法规，结合工作实践进行解析，帮助大家厘清思路。第二部分是处罚错误文书点评。坚持典型示范，指出错误执法文书中的典型错误，给读者提供参考。第三部分是经典司法判例。梳理近年来涉税行政处罚司法经典判决文书，方便大家借鉴相关司法观点，规避法律风险。第四部分是税收法规汇编。主要收集了《中华人民共和国行政处罚法》全文新旧对比等内容作为附录，方便读者工作时随时查阅。

本书的最终完成是集体智慧的结晶。各地税务系统同仁为本书提供大量鲜活生动的素材，使本书内容更加贴近实战。严颖、刘海湘、曹春亮、袁润民、丁潇、曹坚坚、邵应海、黄文麟、潘银敏、胡佳佳、陈结兵、李杨等多位老师为本书提出宝贵的修改意见。税务系统汪晨燕同志、北京高文（大连）律师事务所于荣年律师负责全书校对工作，并对内容予以修正，使本书内容更趋完善。公众号“财税蜂语swt”推出的《税务通》电子书提供了强大的政策查询支持，解决了写作中查询收集文件的技术难题，使本书得以增色良多。在此对本书写作提供帮助的各位税务同仁、朋友表示诚挚的谢意！

法律不是冷冰冰的条文，里面也有温情。作为税收执法者，要切实做到尊重法律、明白事理、通晓情理，实现法理情三者的有机结合。但这绝不是让“法律打了折扣”，而是让法治进一步精细化、精准化、精确化，让广大纳税人缴费人从税务执法工作中真切感受到获得感，这也是全体税务人的初心和使命所在。

写作是一门充满遗憾的艺术。三位作者虽然尽心竭力，但是本书仍然难言完美。如本书存在挂一漏万之处，敬请各位读者不吝指正，以便本书再版时予以完善。

是为序。

**吴天如　曹　磊　陈晓黎**

2024年3月1日

# 凡　例

GENERAL

本书使用的所有《中华人民共和国行政处罚法》条文，除专门标注外，均为2021年1月22日第十三届全国人民代表大会常务委员会第二十五次会议修订的《中华人民共和国行政处罚法》，文中不再逐一说明。

《中华人民共和国税收征收管理法》《中华人民共和国税收征收管理法实施细则》，分别简称为《税收征管法》《税收征管法实施细则》。

《中华人民共和国行政处罚法》《中华人民共和国行政复议法》《中华人民共和国行政强制法》分别简称为《行政处罚法》《行政复议法》《行政强制法》。

《中华人民共和国发票管理办法》《中华人民共和国发票管理办法实施细则》分别简称为《发票管理办法》《发票管理办法实施细则》。

实体税法如《中华人民共和国个人所得税法》简称为《个人所得税法》，其他税种均以类似格式简称，不再一一列举。

# 目　录
CONTENTS

## 第一篇　行政处罚疑难问题分析　001

### 第一节　讲清违法行为的事理 / 002

问题1：如何通过“换位思考”“对比记忆”深刻理解税务行政处罚？ /002

**专题1：处罚种类 / 005**

问题2：如何把握“没收违法所得”这一税务行政处罚种类在实际执法工作中的应用？ / 005

问题3：某地级市稽查局作出“停止出口退税权”行政处罚决定，复议机关竟然是国家税务总局？ / 008

问题4：责令限期改正是否属于税务行政处罚？ / 011

问题5：收缴或停供发票是否属于税务行政处罚？兼谈收缴或停供发票中的注意事项。/ 012

问题6：阻止出境以及纳税信用评价是否属于税务行政处罚？ / 014

问题7：列入重大税收违法案件失信主体公示是否属于行政处罚？如何保障当事人的合法权益？ / 017
问题8：加处罚款是否属于行政处罚？加处罚款的关键点有哪些？ / 020
问题9：税务机关加处罚款是否需要另行作出行政决定？ / 023
问题10：如何做到“以事实为依据”，在税收实务中充分体现定案证据的合法性、真实性和关联性？ / 024
问题11：税务行政处罚证据，应当遵循明显优势证据，还是其他标准？ / 026
问题12：在税务行政处罚检查过程中，是否可以提取证据材料原件？ / 028
**专题2：追责时效 / 032**
问题13：税务行政处罚的追责时效如何计算？ / 032
问题14：“逾期未申报”“丢失发票”税务行政处罚的追责时效怎么判断？ / 034
问题15：稽查案件中税款追征期、行政处罚追责时效如何适用？ / 035
问题16：对虚开发票违法行为进行税务行政处罚，违法行为的起算时点如何确定？ / 038
问题17：税收征管系统中违法行为登记时间与《行政处罚法》立案时间如何衔接？ / 040
问题18：违反《税务登记管理办法》的行为是否适用《税收征管法》关于行政处罚追责期限五年的规定？ / 042
问题19：对未代扣代缴违法行为进行税务行政处罚，违法行为的起算时点如何确定？ / 043

## 第二节　讲准定性适法的法理 / 046

**专题3：法条适用 / 046**

问题20：税务部门能否对城镇垃圾处理费、残保金等非税收入进行处罚？ / 046

问题21：登记经营者与实际经营者不一致，应该对谁进行处罚？ / 050

问题22：无证无照经营者不申报缴税，如何处理处罚？兼谈《税收征管法》第六十四条第二款罚则的适用。/ 054

问题23：防伪税控设备丢失，是否需要进行税务行政处罚？ / 059

问题24：经税务机关通知申报而拒不申报？不进行纳税申报？如何区分《税收征管法》第六十三条第一款与第六十四条第二款规定？/ 061

问题25：某企业会计由于工作疏忽，有时会出现个别所得应扣未扣个人所得税和个别月份未把已扣税款向税务机关解缴的情况。对于这两种行为，税法上规定要承担什么责任？税务机关如何进行处罚？ / 066

问题26：企业破产涉税事项、罚款事项办理有何规定？ / 070

**专题4：逾期未申报+非正常户处罚 / 073**

问题27：如何区别《税收征管法》“明星条款”第六十二条、第六十三条、第六十四条？“逾期未申报”处罚应当遵循哪些规则？ / 073

问题28：“一事不再罚”原则在税务领域有哪些体现与运用？兼谈“同一申报期多税种未申报”与“多期未申报”如何处罚。/ 076

问题29：某纳税人在2023年1月出现逾期未申报，税务机关通知其责令限期改正后，纳税人因其他因素造成限改时间逾期，应当如何处理？ / 081

问题30：在解除非正常户处罚时，是否需要对之前多条“逾期未申报”

违法违章信息再进行处罚？ / 082
问题31：某纳税人认定为非正常户3年后，向税务机关申请解除非正常认定，但是工作人员未认定相关税费种，也无相关税收征管违法违章记录，能否对其进行行政处罚？ / 084
问题32：纳税人被认定为“非正常户”，可以作为税务行政处罚的违法事实吗？ / 085
问题33：解除非正常户时，该纳税人既存在逾期未申报行为，又存在丢失发票事实，此时应当如何处理处罚？ / 086
**专题5：账簿 / 087**
问题34：纳税人有账簿但记录不够规范，可以认定为“未按规定设置账簿”实施行政处罚吗？ / 087
问题35：纳税人未能提供账簿和记账凭证，是定性为未按照规定设置、保管账簿或者保管记账凭证和有关资料，还是定性为擅自销毁账簿、记账凭证？ / 088
**专题6：偷税 / 089**
问题36：县级税务局能否对偷税行为进行处罚？ / 089
问题37：企业自称进行纳税筹划理解错误，能否定性为偷税？ / 091
问题38：纳税人利用不同纳税主体的税负差异逃避纳税义务，应当如何分别定性？ / 093
问题39：公司和个人账户资金出现高度混同，能否将个人取得的经营收入实际归属于公司？ / 094
问题40：纳税人未在所抵扣月份而是选择其他月份进行了税额转出，造成税款少缴，是否应当定性为偷税？ / 095
问题41：企业发生的暂时性企业所得税纳税调整，能否以偷税名义予以处罚？ / 096
问题42：限期缴纳税款后，能否再发《限期改正通知书》通知纳税申报，逾期未报再定性为偷税？ / 098

问题43：纳税人在得知税务检查前主动纠正虚假申报，但是未对虚假申报导致的少缴税款进行缴纳，此时应当如何处罚？ / 098

问题44：企业从事国际货物代理运输，并依法享受增值税免税优惠，进行虚假纳税申报，能否定性为偷税？ / 100

问题45：企业改制前虚假申报，是否能够定性为偷税？ / 100

问题46：纳税人账载会计记录正确，纳税申报与会计记录不一致，能否定性为偷税？ / 101

问题47：公司的员工个人为少缴个人所得税，将部分收入分解由公司其他员工申报适用较低税率，然后将资金转回给自己，能否认定个人为偷税？ / 102

问题48：认定纳税人有偷税行为，认定其采用不列少列收入或者多列成本手段，再提及其有虚假的纳税申报行为是否属于重复评价？ / 106

问题49：纳税人违反了编造虚假计税依据和偷税两项规定，是按照两个罚则分别处罚，还是按一个行为从重处罚？ / 107

问题50：实体店线上销售未申报是否算偷税？ / 109

**专题7：异常凭证 / 110**

问题51：纳税人取得异常凭证并抵扣税款行为被明确不予行政处罚后，因后续未缴清税款被认定为偷税而给予行政处罚，是否属于重复处理？ / 110

问题52：收到异常凭证认定后，更正申报后形成欠税，后异常凭证被认定为虚开发票，此时能否认定为偷税？ / 111

**专题8：核定征收 / 112**

问题53：利用核定征收方式，降低自身税负能否认定为偷税？ / 112

问题54：企业被税务稽查部门定性为偷税，但是由于部分年度会计账簿残缺不齐，税务机关打算对其企业所得税进行核定，并将核定税额减去已申报税额后的差额定性为偷税金额，上述定

性方式是否准确？ / 114
问题55：企业无法提供购货资金来源及实际用途，能否认定货物实际并不存在，认定企业存在偷税行为？ / 114
**专题9：罚款基数 / 116**
问题56：纳税人被稽查部门检查认定为偷税，在检查前主动补缴部分税款，是否应当以其剩余未补缴税款作为罚款的基数？ / 116
问题57：纳税人同时存在偷税和多缴税款，应当如何确定罚款基数？ / 117
问题58：计算加油站账外销售偷逃增值税数额时，能否抵扣的账外采购负担的进项税额？ / 118
**专题10：连续状态 / 120**
问题59：偷税行为如果时间上存在中断，如何判定连续状态？ / 120
问题60：对于偷税存在连续状态的，是按照全额进行处罚，还是在其中区分5年期限后再考虑是否作为税务行政处罚基数？ / 122
**专题11：虚开发票 / 123**
问题61：为增加授信额度虚构交易合同，两家公司“对开”发票未造成增值税损失，此时是否需要实施税务行政处罚？ / 123
问题62：介绍他人开具发票帮助车辆上牌，应当如何处罚？ / 125
**专题12：接受虚开 / 127**
问题63：能否以取得的《已证实虚开通知单》和有货交易证据，认定受票方存在偷税行为？ / 127
问题64：接受上游税务机关认定的《已证实虚开通知单》，稽查局由于证据不足不能认定接受虚开，能否直接制作《不予行政处罚决定书》？ / 128
问题65：通过欺诈方式骗取销售方开具增值税专用发票，开票方未定性虚开，受票方能定性为虚开吗？ / 129

问题66：企业接受虚开专票，已经进行抵扣，同时列入主营业务成本。在税务机关检查前又将已抵扣进项税额转出，同步调增应纳税所得额，此时是依据接受虚开行为进行处罚，还是按照编造虚假计税依据进行处罚？ / 130

问题67：企业被税务机关发现已经抵扣的发票属于虚开，此时必须进行罚款吗？ / 132

**专题13：对外虚开 / 134**

问题68："有货虚开"是否应定性涉嫌虚开增值税专用发票罪，移交公安机关？ / 134

问题69：石化行业变票虚开，应当定性为偷税行为进行处罚，还是应当以定性为虚开行为进行处罚？ / 136

**专题14：双向虚开 / 139**

问题70：企业的进销项发票都是虚开，此类情形如何定性？ / 139

**专题15：行刑衔接 / 140**

问题71：实践中涉税行刑衔接案件有哪些处理情况？ / 140

问题72：纳税人同时存在虚开和偷税行为，并且虚开金额已经达到移送机关标准，是否虚开和偷税行为移送前均不进行处罚？ / 146

问题73：纳税人被定性虚开和偷税，此时以偷税罚款，以虚开移送是否可行？ / 148

问题74：一户企业的法定代表人构成虚开增值税专用发票罪，已经被法院判处刑罚，并处罚金，但是未对企业进行处罚。此时税务机关能否对该纳税人进行税务行政处罚？ / 151

问题75：一户企业涉嫌虚开专票，税务机关以涉嫌虚开增值税专用发票罪移送公安，在移送前对其未按规定保存账簿资料行为罚款1万元，是否符合税收法律规定？ / 152

问题76：税务机关依法对某类偷税行为处罚后，以涉嫌虚开发票犯罪移送公安机关，法院依法判决并对企业判以罚金。纳税人能

否用偷税被罚的行政罚款折抵法院的罚金？ / 153
问题77：税务机关将企业按照涉嫌虚开增值税专用发票罪移送公安机关，后检察院以合同诈骗罪提起公诉，法院予以判决，未确认虚开增值税专用发票罪。此时税务机关是否还要对其实施行政处罚？ / 154

**第三节　讲透行政裁量的情理 / 156**

问题78：目前已经实行跨区域统一的税务行政处罚裁量基准的省市有哪些？ / 156
问题79：华东、华北、西南三区域税务行政处罚裁量基准比较有何不同？ / 160
问题80：行政处罚裁量基准是否也应适用从旧兼从轻原则？ / 169
问题81：税务机关能否作出与裁量基准规定不一致的处罚？ / 170
问题82：税务局一份处罚文书是否可以出现罚款1倍、0.5倍、0.2倍3个罚款比例？ / 171
问题83：税务执法人员未按裁量基准规定处罚纳税人，实际罚款金额低于裁量基准，此时是否需要对其重新进行处罚？反之，如果罚款金额高于裁量基准呢？ / 174
问题84：税务行政处罚决定书能否单独引用税务行政处罚裁量基准作为依据？兼谈如何正确引用处罚依据。/ 176
问题85：如何理解税务行政处罚中的“处”和“可以处”？ / 178
问题86：如何理解税务行政处罚中的“情节严重”？ / 179
问题87：针对D级纳税人，在税务行政处罚上有没有特殊规定？ / 180
**专题17：首违不罚 / 181**
问题88：“首违不罚”的依据溯源？ / 181
问题89：目前税务领域的“首违不罚”事项有哪些？ / 183

问题90：纳税人出现逾期未申报且限期未改正，如何从法律适用角度对“首违不罚”“轻微不罚”及“非主观过错不罚”三种情形进行辨析？ / 184

问题91：对于不在“首违不罚”事项清单内的事项，能否以符合“首违不罚”条件为由下达《不予处罚决定书》？ / 186

问题92：纳税人丢失发票后，能否认定为未按规定保管发票，进行“首违不罚”？ / 188

问题93：“非首次”轻微违法纳税人是否必罚？ / 190

问题94：“首违不罚”与纳税信用评价有何联动？ / 191

**专题18：不配合 / 192**

问题95：纳税人未在税务稽查工作底稿上签字，能否认定为不配合税务检查并对其进行处罚？ / 192

问题96：税务机关对破产期间的企业进行正常涉税管理，如果管理人不配合，能否进行税务行政处罚？ / 194

问题97：纳税人在检查过程中逃避、拒绝或者以其他方式阻挠税务检查，稽查局能否作出停止向其发售发票的决定或其他行政处罚决定？ / 195

**第四节　讲明程序正当的公理 / 197**

**专题19：责令限改 / 197**

问题98：《国家税务总局关于修订部分税务执法文书的公告》(国家税务总局公告2021年第23号)中对《责令限期改正通知书》的修订有何变化？兼谈责令限期改正的程序性意义。/ 197

问题99：未做限期责令改正直接作出处罚决定，是否影响税务行政处罚文书效力？ / 202

问题100：税务机关责令企业限期缴纳税款，应当注意哪些涉及行政处罚内容？ / 204
问题101：企业存在少缴税款，税务机关对企业下达限期改正通知书后，企业仅补缴部分税款，应当如何实施行政处罚？ / 205
**专题20：简易程序 / 207**
问题102：行政处罚简易程序较之于普通程序有何不同？办税服务厅是否可以作出简易处罚？ / 207
问题103：拟对公民处以二百元以下、对法人或者其他组织处以三千元以下罚款是否必须适用简易程序？ / 215
问题104："家庭农场""宾馆超市""合伙企业"属于"个人"吗？如何适用行政处罚简易程序？ / 216
问题105：采取简易处罚方式，纳税人如果拒绝当场领取文书，税务机关如何处置？ / 219
**专题21：法制审核 / 221**
问题106：需要对某税务分局管理的1户企业作出3 000元税务行政处罚，此时是否应当由县区局法制部门发起，是否需要进行重大执法决定法制审核？ / 221
**专题22：处罚告知 / 223**
问题107：在税务行政处罚事项告知环节应注意哪些问题？简易程序中没有告知环节吗？简易程序、普通程序、听证程序分不清怎么办？处罚告知与处罚决定间隔时间是否不能少于五个工作日？ / 223
**专题23：陈述申辩+听证 / 227**
问题108：如何区分税务行政处罚中涉及的陈述、申辩和听证？ / 227
问题109：税务机关在作出行政处罚前，已告知纳税人有听证权利，是否还要作陈述申辩笔录？ / 231

问题110：税务机关在税务行政处罚听证过程中，以前期陈述申辩、沟通交流环节已经展示证据为由，拒绝出示证据做法是否合法？ / 232

问题111：如何保障纳税人的陈述申辩权？ / 233

问题112：在未达听证标准情况下，税务机关同日送达《行政处罚事项告知书》及《行政处罚决定书》，是否必然导致纳税人无法行使陈述、申辩权利？ / 236

问题113：税务行政处罚听证工作有哪些注意事项？ / 238

问题114：针对作出停止出口退税权的税务行政处罚需要听证吗？ / 241

问题115：《行政处罚告知书》《行政处罚决定书》送达时间有无具体要求？ / 245

问题116：税务行政处罚相关文书送达有哪些注意事项？ / 246

问题117：《税务行政处罚决定书》与《税务处理决定书》缴款期限、《责令限期改正通知书》等责令限期改正期限的时长是否有具体规定？ / 249

**第五节　讲求严谨规范的文理 / 250**

问题118：《税务行政处罚决定书》对比《税务处理决定书》的不同点有哪些？ / 250

问题119：撰写《税务行政处罚决定书》，有哪些事项需要引起注意？ / 255

问题120：对外文书未援引条文具体的款和项，属适用法律错误吗？ / 258

## 第二篇　税务行政处罚错误文书摘编及点评 / 261

1. 国家税务总局A市税务局第一稽查局税务行政处罚决定书 / 262

2. 国家税务总局A市税务局第三稽查局税务行政处罚决定书 / 264

3. 国家税务总局C市税务局第二稽查局税务行政处罚决定书 / 267

4. 国家税务总局W市税务局稽查局税务行政处罚决定书 / 269

5. 国家税务总局F市税务局第三稽查局税务行政处罚决定书 / 272

6. 国家税务总局D市税务局稽查局税务处理决定书 国家税务总局D市税务局稽查局税务行政处罚决定书 / 275

7. 国家税务总局H市税务局稽查局税务行政决定书 / 278

8. 国家税务总局A市税务局稽查局不予税务行政处罚决定书 / 281

## 第三篇　涉税司法判决文书典型案例 / 285

1. 浙江A房地产、H市税务局稽查局税务行政管理再审案 / 286

2. A粮食经销站与某市税务局第二稽查局税务行政管理（税务）案 / 288

3. A公司与某市税务局第二稽查局、某省国税局税务行政管理（税务）案 / 291

4. A公司、某市国家税务局、某省国家税务局行政复议案 / 296

5. 上诉人A公司与被上诉人某市税务局稽查局税务行政管理行政处罚案 / 298

6. A公司不服某市税务局税务管理加收滞纳金处罚案件 / 305

7. 某市A工厂与国家税务总局某市税务局稽查局税务行政管理（税务）案 / 316

8. B光电有限公司、A市国家税务局稽查局其他案 / 321

## 第四篇　涉税相关法律、法规、司法解释、规范性文件汇编 / 329

1.《中华人民共和国行政处罚法》新旧条文对照表 / 330

2.关于《中华人民共和国行政处罚法（修订草案）》的说明 / 349

3. 国务院关于进一步规范和监督罚款设定与实施的指导意见（国发〔2024〕5号）/ 355

4.国务院办公厅关于严格规范涉企行政检查的意见（国办发〔2024〕54号）/ 362

5. 国家税务总局关于印发《税务行政处罚听证程序实施办法（试行）》《税务案件调查取证与处罚决定分开制度实施办法（试行）》的通知（国税发〔1996〕190号）/ 367

6. 关于纳税人取得虚开的增值税专用发票处理问题的通知（国税发〔1997〕134号）/ 372

7. 关于增值税一般纳税人发生偷税行为如何确定偷税数额和补税罚款的通知（国税发〔1998〕66号）/ 374

8. 关于修改《国家税务总局关于增值税一般纳税人发生偷税行为如何确定偷税数额和补税罚款的通知》的通知（国税函〔1999〕739号）/ 376

9. 关于呼和浩特市昌隆食品有限公司有关涉税行为定性问题的复函（国税办函〔2007〕513号）/ 377

10. 关于税务检查期间补正申报补缴税款是否影响偷税行为定性有关问题的批复（税总函〔2013〕196号）/ 378

11. 国家税务总局关于发布《税务行政处罚裁量权行使规则》的公告（国家税务总局公告2016年第78号）/ 379

12. 国家税务总局关于发布《税务行政处罚"首违不罚"事项清单》的公告（国家税务总局公告2021年第6号）/ 384

13. 关于《国家税务总局关于发布〈税务行政处罚"首违不罚"事项

清单〉的公告》的解读 / 386
14. 国家税务总局关于发布《第二批税务行政处罚“首违不罚”事项清单》的公告（国家税务总局公告2021年第33号）/ 388
15. 关于《国家税务总局关于发布〈第二批税务行政处罚“首违不罚”事项清单〉的公告》的解读 / 390
16. 最高人民法院关于印发《关于审理行政案件适用法律规范问题的座谈会纪要》的通知（法〔2004〕96号）/ 392
17. 最高人民检察院 全国整顿和规范市场经济秩序领导小组办公室 公安部 监察部关于在行政执法中及时移送涉嫌犯罪案件的意见（高检会〔2006〕2号）/ 399
18. 行政执法机关移送涉嫌犯罪案件的规定（国务院令第310号公布，国务院令第730号修订）/ 404
19.《中华人民共和国刑法》涉税犯罪条款 / 409
20. 最高人民检察院 公安部关于公安机关管辖的刑事案件立案追诉标准的规定（二）（涉税部分）/ 414
21. 最高人民法院 最高人民检察院关于办理危害税收征管刑事案件适用法律若干问题的解释（法释〔2024〕4号）/ 419
22. 最高人民法院关于在司法机关对当事人虚开增值税专用发票罪立案侦查之后刑事判决之前，税务机关又以同一事实以偷税为由对同一当事人能否作出行政处罚问题的答复（2008年9月19日〔2008〕行他字第1号）/ 430
23. 最高人民法院研究室《关于如何认定以“挂靠”有关公司名义实施经营活动并让有关公司为自己虚开增值税专用发票行为的性质》征求意见的复函（法研〔2015〕58号）/ 431
24.《最高人民检察院关于充分发挥检察职能服务保障“六稳”“六保”的意见》相关条款 / 434

# 第一篇
# 行政处罚疑难问题分析

## 第一节　讲清违法行为的事理

本节解决行政相对人“什么行为违法”的问题。讲清事理要以调查核实的证据为基础，围绕证据的关联性、合法性和真实性，综合分析案件事实，紧扣违法行为的构成要件而展开，按照何时、何地、何事、何果等基本要素进行充分阐释，努力让证据“说话”。证据列述，应当进行适当归纳，并按证据主次顺序（或者时间先后顺序）排列，保证事实和证据之间的关联性；对电子数据、视听资料等证据，应当说明生成、收集和存储证据的方式、形式等，体现该证据取得的合法性。

### 问题1：如何通过“换位思考”“对比记忆”深刻理解税务行政处罚？

要论交警、税务领域的明星条款，当数《中华人民共和国道路交通安全法》（以下简称《道路交通安全法》）第九十条与《中华人民共和国税收征收管理法》（以下简称《税收征管法》）第六十二条，如果单看其中一条，或许只是感觉“我知道了”，但如果把两者放在一起对比看，则会有种茅塞顿开的感觉，从“我知道了”来到了“原来如此，我懂了”的境地。

为什么会选中《道路交通安全法》第九十条，因为它是税务人员作为被处罚者可能遇到最多的罚款，我们“闯红灯”后被罚款就是依据这一条。而《税收征管法》第六十二条则是税务人员作为处罚者，对行政相对人作出最多的罚款，即对“逾期未申报”的行为的税收行政处罚。作为“被处罚者”，在“交管12123”查询到罚单后，我们首先都会产生“怎么又被罚了”“凭什么罚我”“处罚前怎么不告知我”等一系列疑问，从这个角度出发，我们会想知道被罚的事实是否清楚、证据是否确凿、程序是否正当等问题。那么换位思考，作为税务人员，作为“处罚者”在挥舞“罚款大棒”的时候，是否应该以税务文书为载体，将说理贯穿税务行政处罚全过程呢？讲清违法行为的事理，说明“为什么违法”；讲准定性适法的法理，说明“违反什么法”；讲明程序正当的公理，说明“用何方式步骤处罚”；讲透行政裁量的情理，说明“为何这样处罚”。

通过“处罚者”与“被处罚者”身份的转变，就会更加理解《行政处罚法》乃至行政法中“控权保民”的思想，就会理解为什么在行政处罚之前设置了责令限改、处罚告知、陈述申辩、文书送达等一系列的程序性规定，虽然显得烦琐，但是必须如此设计。

《道路交通安全法》第九十条规定：

> 机动车驾驶人违反道路交通安全法律、法规关于道路通行规定的，处警告或者二十元以上二百元以下罚款。本法另有规定的，依照规定处罚。

《税收征管法》第六十二条规定：

> 纳税人未按照规定的期限办理纳税申报和报送纳税资料的，或者扣缴义务人未按照规定的期限向税务机关报送代扣代缴、代收代缴税款报告表和有关资料的，由税务机关责令限期改正，可以处二千元以下的罚款；情节严重的，可以处二千元以上一万元以下的罚款。

对比发现，程序上，《税收征管法》有限期改正的前提，而《道路交通安全法》却没有。实体上，《税收征管法》关于“罚款”用了“可以”的字眼，而《道路交通安全法》则直接告知应当“处”。

由此可见，在税务领域，针对“逾期未申报”的处罚必经“责令限改”程序，否则构成“程序违法”。税务机关一般不在责令限改期限前，作出行政处罚决定。如果在限期内对纳税人、扣缴义务人进行了处罚，而纳税人、扣缴义务人在限期内又不改正的，则会出现处罚过轻的问题。而“可以”的表述意味着并非所有类似违法行为均必须予以处罚。

之前，部分地区税务简易处罚，无法实现如“交管12123”那样一键缴费。现行税收征管模式下，县区范围内纳税人行政处罚（除发票违法类），均由主管税务机关（各区县局基层分局、税务所）进行违法违章登记及处罚，再由城区办税服务厅完成罚款征收。以“非正常户解除”为例，纳税人需要先到主管税务机关接受处罚决定，再到办税服务厅完成罚款缴纳、补充申报等事项，主管税务机关后续完结违法违章流程、解除非正常状态。整个解除过程中，纳税人需要多次往返税务机关，有时甚至会出现缴纳罚款十几元，支出路费几十元的“倒挂”现象。

鉴于此，国家税务总局开展“便民办税春风行动”，创新服务方式，提高服务质效。2019年，广州市税务局已实现线上办理“申报+简易处罚（不予处罚）”，结合“我为纳税人缴费人办实事暨便民办税春风行动”，完善线上处理“首违不罚”相关功能，使纳税人可以通过电子税务局全程网上自主完成违法行为的确认与“首违不罚”手续办理，实现办理有关事项“一次也不用跑”，从快从简解决轻微违法问题。

2022年，湖北省税务部门试点“税智罚”建设，纳税人发生符合简易处罚的税收违法事项，可通过电子税务局办理。“税智罚”系统具有违法信息自动提醒、处罚流程全程网上办、处罚结果实时传递的功能，也就是说，税务领域已向交警罚款“靠拢”，实现网上缴纳罚款的功能，不用来回跑、多头跑，也不用去办税服务厅补充申报，更无须去主管税务机关接受处罚。

2024年2月1日，安徽省税务局在电子税务局试点上线“违法违章处理（逾期申报类）”模块。试点范围内纳税人可通过登录电子税务局违法违章处理模块线上处理部分违法违章信息。合肥市税务局作为开发任务承接单位和首个试点单位，自主编写了“逾期申报简易处罚（首违不罚）”智能判断模型，模型内嵌于电子税务局，实现“罚不罚”“罚多少”全过程模型智能判断。通过人机互动方式，电子税务局向纳税人推送线上学法、开展处罚告知、收集陈述申辩意见、送达执法文书等流程。纳税人只需动动手指、点点鼠标，即可足不出户在线完成补申报、签订首违不罚承诺书、网络缴款等相关处罚业务。

通过对比《道路交通安全法》与《税收征管法》，可深刻理解行政处罚中“权力约束”与“权利保障”的平衡逻辑。税务领域从“反复跑腿”到“全程网办”的转型，不仅是技术升级，更是执法理念从“管理”向“服务”的蜕变。这种“换位思考”引导的制度优化，为构建法治化、人性化的税收治理体系提供了实践范本。



## 专题 1：处罚种类

### 问题2：如何把握“没收违法所得”这一税务行政处罚种类在实际执法工作中的应用？

“违法所得”定义是从事违法行为获得的财产性利益。没收违法所得作为一种行政处罚措施，是指行政机关依法将非法收入收归国有的处罚形式。“任何人不得因不法行为而获利”，这句格言是法律上没收违法所得的理论基础。

没收违法所得没有罚款这么常见，被普罗大众所熟悉，究其原因在于很多时候违法所得都是现金交易，难以取证，买卖发票的金额双方询问笔录经常不一致，难以获取准确金额，制约了税务检查实际工作中对违法所得的认定。

为数不多认定“没收违法所得”的案例，大部分都是虚开案件中有纳税人主动承认收取了开票手续费进了自己腰包，且供述了具体金额从而定性违法所得。而大多数上游开票企业收取下游企业的货款已通过资金回流方式转回，或未形成所得收入，不构成违法所得。至于开票手续费，如果纳税人在询问中不主动供述，税务稽查部门取证困难，即使纳税人主动供述也会存在翻供的现实因素，因此“没收违法所得”这一处罚措施在税收实务中适用较少。

《行政处罚法》第二十八条第二款规定，“当事人有违法所得，除依法应当退赔的外，应当予以没收。违法所得是指实施违法行为所取得的款项。法律、行政法规、部门规章对违法所得的计算另有规定的，从其规定”，对没收违法所得的适用范围和操作方式进行了相应规范。

在我国现行税收法律法规中，关于没收违法所得的规范主要体现在《税收征管法》及其实施细则和《发票管理办法》中，共有八个条款，主要针对两种类型的违法行为：

一种是针对违反发票规范的行为。如《发票管理办法》第三十三条至第三十七条，另外《税收征管法》第七十一条也是关于非法印制发票的处罚规范，即“由税务机关销毁非法印制的发票，没收违法所得和作案工具，并处一万元以上五万元以下的罚款”。

另一种是针对为税收违法行为提供帮助或者便利的行为。如《税收征管法实施细则》第九十三条规定：“为纳税人、扣缴义务人非法提供银行账户、发票、证明或者其他方便，导致未缴、少缴税款或者骗取国家出口退税款的。”《发票管理办法》第三十九条规定：“违反发票管理法规，导致其他单位或者个人未缴、少缴或者骗取税款的。”

下面分享给大家一起罕见的作出没收违法所得1.06亿元决定的税务稽查案件。

**国家税务总局A市税务局第一稽查局税务行政处罚决定书**

A税稽一罚〔2023〕1号

B公司：

经我局于2021年12月14日至2023年01月16日对你单位2018年01月01日至2018年12月31日增值税等的情况进行检查，你单位存在违法事实及处罚决定如下：

**一、违法事实及证据**

你企业取得并认证抵扣C公司、D公司开具的增值税专用发票，货物名称为沥青、沥青混合物、原油、原料油，你企业为E公司开具增值税专用发票115组，金额1 113 067 124.96元，税额189 221 411.54元，货物品名为燃料油。根据上级税务机关提供的资金往来数据：你企业与C公司存在全部资金回流，与D公司存在部分资金回流。

根据公安机关对你企业实际经营人吴某的讯问笔录，实际经营人吴某供述你公司没有将沥青加工成燃料油的能力，也没有将沥青加工成燃料油的场地和人员。吴某只是利用你公司做变票业务，没有实际业务发生。吴某供述虚开发票共收取违法所得106 000 000元。

综上所述，你企业取得进项发票货物品名为沥青，在销售给下游企业时变更货物品名为燃料油，且在业务中存在资金回流。从而认定你企业上述业务无真实的货物交易，属于虚开增值税专用发票行为，你企业为E公司开具与实际经营业务情况不符的增值税专用发票115组，金额1 113 067 124.96元，税额189 221 411.54元。

**二、处罚决定**

根据《中华人民共和国增值税暂行条例》第一条、第九条，《中华人民共和国发票管理办法》第二十一条第二款第（一）项、第三十七条，决定对你企业虚开增值税专用发票行为处定额罚款500 000元，并没收你企业虚开发票的违法所得106 000 000元。

以上应缴款项共计106 500 000元。限你（单位）自本决定书送达之日起15日内到国家税务总局A市甲区税务局缴纳入库。到期不缴纳罚款，我局（所）可依照《行政处罚法》第七十二条第一款第（一）项规定，每日按罚款数额的百分之三加处罚款。

如对本决定不服，可以自收到本决定书之日起六十日内依法向国家税务总局A市税务局申请行政复议，或者自收到本决定书之日起六个月内依法向人民法院起诉。如对处罚决定逾期不申请复议也不向人民法院起诉、又不履行的，我局（所）有权采取《税收征管法》第四十条规定的强制执行措施，或者申请人民法院强制执行。

税务机关（印章）

二〇二三年一月十六日

## 问题3：某地级市稽查局作出“停止出口退税权”行政处罚决定，复议机关竟然是国家税务总局？

首先，我们来看一纸涉及“停止出口退税权”的《税务行政处罚决定书》。

**处罚决定：**

根据《中华人民共和国税收征收管理法》第六十六条第二款、《国家税务总局关于停止为骗取出口退税企业办理出口退税有关问题的通知》（国税发〔2008〕32号）第一条、《国家税务总局关于发布〈出口货物劳务增值税和消费税管理办法〉的公告》（国家税务总局公告2012年第24号）第十三条第六项之规定，经国家税务总局××省税务局批准，对你公司虚构出口事实假报出口骗取国家出口退税款的违法行为，决定停止为你公司办理出口退税一年半（停止办理出口退税的时间以本决定书决定之日为起始日）。

告知事项：本案经国家税务总局××省税务局批准依法作出停止出口退税权的决定，对本决定不服，可以自收到本决定之日起六十日内依法向国家税务总局申请行政复议，或者自收到本决定书之日起六个月内依法向人民法院起诉。

国家税务总局××市税务局稽查局

2024年2月26日

按照《中华人民共和国行政复议法》第二十七条规定，对海关、金融、外汇管理等实行垂直领导的行政机关、税务和国家安全机关的行政行为不服的，向上一级主管部门申请行政复议。国家税务总局××市税务局稽查局作出的处罚决定，告知救济途径应该是向上一级主管部门申请行政复议，即××地级市税务局申请行政复议，那么为什么上面的《税务行政处罚决定书》却告知“向国家税务总局申请行政复议”呢？这是提了三级复议，跨越了地级市税务局、省税务局，直接到了国家税务总局。为什么会出现这种情况，按图索骥，我们从这纸文书中可以看到有这么一句话，“本案经国家税务总局××省税务局批准依法作出停止出口退税权的决定”，依据《税务行政复议规则》第二十九条第一款规定：“税务机关依照法律、法规和规章规定，经上级税务机关批准作出具体行政行为的，批准机关为被申请人。”既然是省税务局批准的决定，那么省税务局的上一级主管部门即国家税务总局。

这一点提级复议类似于经过重大税务案件审理的案件，依据《税务行政复议规则》第二十九条第二款规定：“申请人对经重大税务案件审理程序作出的决定不服的，审理委员会所在税务机关为被申请人。”国家税务总局××市税务局稽查局作出的处罚决定，经过了重大税务案件审理，那么在《税务行政处罚决定书》中告知救济途径应该是“向国家税务总局××省税务局申请行政复议”。

如果该稽查案件属于骗税案件，拟作出“停止出口退税权”行政处罚决定，符合重大税务案件审理标准，应提请重大税务案件审理，经过重大税务案件审理后同意稽查局作出的“停止出口退税权”行政处罚决定，但因为停止办理出口退税权需要经过省级以上（含本级）税务机关批准，所以××市税务局稽查局应制作《国家税务总局××市税务局关于对××公司停止出口退税权行政处罚的请示》报送省局，如果省税务局也同意的情况下，会制作《国家税务总局××省税务局关于停止为××公司办理出口退税的批复》发给××市税务局，依据《重大税务案件审理办法》第三十五条规定：“稽查局应当按照重大税务案件审理意见书制作税务处理处罚决定等相关文书，加盖稽查局印章后送达执行。”××市税务局稽查局据此制作《税务行政处罚决定书》，应告知纳税人“自收到本决定之日起六十日内依法向国家税务总局申请行政复议”。

停止出口退税权相关文件依据如下：

（1）《中华人民共和国税收征收管理法》第六十六条第二款规定：

对骗取国家出口退税款的，税务机关可以在规定期间内停止为其办理出口退税。

（2）《国家税务总局关于停止为骗取出口退税企业办理出口退税有关问题的通知》（国税发〔2008〕32号）第一条规定：

一、出口企业骗取国家出口退税款的，税务机关按以下规定处理：

（一）骗取国家出口退税款不满5万元的，可以停止为其办理出口退税半年以上一年以下。

（二）骗取国家出口退税款5万元以上不满50万元的，可以停止为其办理出口退税一年以上一年半以下。

（三）骗取国家出口退税款50万元以上不满250万元，或因骗取出口退税行为受过行政处罚、两年内又骗取国家出口退税款数额在30万元以上不满150万元的，停止为其办理出口退税一年半以上两年以下。

（四）骗取国家出口退税款250万元以上，或因骗取出口退税行为受过行政处罚、两年内又骗取国家出口退税款数额在150万元以上的，停止为其办理出口退税两年以上三年以下。

（3）《国家税务总局关于发布〈出口货物劳务增值税和消费税管理办法〉的公告》（国家税务总局公告2012年第24号）第十三条第（六）项规定：

（六）出口企业和其他单位以假报出口或者其他欺骗手段，骗取国家出口退税款，由主管税务机关追缴其骗取的退税款，并处骗取税款1倍以上5倍以下的罚款；构成犯罪的，依法追究刑事责任。

对骗取国家出口退税款的，由省级以上（含本级）税务机关批准，按下列规定停止其出口退（免）税资格：

1. 骗取国家出口退税款不满5万元的，可以停止为其办理出口退税半年以上1年以下。

2. 骗取国家出口退税款5万元以上不满50万元的，可以停止为其办理出口退税1年以上1年半以下。

3. 骗取国家出口退税款50万元以上不满250万元，或因骗取出口退税行为受过行政处罚、2年内又骗取国家出口退税款数额在30万元以上不满150万元的，停止为其办理出口退税1年半以上2年以下。

4. 骗取国家出口退税款250万元以上，或因骗取出口退税行为受过行政处罚、两年内又骗取国家出口退税款数额在150万元以上的，停止为其办理出口退税2年以上3年以下。

5. 停止办理出口退税的时间以省级以上（含本级）税务机关批准后作出的《税务行政处罚决定书》的决定之日为起始日。

## 问题4：责令限期改正是否属于税务行政处罚？

责令限期改正不属于税务行政处罚。根据《行政处罚法》第二条规定，行政处罚是指行政机关依法对违反行政管理秩序的公民、法人或者其他组织，以减损权益或者增加义务的方式予以惩戒的行为。行政处罚的定义明确了行政处罚方式，即减损权益或者增加义务。

责令限期改正是要求税务行政相对人停止违法行为，恢复原有的状态，性质更侧重于教育纠正，并没有减损当事人的权益或者增加义务。当然，责令限期改正有时会成为罚款的强制性程序，行政相对人有税收违法行为发生，若放任其继续下去会对社会产生严重影响，为了给相对人一次改过自新的机会，涉税法律、法规会规定给行政相对人一定期限进行整顿，到期后税务机关再去检查整改或治理的结果，如若效果不佳，再根据实际情况对其施以相应的行政处罚。

备注：最高人民法院“（2018）最高法行申4718号”《行政裁定书》指出：首先，责令改正（或者限期改正）与行政处罚概念有别。行政处罚是行政主体对违反行政管理秩序的行为依法定程序所给予的法律制裁；而责令改正或限期改正违法行为是指行政机关在实施行政处罚的过程中对违法行为人发出的一种作为命令。其次，两者性质、内容不同。行政处罚是法律制裁，是对违法行为人的人身自由、财产权利的限制和剥夺，是对违法行为人精神和声誉造成损害的惩戒；而责令改正或者限期改正违法行为，其本身并不是制裁，只是要求违法行为人履行法定义务，停止违法行为，消除不良后果，恢复原状。再次，两者的规制角度不同。行政处罚是从惩戒的角度，对行政相对人科处新的义务，以告诫违法行为人不得再违法，否则将受罚；而责令改正或者限期改正则是命令违法行为人履行既有的法定义务，纠正违法，恢复原状。最后，两者形式不同。《行政处罚法》第八条规定了行政处罚的具体种类，具体有：警告，罚款，没收违法所得、非法财物，责令停产停业，暂扣或者吊销许可证、执照和行政拘留等；而责令改正或者限期改正违法行为，因各种具体违法行为不同而分别表现为停止违法行为、责令退还、责令赔偿、责令改正、限期拆除等形式。

## 问题5：收缴或停供发票是否属于税务行政处罚？兼谈收缴或停供发票中的注意事项。

“收缴或停供发票”不属于税务行政处罚。在税务系统权责清单中归为“其他责权事项”。

有观点认为，收缴和停售发票很大程度上会影响当事人的正常经营秩序，最终影响其经济利益，必然会产生一定的惩戒效果［见（2015）苏中行终字第00215号］。

收缴和停售发票规定在《税收征管法》第五章“法律责任”，停止出口退税权的规定与其出现在同一章，表达方式也一样，都是纳税人、扣缴义务人违反税收法律应当承担的法律责任。既然停止出口退税权已明确规定为税务行政处罚，收缴和停售发票也应被定性为税务行政处罚。

准确地说，收缴、停止发售发票更类似间接的税务强制执行。对当事人有税收违法行为，拒不接受税务机关处理的表现，税务机关通过收缴或停供发票迫使其接受行政处理。相关条款依据如下。

《税收征管法》第七十二条规定：

从事生产、经营的纳税人、扣缴义务人有本法规定的税收违法行为，拒不接受税务机关处理的，税务机关可以收缴其发票或者停止向其发售发票。

《税务登记管理办法》第三十八条规定：

已办理税务登记的纳税人未按照规定的期限申报纳税，在税务机关责令其限期改正后，逾期不改正的，税务机关应当派员实地检查，查无下落并且无法强制其履行纳税义务的，由检查人员制作非正常户认定书，存入纳税人档案，税务机关暂停其税务登记证件、发票领购簿和发票的使用。

《增值税专用发票使用规定》第八条规定：

一般纳税人有下列情形之一的，不得领购开具专用发票：

（一）会计核算不健全，不能向税务机关准确提供增值税销项税额、进项税额、应纳税额数据及其他有关增值税税务资料的。

上列其他有关增值税税务资料的内容，由省、自治区、直辖市和计划单列市国家税务局确定。

（二）有《税收征管法》规定的税收违法行为，拒不接受税务机关处理的。

（三）有下列行为之一，经税务机关责令限期改正而仍未改正的：

1.虚开增值税专用发票；

2.私自印制专用发票；

3.向税务机关以外的单位和个人买取专用发票；

4.借用他人专用发票；

5.未按本规定第十一条开具专用发票；

6.未按规定保管专用发票和专用设备；

7.未按规定申请办理防伪税控系统变更发行；

8.未按规定接受税务机关检查。

有上列情形的，如已领购专用发票，主管税务机关应暂扣其结存的专用发票和IC卡。

在税务稽查领域，从事生产、经营的纳税人、扣缴义务人不按照税务处理决定书、处罚决定书确定的期限缴清应补缴的税款、滞纳金及罚款时，稽查部门可以通知其所属主管税务机关采取收缴或停供发票的措施。

值得注意的是，逾期未缴纳税款，税务局要先送达《税务事项通知书》或《税务处理决定书》，责令纳税人限期缴纳或定性为欠税进行追缴，纳税人接到执法文书后逾期仍不执行，才能收缴或者停供发票。不能随意采取收缴或者停供发票的措施，否则，纳税人提起行政复议或行政诉讼，税务机关将会因执法程序违法而面临行政诉讼败诉的风险。

## 问题6：阻止出境以及纳税信用评价是否属于税务行政处罚？

不属于税务行政处罚。阻止出境、纳税信用评价等这些未列明性质的税务行政管理措施，会对纳税人的权益产生影响，一般表现为对纳税人赋予或限制权利、设定或免除义务，但目前仍不属于税务行政处罚种类。

限制出境是一种控制性措施，功能较为广泛，到底是何种性质的行政行为，需结合执行机关的执法目的、应用场景具体分析。本书认为，税务领域的限制出境属于间接强制执行措施。为了保障国家税收安全，实现《税务处理决定书》记载的内容而采取限制出境措施。因其与欠税实现直接相关，故定性为行政强制执行，似为妥当。与此类似的是民事执行程序中的限制出境，在债权得到生效文书确定之后，为了文书确认的债权得到实现而采取限制出境措施。《中华人民共和国民事诉讼法》（2023年修正）第二百六十六条规定："被执行人不履行法律文书确定的义务的，人民法院可以对其采取或者通知有关单位协助采取限制出境，在征信系统记录、通过媒体公布不履行义务信息以及法律规定的其他措施。"人民法院将限制出境作为执行手段之一，以此保障生效法律文书确认的债权得到实现，这与税务机关采取限制出境措施，实现国家税收债权，执行目的、应用场景较为类似。因此，税务机关在提出阻止欠税人出境申请前，应认真调查核实，掌握翔实情况，做到事实清楚，证据充分，欠税有充分证据证明。在欠税实体权利已经得到确认的情况下，特别是有的税收案件已经形成了有效的《税务处理决定书》《税务事项通知书》等，执行依据充分。

纳税信用评价采用年度评价指标得分方式，主要是针对税收违法行为逐项扣分，具有负面评价性。若涉及涉税犯罪或逃避缴纳税款、骗取税款等重大税收违法行为，则直接判定为D级。纳税信用被判定为D级时，税务机关会依法对其从严管理，同时将受到联合惩戒，在较多领域受到限制或禁止，部分权利受到影响，较为符合行政处罚的"惩戒"和"减损权益"要素。目前，依据相关规定，涉及行政处罚的，对D级纳税人不得按照最低裁量标准处罚。

《国家税务总局关于发布〈纳税信用管理办法（试行）〉的公告》（国家税务总局公告2014年第40号）（该文件是规范性文件，不能设定行政处罚）第三十二条规定：

> 对纳税信用评价为D级的纳税人，税务机关应采取以下措施：
>
> （一）按照本办法第二十七条的规定，公开D级纳税人及其直接责任人员名单，对直接责任人员注册登记或者负责经营的其他纳税人纳税信用直接判定为D级；
>
> （二）增值税专用发票领用按辅导期一般纳税人政策办理，普通发票的领用实行交（验）旧供新、严格限量供应；

（三）加强出口退税审核；

（四）加强纳税评估，严格审核其报送的各种资料；

（五）列入重点监控对象，提高监督检查频次，发现税收违法违规行为的，不得适用规定处罚幅度内的最低标准；

（六）将纳税信用评价结果通报相关部门，建议在经营、投融资、取得政府供应土地、进出口、出入境、注册新公司、工程招投标、政府采购、获得荣誉、安全许可、生产许可、从业任职资格、资质审核等方面予以限制或禁止；

（七）税务机关与相关部门实施的联合惩戒措施，以及结合实际情况依法采取的其他严格管理措施。

与原《行政处罚法》相比，新修订的《行政处罚法》的行政处罚种类删除了“暂扣或者吊销执照”，新增了通报批评、降低资质等级、限制开展生产经营活动、责令关闭、限制从业等种类。今后行政机关必须以法律、法规和规章以上的规定为依据，并且按照行政处罚法的程序，作出通报批评、降低资质等级、限制从业等处理。至于税务行政处罚种类是否会增加，有待后续税务法律法规进一步明确。

虽然阻止出境以及纳税信用评价不属于税务行政处罚事项，但是属于税务行政复议范围和行政诉讼受案范围。《税务行政复议规则》第十四条规定：“行政复议机关受理申请人对税务机关下列具体行政行为不服提出的行政复议申请：……（十）纳税信用等级评定行为。（十一）通知出入境管理机关阻止出境行为。”2024年2月23日，上海铁路运输法院新设税务审判庭，集中管辖原由本市基层人民法院管辖的以税务部门为被告的一审行政案件，在其税务行政案件集中管辖一周年白皮书中有这样一则案例，上海奥某莎贸易有限公司诉上海市长宁区税务局第十二税务所纳税信用评价及上海市长宁区税务局行政复议决定案，该案系上海市涉纳税信用评价第一案，该案首次明确，税务机关对企业进行纳税信用评价，确定并发布纳税信用级别等行为，系对企业权利义务产生实际影响的行政行为，属于行政诉讼受案范围。该裁判规则的确立，有效畅通了企业在涉税纠纷领域的权利救济渠道。

## 问题7：列入重大税收违法案件失信主体公示是否属于行政处罚？如何保障当事人的合法权益？

按照《行政处罚法》第六十三条规定：

> 行政机关拟作出下列行政处罚决定，应当告知当事人有要求听证的权利，当事人要求听证的，行政机关应当组织听证：
> （一）较大数额罚款；
> （二）没收较大数额违法所得、没收较大价值非法财物；
> （三）降低资质等级、吊销许可证件；
> （四）责令停产停业、责令关闭、限制从业；
> （五）其他较重的行政处罚；
> （六）法律、法规、规章规定的其他情形。

这里其他较重的行政处罚其实属于一个兜底条款，并没有明确列示属于其他较重的行政处罚的种类。

列入重大税收违法案件失信主体公示是否属于税务行政处罚的范畴？

根据《税务行政复议规则》第十四条第（五）项规定：

> （五）行政处罚行为：
> 1.罚款；
> 2.没收财物和违法所得；（非法印制发票没收违法所得和作案工具，非法提供银行账户发票证明的没收其违法所得，《发票管理办法》第三十三条—第三十七条没收违法所得）
> 3.停止出口退税权。

按照上述规定，列入重大税收违法案件失信主体公示并未列入税务行政处罚的种类。

但是，有纳税人认为，新修订的《行政处罚法》第二条首次表明了行政处罚的定义："行政处罚是指行政机关依法对违反行政管理秩序的公民、法人或者其他组织，以减损权益或者增加义务的方式予以惩戒的行为。"这就为实质认定"行政处罚"提供了标准。不管名称上是否冠之于"行政处罚"，只要以当事人作出违法（违反行政管理秩序）行为为前提，针对违法而作出一种对应性的制裁，通过减损权益或者增加义务强制当事人承受一种不利后果，这就是行政处罚。将严重失信行政相对人列入重大税收违法案件失信主体公示，是对行政相对人声誉的严重降低，对企业经营、个人执业均会产生较大影响，影响程度不亚于"警告""通报批评"，符合行政处罚的定义，即使未明确列举也属于行政处罚，应当按照《行政处罚法》有关规定进行执法。

列入重大税收违法案件失信主体公示即传统所说的列入"黑名单"实际上，黑名单最初来源于地中海商业贸易活动，是商人之间的一种信用评价。行政机关实施的列入黑名单，会造成行政相对人的社会信用评价降低，具有行政性、制裁性、处分性等特点，应该被视为行政处罚的一种类型。但是，在具体实践中需要关注以下三点：

一是实施主体必须是有权行政机关。人民法院根据有关司法解释开展的信用惩戒不是行政处罚。

二是列入黑名单不等于信用惩戒。信用监管是新型监管方式，但并不是所有的信用监管措施都是行政处罚。如《药品管理法》第一百零五条规定，对有不良信用记录的，增加监督检查频次，并可以按照国家规定实施联合惩戒。这里的增加检查频次、联合惩戒，也属于信用惩戒的范畴，并不是行政处罚。按照对失信人的约束程度，失信惩戒措施可以分为惩罚类措施、禁止类措施、限制类措施、加强监管类措施、公示类措施、参考类措施等，其中，加强监管类措施、公示类措施、参考类措施原则上不属于行政处罚。

若列入黑名单导致主体信用受损并引发联合惩戒（如限制贷款、高消费），则具有惩戒性，可能被认定为"新型行政处罚"。如根据《税收征管法》及《重大税收违法失信主体信息公布管理办法》，税务机关将纳税人列入"税收违法黑名单"并公示，属于"行政确认+信用惩戒”，其法律性质需结合具体惩戒措施判断：若仅公示信息，属于信息公开行为；若同步实施联合惩戒（如限制出境、禁止参与政府采购），则具有行政处罚的实质效果。

三是失信联合惩戒必须有法定依据。联合惩戒是一个违法行为产生多个法律后果，因此，联合惩戒必须在扩张法律后果时遵循《行政处罚法》关于处罚类型的设定权限，规范性文件不能作为联合惩戒的设定依据，否则，既违反《立法法》《行政处罚法》等法律规定，也违背处罚法定原则、不当联结禁止原则。

因此，列入黑名单是否属于行政处罚，需根据措施的法律依据、实施目的及实际效果综合判断。若其直接减损权益且具有惩戒性，即使未被《行政处罚法》明确列举，也可能被纳入广义行政处罚范畴，需遵循处罚法定原则。

2020年12月，国务院强调进一步完善失信约束制度，要把握好以下重要原则：

一是严格依法依规，失信行为记录、严重失信主体名单认定和失信惩戒等事关个人、企业等各类主体切身利益，必须严格在法治轨道内运行。

二是准确界定范围，准确界定信用信息和严重失信主体名单认定范围，合理把握失信惩戒措施，坚决防止不当使用甚至滥用。

三是确保过惩相当，按照失信行为发生的领域、情节轻重、影响程度等，严格依法分别实施不同类型、不同力度的惩戒措施，切实保护信用主体合法权益。

四是借鉴国际经验，既立足我国国情，又充分参考国际惯例，在社会关注度高、认识尚不统一的领域慎重推进信用体系建设，推动相关措施与国际接轨。

此外，还要严格履行严重失信主体名单认定程序。行政机关在作出认定严重失信主体名单决定前，应当告知当事人作出决定的事由、依据和当事人依法享有的权利；当事人提出异议的，应当予以核实并在规定时限内反馈结果。将市场主体列入严重失信主体名单，应当由认定部门依托相应的行政决定文书，载明事由、依据、失信惩戒措施提示、移出条件和程序以及救济措施等，必要时也可由认定部门单独制作认定严重失信主体名单的决定文书。

2021年12月31日，国家税务总局公布了《重大税收违法失信主体信息公布管理办法》(国家税务总局令第54号)，其中把保障当事人合法权益贯穿失信信息公布工作全过程。事前保障知情权，规定在作出确定失信主体的决定前，告知当事人相关事由、依据、拟采取的失信惩戒措施及依法享有的权利；事中保障异议权，及时复核当事人提出的陈述、申辩意见；事后保障提前停止公布失信信息的申请权，及时受理审核并告知审核结果。

相关案例如某企业被误列黑名单案：因系统录入错误，某企业被列入“重大税收违法黑名单”，后经行政复议，税务机关撤销决定并赔偿损失。此案凸显信息核验与纠错机制的重要性。还有个人信用修复案：曹某因欠税被列入黑名单，在补缴税款并参加信用培训后，税务机关依申请提前终止公示，体现信用修复的人性化设计。

失信信息公布工作需在维护社会信用体系与保障个人权益间寻求平衡。通过程序合规、信息精准、救济有效三大支柱，既可强化执法权威，亦能守住法治底线，实现“惩戒有度、修复有路”的治理目标。

## 问题8：加处罚款是否属于行政处罚？加处罚款的关键点有哪些？

“加处罚款”属于金钱给付义务的行政强制执行措施，不属于行政处罚。依据《行政处罚法》第七十二条第一款第(一)项规定：“当事人逾期不履行行政处罚决定的，作出行政处罚决定的行政机关可以采取下列措施：(一)到期不缴纳罚款的，每日按罚款数额的百分之三加处罚款，加处罚款的数额不得超出罚款的数额。”依据《中华人民共和国行政强制法》第十二条规定：“行政强制执行的方式：(一)加处罚款或者滞纳金。”由此可知，“加处罚款”作为逾期不履行行政处罚决定的执行措施之一，有以下关键点值得我们关注：

第一，金钱给付义务的执行，应当先采取加处罚款、滞纳金的间接执行措施，再采取直接扣划银行存款等直接执行措施。加处罚款属于间接强制执行，当事人未履行缴纳罚款和加处罚款的义务，才由间接强制执行过渡到直接强制执行。具有行政强制执行权的行政机关对金钱给付义务强制执行应当符合加处罚款或者滞纳金超过三十日，经催告仍不履行的条件。也就是说，当事人不履行金钱给付义务的，具有行政强制执行权的行政机关不能一开始就对当事人采用直接强制执行措施，而是必须在采用加处罚款或者滞纳金这种间接强制超过三十日后、经催告当事人仍不履行的，才可以强制执行。

第二，加处罚款的数额不得超出罚款的数额。对加处罚款不得超出罚款的数额，《行政处罚法》第七十二条规定，“到期不缴纳罚款的，每日按罚款数额的百分之三加处罚款，加处罚款的数额不得超出罚款的数额”。《行政强制法》第四十五条规定：“行政机关依法作出金钱给付义务的行政决定，当事人逾期不履行的，行政机关可以依法加处罚款或者滞纳金。加处罚款或者滞纳金的标准应当告知当事人。加处罚款或者滞纳金的数额不得超出金钱给付义务的数额。”其中“加处罚款或者滞纳金的数额不得超出金钱给付义务的数额”的规定，这是因为加处罚款和滞纳金是主要按日计算，实践中出现了加处“天价罚款”的情况，即加处的罚款或者滞纳金数额远远超过原罚款或者税费的数额，这种做法一方面加重了当事人的负担，当事人面对巨额罚款或者滞纳金的压力有可能怠于履行义务，反而起不到该制度应有的效果；另一方面也可能使行政机关怠于采取其他强制手段执行行政决定，影响行政效率，导致行政决定的目的迟迟不能实现，加处罚款或者滞纳金的作用没有得到应有的发挥。有鉴于此，本条为加处罚款或者滞纳金设定了上限，即规定加处罚款或者滞纳金的数额不得超出金钱给付义务的数额。这样规定有利于防止出现“天价罚款”的情况，有利于当事人产生明确的心理预期、更快更好地履行义务，也有利于行政机关积极寻求其他强制手段执行行政决定，尽快实现行政目的。

第三，加处罚款可以减免。《行政强制法》第四十二条规定：“当事人采取补救措施的，可以减免加处的罚款或者滞纳金。”因此，行政机关在当事人采取补救措施后可以减免加处的罚款，可以进行和解。再比如，在《国家税务总局北京市税务局办公室 国家税务总局天津市税务局办公室 国家税务总局河北省税务局办公室关于印发〈京津冀地区不予实施行政强制措施事项清单〉的通知》（京税办发〔2023〕2号）中明确，对在京津冀地区从事生产、经营的纳税人、扣缴义务人和当事人，“逾期未缴纳罚款的当事人，无逃避缴纳罚款的主观故意，且未缴纳罚款在3 000元以下的”，不予采取加处罚款的强制措施，就属于“推行非强制性执法方式”的体现。

第四，仅对加处罚款决定不服，复议机关并不是上一级税务机关。因加处罚款是执行措施，用于实现执行名义（行政处罚决定、行政处理决定等实体权利义务文书），故作出执行名义的行政处分行为与实现执行名义的行政执行行为，两者法律性质不同，复议机关也不同。对于执行行为不服的，应当首先向作出该执行行为的机关申请复议。1997年国务院发布《罚款决定与罚款收缴分离实施办法》，按照国务院法制局《关于贯彻执行〈罚款决定与罚款收缴分离实施办法〉有关问题的意见》（国法办函〔1997〕182号）的解释：“申请复议不影响行政处罚决定的执行，当事人应当先缴纳罚款和所加收的罚款；加处的罚款从属于先前已处的罚款，当事人只对加收罚款有异议的，应当依法向作出行政处罚决定的行政机关申请复议。当事人对先前已处的罚款和加收的罚款都有异议的，按照‘加罚从属本罚’的原则，依法一并向作出行政处罚决定的行政机关的上一级行政机关申请复议。”《税务行政复议规则》依据上述规定，在2010年修订时增加了第十九条：“对下列税务机关的具体行政行为不服的，按照下列规定申请行政复议：（五）对税务机关作出逾期不缴纳罚款加处罚款的决定不服的，向作出行政处罚决定的税务机关申请行政复议。但是对已处罚款和加处罚款都不服的，一并向作出行政处罚决定的税务机关的上一级税务机关申请行政复议。”

第五，异议期间不加处罚款。《行政处罚法》第七十三条规定：

“当事人申请行政复议或者提起行政诉讼的，加处罚款的数额在行政复议或者行政诉讼期间不予计算。”该条是《行政处罚法》新增条款，主要考虑到：一是加处罚款作为间接强制执行方式，目的是通过加强原处罚决定的效力督促当事人履行，当事人申请复议或者提起诉讼，明确表示对原处罚决定不服，因此，加处罚款已难以实现该制度原有的目的；二是加处罚款加重了被处罚人的经济负担，具有一定的惩罚性，实践中，行政复议和行政诉讼案件审理期限往往较长，如果复议或者诉讼期间继续计算加处罚款，当事人可能因提起复议或者诉讼而承担高额的加处罚款，不利于当事人通过复议或者诉讼维护自己的合法权益；三是如确有必要，行政机关在复议或者诉讼期间还可以依法采取其他行政强制执行方式执行原处罚决定。因此，本次行政处罚法修改明确规定，当事人申请行政复议或者提起行政诉讼的，加处罚款的数额在行政复议或者行政诉讼期间不予计算。

## 问题9：税务机关加处罚款是否需要另行作出行政决定?

应当另行作出加处罚款的行政决定。《行政强制法》第四十五条规定：“行政机关依法作出金钱给付义务的行政决定，当事人逾期不履行的，行政机关可以依法加处罚款或者滞纳金。加处罚款或者滞纳金的标准应当告知当事人。加处罚款或者滞纳金的数额不得超出金钱给付义务的数额。”

参照最高人民法院行政强制法研究小组编著的《〈中华人民共和国行政强制法〉条文理解与适用》，该书认为：行政机关可以在行政决定中明确执行加处罚款或者滞纳金的内容，或者单独作出加处罚款或者滞纳金的行政决定。

因此，行政机关实施加处罚款必须满足以下程序要求：

1. 形式要件：应当通过书面行政决定予以确认。具体可采用两种方式：

（1）在原行政处罚决定书中明确载明加处条款；

（2）单独作出加处罚款决定文书。

2. 内容要件：行政决定必须具体载明：

（1）加处的计算标准（如日罚款比率）；

（2）起算时点与终止条件；

（3）救济途径告知（包括行政复议、行政诉讼的权利及期限）。

3. 程序要件：必须依法送达当事人并保障其陈述申辩权。

税务机关在实施加处罚款时，在基础处罚决定作出阶段，建议在税务行政处罚决定书中预先载明加处罚款条款，明确告知“到期不缴纳罚款的，税务机关可自缴款期限届满次日起每日按罚款数额的百分之三加处罚款，加处罚款的数额不超过罚款本数”等具体内容。在执行阶段制作《加处罚款决定书》，详细列明原处罚金额、已履行情况、加处金额计算过程，告知救济途径，后依法送达并制作《送达回证》，同时在税收征管系统中同步标注执行状态。

行政机关不得以法律明确规定了加处罚款的具体标准为由，在未作出任何形式的加处罚款行政决定文书的情况下，直接在税收征管系统中对当事人实施加处罚款的行政强制执行。

因此，税收执法机关实施加处罚款必须严格遵循独立的“决定——告知——执行”的法定程序，确保行政强制行为的合法性基础，切实维护纳税人合法权益。

## 问题10：如何做到“以事实为依据”，在税收实务中充分体现定案证据的合法性、真实性和关联性？

如何做到“以事实为依据”？证据是关键，即应当以证据证明的案件事实为依据。根据《行政处罚法》第四十条规定：

> 公民、法人或者其他组织违反行政管理秩序的行为，依法应当给予行政处罚的，行政机关必须查明事实；违法事实不清、证据不足的，不得给予行政处罚。

如何做到事实清楚？违法事实应按照何时、何地、何行为、何后果等要素，对违法行为具体表现、涉案金额、违法所得等情况具体叙述；对于有证据证明当事人主观意图、违法手段、违法后果的，适当作出客观评述。

如何做到证据确凿？证据列述应当进行适当归纳，并按证据主次顺序或者时间先后顺序排列，保证事实和证据之间的关联性；对电子数据、视听资料等证据，应当说明收集证据的方式、形式等，体现该证据取得的合法性。

那么，如何确保定案证据的合法性、真实性、关联性均符合法定条件和要求呢?

《税务行政复议规则》第五十五条规定：

行政复议机关应当根据案件的具体情况，从以下方面审查证据的合法性：

（一）证据是否符合法定形式。

（二）证据的取得是否符合法律、法规、规章和司法解释的规定。

（三）是否有影响证据效力的其他违法情形。

第五十六条规定：

行政复议机关应当根据案件的具体情况，从以下方面审查证据的真实性：

（一）证据形成的原因。

（二）发现证据时的环境。

（三）证据是否为原件、原物，复制件、复制品与原件、原物是否相符。

（四）提供证据的人或者证人与行政复议参加人是否具有利害关系。

（五）影响证据真实性的其他因素。

第五十七条规定：

行政复议机关应当根据案件的具体情况，从以下方面审查证据的关联性：

（一）证据与待证事实是否具有证明关系。

（二）证据与待证事实的关联程度。

（三）影响证据关联性的其他因素。

## 问题11：税务行政处罚证据，应当遵循明显优势证据，还是其他标准？

关于税务行政处罚案件应适用何种证明标准，我国法律、法规中并没有明确。有观点认为，在行政诉讼领域，没有“优势证据规则”规定与运用，诉讼是因行政机关对行政相对人的行政管理引起，双方并非平等法律主体，诉讼的举证责任在行政机关一方，立法及司法导向是严格行政机关行政管理，要求必须“事实清楚，证据充分”。

实际上，2002年6月通过的《最高人民法院关于行政诉讼证据若干问题的规定》（送审稿）曾对行政诉讼规定了三种证明标准：严格证明标准、明显优势证明标准、优势证明标准，以明显优势证明标准作为行政诉讼的基本证明标准，以优势证明标准和严格证明标准为补充。虽然正式公布的《最高人民法院关于行政诉讼证据若干问题的规定》取消了证明标准的规定，但审判委员会在通过《最高人民法院关于行政诉讼证据若干问题的规定》时明确指出，将送审稿中的证明标准部分删除，不是对证明标准的否定，而是考虑到这些标准弹性较大，在培训时讲述更为合适，在司法解释中暂不作规定，送审稿中规定的证明标准仍可供行政审判中参照适用。根据行政行为的种类、行政案件的性质及对当事人权益影响的大小等因素具体确定案件的证明标准。一般来说，人民法院审理行政机关在作出限制、剥夺人身自由的行政处罚、吊销许可证、营业执照、较大数额的罚款及严重影响公民人身权、财产权等行政行为，应当审查事实是否清楚，证据是否确凿充分（排除合理怀疑的证明标准）；人民法院审理行政机关的行政裁决和行政赔偿案件，行政机关按照高度盖然性证明标准认定案件事实，人民法院应当予以支持（明显优势证明标准）；人民法院审理行政机关采取即时强制措施的行政案件，适用有合理怀疑证明标准（优势证明标准或者合理怀疑证明标准）。前述标准对应的行政行为类型并非一成不变，具体行政案件的证明标准还需考虑执法环境、是否存在证明妨碍、相对人违反协力义务等情形，可能导致提高或者降低证明标准。

在税收实践中，特别是稽查部门办理案件中，部分单位出于对行政复议、行政诉讼的理解偏差，认为对法律事实认定上，都必须要求“证据确凿”和“排除合理怀疑”，在这种理念的指导下，为保证证据证明的案件事实与真实的事实相一致，不切实际地追求证据的充分，凡是税务机关主张的一切事实，都要举出相应的证据证实，以此达到证据之间的相互关联和相互印证。对案件事实的证明过程，变成一个个证据无言的排列组合。由此带来一系列弊端：每一起案件都要耗费大量的精力调查取证，有时尽管倾尽全力，仍不能获取真实有效的证据，认为此时尚未达到事实清楚、证据确凿，而不能或不敢定性处理，造成违法行为难以查处。

实际上，任何违法行为的查处，证据是否具有优势是由税务人员综合全部证据，依据一定的逻辑路径形成的内心判断。税务人员对证据所具有的优势产生确信是依据科学推理，建立在对证据完全充分、无相互矛盾的使用之上，而不是随心所欲。比如对于虚开案件的查处过程中，税务机关发出《税务事项通知书》，要求当事人提供相关合同、资金、货物运输单据，但是当事人仅有相关合同，会计账簿记录混乱，资金回流至法人代表又无提供合理解释，货物无入库记录等异常情况，而税务机关在询问笔录中已有相关人员承认虚开，资金已经全部回流至企业法人代表形成闭环，上游企业已经证实虚开，按照国家税务总局规定，“被查对象经通知而未提供对其有利的证据，或者逃避检查走逃的，税务机关可以综合所掌握的优势证据，依法定性处理”。国家税务总局的前述意见与最高人民法院司法解释意见、生效裁判意见一致，在遇到纳税人违反税收检查程序的协力义务时，导致无法取得相关证据材料时，可以采用优势证明标准，依法追究税收违法行为人的责任，如果因证据不全而不追究违法责任，客观上可能会鼓励企业走逃失联。只是出于执法谨慎的考量，税务机关应当穷尽一切调查手段，充分履行行政职责，然后再综合考量收集整理的证据是否达到前述证明标准的要求。本书认为，一般来说，对于对当事人权益影响较大的大额罚款等，原则上要达到明显优势证明标准；对于其他权益影响较小的，可以适用优势证明标准。

## 问题12：在税务行政处罚检查过程中，是否可以提取证据材料原件？

在税务行政处罚检查过程中，可以提取证据材料原件。提取证据原件，是指需要以证据原件作为定案依据，如伪造、变造的发票，用来伪造、变造证件和发票的机器设备等，或者不提取原件可能导致灭失或者被转移、隐匿的其他证据材料，检查人员提取证据原件并出具《提取证据专用收据》的业务处理过程。

根据《税收征管法》第五十四条规定：

> 税务机关有权进行下列税务检查：
>
> ……
>
> （三）责成纳税人、扣缴义务人提供与纳税或者代扣代缴、代收代缴税款有关的文件、证明材料和有关资料。
>
> ……

第五十六条规定：

> 纳税人、扣缴义务人必须接受税务机关依法进行的税务检查，如实反映情况，提供有关资料，不得拒绝、隐瞒。

第五十七条规定：

> 税务机关依法进行税务检查时，有权向有关单位和个人调查纳税人、扣缴义务人和其他当事人与纳税或者代扣代缴、代收代缴税款有关的情况，有关单位和个人有义务向税务机

关如实提供有关资料及证明材料。

《税务稽查案件办理程序规定》(国家税务总局令第52号)第十七条规定:

检查应当依照法定权限和程序收集证据材料。收集的证据必须经查证属实,并与证明事项相关联。

不得以下列方式收集、获取证据材料:

(一)严重违反法定程序收集;

(二)以违反法律强制性规定的手段获取且侵害他人合法权益;

(三)以利诱、欺诈、胁迫、暴力等手段获取。

第十九条规定:

需要提取证据材料原件的,应当向当事人出具提取证据专用收据,由当事人核对后签章确认。对需要退还的证据材料原件,检查结束后应当及时退还,并履行相关签收手续。需要将已开具的纸质发票调出查验时,应当向被查验的单位或者个人开具发票换票证;需要将空白纸质发票调出查验时,应当向被查验的单位或者个人开具调验空白发票收据。经查无问题的,应当及时退还,并履行相关签收手续。

提取证据材料复制件的,应当由当事人或者原件保存单位(个人)在复制件上注明“与原件核对无误”及原件存放地点,并签章。

以下附上《国家税务总局关于修订部分税务执法文书的公告》(国家税务总局公告2021年第23号)附件《修订后的税务执法文书式样》中《提取证据专用收据》文书式样及使用说明。我们可以通过文书的使用说明来了解使用文书的注意事项,如检查人员应当根据提取的证据原件逐项填写《提取证据专用收据》,“证据名称”栏填写需要提取的证据材料原件名称,“证据出处”栏填写获取具体证据的来源和原存放处,“数量”栏应当使用中文大写数字填写并写明计量单位。

_________税务局（稽查局）

提取证据专用收据

填发日期： 年 月 日

编号：____

| 证据名称 | 数量 | 证据出处 | 证据所属时间 | 内容摘要 |
| --- | --- | --- | --- | --- |
| | | | | |
| | | | | |
| | | | | |
| | | | | |
| | | | | |
| | | | | |
| | | | | |
| | | | | |
| | | | | |
| | | | | |
| | | | | |

证据提供单位或者个人（签章）： 提取人（签名）：

税务机关（印章）

## 使用说明

1.《提取证据专用收据》依据《中华人民共和国行政处罚法》第五十六条和《税务稽查案件办理程序规定》第十九条设置。

2.适用范围：税务稽查人员或者其他税收执法人员在提取证据材料原件时使用。

3.证据原件的提取范围应当包括但不限于以下类型：

（1）伪造、变造、虚开的发票及其他税款抵扣、出口退税等凭证；

（2）伪造、变造的金融票据及其他收付款凭证；

（3）伪造、变造的账簿、凭证及有关资料；

（4）不提取原件可能导致灭失或者被转移、藏匿的其他证据材料。

4.“证据名称”填写需要提取的证据材料原件名称。如：伪造、变造、虚开的发票；伪造、变造的金融票据；伪造、变造的其他税款抵扣凭证；伪造、变造的账簿；伪造、变造的凭证；印制假发票的工具、设备；等等。

5.“证据出处”填写获取具体证据的来源和原存放处。

6.现场难以判定是否为伪造、变造、虚开的证据材料的，区分不同情况分别处理：

（1）现场难以判定是否为伪造、变造、虚开的发票的，可以先行依照相关规定分别使用《发票换票证》或者《调验空白发票收据》进行调取。经鉴定或者查验确认为伪造、变造、虚开的发票后，使用《提取证据专用收据》调取证据原件，同时换回原先交付给证据提供单位或者个人的《发票换票证》或者《调验空白发票收据》。

（2）现场难以判定是否为伪造、变造的账簿、凭证及有关资料的，可以先行依照法律、行政法规的规定使用《调取账簿资料通知书》并附《调取账簿资料清单》进行调取。经鉴定或者查验确认为伪造、变造的账簿、凭证及有关资料后，使用《提取证据专用收据》调取证据原件，同时在原先出具的《调取账簿资料清单》（一式二份）上注明。

7.“证据提供单位或者个人（签章）”栏区分以下情况填写：

（1）证据提供单位为法人或者其他组织的，由相关人员签名，加盖单位印章并注明日期；

（2）证据提供单位为个人的，由个人签名并注明日期。

8.本收据为A4横式，一式二份，一份交给提供证据的单位或者个人，一份装入卷宗。

## 专题2：追责时效

### 问题13：税务行政处罚的追责时效如何计算？

行政处罚追责时效又被称为追诉时效，个别也称追溯时效，追诉时效本意是与诉讼有关的，因行政处罚首先适用于行政程序中，人民法院的行政诉讼是对行政执法程序的复查程序，也适用同样的行政规范。因此，本书将行政处罚时效定性为追责时效。

不同于税款追征期的多重表达，税务行政处罚的追责时效是一般五年。《税收征管法》第八十六条规定：

> 违反税收法律、行政法规应当给予行政处罚的行为，在五年内未被发现的，不再给予行政处罚。

实践中，追责时效的难点在于如何确认五年期限的起点与终点。因《税收征管法》并无明确规定，故应当适用一般法，即《行政处罚法》的规定。根据《行政处罚法》第三十六条规定：

> 违法行为在二年内未被发现的，不再给予行政处罚；涉及公民生命健康安全、金融安全且有危害后果的，上述期限延长至五年。法律另有规定的除外。前款规定的期限，从违法行为发生之日起计算；违法行为有连续或者继续状态的，从行为终了之日起计算。

因此，是否追究行政处罚责任的关键有二，一是“发生之日”“终了之日”到“发现日”的期间，是否长于5年。二是关于连续或者继续状态的理解，本书认为，此规定之继续，是指违法行为的继续，而不是指危害后果的继续，所有的违法行为都有其危害后果，而大多数的危害后果也都呈现继续状态，违法行为的继续状态应体现违法行为本身具有时间上的不间断性。

关于“发生之日”“终了之日”连续或继续状态的理解。全国人大常委会法制工作委员会编写的《〈中华人民共和国行政处罚法〉释义》认为：

实践中，多数违法行为是一次性完成的，其发生之日较为明确，但也存在违法行为有连续或者继续状态的情形，这时应当以行为终了之日为追责期限的起算点。所谓连续状态，是指违法行为人基于同一个违法故意，实施数个同一种违法行为，违法行为之间间隔了一段时间，如多次出售假药、劣药。

《国务院法制办公室对湖北省人民政府法制办公室〈关于如何确认违法行为连续或继续状态的请示〉的复函》（国法函〔2005〕442号）明确：

《行政处罚法》（1997年修正）第二十九条中规定的违法行为的连续状态，是指当事人基于同一个违法故意，连续实施数个独立的行政违法行为，并触犯同一个行政处罚规定的情形。

所谓继续状态，是指违法行为较为复杂，不是一次性完成的，而是从开始到完成需经过一段时间。如违法建设行为，从着手建设开始到建成需经历较长一段时间。

关于"发现日"的理解。《全国人大常委会法制工作委员会关于提请明确对行政处罚追诉时效"二年未被发现"认定问题的函的研究意见》（法工委复字〔2004〕27号），主要内容：

《行政处罚法》第二十九条规定的发现违法违纪行为的主体是处罚机关或有权处罚的机关，公安、检察、法院、纪检监察部门和司法行政机关都是行使社会公权力的机关，对律师违法违纪行为的发现都应该具有《行政处罚法》规定的法律效力。因此上述任何一个机关对律师违法违纪行为只要启动调查、取证和立案程序，均可视为"发现"；群众举报后被认定属实的，发现时效以举报时间为准。

具体到税务领域，税收违法行为的发现时间一般认为是税务机关送达《税务检查通知书》的送达时间。税务机关只要启动调查、取证和立案程序，均可视为“发现”。群众举报后被认定属实的，发现时效以举报时间为准。

知识链接对比记忆：《行政处罚法》第三十六条的“法律另有规定的除外”，除了《税收征管法》，还有《中华人民共和国治安管理处罚法》第二十二条：

> 违反治安管理行为在六个月内没有被公安机关发现的，不再处罚。前款规定的期限，从违反治安管理行为发生之日起计算；违反治安管理行为有连续或者继续状态的，从行为终了之日起计算。

“法律另有规定的除外”已经明确了必须是法律另有规定，如果是法律之下的行政法规、部门规章等的另有规定，则仍适用于一般条款，即二年的追责时效。如《国家税务总局关于修改〈税务登记管理办法〉的决定》（国家税务总局令第36号）属于部门规章，其中第四十一条规定：“纳税人通过提供虚假的证明资料等手段，骗取税务登记证的，处2 000元以下的罚款；情节严重的，处2 000元以上10 000元以下的罚款。纳税人涉嫌其他违法行为的，按有关法律、行政法规的规定处理。”第四十二条规定：“扣缴义务人未按照规定办理扣缴税款登记的，税务机关应当自发现之日起3日内责令其限期改正，并可处以1 000元以下的罚款”，仍然受到二年的追责时效限制。

## 问题14：“逾期未申报”“丢失发票”税务行政处罚的追责时效怎么判断？

税务行政处罚的追责时效核心在于“发现”，税务行政处罚计算追责时效的“发现”点在税收征管系统中表现为“税收（规费）违法行为登记表”的“登记时间”。税收征管系统中的“违法违章信息登记”模块，分为系统自动登记与手工登记两种，而针对“逾期未申报”的违法违章信息，如果按期申报的纳税人发生“未按规定期限办理纳税（费）申报、报送财务报表等有关资料”行为，申报期满后第一天系统自动会发起催报或者税务人员人工发起催报，生成《逾期未申报清册》，催报同时进行违法违章信息登记，因此，纳税人通过电子税务局申报，且发生了“逾期未申报”行为，税务机关能够做到及时发现，故不需要判断追责时效。

这种情况同时适用于针对非正常户解除的处罚。《国家税务总局关于税收征管若干事项的公告》（国家税务总局公告2019年第48号）明确，纳税人负有纳税申报义务，但连续三个月所有税种均未进行纳税申报的，税收征管系统自动将其认定为非正常户，并停止其发票领用簿和发票的使用。已认定为非正常户的纳税人，只要就其逾期未申报行为接受处罚、缴纳罚款，并补办了纳税申报的，税收征管系统自动解除非正常状态，无须纳税人专门申请解除。因此，非正常户解除的处罚也即“逾期未申报”的处罚，税务机关能够做到及时发现，故不需要判断追责时效。相比于系统自动登记的“逾期未申报”违法违章信息，针对纳税人丢失发票，税务机关正常情况下无法自行发现，如果纳税人报告发票是五年前丢失，此时税务人员手工登记“丢失发票”的违法违章信息，等于今天发现纳税人五年前丢失了发票，此时需启动税务行政处罚追责时效的判断机制，在五年内未被发现的，不再给予行政处罚。

税务行政处罚追责时效常见于税务稽查类行政处罚，在偷税、虚开发票等常见违法行为，五年内未被发现，不予税务行政处罚。

## 问题15：稽查案件中税款追征期、行政处罚追责时效如何适用？

**案例：**2023年5月，某市稽查局对相关纳税人2019—2022年的纳税情况进行税务检查，检查后发现问题如下：

（1）某未办理税务登记的纳税人2019年未进行纳税申报少缴纳增

值税9万元。

（2）某企业2019年少缴纳核定征收企业所得税20万元，主要原因是主管税务分局适用核定应税所得率发生错误造成。

（3）2019—2022年，某企业少缴纳土地使用税30万元，主要原因是土地单位税额调整后，企业未足额申报及核减土地使用税免税面积误差造成。

（4）2020—2022年，某企业税后利润累计分配给个人股东，应扣未扣缴个人所得税40万元。

针对上述情况，税务稽查检查岗人员和审理岗人员经过仔细分析，按照相关法律法规规定，对纳税人作出相应处理处罚决定，现以此税务稽查案件举例说明追缴期限、追责时效的适用。

**答：**（1）对2019年不进行纳税申报少缴纳的增值税9万元不予追缴。

税务稽查人员对“未办证纳税人”少缴纳9万元增值税的行为，已经确定为未进行纳税申报，并告知纳税人将按《税收征管法》第六十四条第（二）项“纳税人不进行纳税申报造成不缴或少缴应纳税款的”情形进行处理处罚。按照《国家税务总局关于未申报税款追缴期限问题的批复》（国税函〔2009〕326号），对《税收征管法》第五十二条规定的对偷税、抗税、骗税，税务机关可以无限期追征其未缴或者少缴的税款、滞纳金或者所骗取的税款。该法第六十四条第（二）项规定的纳税人不进行纳税申报造成不缴或少缴应纳税款的情形不属于偷税、抗税、骗税，其追征期按照该法第五十二条规定的精神，一般为3年，特殊情况可以延长至5年。《税收征管法实施细则》第八十二条规定，《税收征管法》第五十二条所称特殊情况，指纳税人或者扣缴义务人因计算错误等失误，未缴或者少缴、未扣或者少扣、未收或者少收税款，累计数额在10万元以上的。

上述企业不进行纳税申报少缴纳税款9万元，未达到10万元的额度，因此不属于《税收征管法》第五十二条所称的特殊情况，对超过3年期限的税款不予追缴。

（2）追缴企业2019年少缴纳的核定征收企业所得税20万元，不加收滞纳金，不处罚。

依据是《税收征管法》第五十二条规定，因税务机关的责任，致使纳税人、扣缴义务人未缴或者少缴税款的，税务机关在3年内可以要求纳税人、扣缴义务人补缴税款，但是不得加收滞纳金。《税收征管法实施细则》第八十条规定，《税收征管法》第五十二条所称税务机关的责任，指税务机关适用税收法律、行政法规不当或者执法行为违法。由于主管税务机关适用应税所得率不当造成的少缴税款，税务机关在3年内可以要求纳税人、扣缴义务人补缴，但是不得加收滞纳金。此外，企业2019年企业所得税汇算清缴的申报截止日为2020年5月31日，而该笔企业所得税款至2023年5月尚未超过3年，可以追缴。《税收征管法实施细则》第八十三条规定，《税收征管法》第五十二条规定的补缴和追征税款、滞纳金的期限，自纳税人、扣缴义务人应缴未缴或者少缴税款之日起计算。

（3）2019—2022年，企业少缴纳土地使用税30万元，应追缴税款、加收滞纳金并按规定进行处罚。

企业少缴土地使用税30万元，经税务机关通知申报而拒不申报，应按偷税进行相应的处理和处罚。《税收征管法》第六十三条规定，纳税人伪造、变造、隐匿、擅自销毁账簿、记账凭证，或者在账簿上多列支出或者不列、少列收入，或者经税务机关通知申报而拒不申报或者进行虚假的纳税申报，不缴或者少缴应纳税款的，是偷税。根据《税收征管法》第五十二条第（三）项规定，对偷税、抗税、骗税的，税务机关追征其未缴或者少缴的税款、滞纳金或者所骗取的税款，不受前款（即3年或5年）规定期限的限制。

（4）对企业2020—2022年税后利润分配给个人，应扣未扣缴个人所得税40万元，对扣缴义务人进行处罚，对纳税人追缴税款并加收滞纳金。

新《个人所得税法》施行以前，《国家税务总局关于行政机关应扣未扣个人所得税问题的批复》（国税函〔2004〕1199号）第二条“关于扣缴义务人应扣未扣税款的法律责任问题”规定，2001年5月1日前，对扣缴义务人应扣未扣税款的行为，适用修订后的《税收征管法》和《国家税务总局关于贯彻〈中华人民共和国税收征收管理法〉及其实施细则若干具体问题的通知》（国税发〔2003〕47号）规定，由税务机关责成扣缴义务人向纳税人追缴税款，对扣缴义务人处应扣未扣税款50%以上3倍以下的罚款。该文件第三条“关于应扣未扣税款是否加收滞纳金的问题”规定，按照《税收征管法》规定的原则，扣缴义务人应扣未扣税款，无论适用修订前还是修订后的《税收征管法》，均不得向纳税人或扣缴义务人加收滞纳金。

新《个人所得税法》自2018年8月31日施行。根据《个人所得税法》第十三条规定：“纳税人取得应税所得，扣缴义务人未扣缴税款的，纳税人应当在取得所得的次年六月三十日前，缴纳税款；税务机关通知限期缴纳的，纳税人应当按照期限缴纳税款。”由此看出，对于自然人纳税人取得的利息、股息、红利所得、财产转让所得，扣缴义务人未代扣代缴个人所得税的，纳税人负有申报缴税义务，纳税申报期限最晚不得迟于取得所得的次年6月30日。《国家税务总局关于个人所得税自行申报有关问题的公告》（国家税务总局公告2018年第62号）第三条进一步明确了“取得应税所得，扣缴义务人未扣缴税款的纳税申报”征管规定。因此，新《个人所得税法》施行以来，存在扣缴义务人未代扣代缴个人所得税的，税务机关可以向纳税人追缴税款。依据《税收征管法》第三十二条规定，纳税人未按照规定期限缴纳税款的，从滞纳税款之日起，按日加收滞纳税款万分之五的滞纳金。

## 问题16：对虚开发票违法行为进行税务行政处罚，违法行为的起算时点如何确定？

**案例：**某企业2016年4—6月取得增值税专用发票并抵扣，外地税务局2021年7月28日发来已证实虚开通知单，该企业所在地稽查局于2021年8月6日立案。该稽查局拟按虚开定性处理。问题是：该项行政处罚是否已经超过5年？

**答：**在税收实践中，违法行为的发现主体不限于对违法行为具有直接查处职责的机关。只要能够证明违法行为的线索已经进入国家公权力机关的视野，而不仅仅属于个人知悉的范围即应认定违法行为“被发现”。由于对违法行为的查处需要经历不断搜集证据、并逐步查明具体违法事实的过程，因此对于违法行为的发现，不应当以查明具体违法事实或者已经能够准确定性为前提，只要发现了违法行为的线索即视为“发现”。具体到发现日如何确定，存在以下几种观点：

第一种，考虑上游发现虚开的时间作为发现之日，但是《已证实虚开通知单》仅仅认定了外地上游企业虚开发票的违法行为，对本地企业而言，由于主体不同，动机不明，是否属于“虚开发票的违法行为”尚无法确定，不宜作为税务机关“发现”违法行为的日期。而且，上游机关查出案件，与下游税务机关分别为两个相互独立的案件，除非并案查处，不能直接将其他案件的违法行为之日直接作为本单位查处的稽查案件的违法行为发现日。

第二种，以税款损失确认之日作为发现之日，但是虚开行为在行政处理上只考虑行为发生，不考虑是否造成税款损失后果。不能将刑法上追究虚开增值税专用发票罪所考虑的税款损失，与行政法上认定虚开的判断标准混为一谈。

第三种，《税务检查通知书》的送达时间。由于此处已经立案查处，已经初步掌握一定违法线索，以此时间节点相对更科学，也更加符合实际。

第四种，《稽查工作底稿》上纳税人签字的时间。部分单位认为，此时证据比较准确充分，当事人也在税务稽查工作底稿上签字，但是需要注意的是，税务稽查底稿并非对外的税收执法文书，而且此类案件最终要经过稽查局集体审理，部分案件甚至还要经过重案审理才能最终确定，也有不确定性。

综上所述，结合税收实践，本书认为发现日应当是以《税务检查通知书》的送达时间为准较为稳妥。对照本案例时间主线，该案件处罚追责期已经超过5年，不宜进行处罚。

有人提出，如果以《关于纳税人取得虚开的增值税专用发票处理问题的通知》（国税发〔1997〕134号）规定，对利用虚开发票造成税款损失的，按偷税进行处罚，是否有可能造成增值税不处罚而企业所得税处罚的情形？这种可能性是存在的。由于违法行为的定性不同，带来违法行为发生日的确认时间节点也会相应发生改变。如果定性为虚开，只考虑虚开行为的实施，因此虚开专票行为的发生日应当是取得发票的当日。而对于偷税行为，必须考虑到偷税行为和偷税结果的同时达成，具体到增值税，应当是在纳税申报期申报抵扣当日；对于企业所得税，应当是汇算清缴申报成功之日。由于上述时间造成了税款的实际少缴或者不缴，此时定性为违法行为发生日更加准确。

## 问题17：税收征管系统中违法行为登记时间与《行政处罚法》立案时间如何衔接？

关于税收征管系统中违法行为登记时间与《行政处罚法》立案时间的衔接问题，需结合现行法律框架与实务操作逻辑作如下分析：

### 1. 税务执法程序存在的制度性差异

（1）稽查程序与普通行政处罚的二元结构。

税务稽查体系依据《税务稽查案源管理办法》等规定建立了案源登记、立案审批的完整程序，其立案条件与《行政处罚法》第五十四条具有明确的对应关系。而税源管理部门实施普通行政处罚时，现行规范并未设置独立的立案程序，通常以税收征管系统违法行为登记作为执法起点，形成程序设置的制度性空白。

（2）2024年发票管理规则修改的深层影响。

国家税务总局令第56号删除“应当立案查处”条款的立法考量，源于《行政处罚法》第五十四条确立的“应立尽立”原则与税收执法实践需求的平衡。修正后规则允许对未达立案标准的轻微违法适用简易程序或“首违不罚”，但衍生出违法行为登记与立案程序混同的新问题：若将系统登记直接视为立案，可能导致程序空转（如长期未处理案件）；若否认其立案效力，则面临程序正当性缺失的诘问。

2. 程序衔接的规范分析

（1）法律行为要件的实质性审查。

《行政处罚法》第六十条规定行政机关应当自立案之日起九十日内作出决定，此处的“立案”应理解为包含立案审批、法律文书制作等要式的法律行为。税收征管系统违法行为登记作为内部管理行为，若未经法定立案审批流程且未向相对人送达法律文书，难以构成完整的立案程序。

（2）纳税人权益保护的优先适用。

当程序规范存在解释空间时，应按照《行政处罚法》第五条“过罚相当”原则及第六条权利保障条款作有利于行政相对人的解释。对于未履行法定立案程序的案件，纳税人可依据《行政处罚法》第四十一条主张程序抗辩权。实务中已有司法判例认定“内部系统登记不能替代法定立案程序”。

3. 执法实践的风险防控路径

（1）程序补正机制的构建建议。

对于已进行违法行为登记但未正式立案的案件，税务机关宜建立“程序转化”机制：达到立案标准的应在登记后5个工作日内补办立案手续；登记之日起算的调查期限应参照《行政处罚法》规定；重大案件需通过执法公示系统进行程序回溯。

（2）执法文书体系的完善方向。

建议在税务行政处罚中增设“立案确认书”制度，明确规定：普通行政处罚案件应在调查前向相对人送达载明立案日期、案由的书面文件；适用简易程序的案件应在处罚决定书中特别注明“免予立案”的法律依据；建立违法行为登记台账与立案文书的双向索引机制。

4. 制度优化的前瞻性思考

（1）数字执法程序的法治化改造。

针对税收征管系统等电子政务平台，应通过部门规章明确：电子立案回执的法律效力；系统自动登记时间与人工确认时间的区分规则；超期未处理案件的系统预警及强制结案机制。

（2）行刑衔接程序的标准化建设。

对于可能涉嫌犯罪的税收违法案件，需在违法行为登记阶段即建立与刑事司法程序的衔接通道，确保《行政执法机关移送涉嫌犯罪案件的规定》第三条的“及时移送”义务在程序起点即得到贯彻。

综上，税收违法行为登记与行政处罚立案的时序关系，本质上是税收征管效率与行政处罚程序正义的价值平衡问题。在现行法律框架下，既不能简单将内部系统登记等同法律立案，亦不可因制度空白而减损当事人程序权利，应当通过规范解释与制度创新实现执法效能与法治原则的有机统一。

## 问题18：违反《税务登记管理办法》的行为是否适用《税收征管法》关于行政处罚追责期限五年的规定？

不适用。《行政处罚法》第三十六条规定：

> 违法行为在二年内未被发现的，不再给予行政处罚；涉及公民生命健康安全、金融安全且有危害后果的，上述期限延长至五年。法律另有规定的除外。

除了《税收征管法》，还有《中华人民共和国治安管理处罚法》（2005年8月28日第十届全国人民代表大会常务委员会第十七次会议通过 根据2012年10月26日第十一届全国人民代表大会常务委员会第二十九次会议《关于修改〈中华人民共和国治安管理处罚法〉的决定》修正）第二十二条规定：

> 违反治安管理行为在六个月内没有被公安机关发现的，不再处罚。前款规定的期限，从违反治安管理行为发生之日起计算；违反治安管理行为有连续或者继续状态的，从行为终了之日起计算。

"法律另有规定的除外"已经明确了必须是法律另有规定，如果是法律之下的行政法规、部门规章等的另有规定，则仍适用于一般条款，即二年的追责时效。如《税务登记管理办法》(2003年12月17日国家税务总局令第7号公布，根据2014年12月27日《国家税务总局关于修改〈税务登记管理办法〉的决定》、2018年6月15日《国家税务总局关于修改部分税务部门规章的决定》、2019年7月24日《国家税务总局关于公布取消一批税务证明事项以及废止和修改部分规章规范性文件的决定》修正)属于部门规章，其中第四十一条规定：

> 纳税人通过提供虚假的证明资料等手段，骗取税务登记证的，处2 000元以下的罚款；情节严重的，处2 000元以上10 000元以下的罚款。纳税人涉嫌其他违法行为的，按有关法律、行政法规的规定处理。

第四十二条规定：

> 扣缴义务人未按照规定办理扣缴税款登记的，税务机关应当自发现之日起3日内责令其限期改正，并可处以1 000元以下的罚款。

以上规定仍然受到二年的追责时效限制。

## 问题19：对未代扣代缴违法行为进行税务行政处罚，违法行为的起算时点如何确定？

**案例：**建筑公司对公账户收取6个借款的自然人项目集资款合计3 000万元，随即转入房地产开发公司对公账户作为投标施工工程保证金。该保证金当月被房地产开发公司占用缴纳了土地出让金，并约定年息20%支付借款利息（无书面合同），直至一年后房地产开发项目预售回款一次性还本付息（实际该项目后续未中标），共产生利息600万元按建筑企业要求打款给借款自然人账户，本金3 000万元原路径对公转账返还。上述利息支付在2018年5月18日，稽查局2023年3月14日启动查前调查，2023年5月16日立案，2023年5月20日下达正式检查通知书，2023年8月18日送达税务处理决定书。代扣代缴处罚是否超出5年追溯期？

**答：**个人所得税的代扣代缴人为建筑公司。凡税务机关认定对所得的支付对象和支付数额有决定权的单位和个人，即为扣缴义务人。

对于税款追征起算日及追征的截止日，根据《税收征管法实施细则》第八十三条规定：

> 补缴和追征税款、滞纳金的期限，自纳税人、扣缴义务人应缴未缴或者少缴税款之日起计算。

也就是说，追征期的起算时点应为税款缴纳期限届满之日，即日起税务机关可以行使相应权力。由于不同税种的纳税义务发生时间与纳税申报期限存在差异，所以我们应当区分具体情形来分别确定相应税款的追征期起算时点。根据人大常委会法制工作委员会关于《税收征管法》的释义，期限的计算方法从违法行为的发生之日起计算，有连续或者继续状态的，从该违法行为终了之日起计算。因此，对于行政处罚追责期终结之日应当为实际时长五年，而非单纯的考虑为横跨五个纳税年度。

第一种观点，以税务机关内部出具“税务稽查立案审批表”或者其他证明立案审批通过之日确定为发现日。但是此时税务机关大多数掌握的是问题线索，由于案件尚未查办结束，无法达到事实清楚、证据确凿，也很难证明纳税人确实存在应缴未缴、少缴税款的情况，在本案例中，以此立案时间确认为发现之日的话，问题在于此规定属于内部行政行为，对外部的证据证明力相对比较弱。

第二种观点，税务机关最早将纳税人涉嫌税收风险事项告知纳税人之日确定截止日，比如《税务检查通知书》送达时，在本案例中为2023年5月18日，此时该项税收违法行为仍然在追溯期内，本书认为，由于对违法行为的查处需要经历不断搜集证据并逐步查明具体违法事实的过程，因此对于违法行为的发现，也不应当以查明具体违法事实或者已经能够准确定性为前提，只要发现了违法行为的线索即为“发现”。由于此时已经有一定证据线索，并且《税务检查通知书》等已经送达，具有一定程度的客观外化，税务机关、纳税人都不能再随意解释，以此时间作为发现时点，相对比较合理。

第三种观点，终点即《税务处理决定书》送达时间。此时理论上，纳税人少缴税款的行为、金额都最终确定，此时确定追征截止日，对于稽查时间较长的案件，极可能导致税务机关超出追征期限，大大削弱了税务机关的税收执法刚性。

本书观点倾向于第二种观点。由于目前对此问题并无统一规定，因此在实践过程中，各地税务机关操作方式不尽相同，上述观点仅供参考。各单位对此类问题应当统一标准，否则，随意选取时间节点作为违法行为的发现日，恐有选择性执法之嫌。

**提示：**该案中如果扣缴义务人与纳税人约定税后利息，此时应当视为扣缴义务人有意隐瞒纳税信息，并通过虚假纳税申报方式造成少缴税款，此时对上述行为定性为偷税。

## 第二节　讲准定性适法的法理

本节解决行政相对人行为“违反什么法”的问题。以“事理”为基础，客观公正地分析当事人行为的性质，指明具体违反何法、何条、何款、何项的禁止性规定，构成什么违法行为，务必全面准确引述法律、法规的具体条文内容。案件定性适用，应当从违法行为构成要件入手阐明法理，特别是在法律规范冲突或者同一法律规范中法律条文冲突时，更应详加阐述相关法理。

### 专题3：法条适用

#### 问题20：税务部门能否对城镇垃圾处理费、残保金等非税收入进行处罚？

不能。目前法律、法规尚未明确税务部门可以对城镇垃圾处理费等非税收入违法违规行为实施行政处罚，在未得到法律、行政法规明确授权前，税务部门不得对缴费人实施行政处罚。

基层实践中，因为税收征管系统中对同一属期未申报违法违章记录统一抓取，因此在作出处罚决定书时会出现对同一属期增值税、城市维护建设税、教育费附加、地方教育附加、企业所得税等未申报信息均进行处罚。这种超范围超权限处罚显然是错误的。依据《行政诉讼法》的规定，行政行为有实施主体不具有行政主体资格或者没有依据等重大且明显违法情形，行政行为无效。税务部门对纳税人工会经费、地方水利建设基金、教育费附加、地方教育附加、文化事业建设费、城镇生活垃圾处置费等费种予以超权处罚，因执法主体没有职权依据，处罚行为存在重大且明显的违法情形，可以被认定为无效行政行为，无效的行政行为没有起诉期限的限制。

非税收入违法处置，是指对非税收入行政相对人违法的行为，由税务部门责令缴费人限期改正或对非税收入行政相对人的违法行为依法进行处理、处罚的过程。

缴费人未按规定缴纳城镇垃圾处理费的，由市、县住房和城乡建设（城市管理）等部门对单位可处以应缴城镇垃圾处理费三倍以下且不超过3万元的罚款，对个人可处以应缴城镇垃圾处理费三倍以下且不超过1 000元的罚款。城镇垃圾处理费的滞纳金按照各地城镇垃圾处理费相关收费管理办法执行。

《残疾人就业条例》（国务院令第488号）、《财政部 国家税务总局 中国残疾人联合会关于印发〈残疾人就业保障金征收使用管理办法〉的通知》（财税〔2015〕72号）规定，用人单位未按规定缴纳保障金的，按照《残疾人就业条例》的规定，由保障金征收机关提交财政部门，由财政部门予以警告，责令限期缴纳；逾期仍不缴纳的，除补缴欠缴数额外，还应当自欠缴之日起，按日加收5‰的滞纳金。滞纳金按照保障金入库预算级次缴入国库。

目前，税务部门可以对相关费种进行催报催缴，但是不能作出处罚决定，涉及不同行政部门的行政职权（职责），越权处罚会因重大且明显违法而致使行政行为无效或者因严重违法而被撤销。

下表列举了相关非税收入征收项目及设定依据。

| 非税收入征收项目 | 设定依据 |
| --- | --- |
| 国有土地使用权出让收入征收 | 1.《深化党和国家机构改革方案》第（四十六）条，改革国税地税征管体制<br>2.《中华人民共和国土地管理法》第五十五条<br>3.《中华人民共和国城市房地产管理法》第八条、第十六条<br>4.《中华人民共和国城镇国有土地使用权出让和转让暂行条例》第五十条<br>5.《国务院办公厅关于规范国有土地使用权出让收支管理的通知》（国办发〔2006〕100号）第一条<br>6.《财政部 自然资源部 税务总局 人民银行关于将国有土地使用权出让收入、矿产资源专项收入、海域使用金、无居民海岛使用金四项政府非税收入划转税务部门征收有关问题的通知》（财综〔2021〕19号）第一条 |

续表

| 非税收入征收项目 | 设定依据 |
| --- | --- |
| 土地闲置费征收 | 1.《深化党和国家机构改革方案》第（四十六）条，改革国税地税征管体制<br>2.《中华人民共和国土地管理法》第三十八条<br>3.《中华人民共和国城市房地产管理法》第二十六条<br>4.《财政部关于土地闲置费 城镇垃圾处理费划转税务部门征收的通知》（财税〔2021〕8号）第一条 |
| 教育费附加征收 | 1.《中华人民共和国教育法》第五十八条第一款<br>2.《征收教育费附加的暂行规定》第五条第一款 |
| 地方教育附加征收 | 1.《中华人民共和国教育法》第五十八条第二款<br>2.《财政部关于统一地方教育附加政策有关问题的通知》（财综〔2010〕98号）第一条 |
| 残疾人就业保障金征收 | 1.《残疾人就业条例》第十六条第一款<br>2.《残疾人就业保障金征收使用管理办法》（财税〔2015〕72号）第九条第一款 |
| 文化事业建设费征收 | 1.《国务院关于进一步完善文化经济政策的若干规定》（国发〔1996〕37号）第一条第（二）项<br>2.《国务院关于支持文化事业发展若干经济政策的通知》（国发〔2000〕41号）第一条第（二）项<br>3.《财政部 国家税务总局关于营业税改征增值税试点有关文化事业建设费政策及征收管理问题的通知》（财税〔2016〕25号）第八条<br>4.《财政部 国家税务总局关于营业税改征增值税试点有关文化事业建设费政策及征收管理问题的补充通知》（财税〔2016〕60号）第一条 |
| 矿产资源专项收入征收 | 1.《深化党和国家机构改革方案》第（四十六）条，改革国税地税征管体制<br>2.《中华人民共和国矿产资源法》第五条<br>3.《矿业权出让收益征收办法》（财综〔2023〕10号）第五条<br>4.《财政部 自然资源部 税务总局 人民银行关于将国有土地使用权出让收入、矿产资源专项收入、海域使用金、无居民海岛使用金四项政府非税收入划转税务部门征收有关问题的通知》（财综〔2021〕19号）第一条 |
| 水土保持补偿费征收 | 1.《深化党和国家机构改革方案》第（四十六）条，改革国税地税征管体制<br>2.《中华人民共和国水土保持法》第三十二条第二款<br>3.《财政部关于水土保持补偿费等四项非税收入划转税务部门征收的通知》（财税〔2020〕58号）第一条 |
| 油价调控风险准备金征收 | 1.《深化党和国家机构改革方案》（四十六）改革国税地税征管体制<br>2.《油价调控风险准备金征收管理办法》（财税〔2016〕137号）第九条<br>3.《财政部关于将国家重大水利工程建设基金等政府非税收入项目划转税务部门征收的通知》(财税〔2018〕147号）第一条 |

续表

| 非税收入征收项目 | 设定依据 |
|---|---|
| 可再生能源发展基金征收 | 1.《深化党和国家机构改革方案》第（四十六）条，改革国税地税征管体制<br>2.《中华人民共和国可再生能源法》第二十四条<br>3.《财政部 国家发展改革委 国家能源局关于印发〈可再生能源发展基金征收使用管理暂行办法〉的通知》（财综〔2011〕115号）<br>4.《财政部关于将国家重大水利工程建设基金等政府非税收入项目划转税务部门征收的通知》(财税〔2018〕147号)第一条 |
| 国家重大水利工程建设基金征收 | 1.《深化党和国家机构改革方案》第（四十六）条，改革国税地税征管体制<br>2.《国家重大水利工程建设基金征收使用管理暂行办法》（财综（2009）90号印发）第八条<br>3.《财政部关于将国家重大水利工程建设基金等政府非税收入项目划转税务部门征收的通知》(财税〔2018〕147号）第一条<br>4.《财政部关于国家重大水利工程建设基金、水利建设基金划转税务部门征收的通知》（财税〔2020〕9号）第一条 |
| 中央水库移民扶持基金（含大中型水库移民后期扶持基金、跨省际大中型水库库区基金、三峡水库库区基金）征收 | 1.《深化党和国家机构改革方案》第（四十六）条，改革国税地税征管体制<br>2.《国务院关于完善大中型水库移民后期扶持政策的意见》（国发〔2006〕17号）第（八）条，扶持资金筹集<br>3.《财政部关于取消、停征和整合部分政府性基金项目等有关问题的通知》（财税〔2016〕11号）第五条<br>4.《财政部关于将国家重大水利工程建设基金等政府非税收入项目划转税务部门征收的通知》(财税〔2018〕147号)第一条 |
| 地方水库移民扶持基金（含省级大中型水库库区基金、小型水库移民扶助基金）、三峡电站水资源费征收 | 1.《深化党和国家机构改革方案》第（四十六）条，改革国税地税征管体制<br>2.《取水许可和水资源费征收管理条例》第三条第三款<br>3.《国务院关于完善大中型水库移民后期扶持政策的意见》（国发〔2006〕17号）第（八）条，扶持资金筹集<br>4.《财政部关于取消、停征和整合部分政府性基金项目等有关问题的通知》（财税〔2016〕11号）第五条<br>5.《财政部关于将国家重大水利工程建设基金等政府非税收入项目划转税务部门征收的通知》(财税〔2018〕147号)第一条<br>6.《财政部关于水土保持补偿费等四项非税收入划转税务部门征收的通知》（财税〔2020〕58号）第一条 |

续表

| 非税收入征收项目 | 设定依据 |
| --- | --- |
| 水利建设基金征收 | 1.《深化党和国家机构改革方案》第（四十六）条，改革国税地税征管体制<br>2.《中华人民共和国防洪法》第五十一条<br>3.《财政部关于国家重大水利工程建设基金、水利建设基金划转税务部门征收的通知》（财税〔2020〕9号）第一条 |
| 防空地下室易地建设费征收 | 1.《深化党和国家机构改革方案》（四十六）改革国税地税征管体制<br>2.《中共中央 国务院 中央军委关于加强人民防空工作的决定》第9项<br>3.《财政部关于水土保持补偿费等四项非税收入划转税务部门征收的通知》（财税〔2020〕58号）第一条 |
| 生活垃圾处理费征收 | 1.《深化党和国家机构改革方案》（四十六）改革国税地税征管体制<br>2.《中华人民共和国固体废物污染环境防治法》第五十八条<br>3.《财政部关于土地闲置费城镇垃圾处理费划转税务部门征收的通知》（财税〔2021〕8号）第一条 |
| 排污权出让收入征收 | 1.《深化党和国家机构改革方案》第（四十六）条，改革国税地税征管体制<br>2.《国务院办公厅关于进一步推进排污权有偿使用和交易试点工作的指导意见》（国办发〔2014〕38号）第（七）条，加强排污权出让收入管理<br>3.《财政部关于水土保持补偿费等四项非税收入划转税务部门征收的通知》（财税〔2020〕58号）第一条 |
| 森林植被恢复费征收 | 1.《深化党和国家机构改革方案》第（四十六）条，改革国税地税征管体制<br>2.《中华人民共和国森林法》第三十七条第二款<br>3.《中华人民共和国森林法实施条例》第十六条<br>4.《财政部 国家林业局关于印发〈森林植被恢复费征收使用管理暂行办法〉的通知》（财综〔2002〕73号）<br>5.《财政部关于将森林植被恢复费、草原植被恢复费划转税务部门征收的通知》（财税〔2022〕50号）第一条 |

## 问题21：登记经营者与实际经营者不一致，应该对谁进行处罚？

**案例：**王某一家四口于2023年5月2日在某市“老牛土菜馆”（个体工商户）进行用餐，消费金额共计400元，在付账之后，王某要求该饭店开具发票。该店负责人李某以没有领购发票为由予以拒绝。双方意见不一致，王某交涉未果，通过12366向税务机关实名举报。税务机关经立案调查核实，查证王某举报反映的情况属实。在告知该土菜馆对于其应开具而未开具发票的行为，税务机关有权依法给予处罚时，土菜馆实际经营人李某辩解称：该土菜馆组织机构代码证登记的业主是牛某，自己只是替牛某经营饭店。真正应该承担处罚后果的人是老牛。在税务机关对牛某进行下一步调查核实后，牛某以“自己将饭店转让给李某，李某是实际经营人，未开具发票也是找他，自己并不知情”进行解释，同时也向税务机关提交了他与李某之间的转让协议。该协议规定：牛某从2021年3月1日起将饭店一并转让给李某经营，转让金额为4万元/年。转让期为5年，转让期间税费、卫生费等其他费用由李某自理，牛某对此不负责。据此，税务机关认定李某是该饭店的实际经营人。

首先，根据《个体工商户条例》（国务院令第596号）第十条规定：

> 个体工商户登记事项变更的，应当向登记机关申请办理变更登记。
>
> 个体工商户变更经营者的，应当在办理注销登记后，由新的经营者重新申请办理注册登记。家庭经营的个体工商户在家庭成员间变更经营者的，依照前款规定办理变更手续。

因此，除家庭经营之外，个体工商户应由公民个人经营，以个人财产承担责任，且个体工商户不得转让，新的经营者只能在前一经营者办理注销登记后重新申请办理注册登记。牛某转让个体工商户经营权的行为并未完成法律形式变动，作为法律意义上的业主，牛某还应对该店的行为承担责任。那么牛某以“土菜馆已经转让，并不是实际经营人，李某的行为与自己无关”的理由进行抗辩不能成立。

**补充说明：**《促进个体工商户发展条例》（国务院令第755号）自2022年11月1日起施行，第十三条规定：

> 个体工商户可以自愿变更经营者或者转型为企业。变更经营者的，可以直接向市场主体登记机关申请办理变更登记。涉及有关行政许可的，行政许可部门应当简化手续，依法为

个体工商户提供便利。

个体工商户变更经营者或者转型为企业的，应当结清依法应缴纳的税款等，对原有债权债务作出妥善处理，不得损害他人的合法权益。

变更经营者需要办理变更登记手续，在没有完成手续之前，对于税务机关来说，应当尊重法律登记，而非依据合同确定违法行为主体。这里涉及各类民事转让合同性质、效力是否属于税务机关审查范围的行政职能问题，按照最高人民法院的裁判意见，民商事合同的效力问题，不属于税务机关的行政职责范围，只有人民法院或者仲裁机构有权对合同效力作出认定。至于合同交易性质，税务机关可以依据行政职权作出税法层面的独有认定，并非一定需与当事人的主张一致，但是，如果人民法院已有生效认定的情况，宜予以尊重。

有法律人士认为，根据《最高人民法院关于执行〈中华人民共和国行政诉讼法〉若干问题的解释》第九十七条规定：

人民法院审理行政案件，除依照行政诉讼法和本解释外，可以参照民事诉讼的有关规定。

参照《关于适用〈中华人民共和国民事诉讼法〉若干问题的意见》第四十六条第二款的规定：

营业执照上登记的业主与实际经营者不一致的，以业主和实际经营者为共同诉讼人。

两者属于必要共同诉讼人，对外承担连带责任，由此税务机关既可以将营业执照登记的业主或实际经营人作为处罚对象，也可以将他们共同列为行政处罚相对人。

这种理解并不妥当。行政法律关系与民事法律关系的属性不同，各有运行规律。涉及行政管理、行政处理、行政处罚等单方高权领域，需要首先识别行政法律关系的相对人，识别行政管理相对人需要依据相应管理领域的行政法律规范。确认民事法律关系的相对人、列明民事诉讼的被告，主要依据《中华人民共和国民法典》《民事诉讼法》及司法解释。根据《税收征管法》第四条规定，法律、行政法规规定负有纳税义务的单位和个人为纳税人。同时该法条规定，纳税人、扣缴义务人必须依照法律、行政法规的规定缴纳税款、代扣代缴、代收代缴税款。《发票管理办法》第十八条规定：

销售商品、提供服务以及从事其他经营活动的单位和个人，对外发生经营业务收取款项，收款方应当向付款方开具发票；特殊情况下，由付款方向收款方开具发票。

本案提供服务的主体是"老牛土菜馆"，交易发生在"老牛土菜馆"与消费者之间，"老牛土菜馆"是纳税人，应当依法开具发票，至于"老牛土菜馆"是否发生了经营者的变动，应当以法律登记的内容为准，没有办理工商变更、税务变更手续的，对相关行政机关来说，仍需尊重法律登记形式，民商事合同原则上不能对抗服务于行政管理效率目的的法律形式，否则，法律设置各类行政登记的管理目的就被架空。综合前述，本案的行政管理相对人、纳税人只有一个，即"老牛土菜馆"。李某是民事合同的受让人，但不是行政管理的行政相对人，自然不能成为行政行为的直接对象。由于李某不开具发票所造成的罚款，应当由谁终局负担，转让双方协商不成的，可由人民法院依法处理，而非税务机关裁定。

站在消费者角度，如果因餐饮服务发生平等主体之间的民事法律纠纷，其可以将业主和实际经营者作为共同诉讼人。不能简单将民事诉讼的被告确认规则，平移至税务行政处罚中，进而将实际经营者李某作为处理对象。实践中，可以参照市场监督部门做法，个体工商户作为当事人时，行政机关在制作《行政处罚决定书》时，应当按有关自然人的规定执行。但有字号的，以字号名称为当事人名称，同时填写经营者姓名、身份证件号码，税务机关只能依据税务管理权限，对老牛土菜馆进行税务行政处罚。

## 问题22：无证无照经营者不申报缴税，如何处理处罚？兼谈《税收征管法》第六十四条第二款罚则的适用。

**案例**：2023年2月6日，某市税务局稽查局（以下简称“稽查局”）收到吴某举报曹某“偷税漏税”相关材料。材料显示，曹某2020年8月开始给举报人吴某及其他人经营的超市配送货物，2020年8月到2021年12月往来账目达300多万元。

稽查局立案检查，曹某提供了微信收付款交易流水，并对吴某等提供的数据进行了确认，认可其提供的材料数据。经查实：2020年7月至12月，曹某收取配货销售款566 372.12元。2021年度，曹某收取配货销售款2 233 495元。

曹某作为无证无照经营者，在经营期间没有记账，无法提供检查所属期间成本费用实际支出情况。

**处理结果**：

1.作出处理决定书（税款部分）

（1）针对“未申报缴纳增值税、城市维护建设税、教育费附加、地方教育附加”部分。

曹某在2020年7月至12月期间取得销售货物款566 372.12元，对应月销售额均在10万元以下，根据当时月销售额10万元以下的增值税小规模纳税人免征增值税的政策规定，曹某享受免税政策。

曹某在2021年12月未申报销售货物款2 233 495元，远超月销售额15万元的临界点（已由文件调高），造成未缴增值税：2 233 495 ÷（1+1%）× 1%=22 113.81（元）。

城市维护建设税：以增值税为计税依据，税率为5%，因曹某为小规模纳税人，减半征收为2.5%（50% × 5%），计算出城市维护建设税552.85元。另计算出教育费附加331.71元，地方教育附加221.14元。

（2）针对“未申报缴纳个人所得税”部分。

曹某属于无证无照经营者，不属于个体工商户，属于“个人从事其他生产、经营活动取得的所得”，不得享受减半征收个人所得税的税收优惠政策。

其间，曹某不能提供成本费用实际支出情况，根据《中华人民共和国个人所得税法实施条例》第十五条第三款的规定，核定征收个人所得税。按照《安徽省个人所得税核定征收暂行办法》，针对“商业5%—20%”应税所得率，适用5%的应税所得率计算应纳所得税额。

2020年度应补缴个人所得税566 372.12÷（1+1%）×5%（应税所得率）×5%（适用税率）=1 401.91（元）。

2021年度应补缴个人所得税2 233 495÷（1+1%）×5%（应税所得率）×20%（适用税率）−10 500（速算扣除数）=11 613.81（元）。

综合以上检查情况及发现的问题，稽查局对曹某下达《税务事项通知书》，要求其对2020年及2021年的业务进行纳税申报，曹某积极配合申报，并补缴全部税费款及滞纳金36 235.23元。

### 2.作出处罚决定书（罚款部分）

稽查局根据《税收征管法》第六十四条第二款，参照本区域行政处罚裁量基准，对曹某不进行申报增值税22 113.81元、城市建设维护税552.85元合计22 666.66元处以50%的罚款11 333.33元。

**案件解析：**

### 1.案情分析

（1）无证无照经营者可享受小规模纳税人的优惠，但是不能享受个体工商户个人所得税的优惠。小规模纳税人包括其他个人，无证无照经营者可归为其他个人，享受增值税月销售额10万元或15万元以下免征增值税，以及在50%的税额幅度内减征城市维护建设税、教育费附加、地方教育附加的税收优惠。

个人所得税中的“经营所得”划分为“个体工商户从事生产、经营活动取得的所得”“个人从事其他生产、经营活动取得的所得”等，虽然个体工商户不区分征收方式，均可享受个人所得税减半政策，但是也明确限定为个体工商户，本案中曹某作为无证无照经营者，不属于个体工商户，因此不能享受个人所得税减半优惠政策。

（2）《税收征管法》第六十三条与第六十四条第二款的适用问题。《国家税务总局办公厅关于税收征管法有关条款规定的复函》（国税办函〔2007〕647号）明确，《税收征管法》第六十四条第二款规定的“纳税人不进行纳税申报，不缴或者少缴应纳税款的，由税务机关追缴其不缴或者少缴的税款、滞纳金，并处不缴或者少缴的税款百分之五十以上五倍以下的罚款”是与《税收征管法》第六十三条的规定相区别，适用第六十三条规定之外的未办理税务登记的纳税人在发生纳税义务以后不进行纳税申报，从而造成不缴或者少缴税款结果的情形。

《国家税务总局关于未申报税款追缴期限问题的批复》（国税函〔2009〕326号）明确，“税收征管法第六十四条第二款规定的纳税人不进行纳税申报造成不缴或少缴应纳税款的情形不属于偷税、抗税、骗税，其追征期按照税收征管法第五十二条规定的精神，一般为三年，特殊情况可以延长至五年”。

税收征管法第六十四条第二款有三个核心要素，一是主体方面属于“未办理税务登记的纳税人”，二是客观方面“不进行纳税申报”，三是造成了不缴或者少缴应纳税款的后果。

本案中，曹某属于“未办理税务登记的纳税人”，案发前一直不进行纳税申报。在被举报后能够积极配合检查，积极申报，主动补缴税款，所以稽查局没有以《税收征管法》第六十三条“偷税”进行处罚，而是以《税收征管法》第六十四条第二款进行处罚。如果曹某经税务机关通知仍拒不申报，不缴或者少缴税款的，则属偷税行为，应当按照《税收征管法》第六十三条的规定进行处罚。

2.法律适用

《财政部 税务总局关于实施小微企业普惠性税收减免政策的通知》（财税〔2019〕13号）第一条规定：

对月销售额10万元以下（含本数）的增值税小规模纳税人，免征增值税。

第三条规定：

由省、自治区、直辖市人民政府根据本地区实际情况，以及宏观调控需要确定，对增值税小规模纳税人可以在50%的税额幅度内减征资源税、城市维护建设税、房产税、城镇土地使用税、印花税（不含证券交易印花税）、耕地占用税和教育费附加、地方教育附加。

该通知执行期限为2019年1月1日至2021年12月31日。

《财政部 税务总局关于明确增值税小规模纳税人免征增值税政策的公告》（财政部 税务总局公告2021年第11号）规定：

自2021年4月1日至2022年12月31日，对月销售额15万元以下（含本数）的增值税小规模纳税人，免征增值税。

《财政部 税务总局关于支持个体工商户复工复业增值税政策的公告》（财政部 税务总局公告2020年第13号）规定：

除湖北省外，其他省、自治区、直辖市的增值税小规模纳税人，适用3%征收率的应税销售收入，减按1%征收率征收增值税；适用3%预征率的预缴增值税项目，减按1%预征率预缴增值税。

后连续多个文件对该税收优惠政策实施期限进行了延长。

《中华人民共和国个人所得税法实施条例》第六条规定：

个人所得税法规定的各项个人所得的范围：（五）经营所

得，是指：4.个人从事其他生产、经营活动取得的所得。

第十五条第三款规定：

从事生产、经营活动，未提供完整、准确的纳税资料，不能正确计算应纳税所得额的，由主管税务机关核定应纳税所得额或者应纳税额。

《国家税务总局关于落实支持小型微利企业和个体工商户发展所得税优惠政策有关事项的公告》（国家税务总局公告2021年第8号）规定：

二、关于个体工商户个人所得税减半政策有关事项

（一）对个体工商户经营所得年应纳税所得额不超过100万元的部分，在现行优惠政策基础上，再减半征收个人所得税。个体工商户不区分征收方式，均可享受。

《税收征管法》第六十四条第二款规定：

纳税人不进行纳税申报，不缴或者少缴应纳税款的，由税务机关追缴其不缴或者少缴的税款、滞纳金，并处不缴或者少缴的税款百分之五十以上五倍以下的罚款。

### 3.示范效应

对无证无照经营者曹某进行了税务稽查，并作出了相应的处理处罚意见，本案不仅揭示了税务管理的重要性，也为我们提供了对税法和税务实践深入理解的契机。

（1）漠视法规无证经营，终受罚款惩戒。法律、行政法规规定负有纳税义务的单位和个人为纳税人。纳税人必须依照法律、行政法规的规定缴纳税款。无证无照经营者如发生纳税行为应积极申报纳税，不得因无证无照脱离税收监管，否则在事后补缴税款、滞纳金的同时还要受到税务行政处罚的惩戒。

（2）加强个体税收管理，实现征管协同。税务部门在做好服务招商引资企业、加强重点税源企业及重点项目跟踪管理的同时，抓大不放小，要着重加强个体工商户管理，深入各乡镇街道开展漏征漏管户的清理检查，有针对性地开展税收宣传，并发动社会力量共同监督个体工商户无证经营或偷漏税的行为，落实税费征管和服务保障办法，与各乡镇街道、社区、市场管理等协税护税部门配合，形成合力，从“集中宣传，堵塞漏洞，狠抓管理”三方面入手切实加强个体税收征收管理。

## 问题23：防伪税控设备丢失，是否需要进行税务行政处罚？

针对“丢失税控装置行为处罚”问题，《发票管理办法》并无直接对应条款罚款，是否处罚需要具体分析。

《增值税防伪税控系统管理办法》《增值税专用发票使用规定》两份文件先后对未按规定保管专用发票和专用设备进行了界定。但是《增值税防伪税控系统管理办法》列举的“因保管不善或擅自拆装专用设备造成系统不能正常运行”，指的是税控设备无法运转而非丢失，“携带系统外出开具专用发票”指的是异地开票，两类情形无法涵盖丢失防伪税控设备这一类行为。而《增值税专用发票使用规定》设定了“未设专人保管专用发票和专用设备，或未按税务机关要求存放专用发票和专用设备”两个条件，对应的是“不得领购开具专用发票”的责任。

丢失情形还存在不可抗力等外在因素导致的丢失，不能一概而论必须进行处罚。

相关依据原文：

《国家税务总局关于印发〈增值税防伪税控系统管理办法〉的通知》（国税发〔1999〕221号）规定：

> 第三十二条　税务机关用两卡应由专人使用保管，使用或保管场所应有安全保障措施。发生丢失、被盗的，应立即

报公安机关侦破追缴，并报上级税务机关进行系统处理。

第三十五条　防伪税控企业应采取有效措施保障开票设备的安全，对税控IC卡和专用发票应分开专柜保管。

第四十一条　防伪税控企业未按规定使用保管专用设备，发生下列情形之一的，视同未按规定使用和保管专用发票处罚：

（一）因保管不善或擅自拆装专用设备造成系统不能正常运行；

（二）携带系统外出开具专用发票。

**《国家税务总局关于修订〈增值税专用发票使用规定〉的通知》（国税发〔2006〕156号）：**

第八条　一般纳税人有下列情形之一的，不得领购开具专用发票：

（一）会计核算不健全，不能向税务机关准确提供增值税销项税额、进项税额、应纳税额数据及其他有关增值税税务资料的。

上列其他有关增值税税务资料的内容，由省、自治区、直辖市和计划单列市国家税务局确定。

（二）有《税收征管法》规定的税收违法行为，拒不接受税务机关处理的。

（三）有下列行为之一、经税务机关责令限期改正而仍未改正的：

1. 虚开增值税专用发票；

2. 私自印制专用发票；

3. 向税务机关以外的单位和个人买取专用发票；

4. 借用他人专用发票；

5. 未按本规定第十一条开具专用发票；

6. 未按规定保管专用发票和专用设备；

7. 未按规定申请办理防伪税控系统变更发行；

8. 未按规定接受税务机关检查。有上列情形的，如已领购专用发票，主管税务机关应暂扣其结存的专用发票和IC卡。

第九条 有下列情形之一的，为本规定第八条所称未按规定保管专用发票和专用设备：

（一）未设专人保管专用发票和专用设备；

（二）未按税务机关要求存放专用发票和专用设备；

（三）未将认证相符的专用发票抵扣联、《认证结果通知书》和《认证结果清单》装订成册；

（四）未经税务机关查验，擅自销毁专用发票基本联次。

## 问题24：经税务机关通知申报而拒不申报？不进行纳税申报？如何区分《税收征管法》第六十三条第一款与第六十四条第二款规定？

《税收征管法》第六十三条第一款规定：

纳税人伪造、变造、隐匿、擅自销毁账簿、记账凭证，或者在账簿上多列支出或者不列、少列收入，或者经税务机关通知申报而拒不申报或者进行虚假的纳税申报，不缴或者少缴应纳税款的，是偷税。对纳税人偷税的，由税务机关追缴其不缴或者少缴的税款、滞纳金，并处不缴或者少缴的税款百分之五十以上五倍以下的罚款；构成犯罪的，依法追究刑事责任。

《税收征管法》第六十四条第二款规定：

纳税人不进行纳税申报，不缴或者少缴应纳税款的，由税务机关追缴其不缴或者少缴的税款、滞纳金，并处不缴或者少缴的税款百分之五十以上五倍以下的罚款。

由此可见，纳税人违反《税收征管法》第六十三条“经税务机关通知申报而拒不申报”，造成不缴或者少缴应纳税款的，不仅要按偷税行为进行处理，构成犯罪的，还要移送司法机关按逃税罪处理。而纳税人违反《税收征管法》第六十四条“不进行纳税申报”，造成不缴或者少缴应纳税款的，则要按照与偷税行为一致的处罚标准进行处理。

依据《税收征管法》第二十五条规定，进行纳税申报是纳税人应尽的法定义务。只要纳税人在规定期限内未进行纳税申报的，都是属于违反税收法规的行为，应当受到法律的处罚和制裁。然而，同样是“未进行纳税申报”，由于纳税人所处情形和环境不同，应当承担法律后果有所不同，因此，《税收征管法》把“未进行纳税申报”分为“经税务机关通知申报而拒不申报”和“不进行纳税申报”两种情形，没有所谓不如实申报、部分或者全部申报的规定。

什么是“经税务机关通知申报而拒不申报”呢？这涉及对于税务机关行为的认定。

所谓“经税务机关通知申报而拒不申报”，是指纳税人主观明知故犯的恶意行为，主要包括：纳税人已进行税务登记的、税务机关已经依法书面通知（含在公共媒体和网站上进行通告的）等情形。

所谓“不进行纳税申报”，在是指纳税人发生了客观非恶意行为，主要包括：纳税人按税收规定不需要办理税务登记的、属于非日常申报税目的、税务机关未履行通知提示义务的、税务机关其他失职行为等情形。

为什么同样是纳税人在规定期限内未进行纳税申报，会区分两种不同情形并不同处理呢？因为按照《税收征管法》规定，税务机关承担了税收管理的法律责任，如果税务机关没有履行“管理责任”，所产生的法律责任不应当完全由纳税人承担。

《国家税务总局办公厅关于税收征管法有关条款规定的复函》（国税办函〔2007〕647号）明确，《税收征管法》第六十四条第二款规定的“纳税人不进行纳税申报，不缴或者少缴应纳税款的，由税务机关追缴其不缴或者少缴的税款、滞纳金，并处不缴或者少缴的税款百分之五十以上五倍以下的罚款”是与《税收征管法》第六十三条的规定相区别，适用第六十三条规定之外的未办理税务登记的纳税人在发生纳税义务以后不进行纳税申报，从而造成不缴或者少缴税款结果的情形。

《国家税务总局关于未申报税款追缴期限问题的批复》(国税函〔2009〕326号)明确:

> 税收征管法第六十四条第二款规定的纳税人不进行纳税申报造成不缴或少缴应纳税款的情形不属于偷税、抗税、骗税,其追征期按照税收征管法第五十二条规定的精神,一般为三年,特殊情况可以延长至五年。

还需要指出的是,如果纳税人在规定的申报期限内未进行纳税申报,但是在纳税期限届满前足额缴纳税款,未造成不缴或者少缴税款的后果的,应当按照《税收征管法》第六十二条的规定进行处罚。如果纳税人在规定的期限内未进行纳税申报,经税务机关通知仍拒不申报,不缴或者少缴税款的,属偷税行为,应当按照《税收征管法》第六十三条的规定进行处罚。

参考《最高人民法院 最高人民检察院关于办理危害税收征管刑事案件适用法律若干问题的解释》(法释〔2024〕4号)第一条规定:

> 具有下列情形之一的,应当认定为刑法第二百零一条第一款规定的“不申报”:
>
> (一)依法在登记机关办理设立登记的纳税人,发生应税行为而不申报纳税的;
>
> (二)依法不需要在登记机关办理设立登记或者未依法办理设立登记的纳税人,发生应税行为,经税务机关依法通知其申报而不申报纳税的;
>
> (三)其他明知应当依法申报纳税而不申报纳税的。
>
> 扣缴义务人采取第一、二款所列手段,不缴或者少缴已扣、已收税款,数额较大的,依照刑法第二百零一条第一款的规定定罪处罚。扣缴义务人承诺为纳税人代付税款,在其向纳税人支付税后所得时,应当认定扣缴义务人“已扣、已收税款”。

下面用一则案例直观阐释两者之间区别：

案例通报：

梅某某：从A区财政部门取得个人所得税奖励款未申报缴纳2018年5月30日至2021年8月30日个人所得税，A区政府按照产业扶持相关政策将代扣代缴个人所得税地方政府分成部分，分别由经济开发区管理委员会、镇财政所分6笔，向你个人支付个人所得税奖励款共计3 083 904.46元，支付方开发区管理委员会、镇财政所未代扣代缴个人所得税，你未在法定纳税期内就上述取得的个税奖励款申报缴纳偶然所得个人所得税。

处罚结果：

1.你取得个人所得税奖励款、政府奖励款及劳务报酬所得，未在法定期限内申报缴纳个人所得税款653 224.89元、增值税80.21元、城市维护建设税4.59元，共计653 309.69元。

根据《中华人民共和国税收征收管理法》（中华人民共和国主席令第23号修正）第六十四条第二款之规定，对你不进行纳税申报少缴税款653 309.69元的行为，处二倍罚款，计1 306 619.38元。

2.你取得劳务报酬款，在次年综合所得汇算时采取少报收入的手段导致少缴个人所得税271.85元，根据《中华人民共和国税收征收管理法》（中华人民共和国主席令第23号修正）第六十三条第一款之规定，对你采取少报收入导致少缴税款271.85元的行为，处一倍罚款，计271.85元。

案例解析：

在梅某某的案例中，税务机关对其两个不同违法行为适用了不同的法律条款进行处罚，原因在于两种行为的性质和法律构成要件不同：

1. 未申报个人所得税奖励款。

行为性质：梅某某未在法定期限内申报个人所得税奖励款、政府奖励款及劳务报酬所得，属于“不进行纳税申报”导致的少缴税款。

法律依据：《税收征管法》第六十四条第二款规定，纳税人不进行纳税申报、不缴或少缴税款的，税务机关追缴税款、滞纳金，并处以50%以上5倍以下罚款。本案中，税务机关裁量处以2倍罚款。

关键点：该行为属于"消极不申报"，未主动履行申报义务，但无证据表明其故意伪造、隐瞒收入。

2. 少报劳务报酬收入。

行为性质：梅某某在次年综合所得汇算时采取少报收入的手段，属于"虚假申报"，构成偷税。

法律依据：《税收征管法》第六十三条第一款规定，对偷税行为（如虚假申报、隐匿收入等），税务机关追缴税款、滞纳金，并处以50%以上5倍以下罚款。本案中，税务机关裁量处以1倍罚款。

关键点：该行为属于"积极造假"，即通过虚假申报故意少缴税款，符合偷税的构成要件。

3. 为何处罚倍数不同？

裁量权因素：税务机关在法定幅度内（50%—5倍）根据情节轻重、主观恶意程度、社会危害性等裁量处罚倍数。未申报行为（第六十四条）可能被视为过失或管理疏漏，故处罚较轻（2倍）；而偷税行为（第六十三条）因主观恶意明显，但少缴金额较小（271.85元），可能从轻处罚（1倍）。

政策导向：对偷税行为通常处罚更严厉，但具体案件中金额微小、配合调查等因素可能降低罚款倍数。

4. 总结

未申报（第六十四条）：因未履行申报义务，按"不申报"处理，处罚相对较轻。

虚假申报（第六十三条）：因存在主观故意和欺骗手段，构成偷税，处罚更重，但本案因金额小可能从轻。

核心区别：是否采取欺骗、隐瞒手段逃避纳税义务，决定了适用条款和处罚严厉程度。

## 问题25：某企业会计由于工作疏忽，有时会出现个别所得应扣未扣个人所得税和个别月份未把已扣税款向税务机关解缴的情况。对于这两种行为，税法上规定要承担什么责任？税务机关如何进行处罚？

（1）个人所得税扣缴义务人的法律责任。

《个人所得税法》第九条规定：

> 个人所得税以所得人为纳税人，以支付所得的单位或者个人为扣缴义务人。

《税收征管法》第四条规定：

> 法律、行政法规规定负有代扣代缴、代收代缴税款义务的单位和个人为扣缴义务人。纳税人、扣缴义务人必须依照法律、行政法规的规定缴纳税款、代扣代缴、代收代缴税款。

（2）扣缴义务人应扣未扣税款的，给予处罚，不加收滞纳金。

**股东借款年终未还案例：**某公司股东曹某个人2021年至2022年向公司借款，纳税年度终了未归还175 302 099.66元，且未用于企业生产经营，根据《财政部 国家税务总局关于规范个人投资者个人所得税征收管理的通知》（财税〔2003〕158号）规定：

> 纳税年度内个人投资者从其投资企业（个人独资企业、合伙企业除外）借款，在该纳税年度终了后既不归还，又未用于企业生产经营的，其未归还的借款可视为企业对个人投资者的红利分配，依照“利息、股息、红利所得”项目计征个人所得税。

应代扣代缴个人所得税35 060 419.93元，未代扣代缴。

根据《个人所得税法》第一条、第二条、第三条、第八条，《税收征管法》第六十九条,《国家税务总局关于贯彻〈中华人民共和国税收征收管理法〉及其实施细则若干具体问题的通知》(国税发〔2003〕47号)第二条规定，对某公司未履行法定代扣代缴义务，造成应扣未扣股东曹某个人向公司借款纳税年度终了未归还，且未用于公司生产经营的“利息、股息、红利所得”个人所得税35 060 419.93元，处以0.5倍的罚款，即17 530 209.97元。

**民间借贷案例：**2019年10月1日，借款人曹某向出借人吴某借款3 000万元，借款利息为月息20%，借款期限为2019年10月至2021年10月1日。借款期限内，借款人曹某向出借人吴某支付利息630万元。曹某未按税法规定代扣代缴个人所得税。

2022年1月21日，某市税务局稽查局认定吴某收取利息630万元利息，未申报纳税，补缴增值税及附加环节税费，并补缴个人所得税1 247 524.75元。

根据《个人所得税法》(根据2018年8月31日第十三届全国人民代表大会常务委员会第五次会议《关于修改〈中华人民共和国个人所得税法〉的决定》第七次修正)第九条“个人所得税以所得人为纳税人，以支付所得的单位或者个人为扣缴义务人”之规定，曹某未按税法规定代扣代缴个人所得税。

根据《税收征管法》第六十九条“扣缴义务人应扣未扣、应收而不收税款的，由税务机关向纳税人追缴税款，对扣缴义务人处应扣未扣、应收未收税款百分之五十以上三倍以下的罚款”之规定，拟对曹某未代扣代缴个人所得税1 247 524.75元处50%罚款，即罚款623 762.38元。

《税收征管法》第六十九条规定：

> 扣缴义务人应扣未扣税款的，由税务机关向纳税人追缴税款，对扣缴义务人处应扣未扣税款百分之五十以上三倍以下的罚款。

《国家税务总局关于贯彻〈中华人民共和国税收征收管理法〉及其

实施细则若干具体问题的通知》（国税发〔2003〕47号）中“二、关于扣缴义务人扣缴税款问题”规定：

负有代扣代缴义务的单位和个人，在支付款项时应按照征管法及其实施细则的规定，将取得款项的纳税人应缴纳的税款代为扣缴，对纳税人拒绝扣缴税款的，扣缴义务人应暂停支付相当于纳税人应纳税款的款项，并在一日之内报告主管税务机关。

负有代收代缴义务的单位和个人，在收取款项时应按照税收征管法及其实施细则的规定，将支付款项的纳税人应缴纳的税款代为收缴，对纳税人拒绝给付的，扣缴义务人应在一日之内报告主管税务机关。

扣缴义务人违反税收征管法及其实施细则规定应扣未扣、应收未收税款的，税务机关除按税收征管法及其实施细则的有关规定对其给予处罚外，应当责成扣缴义务人限期将应扣未扣、应收未收的税款补扣或补收。

《国家税务总局关于行政机关应扣未扣个人所得税问题的批复》（国税函〔2004〕1199号）第三条规定：

三、关于应扣未扣税款是否加收滞纳金的问题

按照《税收征管法》规定的原则，扣缴义务人应扣未扣税款，无论适用修订前还是修订后的《税收征管法》，均不得向纳税人或扣缴义务人加收滞纳金。

对于扣缴义务人应扣未扣、应收未收的税款，其追缴税款的方式有两种：

第一种方式就是《税收征管法》第六十九条规定的由税务机关向纳税人追缴税款。

第二种方式是根据《国家税务总局关于贯彻〈中华人民共和国税收征收管理法〉及其实施细则若干具体问题的通知》（国税发〔2003〕47号）第二条第三款规定，扣缴义务人违反税收征管法及其实施细则

规定应扣未扣、应收未收税款的，税务机关除按税收征管法及其实施细则的有关规定对其给予处罚外，应当责成扣缴义务人限期将应扣未扣、应收未收的税款补扣或补收。

应扣未扣、应收未收的税款由于不是纳税人的责任造成的，因此，税务机关向纳税人追缴或者税务机关责成由扣缴义务人补扣或补收时，不应向纳税人征收滞纳金。应扣未扣、应收未收的税款由于没有滞留在扣缴义务人手中，因此，也不应向扣缴义务人征收滞纳金。

但新《个人所得税法》自2018年8月31日施行以来，方式发生了变化。根据《个人所得税法》第十三条规定："纳税人取得应税所得，扣缴义务人未扣缴税款的，纳税人应当在取得所得的次年六月三十日前，缴纳税款；税务机关通知限期缴纳的，纳税人应当按照期限缴纳税款。"对于自然人纳税人取得的利息、股息、红利所得、财产转让所得，扣缴义务人未代扣代缴个人所得税的，纳税人负有申报缴税义务，纳税申报期限最晚不得迟于取得所得的次年六月三十日。《国家税务总局关于个人所得税自行申报有关问题的公告》（国家税务总局公告2018年第62号）第三条进一步明确了"取得应税所得，扣缴义务人未扣缴税款的纳税申报"征管规定。2025年2月21日，《个人所得税综合所得汇算清缴管理办法》（国家税务总局令第57号）公布，并自公布之日起施行。其中第七条规定：纳税人取得综合所得并且符合下列情形之一的，需要依法办理汇算清缴：（三）因适用所得项目错误、扣缴义务人未依法履行扣缴义务、取得综合所得无扣缴义务人，造成纳税年度少申报或者未申报综合所得的。

其第五章管理措施及法律责任中，主要明确了汇算清缴各方责任、个人所得税纳税记录标注、纳税信用管理、信息保密、责令限期改正、处理处罚等内容，强调纳税人依法享受税收法律救济权。

主要监管措施有：

一是对未申报补税、未足额补税以及虚假或错误填报年度汇算收入、专项附加扣除等情形的纳税人，税务机关依法追缴其不缴或者少缴的税款、加收滞纳金，并在其个人所得税纳税记录中予以标注。

二是对存在未按规定办理纳税申报、不缴或者少缴税款、进行虚假纳税申报、不配合税务检查、虚假承诺等行为，纳入信用信息系统，构成严重失信的，按照有关规定实施失信约束。

三是汇算清缴期结束后，对未申报补税或者未足额补税的纳税人，税务机关依法责令其限期改正并送达相关文书，逾期仍不改正的，税务机关可依据《税收征管法》规定处理处罚。情节严重的，予以公开曝光。

（3）对于已扣、已收税款，但未解缴税款的，根据《税收征管法》第六十八条规定，纳税人、扣缴义务人在规定期限内不缴或者少缴应纳或者应解缴的税款，经税务机关责令限期缴纳，逾期仍未缴纳的，税务机关除依照该法第四十条的规定采取强制执行措施追缴其不缴或者少缴的税款外，可以处不缴或者少缴的税款百分之五十以上五倍以下的罚款。

《税收征管法》第三十二条规定，纳税人未按照规定期限缴纳税款的，扣缴义务人未按照规定期限解缴税款的，税务机关除责令限期缴纳外，从滞纳税款之日起，按日加收滞纳税款万分之五的滞纳金。

## 问题26：企业破产涉税事项、罚款事项办理有何规定？

近年来，随着经济社会不断发展，市场准入门槛持续降低，随之而来的是破产企业呈现快速增长的趋势。主管税务机关收到债权申报通知后，在通知书载明的债权申报期限内（一般为30天），应当依法清查、核实企业在其管辖范围内欠缴的税（费）、滞纳金、罚款，进行债权申报，说明债权的征收依据和计算方式等内容。其中，企业所欠的滞纳金、因特别纳税调整产生的利息按照普通破产债权申报。税收债权的申报范围包括破产企业的税收债权、社会保险费以及税务机关征收的非税收入、罚款等，其中税收债权包括企业所欠税款（含教育费附加、地方教育附加，下同）、滞纳金、因特别纳税调整产生的利息。

破产企业所欠税款、滞纳金、罚款，以及因特别纳税调整产生的利息，以人民法院裁定受理破产申请之日为截止日计算确定。

未在债权申报期限内申报的税收债权，可以在破产财产最后分配前补充申报；但此前已进行分配的，不再对其补充分配。为审查和确认补充申报债权的费用，由补充申报人承担。

以下举例说明：

按照相关规定，企业在人民法院裁定受理破产申请前，被主管税务机关认定为非正常户的，管理人应自人民法院裁定受理破产申请之日起至债权申报截止日前，到主管税务机关就企业逾期未申报行为接受处罚，并补办纳税申报，主管税务机关按规定解除企业的非正常户认定。因解除非正常户认定而产生的税款、滞纳金、罚款，税务机关应当按照企业破产法的规定及时向管理人申报债权。

如A制造企业于2021年2月28日被认定为非正常户，2021年11月10日，人民法院裁定受理破产申请，债权申报截止日为2023年3月1日，A制造企业破产管理人在税务机关的提醒下，于2023年2月16日，到税务机关解除非正常认定并按照规定领取发票。因解除非正常户认定产生房产税、土地使用税税款346.04万元、滞纳金130.1万元、罚款2 100元。税务机关按照《企业破产法》的规定，在2023年2月22日，向管理人申报了解除非正常户而产生的新的债权，罚款由管理人当场缴纳。

现实情况中，存在管理人不愿意缴纳解除非正常户的罚款等情形。对于债务人因此产生的应补缴税款、滞纳金和应缴纳的罚款，由税务机关按照《企业破产法》有关规定向管理人申报。主管税务机关不得以债务人存在未缴税款、滞纳金和罚款为由拒绝办理。

在破产企业财产分配时，管理人持人民法院关于财产分配的裁定书到主管税务机关办理税款入库手续。主管税务机关按照人民法院裁定认可的财产分配方案中确定的受偿比例，办理欠缴税款本金、滞纳金、罚款的入库，并依法核销未受偿的税款本金、滞纳金、罚款。

如B制造企业，欠缴税款本金425万元，滞纳金176万元，罚款2 800元。人民法院于2022年10月23日下达了财产分配的裁定书，破产企业共拍卖出425万价款，第一清偿顺序债务为0元，第二清偿顺序债务998.75万元，其中税款340万元。受偿比例为43%。税款应受偿144.68万元。管理人办理了税款本金144.68万元的入库，未受偿的税款本金、滞纳金、罚款，均作为死欠进行核销。

但是需要注意的是，对于税收滞纳金是否享受优先权，此时存在争议。《国家税务总局关于税收优先权包括滞纳金问题的批复》（国税函〔2008〕1084号）规定，税款滞纳金在征缴时视同税款管理，《中华人民共和国税收征收管理法》第四十五条规定的税收优先权执行时包括税款及其滞纳金。而《最高人民法院关于税务机关就破产企业欠缴税款产生的滞纳金提起的债权确认之诉应否受理问题的批复》（法释〔2012〕9号）规定，破产企业在破产案件受理前因欠缴税款产生的滞纳金属于普通破产债权。对于破产案件受理后因欠缴税款产生的滞纳金，人民法院应当依照《最高人民法院关于审理企业破产案件若干问题的规定》第六十一条规定处理。由此可见，国家税务总局与最高人民法院均认为，破产受理前税款滞纳金属于破产债权，但两者在破产受理前税款滞纳金的清偿顺序问题上存在分歧。在实践中，破产企业在破产案件受理前，因欠缴税款产生的滞纳金、因特别纳税调整产生的利息按照普通破产债权申报，即税款滞纳金以及因特别纳税调整产生的利息同其他普通债权一样，属于第三清偿顺序。

《最高人民法院关于印发〈全国法院破产审判工作会议纪要〉的通知》（法〔2018〕53号）第二十八条规定：

> 破产财产依照企业破产法第一百一十三条规定的顺序清偿后仍有剩余的，可依次用于清偿破产受理前产生的民事惩罚性赔偿金、行政罚款、刑事罚金等惩罚性债权。

根据该规定，税收罚款作为行政罚款，在普通债权得到清偿后，可顺位于民事性赔偿金之后得到清偿。因此，对破产企业在法院受理破产申请后，宣告企业破产之前产生的税务罚款应当作为劣后债权，在普通债权清偿之后有结余的，仍然应当进行清偿。

（说明：会议纪要与破产法案件若干规定，其实有冲突，前者是新规定，创设了劣后债权的概念，而前者直接将行政罚款排除在外。）

如某制造企业，假设在清偿第二顺序债务后仍有结余资金，在第三清偿无其他普通破产债权的情况下，则滞纳金、罚款均可以进行清偿。

破产企业破产清算期间的新生税收属于破产费用，随时清偿，税务机关无须另行申报债权。

## 专题4：逾期未申报+非正常户处罚

### 问题27：如何区别《税收征管法》"明星条款"第六十二条、第六十三条、第六十四条？"逾期未申报"处罚应当遵循哪些规则？

根据《税收征管法释义》第六十二条阐述，按照本条规定予以处罚的行为是纳税人、扣缴义务人未按照规定期限办理纳税申报、报送有关资料的行为，这种行为的违法行为人虽然未在规定期限内办理纳税申报，但并未造成不缴或者少缴税款的后果。

第六十二条PK第六十四条第二款：如果纳税人不进行纳税申报，不缴或者少缴应纳税款的，应当按照《税收征管法》第六十四条第二款的规定进行处罚。

第六十二条PK第六十三条：如果经税务机关责令限期改正，纳税人、扣缴义务人逾期仍拒不申报，或者进行虚假纳税申报，不缴或者少缴应纳税款的，属于偷税行为，应当按照《税收征管法》第六十三条的规定进行处罚。

第六十三条PK第六十四条第一款：《税收征管法》第六十三条在对偷税的认定上规定纳税人采用各种手段，实施了偷税行为并且造成了少缴未缴税款的结果，给国家税收造成了损失是偷税。

《税收征管法》第六十四条第一款规定了纳税人在采取了编造虚假计税依据，而没有造成少缴未缴税款的事实的情况下应受到的法律处罚。

《税收征管法》第六十三条与第六十四条第一款的区别在于是否造成少缴税款的事实，如果有少缴税款的事实则构成偷税，如果没有少缴税款的事实，则适用第六十四条第一款的规定。

因此在违法类型划分上，将第六十二条、第六十四条第一款归类为“纳税申报”类违法。将第六十三条、第六十四条第二款归类为“税款征收”类违法。

**国家税务总局2007年的答疑回复**

领导您好，我是本省某基层税务机关的税务稽查人员。最近我们在对某工业企业实施税务稽查，该企业是外商独资企业，生产汽车轮毂，产品全部出口，至检查日企业办妥出口退税后仍存在大额留抵税金。经对企业2004年以来的纳税情况检查，发现企业采用销售下脚料不入账、在建工程未转出进项税金等手段，少计增值税销项税金或多抵扣进项税金合计220余万元。但将上述查补税金分解至各纳税期与留抵税金相抵减，该企业仍未产生应交税金。对该企业如何定性处理，我们内部存在两种不同意见。一种观点认为，少计的销项税金和多计的进项税金之和，小于留抵税金的，应认定为没有造成实际不缴和少缴税款，企业的行为不符合《税收征管法》第六十三条偷税的概念，不能定性为偷税，应按《税收征管法》第六十四条第一款，纳税人、扣缴义务人编造虚假计税依据的，由税务机关责令限期改正，并处五万元以下的罚款。而另一种观点认为，应当执行国税发〔1998〕066号文件第一条第一款、第二款和第二条、第三条，对偷税性质认定和数额认定上不考虑留抵税额问题，偷税数额应为少计的销项税金和多计的进项税金之和，只是在补缴税款时考虑留抵税额问题。国税发〔1998〕066号文件尚未失效或作废。因国税发〔1998〕066号文件和《税收征管法》第六十三条相抵触，如何执行盼明示？

**回复意见**

您好：

您在我们网站上提交的纳税咨询问题收悉，现针对您所提供的信息简要回复如下：

《税收征管法》第六十三条在对偷税的认定上规定纳税人采用各种手段，实施了偷税行为并且造成了少缴未缴税款的结果，给国家税收造成了损失是偷税。

《税收征管法》第六十四条第一款规定了纳税人在采取了编造虚假计税依据而没有造成少缴未缴税款的事实的情况下应受到的法律处罚。

《税收征管法》第六十三条与第六十四条第一款的区别在于是否造成少缴税款的事实，如果有少缴税款的事实则构成偷税，如果没有少缴税款的事实，则适用第六十四条第一款的规定。

从问题所提及的内容来看，该被查企业虽然实施销售下脚料不入账和未转出在建工程进项税金等手段，但是，将查补税金分解到各个纳税期与留抵税金相抵减，该企业仍未产生应交税金，即没有造成当期少缴应缴税款的事实，因此不能认定为偷税，而应该适用《税收征管法》第六十四条第一款的规定，责令该企业限期改正，并处以五万元以下的罚款。

上述回复仅供参考。有关具体办理程序方面的事宜请直接向您的主管或所在地税务机关咨询。

欢迎您再次提问。

国家税务总局

2007-11-07

结合基层实践中遇到的实操问题，“逾期未申报”处罚可参考遵循以下适用规则：

（1）同一税种连续所属期发生的未按期办理纳税申报的行为合并为一次处罚；

（2）同一税种不连续所属期发生的未按期办理纳税申报的行为分多次处罚；

（3）同一所属期不同税种的未按期办理纳税申报行为合并为一次处罚。

## 问题28：“一事不再罚”原则在税务领域有哪些体现与运用？兼谈“同一申报期多税种未申报”与“多期未申报”如何处罚。

依据《中华人民共和国行政处罚法》第二十九条规定：

> 对当事人的同一个违法行为，不得给予两次以上罚款的行政处罚。同一个违法行为违反多个法律规范应当给予罚款处罚的，按照罚款数额高的规定处罚。

“一事不二罚（款）”原则主要包括以下两个方面：

1. 对当事人的同一个违法行为，不得以同一事实和同一依据给予两次以上罚款的行政处罚。

2. 同一个违法行为违反多个法律规范应当给予罚款处罚的，按照罚款数额高的规定处罚。

关于第1点，《税务行政处罚裁量权行使规则》第十三条第一款也规定：“对当事人的同一个税收违法行为不得给予两次以上罚款的行政处罚。”本条款核心词在于“一事”与“罚款”。为了理解和操作方便，“一事不再罚”限定为“一事不再罚款”，就同一违法行为，在同时违反多个法律规定时，可以给予多个行政处罚，但如果选择作出罚款的行政处罚，只能罚款一次，不能进行多次罚款。

解释完相对明确的“罚款”概念，再看看“一事”。实践中对如何认定“一事”有很多争议，认定同一违法行为也较为复杂。抛开理论研究，聚焦税务领域常见处罚，大致有“同一申报期多税种未申报”与“多期未申报”如何处罚的问题。

"同一申报期多税种未申报"即纳税人存在同一申报期不同税种均未按期办理纳税申报，应合并为一次处理。如某年10月，纳税人存在增值税未申报、城市维护建设税未申报、企业所得税未申报等"逾期未申报"行为，税收征管系统也会登记多条违法违章信息，此时税务机关可依据《中华人民共和国税收征收管理法》第六十二条进行处罚，应按照未申报行为处罚一次，不得分税种进行多次处罚，否则违背"一事不二罚"原则。

"多期未申报"即纳税人存在多期未申报行为。根据《国家税务总局关于税收征管若干事项的公告》（国家税务总局公告2019年第48号），纳税人负有申报义务，但连续三个月所有税种均未进行纳税申报的，税收征管系统自动将其认定为非正常户。如因各种原因，未及时认定为非正常户的，纳税人会存在长期、多期未申报行为，税收征管系统也会登记多条违法违章信息，此时税务机关可依据《中华人民共和国税收征收管理法》第六十二条进行处罚，应按照未申报行为处罚一次，不需要按照多个申报期逾期申报进行多次处罚。

这里需要辨析"持续或继续状态"。《国务院法制办公室对湖北省人民政府法制办公室〈关于如何确认违法行为连续或继续状态的请示〉的复函》（国法函〔2005〕442号）中明确：

> 《中华人民共和国行政处罚法》第二十九条中规定的违法行为的连续状态，是指当事人基于同一个违法故意，连续实施数个独立的行政违法行为，并触犯同一个行政处罚规定的情形。

从事实上看"多期未申报"，当事人基于一个概括的故意，反复实施了数个独立的违法行为，时间上具有连续性，而触犯了同一个法律规范。虽然是事实上的多行为，但我们把它们视为同一个行为，相当于同类项合并。

因此，该违法行为应定性为同一违法行为只能处罚一次，如果多次处罚就违反了《行政处罚法》"一事不二罚"的原则。为方便理解，可以将此情形视同非正常户解除的处罚，同样是存在多期未申报，区别只是一个及时认定为非正常户，一个未及时认定为非正常户，但是他们造成的后果是一样的，都会收到一纸《税务行政处罚决定书》，那么这一次处罚会不会罚轻了、罚少了？显然并不会。

如果按照“逾期未申报”税务行政处罚裁量基准为“纳税人状态为正常，个人每次处二十元的罚款，单位每次处五十元的罚款”，这一纸《税务行政处罚决定书》可以涵盖“多期未申报”的后果，如纳税人有5次未申报，个人会收到5（次）×20（元）=100（元）的罚款，单位会收到5（次）×50（元）=250（元）的罚款。亦或者说纳税人收到一纸250元罚款的《税务行政处罚决定书》，或五张《税务行政处罚决定书》，每张50元，共250元。罚款金额一致，不存在一张《税务行政处罚决定书》罚得少的情况出现。从另一维度讲，作出一纸《税务行政处罚决定书》比五张《税务行政处罚决定书》提高了行政效率，符合行政法“便民高效”的基本原则。

在《国家税务总局上海市税务局 国家税务总局江苏省税务局 国家税务总局浙江省税务局 国家税务总局安徽省税务局 国家税务总局福建省税务局 国家税务总局江西省税务局 国家税务总局山东省税务局 国家税务总局宁波市税务局 国家税务总局厦门市税务局 国家税务总局青岛市税务局关于发布〈华东区域税务行政处罚裁量基准〉的公告》（国家税务总局上海市税务局 国家税务总局江苏省税务局 国家税务总局浙江省税务局 国家税务总局安徽省税务局 国家税务总局福建省税务 国家税务总局江西省税务局 国家税务总局山东省税务局 国家税务总局宁波市税务局 国家税务总局厦门市税务局 国家税务总局青岛市税务局公告2024年第3号）亦明确：“同一申报期不同税种未按期办理纳税申报的可合并为一次处理。对两次以上逾期未申报行为一并补申报的，可按照‘逾期未申报行为次数×单次罚款金额’计算处罚金额一并处罚，其他适用条件（欠缴税款、滞纳金、罚款）相同的情况下正常户累计罚款金额不超过非正常户处罚金额上限。”

那么如何理解裁量基准中，其他适用条件（欠缴税款、滞纳金、罚款）相同的情况下正常户累计罚款金额不超过非正常户处罚金额上限？如单位纳税人无欠税无发票，连续多期未申报，也未被认定为非正常户，处罚时如按照解除非正常户处罚标准为500元，如按照每次处50元则可能累计多期处罚超过500元。此种情形是否应当设定多期未申报违法行为的处罚上限？

根据国家税务总局公告2019年第48号，纳税人负有申报义务，但连续三个月所有税种均未进行纳税申报的，税收征管系统自动将其认定为非正常户。对长期未申报的纳税人，税务机关应按规定作出相应的税务管理措施。如因各种原因，未及时认定为非正常户的，对其长期未申报行为的行政处罚累计不应超过对同等情况被认定为非正常户的行政处罚。建议对无发票、无欠税、长期不申报，税务机关也未履行管理、提醒、督促义务的情形，以非正常户处罚标准设定处罚上限，防止出现按次累计成为"天价罚款"的不合理结果。

根据税务平台行政处罚场景中的自动办结规则与合并处罚规则，税务人员将纳税人所有未申报信息补充申报后，系统会自动终结该纳税人所有逾期申报责令限期改正任务，并新生成一条违法违章待办任务。该任务会包含所有逾期申报责令限改任务的属期。从实际操作层面来看，合并处罚后只产生一条处罚流程，制作一份文书，缴纳一次罚款，避免了多余工作量，减少了征纳风险。此时建议执法人员核实违法事实和处罚金额，违法事实是否成立，金额是否按次累加。

当然，如果存在多个未申报记录，并非处于连续状态，此时应当按次分别处理。

关于第2点，《税务行政处罚裁量权行使规则》第十三条第二款亦有相关表述："当事人同一个税收违法行为违反不同行政处罚规定且均应处以罚款的，应当选择适用处罚较重的条款。"

如何选择罚款数额高的规定，全国人大常委会法工委认为：

所谓罚款数额高的规定是指法律规定的罚款数额，而非行政机关实际处以的罚款数额。对于固定数额的罚款，直接适用罚款数额高的规定给予罚款处罚，比如当事人的同一个违法行为同时违反处以5 000元罚款的规定和处以3 000元罚款的规定，直接适用处以5 000元罚款的规定给予5 000元的罚款处罚；对于按照罚款数额下限、上限模式设定的罚款处罚，适用罚款数额上限高的规定给予罚款处罚，比如当事人的同一个违法行为同时违反处以1万元以上10万元以下罚款的规定和处以5 000元以上5万元以下罚款的规定，适用处以1万元以上10万元以下罚款的规定给予罚款处罚，具体罚款数额还要考虑违法行为的事实、性质、情节，以及社会危害程度和行政处罚裁量基准等确定；对于按违法所得的倍数等模式设定的罚款处罚，在确定罚款数额高的规定时，可能还需要先进行计算比较。

对于虚开的处罚，《发票管理办法》第三十五条规定：

违反本办法的规定虚开发票的，由税务机关没收违法所得；虚开金额在1万元以下的，可以并处5万元以下的罚款；虚开金额超过1万元的，并处5万元以上50万元以下的罚款；构成犯罪的，依法追究刑事责任。非法代开发票的，依照前款规定处罚。

对于偷税的处罚，《税收征管法》第六十三条规定：

纳税人伪造、变造、隐匿、擅自销毁账簿、记账凭证，或者在账簿上多列支出或者不列、少列收入，或者经税务机关通知申报而拒不申报或者进行虚假的纳税申报，不缴或者少缴应纳税款的，是偷税。对纳税人偷税的，由税务机关追缴其不缴或者少缴的税款、滞纳金，并处不缴或者少缴的税款百分五十以上五倍以下的罚款；构成犯罪的，依法追究刑事责任。”

“法律竞合择一重”的规定有力地回应了税收执法过程中的一个法律适用难题。即针对利用虚开发票偷税案件，是依据《税收征收管理法》第六十三条还是依据《发票管理办法》第三十五条进行行政处罚，或者两者并用？

此时应比较个案适用《税收征收管理法》第六十三条和《发票管理办法》第三十五条的罚款金额，取罚款金额较高者适用。

具体来说，若适用《税收征收管理法》第六十三条，根据偷税金额及裁量基准，应罚款金额超过50万元的，则一定适用《税收征收管理法》第六十三条，因为《发票管理办法》第三十五条规定，虚开发票最高罚款金额不超过50万元。比如偷税罚款为60万元，虚开发票罚款为50万元，则适用偷税处罚。

若适用《税收征收管理法》第六十三条，根据偷税金额及裁量基准，应罚款金额50万元以下的，则需要考虑适用《发票管理办法》第三十五条可能处罚金额，若后者低于前者处罚金额，则适用前者处罚；若后者高于前者处罚金额，则适用后者处罚。比如，某企业虚开增值税专用发票税款8万元，可以给予10万元行政处罚，但是按照《税收征收管理法》第六十三条定性，可以按照1倍实施行政处罚，罚款为8.56万元（考虑城市维护建设税因素），此时应当按照虚开予以处罚。

因此，针对具体案件，不宜先入为主，认为偷税罚款的处罚力度必然大于虚开的罚款金额，造成执法风险。

需要指出的，利用虚开发票偷税，在法律上可以细分为虚开发票和偷税两个动作。在税收行政法上，因偷税处罚金额较大，一般采取以偷税行为吸收虚开发票行为处罚，但在刑事法律上，逃税罪的刑罚没有虚开发票罪的刑罚重，一般采取以虚开发票犯罪吸收逃税罪处罚。

## 问题29：某纳税人在2023年1月出现逾期未申报，税务机关通知其责令限期改正后，纳税人因其他因素造成限改时间逾期，应当如何处理？

该案件不得适用“首违不罚”，符合条件可以适用“轻微不罚”。“轻微不罚”与“首违不罚”的适用条件既有不同之处，也有相同之处。“轻微不罚”是指税收违法行为轻微并及时改正，没有造成税收危害后果的，不予行政处罚。重点强调的是违法行为未造成任何税收危害后果，这里违法行为可以是首次，也可以是多次，如果造成税款实际损失或者较大社会影响则不能适用。“首违不罚”是指初次违法且危害后果轻微并及时改正的，可以不予行政处罚，与“轻微不罚”不同，重点强调的是初次违法且造成的危害后果轻微，这里违法行为只能是首次。

该案件不得适用“首违不罚”。适用税务行政处罚“首违不罚”必须同时满足下列三个条件：一是纳税人、扣缴义务人首次发生清单中所列事项，二是危害后果轻微，三是在税务机关发现前主动改正或者在税务机关责令限期改正的期限内改正。纳税人并未在限期内改正，此时不得适用“首违不罚”。

但是，该案件可以考虑适用“轻微不罚”。原因在于纳税人已经对违法行为进行纠正，也没有造成税款实际损失或者较大社会影响。对于这类程序性而非实体性的违法行为，本书认为，应当理解为既然属于首违不罚事项，肯定属于轻微违法行为，危害后果已经消除，按照“过罚相当”原则不予处罚，符合《行政处罚法》立法精神，但是此时作出不予处罚决定时，应当依据《行政处罚法》第三十三条规定：

> 违法行为轻微并及时改正，没有造成危害后果的，不予行政处罚。

同时依据《税务行政处罚裁量权行使规则》第二十一条规定：

> 对情节复杂、争议较大、处罚较重、影响较广或者拟减轻处罚等税务行政处罚案件，应当经过集体审议决定。

经过会议研究后，最终作出不予处罚决定。

## 问题30：在解除非正常户处罚时，是否需要对之前多条“逾期未申报”违法违章信息再进行处罚？

不需要，只需要在解除非正常户时罚款一次即可。

非正常户的认定流程是什么？根据《国家税务总局关于税收征管若干事项的公告》（国家税务总局公告2019年第48号）第三条规定：

（一）已办理税务登记的纳税人未按照规定的期限进行纳税申报，税务机关依法责令其限期改正。纳税人逾期不改正的，税务机关可以按照《中华人民共和国税收征收管理法》（以下简称《税收征管法》）第七十二条规定处理。

（《税收征管法》第七十二条规定即：从事生产、经营的纳税人、扣缴义务人有《税收征管法》规定的税收违法行为，拒不接受税务机关处理的，税务机关可以收缴其发票或者停止向其发售发票。）

纳税人负有纳税申报义务，但连续三个月所有税种均未进行纳税申报的，税收征管系统自动将其认定为非正常户，并停止其发票领用簿和发票的使用。

非正常户如何解除？根据《国家税务总局关于税收征管若干事项的公告》（国家税务总局公告2019年第48号）第三条规定：

（三）已认定为非正常户的纳税人，就其逾期未申报行为接受处罚、缴纳罚款，并补办纳税申报的，税收征管系统自动解除非正常状态，无须纳税人专门申请解除。

《税收征管法》中并没有单独“解除非正常户”的处罚条款，仅仅在第六十二条中有针对“逾期未申报”的处罚，也就是说“解除非正常户”的处罚实质上是对“逾期未申报”行为进行处罚。正因为纳税人存在“逾期未申报”行为，如果满足认定非正常户的条件，便会被税务机关及时认定为非正常户，避免纳税人因未被认定非正常户而连续不断产生“逾期未申报”的违法违章信息，解除非正常户时，只需要针对之前“逾期未申报”违法违章行为处罚一次即可。从法理上讲，即便法律设定对“解除非正常户”进行处罚依据，但是，既对“解除非正常户”进行处罚，又同时对系统中存在的多条“逾期未申报”违法违章信息进行处罚，违反了“一事不二罚”的原则。

如《华东区域税务行政处罚裁量基准》中对《税收征管法》第六十二条“逾期未申报”中针对非正常户处罚的表述：

> 被认定为非正常户的，无欠缴税款、滞纳金、罚款的，个人处两百元的罚款，单位处五百元的罚款；欠缴税款、滞纳金、罚款金额不满二十万元的，个人处五百元以上两千元以下的罚款，单位处一千元以上两千元以下的罚款。
>
> 被认定为非正常户的，欠缴税款、滞纳金、罚款金额二十万元以上的，处两千元以上一万元以下的罚款。纳税人有其他严重情节的，处两千元以上一万元以下的罚款。

## 问题31：某纳税人认定为非正常户3年后，向税务机关申请解除非正常认定，但是工作人员未认定相关税费种，也无相关税收征管违法违章记录，能否对其进行行政处罚？

**案例：**A企业2018年6月被主管税务机关认定为非正常户，2022年3月主动到税务机关申请解除，但是工作人员未认定相关税费种，也无相关税收征管记录，此时应当如何处理？

**答：**根据《国家税务总局关于税收征管若干事项的公告》（国家税务总局公告2019年第48号）规定：

> 纳税人负有纳税申报义务，但连续三个月所有税种均未进行纳税申报的，税收征管系统自动将其认定为非正常户，并停止其发票领用簿和发票的使用。

按照各省税务局发布的税务行政处罚裁量基准，均规定必须对非正常户进行税务行政处罚后，才能对其解除非正常户状态。但是主管税务机关由于未做相关税费种认定，也无相关税收征管系统记录，属于事实不清，证据不够确凿，此时仅依据违法违章登记，对其实施税务行政处罚存在风险。此时不得给予行政处罚。

有观点认为，如果不进行处罚，系统无法解除非正常户状态。但是税务行政处罚依据税收法律、法规而非税收征管系统设定；如果系统设定无法通过的，应当通过提交运维解决。而不能削足适履，为顺利通过税收征管系统设置流程，强行对不符合处罚条件的税收违法行为实施行政处罚。

## 问题32：纳税人被认定为“非正常户”，可以作为税务行政处罚的违法事实吗？

纳税人在生产经营过程中，必须依照税收法律法规办理税务登记、合规使用发票、按期申报纳税、接受税务管理。一般情况下，纳税人都能遵循税法的规定，履行纳税义务。非正常户是相对于正常在业、依法履行纳税义务的纳税人的一种纳税状态。但是，非正常户不是一种税收违法行为，在税收法律法规中，既没有确认非正常户是一种违法行为，也没有对非正常户设定相应罚则，因此执法文书不能将纳税人被列为非正常户作为违法事实进行税务行政处罚。有观点认为，实务中的确存在对非正常户的行政处罚。请注意，对非正常户进行行政处罚大多是因为纳税人未按规定进行申报或未按规定缴纳税款等违反《税收征管法》及其相关规定的行为，而非被认定为非正常户本身造成的。

依法办理纳税申报，是纳税人的基本纳税义务。《税收征管法》第二十五条规定：

> 纳税人必须依照法律、行政法规规定或者税务机关依照法律、行政法规的规定确定的申报期限、申报内容如实办理纳税申报，报送纳税申报表、财务会计报表以及税务机关根据实际需要要求纳税人报送的其他纳税资料。

纳税人只要未清税注销的，都应当依法按期办理纳税申报，如果确有困难无法申报的，《税收征管法》第二十七条规定：

> 纳税人不能按期办理纳税申报的，经税务机关核准，可以延期申报。

延期申报应当同时预缴税款，并在核准的延期内办理税款结算。

因此，对于非正常状态的纳税人，在非正常户期间税法并未免除其纳税申报义务。如果因为非正常户而拒绝履行纳税义务，将会因为违反税收征管相关法律法规而被处以行政处罚。因此，通常情况下，税务机关会依据《税收征管法》第六十二条“逾期未申报”进行处罚。

下面以一则案例释法，供读者把握其中执法风险点。

> 2011年，在功夫坊面馆不知情的情况下，其在税务系统内被认定为非正常户注销状态。2021年6月，第一税务所向功夫坊面馆发出《税务行政处罚决定书》，认定其未按照规定限期办理纳税申报。面馆提出其一直正常经营，并提交了相关证据。第一税务所撤销了原处罚决定。但面馆在税务文书档案系统里查不到撤销决定，相关第三方网站仍显示面馆因税收违法被处罚，故面馆提起诉讼。法院审理认为，税务系统省级超级用户将功夫坊面馆认定为非正常户，属事实认定不清、主要证据不足、程序违法，依法应予撤销。因无可撤销内容，故依法确认违法被诉处罚决定被撤销后，税务所应当及时在系统对相关处罚记录进行删除或标注已撤销，避免后续对原告功夫坊面馆产生其他影响，相应罚款亦应予以退还。

## 问题33：解除非正常户时，该纳税人既存在逾期未申报行为，又存在丢失发票事实，此时应当如何处理处罚？

**案例：**纳税人甲企业被定性为非正常户，该纳税人存在逾期未申报行为。同时50份普通发票未缴销，且丢失了原领用未缴销的普通发票50份。这种情形下，应当如何处理处罚？

**答：**应当分别进行评价。如按照本区域税务行政处罚裁量基准规定，被认定为非正常户的，无欠缴税款、滞纳金、罚款的，个人处两百元的罚款，单位处五百元的罚款。故对甲企业处以500元的罚款。同时对其丢失发票行为，按照处罚裁量基准规定“定额发票不满五百份，卷式发票不满三百份，其他发票不满一百份的，处一千元以下的罚款，有违法所得的予以没收”，处以500元罚款，合计应对甲企业处以罚款1 000元。

同时《国家税务总局关于税收征管若干事项的公告》（国家税务总局公告2019年第48号）取消了“非正常户解除”业务。已认定为非正常户的纳税人，只要就其逾期未申报行为接受处罚、缴纳罚款，并补办了纳税申报的，税收征管系统自动解除非正常状态，无须纳税人专门申请解除。相比于原税收业务，国家税务总局公告2019年第48号作出了两项优化：

一是在解除前的事项处理上，国家税务总局公告2019年第48号仅要求纳税人接受处罚缴纳罚款、补办申报。对缴纳补办申报产生的税款和之前产生的欠税，不作前置要求，更好方便纳税人办税。

二是在非正常状态解除上，实现系统自动解除。原政策下，纳税人需提供情况说明和解除非正常状态的理由，有的税务机关还就其非正常状态期间经营情况进行调查。国家税务总局公告2019年第48号取消“非正常户解除”业务，通过系统自动实现，不需要纳税人专门办理。

## 专题5：账簿

### 问题34：纳税人有账簿但记录不够规范，可以认定为“未按规定设置账簿”实施行政处罚吗？

**案例**：根据《税收征管法》规定，从事生产经营的纳税人均需要建立账簿。我们收到法院来函，要求我们对未建账的纳税人甲企业进行整改并回函给法院。本省《税务行政处罚裁量基准》对该违法行为的描述是：“纳税人未按规定设置、保管账簿的……”目前初步查明纳税人已经建立账簿但不够规范，不符合《中华人民共和国会计法》的规定。就这一事实可认定构成“未按规定设置账簿”并实施行政处罚吗？

**答**：不能。根据《税收征管法》第六十二条释义，从事生产、经营的纳税人应当自领取营业执照之日起15日内设置账簿，包括总账、明细账、日记账及其他辅助性账簿。生产经营规模小又确无建账能力的个体工商户，可以聘请注册会计师或经税务机关认可的财会人员代为建账和办理账务。从事生产、经营的纳税人必须按照国务院财政、税务主管部门规定的保管期限保管账簿、记账凭证、完税凭证及其他有关资料。这一保管期限通常为10年。纳税人应当按照上述规定设置、保管账簿或者保管记账凭证和有关资料。

由此可见，未按规定设置账簿是判定纳税人有无建立账簿的问题，而不是账簿建立质量高低的问题。后一问题已经超越了税务部门的职能范围，也超出了法条本身规定含义。税务机关对此不能进行扩张性解释，随意扩大行政处罚条款的适用范围。

## 问题35：纳税人未能提供账簿和记账凭证，是定性为未按照规定设置、保管账簿或者保管记账凭证和有关资料，还是定性为擅自销毁账簿、记账凭证？

所谓故意销毁，是指纳税人故意将依法应当保存的账簿、记账凭证予以毁灭的行为。

未按照规定设置、保管账簿或者保管记账凭证和有关资料，是指未按照规定设置、保管账簿或者保管记账凭证和有关资料的。根据《税收征管法》释义和有关法律、行政法规的规定，从事生产、经营的纳税人应当自领取营业执照之日起15日内设置账簿，包括总账、明细账、日记账及其他辅助性账簿。从事生产、经营的纳税人必须按照国务院财政、税务主管部门规定的保管期限保管账簿、记账凭证、完税凭证及其他有关资料。这一保管期限通常为10年。

区分两者的标准在于是否故意销毁，所谓故意销毁，是指纳税人已经建账，然后主观故意销毁，而未按照规定设置、保管账簿或者保管记账凭证和有关资料，分别是指未建立账簿或者建账后因为过失因素造成了丢失。

对于纳税人未能提供账簿和记账凭证，应向其进行相关法律法规的宣传和解读，告知纳税人不提供会计账簿和凭证应承担的法律责任，动员纳税人积极主动地配合税务机关的税务检查工作。另外，向其下达《调取账簿资料通知书》；逾期不提供的，向其下达《责令限期改正通知书》。实际纳税人销毁账簿证据难以取得，一般对于设置了账簿却不提供账簿而又无公安机关确认的失窃、失火报案记录等证据，依法认定其未按照规定设置账簿进行行政处罚；如果有公安机关确认的失窃、失火报案记录等证据，认定其未按规定保管账簿或保管记账凭证和有关资料进行行政处罚。同时，可以根据纳税人银行账户和法定代表人及其亲属等的个人银行卡中的资金往来情况、企业库存情况、上下游企业业务往来情况、申报信息和日常采集的第三方信息等，最大限度还原企业经营的真实情况。可以依照《税收征管法》第三十五条规定的税款核定权，核定纳税人应缴纳的税款，纳税人对税务机关核定的应纳税额有异议的，应承担举证责任。

## 专题6：偷税

### 问题36：县级税务局能否对偷税行为进行处罚？

县级税务局不能对偷税行为进行行政处罚。

第一，从行政法规对稽查局的定位来看，规定了稽查局专门负责偷税等违法行为的查处。《税收征管法实施细则》第九条规定：

> 稽查局专司偷税、逃避追缴欠税、骗税、抗税案件的查处。

“专司”在《辞海》中的解释为“专门掌管”，即具有排他性，因此《税收征管法实施细则》第九条规定中的“专司”被普遍理解为，稽查局的职权范围仅限于对偷税、逃避追缴欠税、骗税、抗税案件的查处。但在实务工作中，国家税务总局根据《税收征管法实施细则》第九条第二款的授权，于2003年下发了《国家税务总局关于稽查局职责问题的通知》（国税函〔2003〕140号），对稽查局的职责范围进行了界定，明确稽查局的现行职责是指：

> 稽查业务管理、税务检查和税收违法案件查处；凡需要对纳税人、扣缴义务人进行账证检查或者调查取证，并对其税收违法行为进行税务行政处理（处罚）的执法活动，仍由各级稽查局负责。

2021年7月12日公布了《税务稽查案件办理程序规定》（国家税务总局令第52号），其中第四条规定：

> 税务稽查由稽查局依法实施。稽查局主要职责是依法对纳税人、扣缴义务人和其他涉税当事人履行纳税义务、扣缴义务情况及涉税事项进行检查处理，以及围绕检查处理开展的其他相关工作。稽查局的具体职责由国家税务总局依照税收征管法、税收征管法实施细则和国家有关规定确定。

对稽查局的职责范围进行了再次明确。由此可见，稽查局的职责除法律授予的“专司”之外，对于其管辖范围内的其他涉税事项也有检查权限，但需要注意的是，此权限是建立在对于“专司”案件的立案查处之上，即稽查局在检查案件过程中发现其他一般违法涉税事项可一并进行查处。

第二，从立法目的来看，稽查局设立的背景之一是偷逃骗税行为在税务实践中普遍存在且难以遏制，稽查局专职查办重大税案和重点行业、重点领域的偷逃骗税行为。而税务局的职能更多侧重于征收管理、对稽查局的税收执法行为进行监督等。只有将权力细化和分解，才能保证专项工作的顺利开展。

第三，从法理和法律要求来看，稽查局既然具有独立的执法主体资格，就应享有独立而专门的职权范围。对此，《税收征管法实施细则》第九条第二款明确规定：

> 国家税务总局应当明确划分税务局和稽查局的职责，避免职责交叉。

换言之，税务局的管理职责，稽查局无权行使；稽查局的专司职责，税务局不宜行使。否则，稽查局作为税务局的职能机构就没有必要具有独立的执法资格。

综上所述，县级税务局不得自行对于偷税行为进行处罚，只能在发现相关问题线索后及时移送税务稽查部门进行处理。

## 问题37：企业自称进行纳税筹划理解错误，能否定性为偷税？

**案例：**甲公司地处A县，专营烟花爆竹批发业务，有烟花爆竹批发许可证，属于增值税一般纳税人。2016—2020年期间，本县供销部门为加强烟花爆竹管理工作，规定甲公司从烟花爆竹生产厂家购货后，本县从事烟花鞭炮零售的个体工商户，必须从甲公司处批发烟花爆竹进行零售。

甲公司为降低企业税负，设计如下筹划方式：

（1）甲公司与本单位10名员工签订配送协议，每名配送员负责对接1个乡镇的个体户，负责配送烟花鞭炮。

（2）公司与个体户签订代购协议，各乡镇个体户向甲公司提交购货需求，将预付货款交给配送员，配送员收齐后统一上交公司，不收取手续费。

（3）甲公司用个体工商户预付款购买烟花爆竹，收到货物后，由对应配送员将货物运送到个体工商户处。

（4）甲公司单独向个体工商户收取“代购”烟花爆竹价款10%的手续费。

在实际操作中，甲公司并未取得烟花爆竹生产企业的进项发票，仅就手续费向税务机关申报纳税。2016—2020年，共销售烟花爆竹2 000万元，同时单独收取手续费200万元。

**答：**税收筹划是指企业在税法规定许可的范围内，以追求效益最大化为目的，通过对企业生产经营、投资、理财等活动的事先筹划和安排，尽可能地节约税款，以获得最大的税收利益，又称为纳税筹划、税务筹划等。它本质上是企业为实现收益最大化对涉及税收的经济事项进行安排，是企业独立自主权利的体现，但是如果不符合税收政策规定，通过虚假申报方式，在纳税义务已经发生的情况下通过种种不正当手段少缴或不缴税款，此时应当认定为偷税。

在本案中，企业上述行为应当定性为偷税，具体说明如下：

根据《财政部 国家税务总局关于增值税、营业税若干政策规定的通知》（财税字〔1994〕26号）规定：

> 代购货物行为，凡同时具备以下条件的，不征收增值税；不同时具备以下条件的，无论会计制度规定如何核算，均征收增值税。
>
> （1）受托方不垫付资金；
>
> （2）销货方将发票开具给委托方，并由受托方将该项发票转交给委托方；
>
> （3）受托方按销售方实际收取的销售额和增值税额（如系代理进口货物则为海关代征的增值税额）与委托方结算货款，并另外收取手续费。

针对上述条件，企业并未符合第（2）条“销货方将发票开具给委托方，并由受托方将该项发票转交给委托方”的规定。实务中造成无法取得发票的原因在于，根据《烟花爆竹经营许可实施办法》（国家安全生产监督管理总局令第65号）第三条规定：

> 从事烟花爆竹批发的企业和从事烟花爆竹零售的经营者应当按照本办法的规定，分别取得“烟花爆竹经营（批发）许可证”和“烟花爆竹经营（零售）许可证”。

同时该文件第二十二条规定：

> 批发企业不得向未取得零售许可证的单位或者个人销售烟花爆竹。

因此个人利用公司代购烟花爆竹属于违法行为，因此无法从厂家取得发票。该企业在纳税义务已经发生的情况下，通过虚假纳税申报造成少缴税款的后果，主观故意十分明显，应当定性为偷税。

## 问题38：纳税人利用不同纳税主体的税负差异逃避纳税义务，应当如何分别定性？

**案例**：公民王某2019年注册成立甲有限责任公司，后转为增值税一般纳税人，适用增值税税率为13%；注册乙五金配件经营部（个体户），适用3%的增值税征收率。2020年7月，其以甲公司名义购入相关一批机器配件，取得3张增值税专用发票，对应进项税额为13万元，发票金额为100万元，当月已经入账抵扣，同时购入货物转入主营业务成本；但是未见相关销售收入记载。2020年8月，乙五金配件经营部与丙工厂签订合同，将同等数量货物销售给丙工厂，按照3%征收率申报纳税，并开具增值税专用发票，后期再将货款以其他方式转给甲公司。稽查部门检查发现，机器配件确实是甲公司购进，属于真实交易。该批货物已经不在仓库中。

**答**：对此问题应当分情况进行甄别，确定是否应对其实施行政处罚。

第一种情形，甲、乙、丙三方对该笔销售业务虚开行为均知情。

如果甲公司抵扣机器配件的进项发票，并约定甲公司将货物销售给丙工厂，由乙五金配件经营部收取货款，开具发票，后期再将资金以其他方式转给甲公司。此时可以确认甲公司在未确认收入同时结转成本，少列收入、多列成本，可以认定为存在偷税的主观故意，属于少计收入，并进行虚假的纳税申报，应当依据《税收征管法》第六十三条的规定，将甲公司虚假纳税申报并造成少缴税款的行为定性为偷税。

乙五金配件经营部并无实际销售机器配件，应当根据《税收征管法》第六十四条追究其编造虚假计税依据行为，以及《发票管理办法》第二十一条认定其虚开增值税专用发票，并依据《发票管理办法》第三十五条予以处罚。由于不属于同一违法行为，应当合并处罚而非择一重处。

丙工厂明知实际销售方为甲公司，仍然取得乙五金配件经营部开具的3%专票予以抵扣，应当依据《发票管理办法》第二十一条认定其接受虚开增值税专用发票，并依据《发票管理办法》第三十五条予以处罚。

第二种情形，甲、乙双方对该笔业务均知情，丙方并不知情。

甲公司将货物移送给乙五金配件经营部，由于并未收取商品对价，不符合会计收入确认标准，此时构成税法上的视同销售，应当定性为虚假的纳税申报，按照依据《税收征管法》第六十三条定性为偷税。

乙五金配件经营部实际将货物销售给丙工厂，此时双方属于正常的经济行为，此时丙工厂和乙五金配件经营部并未构成税收违法行为，不应处罚。

## 问题39：公司和个人账户资金出现高度混同，能否将个人取得的经营收入实际归属于公司？

**案例：**税务稽查部门发现，甲公司在2020—2021年期间存在少申报收入100万元，造成少缴增值税13万元，同时，该公司法人代表王某利用个人账户先后收取货款100万元。购货方向王某个人账户支付货款。经检查发现，王某与公司之间资金高度混同，既有公司为王某支付个人费用，也有王某转账给公司款项，其自身解释为借款。

**答：**关注企业是否存在偷税行为，判断唯一标准是《税收征管法》第六十三条规定。从形式上看，企业是否发生了销售行为，是否存在少计收入，并进行了虚假的纳税申报。在本案中，货物是公司直接销售给其他单位，货款由法人代表收取。此时，如果有合同证明双方交易存在，有购货方提供证据证明是王某要求如此支付货款，结合公司未对其收取货款提出异议，可以认定为代收。有人提出，是否可以视为构成表见代理、表见代表。但是实际上，表见代理、表见代表制度也有构成要件，此处不存在表见代理、表见代表。公司法定代表人是公司机关，不是公司之外的其他主体，尽管是私户收款，但是只能定性为代收。

相反，如果公司与购货方之间并无合同，那么就会产生两种可能性，一种是前述的公司销售行为，另一种则是购货方提供证据证明王某与其交易，此时应当认定公司将货物卖或视同销售给法人代表王某，王某将货物转手卖给购货方，此时就会产生两个违法主体，一个是公司在账簿上少记收入，存在偷税行为；另一个是公司法人代表王某个人没有办理税务登记，那么王某能否定性为偷税？根据《税收征管法》第三十七条规定，税务机关对于未办理登记的纳税人应核定其应纳税额，责令缴纳。第六十条第一款规定了对于不办理税务登记的纳税人，税务机关可以根据其违法情形给予其相应处罚。

## 问题40：纳税人未在所抵扣月份而是选择其他月份进行了税额转出，造成税款少缴，是否应当定性为偷税？

**案例**：2021年3月，A市稽查局收到B市稽查局发出的《已证实虚开通知单》，证实本地甲企业2020年7月接受虚开增值税专用发票5份，涉及税额100万元，该进项税额已经在2020年8月全部抵扣，当月缴纳增值税10万元。A市稽查局未发现其接受虚开主观故意的证据，于是向甲企业发出《税务事项通知书》，要求其将上述金额进行转出。甲企业为降低自身税收负担，考虑2020年11月进项税额为400万元，截至2021年3月仍然没抵扣完，于是将上述进项税额放在11月转出，不仅造成滞纳金少计，也造成少缴增值税100万元。

**答**：不应当定性为偷税。按照《税收征管法》第六十三条规定：

> 纳税人伪造、变造、隐匿、擅自销毁账簿、记账凭证，或者在账簿上多列支出或者不列、少列收入，或者经税务机关通知申报而拒不申报或者进行虚假的纳税申报，不缴或者少缴应纳税款的，是偷税。

根据《增值税暂行条例》第四条规定：

> 除本条例第十一条规定外，纳税人销售货物或者提供应税劳务（以下简称“销售货物”或者“应税劳务”），应纳税额为当期销项税额抵扣当期进项税额后的余额。应纳税额计

算公式：应纳税额=当期销项税额-当期进项税额。当期销项税额小于当期进项税额不足抵扣时，其不足部分可以结转下期继续抵扣。

根据国家税务总局文件要求，如果是取得虚开发票抵扣进项税额，应当自收到税务事项通知书的当期（税款所属期）作进项税额转出，次月申报期申报。

在本案中，2020年8月全部抵扣100万元，实际仅缴纳10万元，少缴纳税款100万元，但是上述进项税额放在11月转出，不仅造成滞纳金少计，也造成少缴增值税100万元。但是从主观故意角度，则可以看出该公司只有少缴滞纳金的故意，而非少缴税款的故意，不应定性为偷税。

**注意：**如果是因为改变用途或者管理不善造成进项税额转出，此时应当在涉税事项发生的当月转出进项税额。

## 问题41：企业发生的暂时性企业所得税纳税调整，能否以偷税名义予以处罚？

**案例：**甲企业为某工业企业，适用25%企业所得税税率。对于购进房屋这一价值480万元的固定资产，于2019年6月启用之日起到2020年3月，是按照10年的折旧年限计提折旧，于2020年4月之后，改回按20年的折旧年限计提。根据企业所得税法规定，房屋、建筑物企业所得税最低折旧年限为20年，因此该单位2019年企业所得税前多计提折旧14万元，2020年1—3月企业所得税前多计提折旧6万元。税务机关经检查后，发现企业的上述处理造成分别少缴2019年的企业所得税3.5万元、2020年的企业所得税1.5万元，认为应定性为偷税。

**答：**针对上述问题，纳税人认为，因为会计准则和税法规定不一致，导致账面价值和计税基础可能存在差异。有些差异是暂时性的，比如资产因折旧方法、折旧年限不一样导致的差异，被称为时间性暂时差异，随着时间变化而产生了暂时性差异，最终都会趋于一致。但由于固定资产折旧方法自身存在的暂时性差异，如果把房屋价值作为一个定量来看，虽然当期提前进行企业所得税扣除少缴税款，但后期也会造成无对应可扣支出，形成多缴税款，其本质是递延纳税而非减少纳税，企业的计税基础并没有因为提前折旧而增加，企业的纳税情况呈现出前期少缴、后期多缴的特点，最终并未造成少缴税款，甲企业虽然违反税法对于购进房屋的税收折旧年限予以缩短，由于该房屋价值应当为一个定量，当期的提前扣除，势必造成后期该房屋无对应项目可扣除，从而造成后期多缴税款。因此，整体上看该企业并未少缴税款。不应当定性为偷税，而应当依据《税收征管法》第六十四条编造虚假计税依据处罚。

税务机关认为，只有没有涉及税款时，才会考虑定性为编造虚假计税依据。根据《税收征管法》第六十四条释义，纳税人、扣缴义务人应当根据合法、有效的凭证、账簿进行核算，不得虚列或者隐瞒收入，推迟确认收入，不得随意改变费用、成本的确认标准或者计量方法，虚列、多列、不列或者少列费用、成本，不得随意调整利润的计算方法，编造虚假利润或者隐瞒利润，以编造虚假的计税依据。同时，需要指出的是，按照第六十四条规定予以处罚的行为是纳税人、扣缴义务人编造虚假计税依据，而且该行为并未造成纳税人、扣缴义务人不缴或者少缴税款的后果。如果纳税人、扣缴义务人编造虚假计税依据，不缴或者少缴税款的，属于偷税行为，应当按照《税收征管法》第六十三条的规定予以处罚。在本案例中，纳税人通过多列当期成本造成递延税款，造成当期企业所得税的少缴，上述情形符合第六十三条的构成要件，应当定性为偷税。

**注意**：根据《行政处罚法》的要求，如果企业能够举证证明自己不存在主观过错，则不能随意定性其为“偷税”。实务中，部分税务机关采取如下方式处理更为妥当：考虑到税会差异因素，第一次发现时要向纳税人发出《税务事项通知书》，要求纳税人予以更正申报并加收滞纳金，不按照偷税定性，并告知其关于固定资产折旧的税收规定。对于再次检查发现的，考虑前期已经明确告知，企业此时并不是过失而是明知故犯，主观故意十分明显，此时如果再次发生此类行为造成当期不缴少缴税款的，必须定性为偷税行为。

### 问题42：限期缴纳税款后，能否再发《限期改正通知书》通知纳税申报，逾期未报再定性为偷税？

《税收征管法》第二十五条规定，纳税人必须依照法律、行政法规的规定确定的申报期限、申报内容如实办理纳税申报。第三十二条规定，未按规定期限缴纳税款的，从滞纳税款之日起，按日加收滞纳税款万分之五的滞纳金。据上述规定，根据税法体系解释，“经通知申报而拒不申报”应理解为在税款征收环节，税务机关以《税务事项通知书》的方式通知企业申报，而企业拒不申报。本案是在纳税人拒不缴纳税款后，移交稽查核查。稽查局根据《税务稽查案件办理程序规定》的规定启动税务稽查程序，经过检查、审理，最终作出《税务处理决定书》，并送达企业。此时，对案件如何处理、税款滞纳金如何缴纳（包括缴纳期限），已由《税务处理决定书》确定。对于纳税人没有按照《税务处理决定书》的规定按期缴纳税款的行为，应当根据《行政强制法》第三十五条、第三十六条、第三十七条的规定，对应缴未缴的税款、滞纳金依法进行催告。如果稽查局在已作出税务处理决定的情形下，又下发《税务事项通知书》要求企业限期纳税申报的行为违反法定程序，人为将缴纳税款环节回退至纳税申报环节，此时即便通知催报的《税务事项通知书》送达完成，纳税人依然不构成“经通知申报而拒不申报”的偷税行为，而由此发出的《税务处罚决定书》也应当予以撤销。

### 问题43：纳税人在得知税务检查前主动纠正虚假申报，但是未对虚假申报导致的少缴税款进行缴纳，此时应当如何处罚？

**案例：**甲企业从事农产品深加工，属于增值税一般纳税人，适用13%增值税税率。2022年10月销售额200万元，在填写申报表的进项税额一栏时，虚构取得农产品收购发票5份，销售额80万元，按照财政部、税务总局、海关总署公告2019年第39号规定，用于生产加工13%税率货物的扣除率为10%（注：9%+1%），填写进项税额80×（9%+1%）=8（万元），造成当期少缴增值税8万元。此时有人向稽查局举报甲企业偷税，甲企业在稽查部门介入前已经更正申报，但是未缴纳税款形成欠税，且账面有足够的资金可以支付税款、滞纳金。

**答：**首先，甲企业行为不构成偷税。虽然甲企业前期进行了虚假的纳税申报，但是按照《税收征管法》第六十三条的规定，必须同时具备虚假纳税申报、不缴少缴税款两个条件，此时才能定性为偷税。在税务机关介入后，甲企业已经更正了纳税申报，原来的虚假申报造成的少缴税款已经转化为欠税，此时又很难取得其存在主观故意的证据，以及虚假纳税申报的证据，不宜将其定性为偷税并实施行政处罚。

其次，对甲企业产生的欠税也不宜直接进行处罚。根据《税收征管法》第六十五条规定，纳税人欠缴应纳税款，只有采取转移或者隐匿财产的手段，妨碍税务机关追缴欠缴的税款的，才可以由税务机关追缴欠缴的税款、滞纳金，并处欠缴税款百分之五十以上五倍以下的罚款。而根据释义，这里所说的“采取转移或者隐匿财产的手段”，是指纳税人在欠缴税款的情况下，将其所有的财产转移隐藏起来，使税务机关无法根据法律、行政法规的有关规定，对其采取相应的行政强制措施而追缴其所欠税款。逃避追缴欠税的行为应当是欠缴税款的纳税人的故意行为，纳税人在欠缴税款的情况下，因正当的交易活动而向他人支付价款或者转移财产的行为，不属于上述第六十五条所说的转移或者隐匿财产，妨碍税务机关追缴欠缴的税款的行为。此时由于该企业账面资金存在，并未采取转移或者隐匿财产的手段，此时不能依据该条款对其实施行政处罚。

本书认为，可以适用《税收征管法》第六十八条处理。对于甲企业的行为，由税务机关制作限期缴纳决定书，责令纳税人在决定书确定的期限内缴纳或者解缴税款。如果经税务机关责令限期缴纳，逾期仍未缴纳的，税务机关可以依照该法第四十条的规定采取强制执行措施追缴其不缴或者少缴的税款，税务机关采取强制措施时，对纳税人、扣缴义务人未缴纳的滞纳金同时强制执行。此时，税务机关可以对欠缴税款的甲企业处不缴或者少缴的税款百分之五十以上五倍以下的罚款。

## 问题44：企业从事国际货物代理运输，并依法享受增值税免税优惠，进行虚假纳税申报，能否定性为偷税？

**案例：**A企业2018年设立，从事国际货物代理运输业务，并依法享受增值税免税待遇，为增值税一般纳税人。2022年1月，该公司与B公司签订合同，约定300万元国际货物运输业务。3月，B公司法人代表出于其他考虑，将货款通过个人账户分批次转入A企业法人代表王某账户。王某没有将货款转入公司账户。2023年1月，有人举报A企业和王某偷税。

在本案例中，王某认为自己公司享受增值税免税待遇，自己收取货款实质也是公司的营业收入，应当可以享受免税优惠。自己未及时履行纳税申报义务，采取更正申报即可，最多接受税务行政处罚，但是并不产生增值税纳税义务。

**答：**王某的理解是错误的。实际上，根据《营业税改征增值税试点过渡政策的规定》中"纳税人提供直接或者间接国际货物运输代理服务，向委托方收取的全部国际货物运输代理服务收入，以及向国际运输承运人支付的国际运输费用，必须通过金融机构进行结算"的规定，A公司未依法纳税申报，且没有通过金融机构结算不能享受免税待遇。

由于上述业务系A公司与B公司签订，却由法定代表人王某收取货款，属于典型的隐匿收入行为，所产生的纳税义务和法律后果应由A公司承担。因此，对A公司少计收入、进行虚假纳税申报的行为应当定性为偷税，而不能定性法定代表人王某的行为是偷税。

## 问题45：企业改制前虚假申报，是否能够定性为偷税？

**案例：**ABC房地产公司原是甲县房产局下属一家国有房地产公司，2007年该企业因为经营不善，通过虚假申报方式少缴税款300万元；

2018年该企业进行改制被个人李某收购，改制为B房地产公司。2022年该企业在税务检查中被发现纳税申报和会计记录不符，2018年至2022年累计虚假申报少缴税款200万元，税务稽查部门拟将上述行为定性为偷税，该企业提出异议：一是ABC公司虚假申报造成的偷税应由原法定代表人负责，与B公司经营行为并无半点关系。后果不能由本公司负担。二是2018年之后由于B公司和购房者发生纠纷，造成公司无法正常经营，财务人员进行虚假纳税申报属个人行为，B公司对此并不知情，不应作为偷税定性。

**答：**应当定性为偷税。

第一，企业改制并未改变纳税人身份。《税收征管法》第四条规定：

> 法律、行政法规规定负有纳税义务的单位和个人为纳税人。

办理税务登记属于税法意义上的纳税主体，应独立承担纳税义务。纳税人主体地位未改变，则纳税义务不发生改变。企业改制所引发内部股东的变化，并不能改变企业虚假纳税申报的违法事实，也不能消灭改制前违法行为的法律责任。

第二，企业财务人员履行申报职责属于职务行为，而非个人行为，其职务行为造成的法律后果应由公司予以承担。至于财务人员出于何种动机实施虚假申报，并非税务机关调查范围。

第三，企业是否具备纳税能力，与税务机关将其定性为偷税没有必然关系。只要实施了《税收征管法》第六十三条列举的偷税行为，造成了不缴少缴税款的后果，就应当定性为偷税，不具备纳税能力不是实施税收违法行为的“挡箭牌”。

## 问题46：纳税人账载会计记录正确，纳税申报与会计记录不一致，能否定性为偷税？

并非出现申报结果与会计记录不一致，且造成不缴少缴税款后果，就一定构成偷税行为。此时应当核实该行为属于故意还是过失。

如果是因为纳税人计算失误，根据《税收征管法》第五十二条规定：

> 因纳税人、扣缴义务人计算错误等失误，未缴或者少缴税款的，税务机关在三年内可以追征税款、滞纳金；有特殊情况的，追征期可以延长到五年。

根据《税收征管法实施细则》第八十一条规定：

> 税收征管法第五十二条所称纳税人、扣缴义务人计算错误等失误，是指非主观故意的计算公式运用错误以及明显的笔误。

在实践中，如果是税法理解错误，比如对税会差异理解存在偏差，由于并没有偷税的主观故意，此时应当同时下达《税务事项通知书》，告知其执行了错误的税收政策，责令限期改正。对于在限期内拒不改正，或者本次改正后继续出现同类错误的，应当视为具有直接的主观故意，依据《税收征管法》第六十三条认定属于进行虚假的纳税申报，定性为偷税。

相反，如果纳税人会计核算错误，按会计核算内容如实申报，此时同样属于计算错误，根据《税收征管法》第五十二条规定处理。有人对此理解过于机械，认为计算错误仅限于纳税申报表填写错误。根据税法规定，计算错误有两种情况，一种是非主观故意的计算公式运用错误，另一种是明显的笔误。这两种情况都强调是由于纳税人非主观故意行为所造成。法律不能强人所难，此时在具体执行时还是要关注纳税人是否具备主观故意。

## 问题47：公司的员工个人为少缴个人所得税，将部分收入分解由公司其他员工申报适用较低税率，然后将资金转回给自己，能否认定个人为偷税？

**案例**：2015—2018年间，甲单位营业部赵某等5名员工，将个人年终奖奖金中的50%金额调节到发放年终奖奖金少的员工刘某等3人名下，造成5人适用较低的个人所得税税率，同时，通过刘某等3人利用银行转账、支付宝及微信等方式转回给自己，以此达到少缴个人所得税的目的。能否认定赵某等5名员工实施了偷税行为？如果上述行为在修订后的《个人所得税法》（自2019年1月1日起施行）颁布后实施，法律结果是否有不同？

**答：**按照当时的《个人所得税法》规定，个人所得税实施代扣代缴制度，结合《税收征管法》第六十三条规定，除非个人年收入达到12万元，否则没有纳税申报义务，此时应当对扣缴义务人定性为偷税。

《个人所得税法》修订后，建立了综合所得汇算清缴制度，如果需要办理汇算清缴的纳税人，应当在取得所得的次年3月1日至6月30日内，向任职、受雇单位所在地主管税务机关办理纳税申报，并报送“个人所得税年度自行纳税申报表”。此时对于纳税人而言，其通过虚假的纳税申报造成了少缴税款，一旦被税务机关发现，应当定性为偷税行为。

首先，不能定性为虚假纳税申报。由于上述纳税人并未实施虚假的纳税申报，此时应当根据全国人大常委会法制工作委员会对《税收征管法》第六十三条释义，所谓经税务机关通知而拒不申报，指的是应当依法办理纳税申报的纳税人，不按照法律、行政法规的规定办理纳税申报，并经税务机关通知，仍拒不申报的行为。税务机关发现后应当下发《税务事项通知书》，通知其限期更正申报。如果拒不申报，此时才能依据《税收征管法》对其定性为偷税，进行处罚。

有观点认为，不应认定纳税人采取不列少列收入方式进而实施了偷税行为，这种观点有失偏颇。根据全国人大法工委释义，所谓不列、少列收入，是指瞒报或者少报收入，并在账簿上作虚假登记，以不缴或者少缴应纳税款的行为。由于此处个人属于自然人，不同于符合条件的个体工商户需要建立账簿，因此不能适用本情形予以定性。本书认为，个人取得的工资薪金及奖金，本身就不属于办理税务登记范畴之列，其通过将自己的奖金拆分为多笔奖金利用他人名义申报，实际是采用了不列、少列收入和虚假纳税申报两种偷税手段，进而适用低税率，造成不缴少缴税款的后果。

另附两则案例：

### 案例一：财务负责人为少缴个税，拆分工资虚增一人领款

案件名称：××有限公司——发票违法

处罚类别：一般程序处罚

处罚事由：（一）违法事实 2016年2月至2017年12月生产经营期间，你单位的财务负责人俞某为了少缴工资薪金个人所得税，在工资单上虚记叶某的名字领取工资，每月2 500元至3 100元不等，俞某共领取叶某名义工资62 200元。同期俞某以自己的名义领取工资195 500元，造成你单位应扣未扣“工资、薪金所得”个人所得税12 440元。2023年3月20日，你单位已代扣代缴“工资、薪金所得”个人所得税12 440元。

处罚依据：《中华人民共和国税收征收管理法》第六十九条、《中华人民共和国行政处罚法》第三十二条第（一）项、《国家税务总局 上海市税务局 江苏省税务局 浙江省税务局 安徽省税务局 宁波市税务局关于发布〈长江三角洲区域登记 账证 征收 检查类税务违法行为行政处罚裁量基准〉的公告》附件《长江三角洲区域登记 账证 征收 检查类税务违法行为行政处罚裁量基准》第23项之规定，鉴于你单位在检查实施期间已代扣代缴税款，有主动消除违法行为危害后果的情节。

处罚结果：依法给予从轻处罚，具体处罚如下：处以应扣未扣个人所得税12 440元的50%的罚款，计6 220元。

### 案例二：为少缴个税找票拆分工资，因构成虚开发票获刑

公诉机关指控：被告人曹某于2014年7月至2019年2月任职于×××公司期间，为拆分个人薪资，在没有真实业务往来的情况下，通过他人的介绍，以支付开票费的方式收受由河南A有限公司、上海B有限公司等虚开给×××公司的增值税普通发票57份，价税合计人民币（以下币种均为人民币）

196万余元。曹某将上述购买的发票以报销名义交由×××公司的代理记账公司入账，并获取由×××公司转账的薪资。

2023年4月18日，被告人曹某经公安人员电话通知后主动至公安机关投案，并如实供述了上述事实。

法院查明：在法院审理期间，被告人曹某退出62 421.35元用于补缴税款，并预缴罚金2万元。

公诉机关建议以虚开发票罪，判处被告人曹某有期徒刑七个月，适用缓刑，并处罚金。被告人曹某对指控的犯罪事实、证据、罪名及量刑建议均无异议，且签字具结。

上述事实，被告人曹某及其辩护人在庭审中均无异议，并有证人汪某、刘某、季某、于某、叶某、姜某的证言，公安机关出具的《工作情况》《到案经过》、接受证据清单、发票明细清单及调取的河南增值税普通发票、上海市国家税务局通用机打发票、记账凭证、借记通知书、发票查询记录、劳动合同、德商银行交易查询单、户籍人员基本信息，上海同大会计师事务所有限公司出具的鉴定意见，被告人曹某的供述等证据证实，足以认定。

法院认为：被告人曹某让他人为自己虚开发票，情节严重，其行为已构成虚开发票罪。公诉机关指控被告人曹某犯虚开发票罪罪名成立。被告人曹某犯罪以后自动投案，如实供述自己的罪行，系自首，可以从轻处罚。被告人曹某认罪认罚，可以从宽处理。据此，依照《中华人民共和国刑法》第二百零五条之一第一款，第六十七条第一款，第七十二条第一款、第三款，第七十三条第二款、第三款，第六十四条及《中华人民共和国刑事诉讼法》第十五条之规定，判决如下：

一、被告人曹某犯虚开发票罪，判处有期徒刑七个月，缓刑一年，并处罚金人民币二万元（缓刑考验期限，从判决确定之日起计算）。

二、退出的税款上缴国库。

曹某回到社区后，应当遵守法律、法规，服从监督管理，接受教育，完成公益劳动，做一名有益于社会的公民。

## 问题48：认定纳税人有偷税行为，认定其采用不列少列收入或者多列成本手段，再提及其有虚假的纳税申报行为是否属于重复评价？

《税收征管法》第六十三条规定了纳税人偷税的三类手段，伪造、变造、隐匿、擅自销毁账簿、记账凭证；在账簿上多列支出或者不列、少列收入；或者经税务机关通知申报而拒不申报或者进行虚假的纳税申报。上述所列的三种手段，纳税人可能单独使用，也可能同时使用几种偷税手段，只要具备上述手段之一，就可能构成偷税。

其中，多列支出是指在账簿上大量填写超出实际支出的数额以冲抵或者减少实际收入的数额，虚增成本，乱摊费用，缩小利润数额等行为；不列、少列收入是指纳税人账外经营、取得应税收入不通过销售账户，直接转为利润或者专项基金，或者挂在往来账户不结转等行为。有观点认为，从逻辑上看，企业账簿上少计收入或者多列成本，必然造成财务会计报表失真，造成虚假的纳税申报，此时再提及虚假的纳税申报有重复表述之嫌。

但是，由于税会差异依然存在，因此会计收入与应税收入并非完全一致，因此不能直接将少计收入、多列成本与虚假纳税申报画等号。比如代垫款项是企业已支付但不应由企业承担的费用，按照《企业会计准则》规定，应该作为往来（应收、应付）处理。而根据《增值税暂行条例实施细则》第十二条规定，价外费用包括价外向购买方收取的代收款项、代垫款项。因此，如果仅定性为少计收入，就无法涵盖会计上不计收入但是税收上需要纳税的情况，出现对违法事实存在遗漏评价的问题。

有观点认为，无论是写一种手段还是写几种手段，并不影响定性偷税额与处罚结果，无须过多关注。但是作为税务行政处罚，应当是事实清楚、证据确凿、定性准确、处罚适当。如果在《行政处罚决定书》中提及了违法事实，但是在定性部分却因为违法手段表述上存在疏漏，造成部分违法事实无法用“不列、少列收入”或者“多列成本”予以评价，此时又没有提到虚假纳税申报此类手段，就属于事实不够清楚，无法将诸如代垫款项少计销售额情形定性为偷税行为，容易造成税收执法风险。

## 问题49：纳税人违反了编造虚假计税依据和偷税两项规定，是按照两个罚则分别处罚，还是按一个行为从重处罚？

**案例：**纳税人甲企业2020年9月账外经营少计收入，分别在增值税和企业所得税申报中少报收入，因增值税享受免税或有留抵未造成少缴，所得税造成少缴，是否能认定增值税申报编造虚假计税依据，企业所得税通过虚假申报方式造成偷税？此时应当对两个行为分别处罚，还是认定属于一个行为从重处罚？

**答：**应当作为一个违法行为从重处罚。对何为一个违法行为，首先，全国人大曾在《〈中华人民共和国行政处罚法〉释义》中作出权威解释，即“从其构成要件上只符合一个违法行为的特征”，“符合一个违法构成，就是一个违法行为；符合数个违法构成，就是数个违法行为”。其次，除了前述构成要件符合标准之外，还应该把握法律拟制的一行为。第一，区分自然一行为与法律拟制的一行为，在法理上，一行为可以分为自然一行为和法律拟制的一行为。自然一行为，是指不具有法律思维的普通人民群众，通过自身生活经验，采取自然观察等方式，可以认为某行为具备单一性的特点。法律拟制的一行为，是从法上之权利义务角度，尤其是从义务的角度可以认为属于同一行为。行政法具有合目的性与技术性，一个自然一行为可能由于通过时间、空间、立法目的予以切割成数个违法行为，也可能数个自然一行为被法律拟制为一个违法行为。这种法律拟制在行政法领域是普遍存在的。最后，注意吸取立法及司法实践出现的判断一行为的新思路。包括：两行为有因果关系的，以一行为从重论处；仅因法律不同规定，而对客观方面相同的行为定性不同行为的，仍认定一行为。

《行政处罚法》规定的“同一个违法行为”，需要区分不同执法领域的具体违法情形，结合法律是否存在拟制规定、是否存在手段与目的、原因与结果关系等，作出具体评价。在本案例中，甲企业实施了虚假申报行为，但是，该违法行为既造成了增值税申报编造虚假计税依据，违反了《税收征管法》第六十四条，同时通过虚假申报方式造成企业所得税偷税，触犯了《税收征管法》第六十三条。仅因法律不同规定，而对客观方面相同的行为定性不同行为的，仍认定一行为，不能分别给予处罚，应当按照法条竞合择一重处原则，依据《行政处罚法》第二十九条规定，同一个违法行为违反多个法律规范应当给予罚款处罚的，按照罚款数额高的规定处罚。

有人问，是否必然以偷税标准进行处罚？此问题需要从以下角度进行分析，对于纳税人、扣缴义务人编造虚假计税依据的，由税务机关责令限期改正，并处五万元以下的罚款；而对纳税人偷税的，由税务机关追缴其不缴或者少缴的税款、滞纳金，并处不缴或者少缴的税款百分之五十以上五倍以下的罚款。一个是设定了最高罚款限额，另一个是划定了罚款幅度，两个法条无法直接进行比较，只能是税务机关依据税收法律法规以及行政处罚裁量基准分别确定编造虚假计税依据和偷税罚款金额，然后比较后选择其中罚款数额高的规定处罚，同时按照充分评价、过罚相当的法理进行依法处理。比如确定编造计税依据罚款3万元，偷税罚款2万元，此时处罚金额就应当确定为3万元。

**提示：**按照罚款数额高的进行处罚，并不能等同于只选择罚款数额高的进行定性。因为案例中的违法行为虽然只有一项，但是已经触犯了两个税收法律规范，在违法事实中应当予以分别阐述，只是处以罚款时，依据罚款数额高的进行处罚。

## 问题50：实体店线上销售未申报是否算偷税？

**案例**：A商贸公司属于增值税小规模纳税人，经营范围为母婴用品销售。2019年该公司在电商平台开设网店，使用A公司名称，将库存滞销商品在网络打折促销，全年销售收入达到50万元，公司并未将网上销售收入进行纳税申报。后被人举报到稽查部门，稽查部门检查后认定该公司行为属于偷税。所以实体店线上销售未申报是否算偷税？

**答**：A商贸公司开设网店，其依然使用A公司名称，属于A公司的销售行为。A公司隐瞒网络销售收入，根据《税收征管法》第六十三条规定：

> 纳税人伪造、变造、隐匿、擅自销毁账簿、记账凭证，或者在账簿上多列支出或者不列、少列收入，或者经税务机关通知申报而拒不申报或者进行虚假的纳税申报，不缴或者少缴应纳税款的，是偷税。

如果A公司以老板张三的个人名义开设网店，销售款计入个人银行卡，公司将货物赠送给老板进行网络销售，此时A公司属于将货物无偿赠送给张三，增值税、企业所得税均需按视同销售进行税务处理，若A公司未作视同销售处理，则产生虚假的纳税申报行为，属于偷税。

如果A公司以公司的名义开设网店，为粉饰财务报表进行“刷单”操作，销售额实际50万元，刷单后为150万元，以150万元销售额进行纳税申报。对此应当以《税收征管法》第六十四条规定：

> 纳税人、扣缴义务人编造虚假计税依据的，由税务机关责令限期改正，并处五万元以下的罚款。

从而认定属于编造虚假计税依据的行为。如没有造成不缴或者少缴税款的后果，不应当定性为偷税。

## 专题7：异常凭证

### 问题51：纳税人取得异常凭证并抵扣税款行为被明确不予行政处罚后，因后续未缴清税款被认定为偷税而给予行政处罚，是否属于重复处理？

**案例：**税务机关作出《税务处理决定书》，认定A公司取得3份增值税专用发票被列入异常增值税扣税凭证，决定追缴A公司少缴的增值税50万元，并依法加收滞纳金。2021年9月、10月，税务机关两次通知该公司缴纳税款及滞纳金，A公司未缴纳。2022年4月18日，税务机关作出《税务行政处罚决定书》，认定A公司构成偷税。

**答：**依据法律规定，成立偷税行为中涉及的“税”是确定的应纳税额。《税收征管法》第六十三条列举的不缴少缴税款，是其根据税法规定对其应纳税额的确认，将不缴或者少缴税款定性为偷税。这里的税额存在法定性、确定性的特点。

但是异常凭证只是暂时冻结纳税人的税款抵扣权，纳税人可以依据《国家税务总局关于异常增值税扣税凭证管理等有关事项的公告》（国家税务总局公告2019年第38号）的规定：

> （四）纳税信用A级纳税人取得异常凭证且已经申报抵扣增值税、办理出口退税或抵扣消费税的，可以自接到税务机关通知之日起10个工作日内，向主管税务机关提出核实申请。经税务机关核实，符合现行增值税进项税额抵扣、出口退税或消费税抵扣相关规定的，可不作进项税额转出、追回已退税款、冲减当期允许抵扣的消费税税款等处理。纳税人逾期未提出核实申请的，应于期满后按照本条第（一）项、第（二）项、第（三）项规定作相关处理。
>
> （五）纳税人对税务机关认定的异常凭证存有异议，可以向主管税务机关提出核实申请。经税务机关核实，符合现行增值税进项税额抵扣或出口退税相关规定的，纳税人可继续

申报抵扣或者重新申报出口退税；符合消费税抵扣规定且已缴纳消费税税款的，纳税人可继续申报抵扣消费税税款。

上述文件中的“核实申请”为纳税人提供了后续权利救济渠道。也就是说，纳税人即便因为取得的增值税专用发票暂时被列为异常扣税凭证而作进项税额转出，也未必产生终局性和不可逆转性。税务机关应依据《税收征管法》第六十八条作为欠税予以追缴。如后续经核实后查明企业确实存在接受虚开发票进行抵扣，应当定性为通过虚假的纳税申报方式偷税，依法予以行政处罚。

## 问题52：收到异常凭证认定后，更正申报后形成欠税，后异常凭证被认定为虚开发票，此时能否认定为偷税？

**案例：**甲企业接受的增值税专用发票被定性为异常凭证，按照要求转出进项税额，并进行了更正申报，但是未缴纳税款。后又接到上游机关发出的《已证实虚开通知单》，结合相关证据认定其为接受虚开。此时能否根据《国家税务总局关于纳税人取得虚开的增值税专用发票处理问题的通知》（国税发〔1997〕134号）文规定，对上述行为定性为偷税？

**答：**不能。按照《税收征管法》第六十三条的规定，对于偷税列举了四种情形：伪造、变造、隐匿、擅自销毁账簿、记账凭证，或者在账簿上多列支出或者不列、少列收入，或者经税务机关通知申报而拒不申报或者进行虚假的纳税申报。甲企业取得专用发票抵扣行为，应当视为进行虚假的纳税申报。但是，本问题特殊之处在于，其已经按照税务机关要求将进项税额转出，但是更正申报后形成欠税。此时原来的少缴税款已经通过更正申报发生了变化，成为欠税。无法再继续以《税收征管法》第六十三条名义对其认定为偷税。只能责令其限期缴纳，仍未缴纳的，按照第六十八条追究其处不缴或者少缴的税款百分之五十以上五倍以下的罚款。同时，对其接受虚开发票的行为，应当按照《发票管理办法》第二十一条的规定，追究其虚开增值税专用发票的行政责任。

有观点认为，上述是否构成“一事不二罚”？但是构成“一事不二罚”的前提是一个违法行为同时触犯了两个法条，此时形成了法条竞合（只有法条之间有包容关系，才形成法条竞合。如果一个行为按照不同的法律规定，给予不同种类的处罚，这个是可以“一事多罚”的。比如一个行为同时按照《治安管理处罚法》和《环境保护税法》都要求予以处罚，有的是要罚款，也有的是要没收违法所得）。具体到本案例，本书观点认为，上述存在两个独立的违法行为，一个是通过申报形成的欠缴税款，另一个是虚开发票的行为，两者之间并非牵连行为，接受虚开发票和欠缴税款并没有必然关联，应当分别追究税收行政法律责任为妥。

## 专题 8：核定征收

### 问题53：利用核定征收方式，降低自身税负能否认定为偷税？

**案例**：2022年5月，某地税务机关查处了三家有限责任公司，其违法的基本事实如下：2016年，三家公司分别取得了某公司的股权，然后转让给一家位于上海的持股平台。三家公司取得股权可能系低价或者平价取得，但是其转让给上海的持股平台时取得了高额的股权转让收益。在转让年度，三家公司均按核定定率征收方式进行了税款申报。

经税务机关查证后发现，三家公司申请将企业所得税征收方式由查账征收变更为核定征收期间，没有报备审核上述股权转让事项。税务机关认定，三家企业适用核定征收是为了降低税负，申请时未提供真实的经营信息和相关的涉税资料，因此要求三家公司重新按照查账征收缴纳企业所得税。上述情形能否定性为偷税？

**答**：企业可能存在违规适用核定征收政策的行为。但适用核定征收导致企业降低了税负，并不必然构成偷税。依据是《国家税务总局关于印发〈企业所得税核定征收办法〉（试行）的通知》（国税发〔2008〕30号）第五条规定：

> 加强对核定征收方式纳税人的检查工作。对实行核定征收企业所得税方式的纳税人，要加大检查力度，将汇算清缴的审核检查和日常征管检查结合起来，合理确定年度稽查面，防止纳税人有意通过核定征收方式降低税负。

该规定对严格控制核定征收作出了原则性的规定，但也并未直接将“故意利用核定征收降低税负”定性为偷税。

依据《税收征管法》第六十三条规定：

> 纳税人伪造、变造、隐匿、擅自销毁账簿、记账凭证，或者在账簿上多列支出或者不列、少列收入，或者经税务机关通知申报而拒不申报或者进行虚假的纳税申报，不缴或者少缴应纳税款的，是偷税。

全国人大常委会法制工作委员会编写的《税收征管法》第六十三条释义明确指出，所谓进行虚假的纳税申报，是指纳税人在进行纳税申报的过程中，制造虚假情况，不如实填写或者提供纳税申报表、财务会计报告及其他纳税资料的行为。对照上述条款，该企业并不符合行为成立要件，不能定性为偷税。

根据《国家税务总局关于印发〈企业所得税核定征收办法（试行）〉的通知》（国税发〔2008〕30号）第四条规定：

> 推进纳税人建账建制工作。税务机关应积极督促核定征收企业所得税的纳税人建账建制，改善经营管理，引导纳税人向查账征收方式过渡。对符合查账征收条件的纳税人，要及时调整征收方式，实行查账征收。

由于上述单位未提供真实的经营信息和相关的涉税资料，且账务完整，收入、成本可以准确核算，应按照查账征收方式缴纳企业所得税。

根据《税收征管法》第五十二条第一款“因税务机关的责任，致使纳税人、扣缴义务人未缴或者少缴税款的，税务机关在三年内可以要求纳税人、扣缴义务人补缴税款，但是不得加收滞纳金”的规定，对上述三家公司未缴或少缴的企业所得税税款应依法追缴入库。

## 问题54：企业被税务稽查部门定性为偷税，但是由于部分年度会计账簿残缺不齐，税务机关打算对其企业所得税进行核定，并将核定税额减去已申报税额后的差额定性为偷税金额，上述定性方式是否准确？

上述定性做法是错误的。税务机关对纳税人核定税款是有前提的，也就是纳税人的会计账簿残缺不齐，已经丧失了完整性和真实性，无法通过会计账簿凭证准确计算税款。此时应当依据《税收征管法》的授权，通过公式推算和还原出企业的应纳税额。需注意的是，此时应纳税额只是依据法律法规合理推算的结果，并不能直接等同于企业欠缴税款的实际情况。因此，应依条款行使核定权后才导致当事人产生纳税义务，如果将核定税款反推作为偷税金额，认定企业的偷税行为，难以做到事实清楚、证据确凿。以纳税人限期申报纳税举例，在申报期的最后期限之前进行申报，均不构成少缴税款的后果。税务机关对征收方式的改变，如从查账征收改为核定征收，与前述行为无任何因果关系，此种情形不宜定性偷税。而且，税收核定所产生的结论与行政处罚的证明标准尚有差距。所以，直接以核定结果作为行政处罚的证据难以符合法律“必须查明事实”的要求。

## 问题55：企业无法提供购货资金来源及实际用途，能否认定货物实际并不存在，认定企业存在偷税行为？

**案例：**某眼科医院购买一批医疗器械，获得增值税普通发票6份，上游企业主管税务机关发出《已证实虚开通知单》，证明上述6份增值税普通发票为虚开。本地税务机关经检查发现，该眼科医院通过现金支付采购“一次性活体取样钳2.3 × 2、一次性活体取样钳2.3 × 1”等14种货物，记入“库存商品”科目后直接结转“主营业务成本”科目551 425.7元，并在2020年企业所得税汇算清缴申报中税前扣除，至今未作纳税调整。在税务机关下达《税务事项通知书》后，该企业无法提供以上现金付款的现金来源途径、以上14种涉案货物用途，用量也不符合眼科日常治疗耗用，能否认定该公司取得的虚开的增值税普通发票6份属于无货取票，是多列成本的偷税行为？

**答：**首先，从税收违法行为证据来看，通过《税务事项通知书》对涉税当事人履行告知义务后，可以作为税务机关已经依照法定程序实施公权力的证据之一。根据《最高人民法院关于适用〈中华人民共和国行政诉讼法〉的解释》（法释〔2018〕1号）第四十五条规定：

> 被告有证据证明其在行政程序中依照法定程序要求行政相对人或者第三人提供证据，行政相对人或者第三人依法应当提供而没有提供，在诉讼程序中提供的证据，人民法院一般不予采纳。

对税务机关而言，这里的法定程序指的就是依据《税收征管法》第五十四条规定：

> 税务机关有权进行下列税务检查：
>
> （一）检查纳税人的账簿、记账凭证、报表和有关资料，检查扣缴义务人代扣代缴、代收代缴税款账簿、记账凭证和有关资料；
>
> ……
>
> （三）责成纳税人、扣缴义务人提供与纳税或者代扣代缴、代收代缴税款有关的文件、证明材料和有关资料；
>
> ……

其次，仅仅依据对方无法提供相关资料，就推定对方存在无货虚开，从证据的证明力上来看仍然存在不足，需要其他证据补强。有观点认为，根据法释〔2002〕21号《最高人民法院关于行政诉讼证据若干问题的规定》第六十八条规定：

> 下列事实法庭可以直接认定：
>
> （一）众所周知的事实；

（二）自然规律及定理；

（三）按照法律规定推定的事实；

（四）已经依法证明的事实；

（五）根据日常生活经验法则推定的事实。

前款（一）、（三）、（四）、（五）项，当事人有相反证据足以推翻的除外。

按照上述文件精神，企业无法提供以上现金付款的现金来源途径、以上14种涉案货物用途，用量也不符合眼科日常治疗耗用，属于违反日常生活经验法则推定的事实，此时应当直接可以推定货物并不存在。但是，上述是人民法院审理行政诉讼案件适用的间接事实证明方法，该证明方法的适用需要满足多个条件，例如，前提事实和推定事实之间须有必然的联系。这种联系或互为因果，或互为主从，或互相排斥，或互相包容。除此之外，都不能成为必然联系。这是事实推定的逻辑条件，也是最为关键的条件。因此，前述资金来源、用量等违反常情常理之处，与偷税结论之间，难以推定存在必然联系。税务机关不宜直接引用此规定，免除自身取得相关证据的行政调查职责。税务机关应当取得相关证据，通过相关人员询问笔录、实物勘验等方式予以固定证据，对上述相关违法事实进一步进行证据补强，单独依据对方无法提供部分证明材料推定存在无货虚开并实施处罚，存在武断之嫌，很容易在纳税人进行下一步行政复议、行政诉讼等维权行为中被认定为证据不足，有较大的败诉风险。

## 专题9：罚款基数

### 问题56：纳税人被稽查部门检查认定为偷税，在检查前主动补缴部分税款，是否应当以其剩余未补缴税款作为罚款的基数？

**案例：** A企业为一般纳税人，2020年3月—12月少申报不含税收入900万元，少缴纳增值税117万元，城市维护建设税8.19万元，企业所得税25万元，后在检查前主动补缴增值税84万元，城市维护建设税5.88万元。但检查开始后仍有增值税33万元，城市维护建设税2.31万元，企业所得税25万元未缴。

**答：**不能以其剩余未补缴税款作为罚款的基数。原因如下：

第一，考虑到《国家税务总局办公厅关于呼和浩特市昌隆食品有限公司有关涉税行为定性问题的复函》（国税办函〔2007〕513号）：

> 《中华人民共和国税收征收管理法》未具体规定纳税人自我纠正少缴税行为的性质问题，在处理此类情况时，仍应按《中华人民共和国税收征收管理法》关于偷税应当具备主观故意、客观手段和行为后果的规定进行是否偷税的定性。税务机关在实施检查前纳税人自我纠正属补报补缴少缴的税款，不能证明纳税人存在偷税的主观故意，不应定性为偷税。

因此，依据上述规定，检查前已经补缴的税款不应作为计算罚款的基数。

第二，如果该企业在检查期间主动补缴税款，依据《关于税务检查期间补正申报补缴税款是否影响偷税行为定性有关问题的批复》（税总函〔2013〕196号）：

> 纳税人未在法定的期限内缴纳税款，且其行为符合《中华人民共和国税收征收管理法》第六十三条规定的构成要件的，即构成偷税，逾期后补缴税款不影响行为的定性。

此时补缴的税款依然要作为税务行政处罚的计算基数。

## 问题57：纳税人同时存在偷税和多缴税款，应当如何确定罚款基数？

**案例：**纳税人2020年12月进行虚假纳税申报，当月少计增值税销售额，造成该项业务少缴增值税10万元，但是当事人提出，同一所属期另一笔业务增值税多缴了8万元，主张多缴税款和少缴税款直接相抵，以其差额2万元确定偷税金额，并以此作为罚款的计算基数。

**答：**纳税人的理解是错误的。根据《税收征管法》第六十三条规定：

> 纳税人伪造、变造、隐匿、擅自销毁账簿、记账凭证，或者在账簿上多列支出或者不列、少列收入，或者经税务机关通知申报而拒不申报或者进行虚假的纳税申报，不缴或者少缴应纳税款的，是偷税。

其中，所谓进行虚假的纳税申报，是指纳税人在进行纳税申报的过程中，制造虚假情况，不如实填写或者提供纳税申报表、财务会计报告及其他纳税资料的行为。该纳税人实施了偷税行为，造成了不缴少缴税款10万元属于确定的违法事实，此时无法被改变。至于企业产生的多缴税款，企业可以依据《税收征管法》第五十一条规定，纳税人自结算缴纳税款之日起三年内发现的，可以向税务机关要求退还多缴的税款并加算银行同期存款利息，税务机关及时查实后应当立即退还。退税可以在补税环节抵扣欠税，不能因为退税因素存在，直接改变少缴税款的违法事实认定，造成作出的行政处罚决定畸轻，形成税收执法风险。

## 问题58：计算加油站账外销售偷逃增值税数额时，能否抵扣的账外采购负担的进项税额？

**案例：**在2019—2021年间，C加油站与B公司签订《供油协议》，约定通过C加油站直接向Z石化公司支付油款后再将柴油销售给B公司，以及由B公司直接向Z石化公司支付油款后，C加油站与B公司再另行结算等方式，向B公司供应柴油。C加油站的上述业务未在账务中真实记载也未进行纳税申报，存在账外经营行为，少计增值税应税收入1 345万元，少计增值税销项税额228万元，同时销售油品未取得增值税专用发票，对应进项税额156万元。据此，F稽查局对C加油站在账簿上少列收入造成少缴税款的行为定性偷税，认定造成少缴增值税228万元。拟对该企业处偷税金额228万元50%的罚款，罚款金额114万元。但是此时该企业已经从销售方取得对应的156万元的增值税专用发票。

**答：**C加油站采取账外经营的手段偷逃税款，实际上符合《税收征管法》第六十三条的规定，在账簿上少列收入，并造成了少缴税款的客观结果，符合偷税的构成要件。对此大家并没有异议。

但是在计算偷税金额时，有税务机关认为，根据《增值税暂行条例》第九条规定：

> 纳税人购进货物或者应税劳务，取得的增值税扣税凭证不符合法律、行政法规或者国务院税务主管部门有关规定的，其进项税额不得从销项税额中抵扣。

根据上述规定确定了此类账外经营行为的应纳税额计算。但是值得注意的是，此处的规定将本该从销项税额中抵扣的进项税额禁止抵扣，将使纳税人多缴纳税款，是针对纳税人违反增值税专用发票使用规定的调整方法，属于对纳税人故意不取得或怠于保管、不规范使用增值税专用发票等行为的惩罚性条款，并不以纳税人构成偷税为前提。

而对于如何计算增值税账外经营的偷税税额和罚款金额另有规定。对于补税金额，根据《国家税务总局关于增值税一般纳税人发生偷税行为如何确定偷税数额和补税罚款的通知》（国税发〔1998〕66号）第二条规定：

> 根据检查核实后一般纳税人当期全部的销项税额与进项税额（包括当期留抵税额），重新计算当期全部应纳税额，若应纳税额为正数，应当作补税处理，若应纳税额为负数，应当核减期末留抵税额。

虽然现行增值税专用发票已经由认证抵扣改为勾选抵扣，但是该文件依然有效。具体到本案例，纳税人取得增值税专用发票后，无法追溯到以前年度进行抵扣，也就无法进行同期进项税额和销项税额的匹配，只能用于抵扣本次需要补缴的增值税税款、滞纳金，未抵扣完的税额作为留抵税额，留待以后纳税申报期内继续抵扣。补缴税款依据销项税额228万元确定。

计算罚款时，应当根据国税发〔1998〕66号文件规定，对一般纳税人偷税行为的罚款，应当按照该通知第一条的规定计算确定偷税数额，以偷税数额为依据处理。而该文件第一条明确规定：

> 纳税人的偷税手段如属账外经营，即购销活动均不入账，其不缴或少缴的应纳增值税额即偷税额为账外经营部分的销项税额抵扣账外经营部分中已销货物进项税额后的余额。已销货物的进项税额按下列公式计算：已销货物进项税额=账外经营部分购货的进项税额－账外经营部分存货的进项税额。

根据上述规定，计算罚款金额时，应当依据销项税额－进项税额=228–156=72（万元）作为罚款计算依据。

## 专题10：连续状态

### 问题59：偷税行为如果时间上存在中断，如何判定连续状态？

**案例**：2023年发现甲公司2015—2019年每年都采取多列成本的偷税手段，但是2016年未造成少缴企业所得税，其他年份都有少缴企业所得税的结果。2015年的偷税行为是否属于连续状态？

**答**：一般认为，所谓连续状态是指违法行为人基于同一个违法故意，连续实施了数个独立的、同类的违法行为，并且这些违法行为触犯的是同一个规定。所谓连续状态，是指行为人的违法行为在一定时间内处于不间断状态。

例如，行政判决书（2016）京02行终1664号认为：所谓“连续状态”，是指当事人基于同一个违法故意，连续实施数个独立的行政违法行为，并触犯同一个行政处罚规定的情形。但现行的行政法律、法规并未明确规定数个独立的行政违法行为之间是否可以存在时间间隔以及时间间隔的长短，这就导致了行政机关在认定行政违法行为是否处于连续状态时，在法律适用方面存在困惑。对于上述问题，法院认为，建立行政违法行为追究时效制度的价值标准，在于寻求提高行政效率与维持社会稳定之间的平衡，通过给予违法者自我纠错的时间（经过法定的时间，不再实施违法行为，即不再追究），敦促行政机关及时履行行政执法权，防止权利和权力的“沉睡”。因此，假设处于“连续状态”的违法行为中的数个独立的违法行为间隔时间过短，表明违法者并无“自我纠错”的主观故意，但客观上规避了行政处罚的追诉时效，既不利于实现追究时效制度的价值目标，又有纵容违法行为之嫌。因此，在认定违法行为是否处于连续状态时，应当允许独立的违法行为之间存在适当的时间间隔，且间隔时间不宜过短。

具体到偷税行为的认定上，则产生了自身的特殊性，这是由于偷税行为必须履行纳税申报义务。纳税人在履行纳税申报义务的时候，通过伪造、变造、隐匿、擅自销毁账簿、记账凭证，或者在账簿上多列支出或者不列、少列收入方式少缴税款，构成了偷税的构成要件，这是因为无论是个人所得税、增值税，还是企业所得税等税种，都需要在纳税期限向主管税务机关进行纳税申报。因此，每一个纳税期限的偷税行为，应当视为一个违法行为。纳税人连续多个期限偷逃税款的行为，属于多个同类不法行为的重复发生，应当归结于连续状态。因为每次纳税申报都是相互独立的，如果纳税人在多个偷税的纳税期限中，如果穿插了纳税人个别依法纳税的期限，从理论上讲，偷税行为就应当考虑间隔时间，再行判断是否丧失了连续性。但现行的行政法律、法规并未明确规定数个独立的行政违法行为之间是否可以存在时间间隔以及时间间隔的长短。具体到税务领域，是一个月、半年还是一年？目前没有文件予以明确规定。本书认为，应当对2015年视为独立的违法行为，从违法行为发生之日起计算。由于已经超出行政处罚追溯期，不再对其进行税务行政处罚。而对于2017—2019年的违法行为，因为处于连续状态，依据《行政处罚法》（2021年修订）第三十六条规定，违法行为有连续或者继续状态的，从行为终了之日起计算。此时并未超过《税收征管法》规定行政处罚的五年追溯期，依法进行处罚。

**注意**：这里的违法行为属于同一类型行为即可，具体到偷税行为的认定，偷税行为在时间上存在连续性即可，不能苛求每一年度发生的偷税行为都必须采用同一违法手段，才可以认定属于连续状态。

## 问题60：对于偷税存在连续状态的，是按照全额进行处罚，还是在其中区分5年期限后再考虑是否作为税务行政处罚基数？

**案例**：A单位在2014年7月至2018年1月经营期间，未按照实际的销售收入申报缴纳增值税、城市维护建设税、教育费附加及地方教育附加。造成少缴增值税100 000元，少缴城市维护建设税7 000元，少缴教育费附加3 000元，少缴地方教育附加2 000元。税务机关认为，上述进行虚假的纳税申报的行为，违反《税收征管法》第六十三条第一款的规定，已构成偷税。同时依照《税收征管法》第八十六条"违反税收法律、行政法规应当给予行政处罚的行为，在五年内未被发现的，不再给予行政处罚"的规定，对A单位2016年4月属期之前少缴的增值税30 000元、城市维护建设税2 100元，已超5年，现决定不予行政处罚。

**答**：这种处理是错误的。《国务院法制办公室对湖北省人民政府法制办公室〈关于如何确认违法行为连续或继续状态的请示〉的复函》（国法函〔2005〕442号）中答复：

> 《行政处罚法》第二十九条（注：2021年修订后的《行政处罚法》，此条文变更为第三十六条）规定的违法行为的连续状态，是指当事人基于同一个违法故意，连续实施数个独立的行政违法行为，并触犯同一个行政处罚规定的情形。

这是目前对违法行为连续状态的权威解释。例如，行政相对人基于牟利目的，违反法律规定，每月进行虚假的纳税申报达到少缴税款的目的，则应当视该违法行为有连续状态，对该行为的追诉时效应当从该相对人停止偷税行为之日起开始计算。在本案中，纳税人实施偷税行为从时间上属于连续状态，并未发生中断，应当将偷税期间内的各个偷税手段行为视作一个整体，不能人为用5年作为界限，强行将一个连续违法行为，割裂为两个时间段，分段进行税务行政处罚，存在法律适用错误的风险。

**提示：**《税收征管法》第八十六条规定：

> 违反税收法律、行政法规应当给予行政处罚的行为，在五年内未被发现的，不再给予行政处罚。

同时《行政处罚法》第三十六条第二款规定，违法行为处罚期限，从违法行为发生之日起计算；违法行为有连续或者继续状态的，从行为终了之日起计算。

## 专题11：虚开发票

### 问题61：为增加授信额度虚构交易合同，两家公司“对开”发票未造成增值税损失，此时是否需要实施税务行政处罚？

**案例：**2019—2020年生产经营期间，甲公司主要从事大宗商品贸易，应朋友公司即B国际贸易有限公司的需要，增加企业销售量，以提高银行授信额度，甲公司在贸易链条中加入了B国际贸易有限公司，虚构买卖关系进行“对开”发票100万元，买卖合同关系不真实，但是未造成增值税损失。是否仅对虚开发票行为从轻处罚5万元？

**答：**我们首先要看到双方均进行了对开发票，根据《增值税暂行条例》的规定，增值税应纳税额=销项税额−进项税额，双方同时开具发票形成销项，同时也取得进项发票，此时实际应纳税额为0，并未实际造成当期增值税应纳税额的减少。同时，双方在虚增收入的同时，也虚增了对应成本，收入和成本为相同数额，此时应当视为没有造成应纳税额的减少，不能作为偷税处理。

是否考虑双方为增加授信额度，并且没有造成税款损失从轻处罚呢？依据《行政处罚法》第三十二条规定：

当事人有下列情形之一，应当从轻或者减轻行政处罚：

（一）主动消除或者减轻违法行为危害后果的；

（二）受他人胁迫或者诱骗实施违法行为的；

（三）主动供述行政机关尚未掌握的违法行为的；

（四）配合行政机关查处违法行为有立功表现的；

（五）法律、法规、规章规定其他应当从轻或者减轻行政处罚的。

《发票管理办法》第三十五条规定：

违反本办法的规定虚开发票的，由税务机关没收违法所得；虚开金额在1万元以下的，可以并处5万元以下的罚款；虚开金额超过1万元的，并处5万元以上50万元以下的罚款；构成犯罪的，依法追究刑事责任。

从上述规定来看，并无对此类行为从轻或者减轻处罚的规定。此时应当结合本地适用的行政处罚裁量基准来进一步进行判断。

比如《中南区域税务行政处罚裁量基准》中对“虚开”的处罚裁量基准规定如下表所示。

| 违法行为 | 法定依据 | 裁量阶次 | 适用条件 | 具体标准 |
|---|---|---|---|---|
| 虚开发票的 | 《中华人民共和国发票管理办法》第三十五条：“违反本办法的规定虚开发票的，由税务机关没收违法所得；虚开金额在1万元以下的，可以并处5万元以下的罚款；虚开金额超过1万元的，并处5万元以上50万元以下的罚款；构成犯罪的，依法追究刑事责任<br>非法代开发票的，依照前款规定处罚” | 较轻 | 虚开金额在1万元以下的 | 没收违法所得，并处5万元以下的罚款 |
| | | 较重 | 虚开金额在1万元以上（不含本数）10万元以下的 | 没收违法所得，并处5万元以上10万元以下的罚款 |
| | | 严重 | 虚开金额在10万元以上（不含本数）100万元以下的 | 没收违法所得，并处10万元以上20万元以下的罚款 |
| | | | 虚开金额在100万元以上（不含本数）500万元以下的 | 没收违法所得，并处20万元以上50万元以下的罚款 |
| | | | 虚开金额在500万元以上（不含本数）的 | 没收违法所得，并处50万元的罚款 |

因此，本案虚开金额100万元的，应当适用第三档，没收违法所得，并处10万元以上20万元以下的罚款。

## 问题62：介绍他人开具发票帮助车辆上牌，应当如何处罚？

**案例**：赵四车行属于小规模纳税人，查账征收，按月申报。2021年7月，张三到赵四车行购买三轮摩托车一辆，支付价款24 000元。因该车辆不符合国家规定，无法挂牌，赵四遂修改车辆合格证编号，并取得王五车行卖给赵六的机动车发票（发票金额4 000元），并以该发票为张三冒领了机动车牌照，为张三这辆24 000元的三轮摩托车登记上了赵六的名字成功上牌。对于赵四车行，应依据何种规定实施行政处罚？

**答**：在税收实践中，对该问题有三种不同认识：

一是认为按照《发票管理办法》第三十三条的规定，以未按规定开具发票实施行政处罚。

二是认为按照《发票管理办法》第三十九条的规定，以违反《发票管理办法》导致其他单位或个人未缴少缴税款实施行政处罚（注：因未开具24 000元发票导致张三少缴车辆购置税）。

三是认为按照《发票管理办法》第二十一条的规定，其已构成虚开发票行为，如果同时成立偷税行为，需择一重处给予罚款处理。

本文赞同第三种观点。

第一种观点错误之处在于，原《发票管理办法》第三十五条将虚构经营业务活动，虚开发票内容列入其中，但是2019年3月2日《国务院关于修改部分行政法规的决定》修订《发票管理办法》后，将第三十五条“未按规定开具发票”行为修正为5项，其中虚构经营业务活动、虚开发票内容被该法条删除，并入《发票管理办法》第二十一条中，此时适用该条款不再适合。

2023年7月20日《国务院关于修改和废止部分行政法规的决定》再次修订《发票管理办法》，将第三十五条改为第三十三条，仅条款序号变化，内容并未变化。因此实务操作中适用法条不能望文生义，要及时关注法条最新变化。

第二种观点错误之处在于，“导致其他个人少缴税款”需适用的大前提是“张三购买24 000元的机动车应缴纳车辆购置税”，可是案例中的三轮摩托车不符合标准无法挂牌，根本不能被定义为“机动车”，也就无法成为车辆购置税的征税对象，无法适用该条款，如果以“导致其他个人少缴税款”强行适用，有断章取义之感。

第三种观点，赵四为实现让张三车辆上牌，篡改相关信息，取得王五车行开给赵六的发票，属于介绍他人开具与实际经营业务情况不符的发票，对此应当定性为虚开发票行为。

至于是否构成偷税，客观上应当考虑个体工商户的增值税起征点问题。依据当时个体工商户应享受的增值税优惠文件《国家税务总局关于小规模纳税人免征增值税征管问题的公告》（国家税务总局公告2021年第5号，本法规自2023年1月1日起废止，本案例仍适用）规定，小规模纳税人发生增值税应税销售行为，合计月销售额未超过15万元（以1个季度为1个纳税期的，季度销售额未超过45万元）的，免征增值税。该公告自2021年4月1日起施行。《财政部 税务总局关于对增值税小规模纳税人免征增值税的公告》（财政部 税务总局公告2022年第15号，自2024年1月20日起，本法规全文失效）规定，自2022年4月1日至2022年12月31日，增值税小规模纳税人适用3%征收率的应税销售收入，免征增值税。考虑到该应税行为实际发生在2021年7月，如果上述销售额重新计入该月后未超过当期起征点，此时并未造成少缴税款的后果。从主观上看，其为张三取得虚开发票行为，帮助其车辆上牌的行为，也隐瞒了自身销售收入，导致赵四也形成了在当期进行虚假申报的结果。如果两者同时符合，即构成偷税和虚开，择一重处；如果不构成偷税，按照虚开发票处罚即可。

## 专题12：接受虚开

### 问题63：能否以取得的《已证实虚开通知单》和有货交易证据，认定受票方存在偷税行为？

**案例：**A市甲公司为商贸企业，2018年成立，为增值税一般纳税人。2022年10月，A市稽查局接收到B市稽查局发出的《已证实虚开通知单》，证实2021年11月上游企业丙公司向甲公司虚开增值税专用发票10份，涉及税额100万元。A市稽查局检查后发现，甲公司收取发票已于2021年12月抵扣。同时检查查明，甲公司有实际货物购入，系丁公司提供。此时能否认定甲公司属于偷税行为。

**答：**不能。作出税务行政处罚，应当要做到事实清楚，证明确凿。有税务机关认为，根据《关于纳税人取得虚开的增值税专用发票处理问题的通知》（国税发〔1997〕134号）：

购货方从销售方取得第三方开具的专用发票，或者从销货地以外的地区取得专用发票，申报抵扣税款或者申请出口退税的，按偷税、骗税处理，依照《税收征管法》追缴税款，处以偷税、骗税罚款。

那么，此时要证明偷税，就应当取得两类证据，一类证据要证明甲企业对丙公司向其虚开发票行为知情，带有明显的主观故意，排除甲公司定性善意取得的可能；另一类证据要证明甲公司确实对外真实交易存在，排除其对外虚开的可能，此时对其接受虚开行为才可以定性为偷税。而《已证实虚开通知单》只能证明上游企业丙公司虚开，不能直接得出甲公司接受虚开的结论，也无法证明是有货交易还是无货交易；而有货交易本身并不能排除其善意取得的可能性，上述证据之间难以形成逻辑闭环，此时仍然需要取得进一步证据才能补强，证明甲公司存在偷税行为。

## 问题64：接受上游税务机关认定的《已证实虚开通知单》，稽查局由于证据不足不能认定接受虚开，能否直接制作《不予行政处罚决定书》？

依据《行政处罚法》第四十条规定：

> 公民、法人或者其他组织违反行政管理秩序的行为，依法应当给予行政处罚的，行政机关必须查明事实；违法事实不清、证据不足的，不得给予行政处罚。

如果上游税务机关发出的《已证实虚开通知单》，只能证明开票企业对外实施虚开行为，并不能直接证明开票方和受票方存在共谋。此时需要受票方税务局予以查实，确定受票企业是否接受虚开，再决定是否处罚。在本问题中，如果违法事实无法排除，但是现有证据又无法证明违法事实确实存在，此时不得给予行政处罚。

在实践中，部分税务机关据此对纳税人下达了《不予行政处罚决定书》。但是这种做法是错误的。根据填表说明，《不予行政处罚决定书》是依据《税收征管法》第八十六条、《行政处罚法》第三十三条、第五十七条设置，对于违法事实不能成立的，不予行政处罚；而《行政处罚法》第四十条规定，违法事实不清、证据不足的，不得给予行政处罚。具体到税务实践，本书认为，此时制作《税务稽查结论》即可，无须单独制作《不予行政处罚决定书》。

如何去区分这里的不予行政处罚和不得给予行政处罚呢？

不予行政处罚和不得给予行政处罚有本质上的不同：

（1）适用情形不同。

“不予行政处罚”的前提条件是有违法行为，根据《行政处罚法》第三十三条规定，违法行为轻微并及时改正，没有造成危害后果的，不予行政处罚。具体而言，包括两种情形，一种是根据《行政处罚法》

规定的，违法行为轻微并及时纠正，没有造成危害后果的，不予行政处罚；另一种是以实体法为依据不予行政处罚。

而“不得给予行政处罚”前提是“违法事实不清，证据不足”。《行政处罚法》第四十条规定：

> 公民、法人或者其他组织违反行政管理秩序的行为，依法应当给予行政处罚的，行政机关必须查明事实；违法事实不清、证据不足的，不得给予行政处罚。

（2）法律后果不同。

行政机关负责人决定因“违法事实不清，证据不足”，不得给予行政处罚后，后续程序是直接予以结案，而“不予行政处罚”决定作出后需要送达《不予行政处罚决定书》。

（3）是否有救济途径不同。

“不得给予行政处罚”因未对当事人的权利义务造成影响，当事人没有申请复议或者提起诉讼的权利；“不予行政处罚”的前提是认定当事人有违法行为，当事人可能因此负有改正义务，承担相关民事责任，或者信用受到影响，其权利义务可能受到影响，因而应当允许当事人行使申请复议或者提起诉讼的权利。

## 问题65：通过欺诈方式骗取销售方开具增值税专用发票，开票方未定性虚开，受票方能定性为虚开吗？

**案例：**A公司为取得增值税专用发票进行抵扣，与张某协商后，张某以A公司名义向甲公司订购一批货物，取得增值税专用发票2份，取得进项税额50万元。此时能否认定A公司让他人为自己虚开？

**答：**《发票管理办法》第二十一条规定：

> 开具发票应当按照规定的时限、顺序、栏目，全部联次一次性如实开具，并加盖发票专用章。
>
> 任何单位和个人不得有下列虚开发票行为：

……

（二）让他人为自己开具与实际经营业务情况不符的发票；

……

让他人为自己开具发票从字面上来看，这里的“让”有主观故意的情况，应理解为直接让第三方为自己开具与实际经营业务情况不符的发票，但是这里的开具发票的第三方甲公司属于受骗方，其没有认识到自己被利用套取发票，甲公司与张某是实际真实发生的交易，即便三流不一致，也不能认定为虚开。那是不是就没办法认定A公司让他人为自己虚开呢？答案是否定的，也会出现让违法人员逃脱税收惩罚的结果。

行政规范首重文义，一般不得突破文义作出不利于相对人的解释，如果文义解释存在歧义的，也应适用有利于纳税人的解释。因执法机关并非法律规范的制定机关，一般不宜对文义作出限制、扩张解释，甚至是目的解释、整体解释等。按照汉语通常理解，此处的“让他人……开具”，这里的“让”的含义是“指使；容许”，意在表明指使他人去开具，指使他人的人是“主犯”，受到指使的他人不过是“工具”，至于他人是自己开具，还是通过其他手段开具，均在文义射程之内，包括本案的欺骗卖方，让卖方误以为A公司是真实的买方。这样就可以解释张某利用A公司名义对外签订合同，再通过票货分离方式为其取得进项发票抵扣，应当定性A公司为接受虚开。

### 问题66：企业接受虚开专票，已经进行抵扣，同时列入主营业务成本。在税务机关检查前又将已抵扣进项税额转出，同步调增应纳税所得额，此时是依据接受虚开行为进行处罚，还是按照编造虚假计税依据进行处罚？

应当按照接受虚开予以定性。有人望文生义，认为对方虽已接受虚开，但是又自行将进项税额转出，不能定性为偷税，应当按照《税收征管法》第六十四条定性为编造虚假计税依据。但是这种理解是错误的。根据全国人大常委会法制工作委员会释义：

> 计税依据又称计税基础，是课税对象的数量或数额标准，是计算应征税款的直接依据。计税依据一般根据其课税对象的物理形态或者价值形态，分别适用从量定额的计税方法和从价定率的计税方法。我国主要税种的计税依据如下：
>
> 增值税的计税依据为纳税人销售货物或者应税劳务的销售额，该销售额为纳税人销售货物或者应税劳务向购买方收取的全部价款和价外费用，但是不包括收取的销项税额。

对照上述解答，编造虚假计税依据，具体到增值税种只涉及编造销售额，但是上述是虚构进项税额，与适用情形不符。由于并未造成税款的不缴少缴，也不应该定性为偷税。

能不能定性为虚开？

有观点认为，由于进项税额已经转出，并未造成后果，不应定性虚开。但是《发票管理办法》第二十一条已经对虚开增值税专用发票行为进行明确：

> 开具发票应当按照规定的时限、顺序、栏目，全部联次一次性如实开具，开具纸质发票应当加盖发票专用章。
>
> 任何单位和个人不得有下列虚开发票行为：
>
> （一）为他人、为自己开具与实际经营业务情况不符的发票；
>
> （二）让他人为自己开具与实际经营业务情况不符的发票；
>
> （三）介绍他人开具与实际经营业务情况不符的发票。

第三十五条规定：

> 违反本办法的规定虚开发票的，由税务机关没收违法所得；虚开金额在1万元以下的，可以并处5万元以下的罚款；虚开金额超过1万元的，并处5万元以上50万元以下的罚款；构成犯罪的，依法追究刑事责任。

对照上述文件要求，只要纳税人实施了虚开行为，并不需要考虑实际是否造成不缴少缴税款后果，就应当予以税务行政处罚。构成犯罪的，还要依法移送公安机关处理。如果错误定性，将会造成虚开行为未能及时追究刑事责任，存在渎职风险。

## 问题67：企业被税务机关发现已经抵扣的发票属于虚开，此时必须进行罚款吗？

虚开发票的认定依据来源于《发票管理办法》第二十一条：

> 开具发票应当按照规定的时限、顺序、栏目，全部联次一次性如实开具，开具纸质发票应当加盖发票专用章。
>
> 任何单位和个人不得有下列虚开发票行为：
>
> （一）为他人、为自己开具与实际经营业务情况不符的发票；
>
> （二）让他人为自己开具与实际经营业务情况不符的发票；
>
> （三）介绍他人开具与实际经营业务情况不符的发票。

2023年7月20日，国务院公布了新修改的《发票管理办法》，国家税务总局对照发票管理办法修改内容，对其的配套规章《发票管理办法实施细则》也进行了修改，其中对《发票管理办法》第二十一条关于虚开发票的条款进行细化，明确“与实际经营业务情况不符”的具体情形。即《发票管理办法实施细则》第二十九条：

> 《办法》第二十一条所称与实际经营业务情况不符是指具有下列行为之一的：
>
> （一）未购销商品、未提供或者接受服务、未从事其他经营活动，而开具或取得发票；
>
> （二）有购销商品、提供或者接受服务、从事其他经营活动，但开具或取得的发票载明的购买方、销售方、商品名称或经营项目、金额等与实际情况不符。

这个问题需要分类进行讨论。

第一种情形，如果企业之间存在真实的交易，但是开票方并不是销售方，且此时接受虚开发票的目的是不缴少缴税款，此时应当定性为偷税，对税款进行无限期追征。同时依据《税收征管法》第八十六条规定：

> 违反税收法律、行政法规应当给予行政处罚的行为，在五年内未被发现的，不再给予行政处罚。

如果双方存在真实的交易，对方是挂靠方，通过被挂靠方开票，根据《国家税务总局关于纳税人对外开具增值税专用发票有关问题的公告》（国家税务总局公告2014年第39号），挂靠方以挂靠形式向受票方实际销售货物，被挂靠方向受票方开具增值税专用发票的，不属于虚开。

第二种情形，企业目的是对外进行虚开，此时接受虚开的进项税额，主要是降低实际开票成本，掩盖虚开交易，在没有真实业务的情况下，申报抵扣进项税额属于虚假的纳税申报，应当根据《发票管理办法（2023年修订）》第三十五条规定处理，该条规定是：

> 违反本办法的规定虚开发票的，由税务机关没收违法所得；虚开金额在1万元以下的，可以并处5万元以下的罚款；虚开金额超过1万元的，并处5万元以上50万元以下的罚款；构成犯罪的，依法追究刑事责任。

第三种情形，企业接收到的虚开发票被定性为善意取得，依据《关于纳税人善意取得虚开的增值税专用发票处理问题的通知》（国税发〔2000〕187号）“对购货方不以偷税或骗税论处，但不予抵扣、不予退税；已经抵扣的进项税款或者取得的出口退税，应依法追缴”的规定，不应对其罚款。但是本书认为此时追征期应当有所约束，受到五年追征期限制。

# 专题13：对外虚开

## 问题68："有货虚开"是否应定性涉嫌虚开增值税专用发票罪，移交公安机关？

虚开增值税发票罪的危害实质在于通过虚开行为骗取抵扣税款，对于有实际交易存在的代开行为，如行为人主观上并无骗取抵扣税款的故意，客观上未造成国家增值税款损失的，不宜以虚开增值税专用发票罪论处。

A县面粉有限责任公司虚开案，不应定性涉嫌虚开移交公安机关理由如下：

（1）稽查报告违法事实表述："A县面粉有限公司收购小麦付款后用其他农户的身份证信息开具农产品收购发票入账，以记载公司实际收购小麦的数量与金额。经核实发现其开具18份农产品收购发票身份证信息与实际出售人不符，涉及金额合计1 620 000元。"由此判断为有货虚开，主观上并无骗取抵扣税款的故意。

（2）稽查报告表述："A县税务局主管分局根据《财政部 国家税务总局关于在部分行业试行农产品增值税进项税额核定扣除办法的通知》（财税〔2012〕38号）附件1《农产品增值税进项税额核定扣除试点实施办法》第四条规定，按'投入产出法'的有关规定核定农产品进项税额，不再凭增值税扣税凭证抵扣增值税进项税额，对A县面粉公司收购农产品按投入产出法实行核定扣除增值税进项税额，某年允许抵扣农产品进项税额11 970 000元（扣除率0.09）。"由此判断客观上未造成国家增值税款损失。

虽然该案属于法发〔1996〕30号中虚开增值税专用发票罪"（3）进行了实际经营活动，但让他人为自己代开增值税专用发票"。但根据法研〔2015〕58号，"进行了实际经营活动，但让他人为自己代开增值税专用发票也属于虚开的规定，与虚开增值税专用发票罪的规定不符，不应继续适用"。因此，不应定性涉嫌虚开增值税专用发票罪。

该案中A县面粉公司虽然开具了农产品收购发票，但此时由于采取了增值税进项税额核定扣除办法，其取得的进项税额并非通过农产品收购发票计算得出，而是根据销售额核定算出的，属于以销定进。此时，农产品收购发票并未发挥抵扣功能，因此，不应定性涉嫌虚开抵扣税款发票罪，但是其虚开农产品收购发票，本身已经产生了社会危害，对发票管理秩序产生了冲击，涉嫌构成虚开发票罪。

依据：《最高人民法院研究室〈关于如何认定以“挂靠”有关公司名义实施经营活动并让有关公司为自己虚开增值税专用发票行为的性质〉征求意见的复函》（法研〔2015〕58号）：

> 二、行为人利用他人的名义从事经营活动，并以他人名义开具增值税专用发票的，即便行为人与该他人之间不存在挂靠关系，但如行为人进行了实际的经营活动，主观上并无骗取抵扣税款的故意，客观上也未造成国家增值税款损失的，不宜认定为刑法第二百零五条规定的“虚开增值税专用发票”；符合逃税罪等其他犯罪构成条件的，可以其他犯罪论处。

主要考虑：

（1）虚开抵扣税款发票罪的危害实质在于通过虚开行为骗取抵扣税款，对于有实际交易存在的代开行为，如行为人主观上并无骗取抵扣税款的故意，客观上未造成国家增值税款损失的，不宜以虚开增值税专用发票罪论处。虚开增值税专用发票罪的法定最高刑为无期徒刑，系严重犯罪，如将该罪理解为行为犯，只要虚开增值税专用发票，侵犯增值税专用发票管理秩序的，即构成犯罪并要判处重刑，也不符合罪刑责相适应原则。

（2）应当根据现行《刑法》第二百零五条之一关于虚开增值税发票罪的规定，属于“有实际业务，但为他人、为自己、让他人为自己、介绍他人开具与实际业务的货物品名、服务名称、货物数量、金额等不符的发票的”，定性为虚开增值税发票罪为妥。

## 问题69：石化行业变票虚开，应当定性为偷税行为进行处罚，还是应当以定性为虚开行为进行处罚？

**案例：**甲公司成立于2021年4月，注册地位于某市经济开发区，所属行业为化学原料和化学制品制造业。公司经营范围系芳烃、柴油、汽油、液化石油气等化工产品的生产销售。本案涉案的甲公司为石油炼化企业。从发票信息来看，企业的进项票大多命名为原油、煤油、原油白油等，而输出票则命名为燃料油、柴油等成品油。

**答：**根据《消费税暂行条例》相关规定，消费税是对我国境内从事生产、委托加工和进口应税消费品的单位和个人就其销售额或销售数量，在生产、加工等特定环节征收的一种税。为了逃避消费税而不被税务机关发现，石化行业普遍采用油、票分离的销售模式。具体来说，油品卖方（可能是原油开采/进口企业，也可能是石油贸易企业）联络好成品油最终采购企业，谈定交易价格，并最终向成品油买方交付货物。在交易过程中，炼油的环节（包括原油开采/进口企业完成炼油后直接对外销售成品油，以及由炼厂将化工产品生产为成品油两类情况）不开发票或仍开具化工产品发票（没有缴纳消费税），发票经由变票企业开具为燃料油发票，并最终开给成品油买方。

以生产、加工汽油为例，在增值税方面，石化行业涉税案件除炼化企业、变票企业参与外，为了使行为更加隐蔽，通常还会拉长交易链条、设计多个过票环节，但无论增加多少过票环节，链条上的各交易主体均按实际油品数量、金额开具发票，根据实际开具发票记载的税额确认销项税额，根据实际取得发票记载的税额确认进项税额，如实申报缴纳增值税。并且原油、化工原料、成品油货物增值税税率均一致，品名的变更不影响增值税纳税义务。变票行为不具备骗抵增值税的主观目的和客观危险，没有侵害国家增值税利益的可能性。炼化企业为了逃避缴纳消费税，在“变票交易”中，通过“变票交易”将原料油、化工原料的发票变名为成品油发票，隐瞒生产、加工环节，从而逃避消费税。对于这种情况，《国家税务总局关于消费税有关政策问题的公告》（国家税务总公告2012年第47号）第三条规定：

工业企业以外的单位和个人的下列行为视为应税消费品的生产行为，按规定征收消费税：

（一）将外购的消费税非应税产品以消费税应税产品对外销售的。

……

所以，接受虚开发票的公司需补缴相关的消费税。补缴税款没有争议，但对受票方的行为如何定性，有两种不同的意见。

第一种意见是定性虚开发票，甲公司开展“变票”业务，向下游企业开具了品名为“燃料油”的增值税专用发票，属于虚开增值税专用发票。

第二种意见是定性偷税，有人提出，参考《最高人民法院研究室〈关于如何认定以“挂靠”有关公司名义实施经营活动并让有关公司为自己虚开增值税专用发票行为的性质〉征求意见的复函》（法研〔2015〕58号）第二条规定：

主观上并无骗取抵扣税款的故意，客观上也未造成国家增值税款损失的，不宜认定为刑法第二百零五条规定的“虚开增值税专用发票”；符合逃税罪等其他犯罪构成条件的，可以其他犯罪论处。

甲公司最终目的是帮助炼油企业逃避缴纳消费税，即偷逃消费税款，而并非虚开发票。从立法本意上应将其定性为偷税。

如何辩证看待上述问题？

首先，税务机关对企业虚开发票并造成增值税偷税的行为，存在多种理解。目前大多数税务机关认为，从法律角度作为一个行为触犯了不同税法规范，造成了两个不同的法律后果。此时应当依据“一事不二罚”原则，同时构成偷税行为和虚开发票行为，择一重处。这里的虚开行为存在特殊性，企业虚开发票并造成消费税偷税的行为，从税收法律角度来看，并没有超出上述故意内容，应当择一重处。

其次，目前在对涉税案件查处过程中，很多税务机关借鉴了刑事犯罪理论予以分析，但是我们必须认识到，行政法与刑法分处不同法律领域，双方侧重点各有不同。对于变票虚开行为，在税收行政法领域，侧重于打击虚开行为，对于造成的违法后果是判断情节轻重的衡量标准，即便没有造成税款损失的后果，也不影响对其违法行为的追究。如果同时构成偷税行为和虚开行为，应当依据“一事不二罚”原则，择一重处。在刑法领域，根据《最高人民法院最高人民检察院关于办理危害税收征管刑事案件适用法律若干问题的解释》（法释〔2024〕4号）规定：

> 第一条 纳税人进行虚假纳税申报，具有下列情形之一的，应当认定为刑法第二百零一条第一款规定的“欺骗、隐瞒手段”：
>
> ……
>
> （三）虚列支出、虚抵进项税额或者虚报专项附加扣除的；
>
> ……

在《“两高”〈关于办理危害税收征管刑事案件适用法律若干问题的解释〉的理解与适用》（作者：滕伟、董保军、姚龙兵、张淑芬）中明确指出：“税务机关认为，对于虚抵进项行为，根据《国家税务总局关于纳税人取得虚开的增值税专用发票处理问题的通知》（国税发〔1997〕134号）规定，‘受票方利用他人虚开的专用发票，向税务机关申报抵扣税款进行偷税的，应当依照《中华人民共和国税收征收管理法》及有关法规追缴税款，处以偷税数额五倍以下的罚款’，因此，建议应当将上述手段予以列举。需要特别说明的是，这里的‘虚抵进项税额’，是以不构成虚开增值税专用发票罪为前提。”

此时虚开增值税专用发票改变品目内容，虽然对应法释〔2024〕4号第十条第（四）项“非法篡改增值税专用发票或者用于骗取”出口退税、抵扣税款的其他发票相关电子信息，但是同时又“为虚增业绩、融资、贷款等不以骗抵税款为目的，没有因抵扣造成税款被骗损失的，不以本罪论处，构成其他犯罪的，依法以其他犯罪追究刑事责任”，由于此时虚开专票目的是逃避缴纳消费税，符合例外排除条款，不应当以虚开增值税专用发票罪定性，而以逃税罪定性更加合适。

综上所述，税务机关在判定此类行为时，还是要依据行政法律法规要求判定此类行为给予准确定性，而不能将刑法理论简单平移至行政处罚法领域，造成违法行为的误判，出现相关违法行为的遗漏评价。

## 专题14：双向虚开

### 问题70：企业的进销项发票都是虚开，此类情形如何定性？

**案例**：2022年10月，D市税务局稽查局经检查确定，2010年8月，A公司开具给B公司增值税专用发票110份，票面金额1 000万元，税额130万元。但经查证，这笔业务无真实货物交易，A公司从B公司取得开票手续费15万元。另外，A公司当月从C公司取得增值税专用发票115份，金额1 000万元，税额130万元，支付C公司开票费10万元，与C公司无真实货物交易。A公司当月进行了销项纳税申报，并申报抵扣了进项税款130万元。A公司取得的115份增值税专用发票被D市税务局稽查局认定为虚开发票。

**答**：上述行为应当定性为虚开。

有部分税务机关认为，A公司对外虚开增值税专用发票获利是其最初的动机和实质，涉嫌犯虚开增值税专用发票罪。需要关注的是，其对外虚开增值税专用发票需要申报开票税款，而由于虚开得到的获利率低于销项税率，其必然要取得虚开的增值税进项发票用来抵扣，降低税负，使得虚开有利可图。这意味着，A公司存在通过逃避缴纳税款达到虚开获利的最终目的，应该按偷税性质处理。

实际上，认定偷税的前提是存在真实交易，并且存在逃避纳税义务的行为。如果虚开发票为牟利，虚构交易内容是为虚开发票提供掩护。此时如果将虚开发票作为偷税处理，表面上看是对税收违法行为惩处更加严厉，但实际上违法行为和行政处罚并不匹配，难以符合依法治税，更不是维护公平正义。更为严重的是，虚开发票并没有刑事责任阻却事由，但是逃税罪有特殊规定，经税务机关依法下达追缴通知后，补缴应纳税款，缴纳滞纳金，已受行政处罚的，不予追究刑事责任。但是，五年内因逃避缴纳税款受过刑事处罚或者被税务机关给予二次以上行政处罚的除外。按照上述规定，如果定性为偷税，有可能造成涉税违法犯罪人员逃脱了刑事责任追究。

## 专题 15：行刑衔接

### 问题71：实践中涉税行刑衔接案件有哪些处理情况?

1.稽查案件应移交公安机关立案的常见标准

《关于印发〈最高人民检察院 公安部关于公安机关管辖的刑事案件立案追诉标准的规定（二）〉的通知》（公通字〔2022〕12号）规定：

> 第五十二条 〔逃税案（刑法第二百零一条）〕逃避缴纳税款，涉嫌下列情形之一的，应予立案追诉：
>
> （一）纳税人采取欺骗、隐瞒手段进行虚假纳税申报或者不申报，逃避缴纳税款，数额在十万元以上并且占各税种应纳税总额百分之十以上，经税务机关依法下达追缴通知后，不补缴应纳税款、不缴纳滞纳金或者不接受行政处罚的；
>
> （二）纳税人五年内因逃避缴纳税款受过刑事处罚或者被税务机关给予二次以上行政处罚，又逃避缴纳税款，数额在十万元以上并且占各税种应纳税总额百分之十以上的；

（三）扣缴义务人采取欺骗、隐瞒手段，不缴或者少缴已扣、已收税款，数额在十万元以上的。

纳税人在公安机关立案后再补缴应纳税款、缴纳滞纳金或者接受行政处罚的，不影响刑事责任的追究。

第五十三条〔抗税案（刑法第二百零二条）〕以暴力、威胁方法拒不缴纳税款，涉嫌下列情形之一的，应予立案追诉：

（一）造成税务工作人员轻微伤以上的；

（二）以给税务工作人员及其亲友的生命、健康、财产等造成损害为威胁，抗拒缴纳税款的；

（三）聚众抗拒缴纳税款的；

（四）以其他暴力、威胁方法拒不缴纳税款的。

第五十四条〔逃避追缴欠税案（刑法第二百零三条）〕纳税人欠缴应纳税款，采取转移或者隐匿财产的手段，致使税务机关无法追缴欠缴的税款，数额在一万元以上的，应予立案追诉。

第五十五条〔骗取出口退税案（刑法第二百零四条）〕以假报出口或者其他欺骗手段，骗取国家出口退税款，数额在十万元以上的，应予立案追诉。

第五十六条〔虚开增值税专用发票、用于骗取出口退税、抵扣税款发票案（刑法第二百零五条）〕虚开增值税专用发票或者虚开用于骗取出口退税、抵扣税款的其他发票，虚开的税款数额在十万元以上或者造成国家税款损失数额在五万元以上的，应予立案追诉。

第五十七条〔虚开发票案（刑法第二百零五条之一）〕虚开刑法第二百零五条规定以外的其他发票，涉嫌下列情形之一的，应予立案追诉：

（一）虚开发票金额累计在五十万元以上的；

（二）虚开发票一百份以上且票面金额在三十万元以上的；

（三）五年内因虚开发票受过刑事处罚或者二次以上行政

处罚，又虚开发票，数额达到第一、二项标准60%以上的。

### 2.税务机关向公安机关移送案件的时间节点

第一，针对符合条件的逃税罪，必须先进行税务行政处理和行政处罚。

《刑法》对逃税罪规定了特殊的初犯免责条款，第二百零一条第四款规定：

> 有第一款行为，经税务机关依法下达追缴通知后，补缴应纳税款，缴纳滞纳金，已受行政处罚的，不予追究刑事责任；但是五年内因逃避缴纳税款受过刑事处罚或者被税务机关给予二次以上行政处罚的除外。

此条是对逃税行为构成犯罪不予追究刑事责任的特殊规定。对涉嫌逃税罪的纳税人，必须经过税务机关的处理，税务机关没有处理的，司法机关不得直接追究当事人的刑事责任。如果纳税人按要求限期改正、补缴税款、缴纳罚款及滞纳金，即纳税人接受税务机关处理、处罚的，且不存在五年内受过逃税刑事处罚或被给予两次以上税务行政处罚的情况，将不再受刑事追究。如果纳税人不按照税务机关要求进行处理，也不提出行政复议或诉讼的，将面临刑事责任。如果纳税人对税务行政处罚不服提起行政复议和行政诉讼，在案件未决前税务机关也不应移送公安机关。纳税人在公安立案后补缴税款、滞纳金、接受行政处罚的，不影响刑事责任的追究，但该情节将是当事人争取缓刑的有利量刑情节。不过扣缴义务人不受税务行政处罚前置规定的约束，个人扣缴义务人或扣缴义务人单位直接负责的主管人员和其他直接责任人员，将有可能会被追究刑事责任。

因此，对构成犯罪的逃税行为，如符合法律规定的处罚阻却事由，税务机关应先作出追缴税款、滞纳金的处理决定和行政处罚决定，视当事人履行情况再决定是否移送司法机关，依法追究其刑事责任。

从法理上说，立法者制定目的是为促进逃税人积极主动履行相关义务和责任，保证国家税款及时、足额入库，提高行政效率。

第二，除逃税罪外，原则上遵从“刑事优先”，同时注意区分不同案件的具体情况，以决定是否“先罚后送”。

法律、法规的相关规定总体上体现“刑事优先”原则，要求行政机关对发现的符合条件的涉税犯罪应及时移送。例如，《行政处罚法》第二十七条：

> 违法行为涉嫌犯罪的，行政机关应当及时将案件移送司法机关，依法追究刑事责任。

《最高人民检察院 全国整顿和规范市场经济秩序领导小组办公室 公安部 监察部关于在行政执法中及时移送涉嫌犯罪案件的意见》（高检会〔2006〕2号）：

> 行政执法机关在查办案件过程中，对符合刑事追诉标准、涉嫌犯罪的案件，应当制作《涉嫌犯罪案件移送书》，及时将案件向同级公安机关移送，并抄送同级人民检察院。对未能及时移送并已作出行政处罚的涉嫌犯罪案件，行政执法机关应当于作出行政处罚十日以内向同级公安机关、人民检察院抄送《行政处罚决定书》副本，并书面告知相关权利人。

因涉税刑事案件由公安机关依据《刑事诉讼法》及其司法解释规定的调查程序办理，无论是调查手段、调查强度都远大于单纯行政程序检查，有利于全面查清案件事实，如果刑事案件生效判决作出后，税务机关需要采取进一步的其他处罚、处理的，则刑事判决文书查明的违法犯罪事实免去了税务机关的调查程序，浪费行政资源少，税收执法风险小。

在实际操作中，现行法律、法规、税务规章和规范性文件对涉税案件移送规定之间存在一定的冲突，导致对个别案件如何处理存在困惑。如果发现涉嫌犯罪，作出行政处罚决定后再移送，按照规定应当先向纳税人送达行政处罚告知书。如果纳税人要求听证，此时行政处罚决定书尚未制作，无法按照要求将行政处罚决定书一并抄送公安机关、人民检察院，并且按照《行政执法机关移送涉嫌犯罪案件的规定》（国务院令第310号公布，国务院令第730号修订）第五条规定：

> 行政执法机关正职负责人或者主持工作的负责人应当自接到报告之日起3日内作出批准移送或者不批准移送的决定。决定批准的，应当在24小时内向同级公安机关移送。

按照上述规定移送有时间限制，而依据《行政处罚法》第六十四条要求：

> （一）当事人要求听证的，应当在行政机关告知后五日内提出；
>
> （二）行政机关应当在举行听证的七日前，通知当事人及有关人员听证的时间、地点。

因此听证时间已经超过上述时限要求，将造成案件无法及时移送。因此，如果作出处罚决定生效后移送，将面临上述诸多问题，有待文件进一步明确。

第三，区分不同案件类型，税务机关需先行履行调查职责，尽力完善基本证据，再依据查明的事实决定是否符合移送条件。

在文件没有进一步明确之前，本书认为，应当区分违法行为的类型以区别对待，综合现有移送规范，至少对三种不同行政违法行为采用不同的行政程序处理：对于现场查获的涉案货值或者案件其他情节明显达到刑事追诉标准、涉嫌犯罪的，应当立即移送公安机关查处；对于知识产权领域的违法案件，行政执法机关根据调查收集的证据和查明的案件事实，认为存在犯罪的合理嫌疑，需要公安机关采取措施进一步获取证据以判断是否达到刑事案件立案追诉标准的，应当向公安机关移送；对于其他类型的违法行为，则需依照行政调查、审理程序查明基本事实，再决定是否移送。

前述区分是根据行政法规、指导性意见而提出，具体到税收领域，税务机关对税收违法行为的行政管理职责也较为繁杂，纳税人、扣缴义务人的行为种类较多，某种行为是否属于违法行为，违法性已经逸出了行政处罚领域并已需刑法处理，往往需要经过完整的行政调查程序，取得各类可靠的证据材料才能基本明确，进而得出是否涉嫌犯罪的结论，在调取财务资料、听取陈述申辩、举行听证等行政调查程序尚未终结以前，可能无法得出是否涉嫌犯罪的结论，特别是某些案件的违法数额处于罪与非罪的临界点，更需慎重对待。

尽管税务机关应当向公安机关移送涉嫌犯罪案件是内部行为，但也需谨慎作出，税务机关需依照稽查程序履行调查职责，避免草率移送徒增公安机关工作负担，甚至后期互相推诿、扯皮，造成公安机关、税务机关与纳税人之间的矛盾，不利于征纳税管理，也不利于纳税人的权益保护。例如，前述的税务行政处罚听证程序，纳税人可能在听证程序中作出新的陈述，解释清楚商业交易发生的具体背景并提供了新证据。只有经历了这些法定的调查、审理程序后，才能全面调查了解案件事实，对是否移送足够确信。

在作出税务处理、处罚决定之后，纳税人申请行政复议、提起行政诉讼的，该种情形原则上不影响税务机关依法移送案件，相关复议程序、行政诉讼程序应当中止审理。税务行政复议机关依据《行政复议法（2023年修订）》第三十九条第（八）项的规定，以“行政复议案件审理需要以其他案件的审理结果为依据，而其他案件尚未审结”为由，依法终止行政复议。待行政复议中止的原因消除后，再及时恢复行政复议案件的审理。行政诉讼程序也有类似规定，《最高人民法院关于适用〈中华人民共和国行政诉讼法〉的解释》第八十七条规定：

> 在诉讼过程中，有下列情形之一的，中止诉讼：
>
> ……
>
> （六）案件的审判须以相关民事、刑事或者其他行政案件的审理结果为依据，而相关案件尚未审结的；中止诉讼的原因消除后，恢复诉讼。

第四，移送前未作出行政处罚，移送后刑事程序终结前不应作出行政处罚决定。

同一纠纷不应同时出现在两种处理程序中。行政机关移送案件之后，行政程序暂时失去了对案件的处理权，不宜在移送后自行作出罚款等行政处罚。《最高人民法院办公厅关于印发〈行政审判办案指南（一）〉的通知》（法办〔2014〕17号）提出：

行政机关将案件移送司法机关追究刑事责任后，不宜再就当事人的同一违法事实作出与刑事处理性质相同的行政处罚。

因此，移送前未作出行政处罚，在移送案件后、刑事程序终结前不应再就同一违法行为作出与刑事处罚性质相同的行政处罚决定，避免税务处罚决定、税务处理决定认定的基本事实与将来刑事判决文书不一致，则将出现相关执法文书被撤销的风险。

第五，移送后根据司法文书的结论作出是否处罚的决定。

《行政处罚法》第二十七条：

对依法不需要追究刑事责任或者免予刑事处罚，但应当给予行政处罚的，司法机关应当及时将案件移送有关行政机关。

根据《税务稽查案件办理程序规定》（国家税务总局令第52号）第四十七条规定，移送司法机关后，税务机关需根据司法文书决定是否处罚的案件，从司法机关接受移送到司法文书生效的时间不计入稽查期间。

因此，案件移送后，税务机关应根据司法文书作出是否处罚决定。如司法机关作出刑事处罚，税务机关不宜再就同一违法行为作出与刑事处罚性质相同的行政处罚。例如法院已判决罚金，税务机关不应再处以罚款；如司法机关作出不予立案、不起诉决定、无罪判决或免予刑事处罚的，税务机关可依法作出相应处分。

## 问题72：纳税人同时存在虚开和偷税行为，并且虚开金额已经达到移送机关标准，是否虚开和偷税行为移送前均不进行处罚？

**案例：**2022年3月，稽查局对纳税人A企业进行检查，发现A企业接受虚开增值税专用发票15份，抵扣税款40万元；同时该企业隐瞒公司租金收入100万元，少缴增值税13万元（不考虑其他税种），此时拟对其虚开增值税专用发票移送公安机关，对其虚开行为暂不处罚，但是对其偷税行为是否处罚产生内部争议。

**答：**有观点认为，按照有关规定，行政执法机关向公安机关移送案件，应同时抄送检察院。移送时未作出行政处罚决定的，应当在公安机关决定不予立案或者撤销案件、人民检察院作出不起诉决定、人民法院作出无罪判决或者免予刑事处罚后，再决定是否给予行政处罚。因此，如果移送前对偷税行为进行处罚，势必违反了上述规定，由于行政责任和刑事责任都是公法责任，而且两种责任是递进关系，如果在处罚后再对其追究罚金，等于对相对人叠加了双重公法责任。虽然可以罚金抵减罚款，但是司法机关考虑到已经剥夺其个人人身自由，因此在判定罚金时往往低于行政罚款金额，有“违错罚相当”原则和“一事不二罚”原则。

其实，上述观点理解有偏差。

上述规定移送前未处罚的必须等待公检法机关作出决定后，再决定是否给予行政处罚。在税务实践中，是针对以虚开增值税专用发票罪移送后，为避免同一罪名出现重复处罚这类情形而考虑的。而偷税行为对应的刑事罪名为逃税罪。由于并未以逃税罪移送，因此对其偷税行为罚款，并不会同时出现行政责任和刑事责任双重评价，更不会出现叠加双重公法责任的情况出现。

综上所述，行政机关在查处行政违法行为过程中发现违法行为涉嫌构成犯罪的，具有先行行政处罚权，可以依法作出行政处罚；对于已经能够确认违法行为构成犯罪，需要依法追究刑事责任的，同样具有行政处罚权，可以在移送司法机关前先行作出行政处罚；行政机关对于涉嫌构成犯罪，已移送司法机关追究刑事责任尚未作出行政处罚的，可根据司法机关的处理结果决定是否行政处罚。对于案中的偷税问题，应当依据《税收征管法》第六十三条予以处罚，符合移送标准的，依法移送公安机关。对于虚开问题暂不处罚，在公安机关决定不予立案或者撤销案件、人民检察院作出不起诉决定、人民法院作出无罪判决或者免予刑事处罚后，再决定是否给予行政处罚。

**提示：**行政犯罪行为在性质上具有双重违法性，该行为既是犯罪行为，也是严重违反行政法律规范的行为，由此决定了应全面追究犯罪分子的法律责任，有效地打击犯罪和预防犯罪。当出现行政处罚与刑事处罚竞合时，应当同时适用行政处罚与刑事处罚。两者是功能、性质和形式完全不同的制裁措施，是制裁体系中两种相互独立的处罚。罚款是行政处罚，罚金是一种刑罚的附加刑，是刑事处分，这与行政处罚中的“一事不二罚”完全不是一个概念。《行政处罚法》第三十五条第二款规定：“违法行为构成犯罪，人民法院判处罚金时，行政机关已经给予当事人罚款的，应当折抵相应罚金。”法释〔2002〕33号文第二条中规定：

> 纳税人、扣缴义务人因同一偷税犯罪行为受到行政处罚，又被移送起诉的，人民法院应当受理。依法定罪并判处罚金的，行政罚款折抵罚金。

因此，行政机关在移送前具有行政处罚权，而移送司法机关追究刑事责任既不是以行政机关不予处罚为条件，更不导致行政机关丧失行政处罚权。

## 问题73：纳税人被定性虚开和偷税，此时以偷税罚款，以虚开移送是否可行？

**案例：**纳税人A企业2022年接受虚开增值税专用发票12份，抵扣增值税税款120万元，造成少缴纳增值税以及附加税费、企业所得税税款200万元，税务机关认为其既构成接受虚开增值税发票行为，又造成偷税的后果，此时应当如何定性？

**答：**按照行政法“同一事由不得评价两次”的原则，如果对企业既定偷税，又定虚开移交公安不符合行政法原则。实际处理中，税务机关主要有三类观点：

第一种观点认为，依据《关于纳税人取得虚开的增值税专用发票

处理问题的通知》(国税发〔1997〕134号):





> 受票方利用他人虚开的专用发票，向税务机关申报抵扣税款进行偷税的，应当依照《中华人民共和国税收征收管理法》及有关法规追缴税款，处以偷税数额五倍以下的罚款。
>
> 因此，应当以偷税进行处罚，如果构成逃避缴纳税款罪，则以此罪名移送。

第二种观点认为，该纳税人属于同一个违法行为违反多个法律规范，应当给予罚款处罚，按照罚款数额高的规定处罚。因此，税务机关应当先按照择一重处原则判断。现行的行政处罚标准下，有必要对两种行为处罚轻重程度进行比较。由于偷税以不缴或少缴的税款为标准处罚，而虚开以虚开金额为标准进行处罚，因此，二者无法直接比较，需将偷税的不缴或少缴税款换算成虚开的票面金额后方可比较。若按偷税税额的5倍罚款，以50万元虚开罚款为基准进行二者行政处罚的最高上限比较，则虚开50万元罚款上限换算成对偷税5倍罚款的倍数上限时，偷税的票面金额应为：50 ÷ 5 ÷ 13%=76.92万元。由此可知，虚开金额超过76.92万元时，若以最高标准计算处罚，由于虚开处罚最高限额固定为50万元，虚开的处罚相对较轻。实务中，企业虚开税额通常较大，而虚开的罚款处罚存在上限，偷税的罚款处罚不存在上限。因此，偷税的行政处罚通常重于虚开的行政处罚，应当以偷税处罚。

第三种观点认为，虚开与偷税行为的行刑处罚轻重倒挂。如前所述，行政处罚上，偷税重于虚开；但在刑事处罚上，虚开增值税发票罪明显重于逃税罪。初次涉嫌偷税的行为人即使构成逃税犯罪，若按规定缴纳税款及滞纳金，也可免于追究刑事责任。即使被追究刑事责任，逃税罪的最高刑期是七年，而虚开犯罪最高刑为无期徒刑，对虚开犯罪的刑事处罚明显重于对逃税罪的刑事处罚。依据2021年修订通过的《行政处罚法》第八条第二款规定："违法行为构成犯罪，应当依法追究刑事责任的，不得以行政处罚代替刑事处罚"，以及《行政执法机关移送涉嫌犯罪案件的规定》第三条规定，均强调对行政执法过程中涉嫌犯罪的案件，行政机关应当依法及时移送司法机关处理。此外，《中华人民共和国刑法》第四百零二条还对行政执法人员“依法应当移交司法机关追究刑事责任的不移交”行为规定了“徇私舞弊不移交刑事案件罪”。因此，按照总体违法责任轻重判断，应当以定性涉嫌虚开犯罪及时移送。

此问题目前存在较大争议。本书倾向于第三种观点。主要出于以下考虑：

第一，按照《行政处罚法》“违法行为涉嫌犯罪的，行政机关应当及时将案件移送司法机关，依法追究刑事责任”的规定，行政执法机关一经发现涉嫌犯罪的，“应当及时将案件移送”，并无作出行政处罚决定“依法”操作的时间。因而“行政执法机关在移送案件时已经作出行政处罚决定”，必然是在发现涉嫌犯罪之前作出的。比如税务部门调查发现当事人虚开增值税普通发票20万元，给予了行政处罚，后又发现其另外30万元的虚开行为，此时已达追诉标准，不宜再作行政处罚，须按涉嫌犯罪予以移送，前面作出的行政处罚决定书亦应一并抄送。

第二，结合“未作出行政处罚决定的……”实际也在说明，当行政执法机关已经发现涉嫌犯罪的，是不可作出行政处罚决定后再移送，而必须在司法机关作出不予刑事处罚决定（裁判）后退回才可以。如果发现涉嫌犯罪，作出行政处罚决定后再移送，按照规定应当先向纳税人送达行政处罚告知书。如果纳税人提起听证，此时行政处罚决定书尚未制作，无法按照要求将行政处罚决定书一并抄送公安机关、人民检察院，并且按照《行政执法机关移送涉嫌犯罪案件的规定》（国务院令第310号公布，国务院令第730号修订）第五条规定：

> 行政执法机关正职负责人或者主持工作的负责人应当自接到报告之日起3日内作出批准移送或者不批准移送的决定。决定批准的，应当在24小时内向同级公安机关移送。

按照上述规定移送有时间限制，而依据《行政处罚法》第六十四条要求：

（一）当事人要求听证的，应当在行政机关告知后五日内提出；

（二）行政机关应当在举行听证的七日前，通知当事人及有关人员听证的时间、地点。

因此听证时间已经超过上述时限要求，将造成案件无法及时移送。

第三，所谓“未作出行政处罚决定的，原则上应当在……再决定是否给予行政处罚”中的“原则上”的理解，不是给行政执法机关涉嫌犯罪案件移送前可以作出行政处罚决定特殊处理，而是考虑刑事处罚并不及于某些行政处罚事项，比如吊销证照等，若一律禁止作出行政处罚决定，未免不妥。

按照上述规定，移送前给予行政处罚要符合一定条件，一是考虑行政处罚大多属于财产罚，而刑事处罚往往是人身罚，处罚力度更大；二是考虑违法行为本身的社会危害性，因此实践中一般是应当移送后等待司法机关处理，再决定是否给予行政处罚。

## 问题74：一户企业的法定代表人构成虚开增值税专用发票罪，已经被法院判处刑罚，并处罚金，但是未对企业进行处罚。此时税务机关能否对该纳税人进行税务行政处罚？

本书观点认为应当予以行政处罚。通常认为，民事与行政领域，法定代表人、代理人的人格被法人、其他组织所吸收，而刑法领域，严格贯彻行为人责任自负原则，涉及单位犯罪的，原则上实行双责制，除非存在法人犯罪工具化情形，只处理自然人。在刑法理论中，要追究单位责任并处以罚金，前提是在单位意志支配下由单位内部人员或委托他人实施的危害社会的行为。如何理解“在单位意志支配下由单位内部人员或委托他人实施的危害社会的行为”？作为一种法律拟制主体，单位自身是无法实施具体行为的。所有单位的行为只有通过单位内部人员或委托他人才能实施。就理论而言，所谓“在单位意志支配下”，就是指经单位领导层集体研究决定或者由其负责人决定实施，单位决策机关的决策反映单位的意志，反映单位主观心理状态。因此，当单位决策机关为本单位谋取利益，严重损害国家和人民利益时，单位就具有犯罪的主观心理状态。同理，如果个人成立单位的目的就是为了进行犯罪活动或公司设立后以实施犯罪为主要活动，则亦应认定为自然人犯罪。

在税收管理中，单位作为税务机关的管理对象，属于纳税主体，一旦出现涉税违法行为，税务机关必须依法对其违法行为进行定性，并依法予以行政处罚。此时，不再根据实际业务情形划分是单位意志行为，还是个人的意志行为，个人人格被法人人格所吸收，不具有税法意义，现行税法也不支持此类穿透式处罚到个人。

根据现行税务行政处罚要求，行政执法机关在移送案件时已经作出行政处罚决定的，应当将行政处罚决定书一并抄送公安机关、人民检察院；未作出行政处罚决定的，原则上应当在公安机关决定不予立案或者撤销案件、人民检察院作出不起诉决定、人民法院作出无罪判决或者免予刑事处罚后，再决定是否给予行政处罚。由于税务机关在移送前并未进行税务行政处罚，按照上述规定，此时已经触发相应条款，必须进行税务行政处罚。刑法不追究其刑事责任，并不等于该违法行为免于追究行政责任，两者是相互独立的，不能相互替代。

## 问题75：一户企业涉嫌虚开专票，税务机关以涉嫌虚开增值税专用发票罪移送公安，在移送前对其未按规定保存账簿资料行为罚款1万元，是否符合税收法律规定？

上述处罚决定是正确的。有观点认为，行政执法机关移送时未作出行政处罚决定的，应当在公安机关决定不予立案或者撤销案件、人民检察院作出不起诉决定、人民法院作出无罪判决或者免予刑事处罚后，再决定是否给予行政处罚。稽查部门提前作出税务行政处罚与文件要求不符。

行政机关在查处行政违法行为过程中发现违法行为涉嫌构成犯罪

的，具有先行行政处罚权，可以依法作出行政处罚；对于已经能够确认违法行为构成犯罪，需要依法追究刑事责任的，同样具有行政处罚权，可以在移送司法机关前先行作出行政处罚；行政机关对于涉嫌构成犯罪，已移送司法机关追究刑事责任尚未作出行政处罚的，可根据司法机关的处理结果决定是否行政处罚。纳税人未按规定保存账簿资料行为并未涉嫌刑事犯罪，只是违反了税收相关法律法规，此时，对该行为进行税务行政处罚并不会造成对同一行为的行政处罚、追究刑事责任的重复评价，也不会出现过罚失当的结果。

## 问题76：税务机关依法对某类偷税行为处罚后，以涉嫌虚开发票犯罪移送公安机关，法院依法判决并对企业判以罚金。纳税人能否用偷税被罚的行政罚款折抵法院的罚金？

**案例：**2022年3月，A公司员工李某从B公司取得增值税专用发票20份，金额1 000万元，税额130万元，支付手续费15万元，无真实交易。A公司已于当月全部申报并实际抵扣，少缴增值税应纳税款130万元。A市稽查局根据《税收征管法》第六十三条规定，按偷税追缴税款，并处以0.5倍的罚款65万元后，移送公安追究其刑事责任。A市法院判决A公司犯虚开增值税专用发票罪，判处20万元罚金。A公司申请用已缴纳的偷税罚款折抵相应的20万元罚金。

**答：**应当具体分析是否属于同一违法行为。根据《行政处罚法》第三十五条规定：

> 违法行为构成犯罪，人民法院判处罚金时，行政机关已经给予当事人罚款的，应当折抵相应罚金。

《最高人民法院关于适用〈中华人民共和国刑事诉讼法〉的解释（2021年）》第五百二十三条规定：

> 行政机关对被告人就同一事实已经处以罚款的，人民法院判处罚金时应当折抵，扣除行政处罚已执行的部分。

这里的折抵必须服从于同一违法行为认定，比如A公司被行政定性为偷税，同时也被法院判定逃税罪，此时行政法评价与司法评价属于一致，可以用偷税罚款抵缴逃避缴纳税款罪的罚金。但是在本问题中，企业被判定构成虚开增值税专用发票罪，而行政法认定为偷税行为，虽然从刑法领域与行政法领域的角度来看，评价不一致，但是并没有改变属于同一违法行为的客观事实。因此本书认为，虚开发票进行偷税，认定是同一个违法行为时，不论是按虚开发票罚款还是偷税罚款，都是对同一个违法行为处以罚款的行政罚款，与对该违法行为的罚金本质上是一致的、对应的。此时，应当允许纳税人用行政罚款折抵罚金。

**说明：**对增值税一般纳税人偷逃增值税税款的行为，税收征管法与刑法的评价似有一定的差异。对于增值税一般纳税人利用增值税“购进扣税法”虚假抵扣进项税款的行为，带有欺骗性质，被侵害的对象是国家税款的存量，国家存量税款不应当减少而减少，侵害了国家存量税款；而增值税之外的其他税种的偷税行为，是在纳税义务发生之后，采用欺骗、隐瞒等手段，不履行、少履行纳税义务，属于义务犯，导致国家税款应当增加而没有增加，侵害了国家增量税款。两者侵害的法益差异较大。因刑法对于利用增值税特有的抵扣方式骗取税款行为单列为虚开增值税专用发票罪，以区别于逃税罪，而国家税务总局对于不构成犯罪的虚开抵扣违法行为定性为偷税，这导致两者之间存在一定程度的脱节，出现了同一种违法行为而有两种名称的差异，但是，不应当因此而影响其仍然属于同一违法行为的性质认定。

## 问题77：税务机关将企业按照涉嫌虚开增值税专用发票罪移送公安机关，后检察院以合同诈骗罪提起公诉，法院予以判决，未确认虚开增值税专用发票罪。此时税务机关是否还要对其实施行政处罚？

需要对其实施行政处罚。实践中，有些税务机关对此类问题存在不同意见，认为行政执法机关在移送案件时未作出行政处罚决定的，原则上应当在公安机关决定不予立案或者撤销案件、人民检察院作出不起诉决定、人民法院作出无罪判决或者免予刑事处罚后，再决定是否给予行政处罚。目前人民法院在很多涉及此类案件的判决中未提及此罪名，此时还能按照行刑衔接进行税务行政处罚吗？

实际上，这种思路是对上述规定的一种误解。之所以规定要等待司法机关作出最终裁决后再考虑税务行政处罚，这是因为同一违法行为如果构成犯罪，根据刑事优先原则，应首先追究行为人的刑事责任，行政机关必须将案件移送司法机关，依法追究刑事责任，不能以罚代刑。这样处理，有利于实现刑罚的功能，有效地打击犯罪。从概念上来讲，行政违法行为是行政管理相对人所实施的违反行政法律规范，依法应当追究行政法律责任的行为。而刑事违法行为是行为人实施的违反刑事法律规定而依法应当追究刑事责任的行为。在具体的执法实践过程中，我们应该具体问题具体分析，看刑事判决没有判决该罪名的原因是什么。如果刑事法律对此未作处理，或者基于牵连关系，未对虚开专票的手段行为判处刑罚，其实已经作出了刑法评价，只是没有单独评价，而是一种合并评价，评价体现在手段行为也构成犯罪的，在目的行为犯罪处罚中予以“从重”。但是，对于税务机关而言，已经有确凿证据证明纳税人已经违反了行政法律，仍然需要对其依法实施行政处罚，而不能机械理解为如果人民法院的生效判决未涉及该罪名的，税务机关就不能予以处罚。

本案的合同诈骗行为不属于税务机关管理领域，合同诈骗行为已经由检察机关、人民法院依法处理，并未处理其对税收管理秩序的破坏行为，并非是对该罪行的遗漏，只是基于刑法自身运行规律作出的判决。税务机关应当对该案中涉及的税收违法行为依法处理，无论该合同诈骗行为是否已经有权机关处理，即便人民法院作出无罪判决或者免予刑事处罚，税务机关也可以依法对其虚开行为实施行政处罚。

## 第三节　讲透行政裁量的情理

本节解决“为何这样处罚”的问题。遵循税务行政处罚裁量权行使规则，结合违法行为的事实、性质、情节以及社会危害程度，对照依法不予处罚以及从轻、减轻处罚的情形，统筹考虑经济社会发展水平、行业特点、地方实际、主观过错、获利情况、相似违法行为罚款规定等因素，区分情况、分类处理，充分体现公正性、适当性和合理性，避免同案不同罚、明显过罚不当等情形的产生。

### 专题 16：裁量基准

#### 问题78：目前已经实行跨区域统一的税务行政处罚裁量基准的省市有哪些？

国务院发文鼓励跨行政区域按规定联合制定统一监管制度及标准规范，协同推动罚款数额、裁量基准等相对统一。制定罚款等处罚清单或者实施罚款时，要统筹考虑法律制度与客观实际、合法性与合理性、具体条款与原则规定，确保过罚相当、法理相融。有些人可能不太理解为什么不是全国统一处罚裁量基准，因为我国经济发展呈现明显的区域性和不平衡性，如果全国的行政处罚裁量基准一刀切，会造成形式上的公平，事实上的不公平。目前，相邻省市区共同制定行政裁量基准，既可以根据当地情况制定相适宜的裁量基准，又有利于在较大范围内实现执法统一。

目前已经实行跨区域统一的税务行政处罚裁量基准的省市列明如下。

（1）华东区域：

为落实《国家税务总局关于支持和服务长江三角洲区域一体化发展措施的通知》（税总函〔2019〕356号）相关工作要求，规范长三角区域纳税申报、发票使用等环节税务违法行为行政处罚裁量权行使，在广泛征求意见、反复研究论证的基础上，国家税务总局上海市税务局、江苏省税务局、浙江省税务局、安徽省税务局、宁波市税务局联合制定裁量基准。

2020年6月30日，长三角地区《国家税务总局上海市税务局 江苏省税务局 浙江省税务局 安徽省税务局 宁波市税务局关于发布〈长江三角洲区域申报 发票类税务违法行为行政处罚裁量基准〉的公告》（国家税务总局上海市税务局公告2020年第4号）印发，自2020年8月1日起施行。

2022年12月28日，《国家税务总局上海市税务局 江苏省税务局 浙江省税务局 安徽省税务局 宁波市税务局关于发布〈长江三角洲区域登记 账证 征收 检查类税务违法行为行政处罚裁量基准〉的公告》（国家税务总局上海市税务局公告2022年第5号）印发，自2023年2月1日起施行。

2024年11月25日，《国家税务总局上海市税务局 江苏省税务局 浙江省税务局 安徽省税务局 福建省税务局 江西省税务局 山东省税务局 宁波市税务局 厦门市税务局 青岛市税务局关于发布〈华东区域税务行政处罚裁量基准〉的公告》（国家税务总局上海市税务局 江苏省税务局 浙江省税务局 安徽省税务局 福建省税务局 江西省税务局 山东省税务局 宁波市税务局 厦门市税务局 青岛市税务局公告2024年第3号）印发，自2025年1月1日起施行。

（2）华北区域：

2021年8月26日，《国家税务总局北京市税务局 国家税务总局天津市税务局 国家税务总局河北省税务局关于发布〈京津冀税务行政处罚裁量基准〉的公告》（国家税务总局天津市税务局公告2021年第2号）印发，自2021年10月1日起施行。

2024年9月14日，《国家税务总局北京市税务局 国家税务总局天津市税务局 国家税务总局河北省税务局 国家税务总局山西省税务局 国家税务总局内蒙古自治区税务局关于发布〈华北区域税务行政处罚裁量基准〉的公告》（国家税务总局北京市税务局 天津市税务局 河北省税务局 山西省税务局 内蒙古自治区税务局公告2024年第3号）印发，本公告自2024年12月1日起施行。

（3）东北区域：

2022年7月22日，《国家税务总局辽宁省税务局 国家税务总局吉林省税务局 国家税务总局黑龙江省税务局 国家税务总局大连市税务局关于发布〈东北区域税务行政处罚裁量基准〉的公告》（国家税务总局辽宁省税务局 国家税务总局吉林省税务局 国家税务总局黑龙江省税务局 国家税务总局大连市税务局公告2022年1号）印发，自2022年9月1日起施行。

2023年11月28日，《国家税务总局辽宁省税务局 国家税务总局吉林省税务局 国家税务总局黑龙江省税务局 国家税务总局大连市税务局关于修订发布〈东北区域税务行政处罚裁量基准〉的公告》（国家税务总局辽宁省税务局 国家税务总局吉林省税务局 国家税务总局黑龙江省税务总局 国家税务总局大连市税务局公告2023年第2号）印发，自2023年12月1日起施行。

（4）西南区域：

2023年7月11日，《国家税务总局重庆市税务局 国家税务总局四川省税务局 国家税务总局贵州省税务局 国家税务总局云南省税务局 国家税务总局西藏自治区税务局关于发布〈西南区域税务行政处罚裁量基准〉的公告》（国家税务总局重庆市税务局 国家税务总局四川省税务局 国家税务总局贵州省税务局 国家税务总局云南省税务局 国家税务总局西藏自治区公告2023年第4号）印发，自2023年10月1日起施行。

2023年10月31日，国家税务总局重庆市税务局、国家税务总局四川省税务局在《西南区域税务行政处罚裁量基准》（国家税务总局重庆

市税务局 国家税务总局四川省税务局 国家税务总局贵州省税务局 国家税务总局云南省税务局 国家税务总局西藏自治区公告2023年第4号）基础上共同制定了《国家税务总局四川省税务局 国家税务总局重庆市税务局关于发布〈川渝地区税务行政处罚裁量权实施办法〉及〈川渝地区税务行政处罚裁量执行标准〉的公告》（国家税务总局四川省税务局 国家税务总局重庆市税务局公告2023年第4号），自2023年12月1日起施行。

2024年6月21日，《国家税务总局重庆市税务局 国家税务总局四川省税务局 国家税务总局贵州省税务局 国家税务总局云南省税务局 国家税务总局西藏自治区税务局关于修订发布〈西南区域税务行政处罚裁量基准〉的公告》（国家税务总局重庆市税务局 四川省税务局 贵州省税务局 云南省税务局 西藏自治区税务局公告2024年第1号），本公告自2024年8月1日起施行。

（5）西北区域：

2023年10月30日，《国家税务总局陕西省税务局 国家税务总局甘肃省税务局 国家税务总局青海省税务局 国家税务总局宁夏回族自治区税务局 国家税务总局新疆维吾尔自治区税务局关于发布〈西北五省（区）税务行政处罚裁量基准〉的公告》（国家税务总局陕西省税务局 国家税务总局甘肃省税务局 国家税务总局青海省税务局 国家税务总局宁夏回族自治区税务局 国家税务总局新疆维吾尔自治区税务局公告2023年第2号）印发，自2023年12月1日起施行。

（6）中南区域：

2023年11月30日，《国家税务总局广东省税务局 国家税务总局河南省税务局 国家税务总局湖北省税务局 国家税务总局湖南省税务局 国家税务总局广西壮族自治区税务局 国家税务总局海南省税务局 国家税务总局深圳市税务局关于发布〈中南区域税务行政处罚裁量基准〉的公告》（国家税务总局广东省税务局 国家税务总局河南省税务局 国家税务总局湖北省税务局 国家税务总局湖南省税务局 国家税务总局广西壮族自治区税务局 国家税务总局海南省税务局 国家税务总局深圳市税务局公告2023年第5号）印发，自2024年4月1日起施行。

全国税务机关在采用“一把尺”统一税务行政处罚裁量基准方面做到了“精、细、密”。随着行政裁量权的法治化规范已经从行政处罚领域向行政征收、行政许可、行政强制、行政给付等非行政处罚类行为推进，今后我们会看到更多类型的裁量基准的出台。

## 问题79：华东、华北、西南三区域税务行政处罚裁量基准比较有何不同？

《国务院关于进一步规范和监督罚款设定与实施的指导意见》（国发〔2024〕5号）明确：

> 鼓励跨行政区域按规定联合制定统一监管制度及标准规范，协同推动罚款数额、裁量基准等相对统一。

相邻省市区共同制定行政裁量基准，既可以根据当地情况制定相适宜的裁量基准，又有利于在较大范围内实现执法统一。

为进一步分析区域裁量基准异同，笔者选取最新发布的华东区域、最新修订的华北区域、西南区域行政处罚裁量基准（以下简称《裁量基准》）进行比较。

具体分别是：

2024年11月25日，《国家税务总局上海市税务局 江苏省税务局 浙江省税务局 安徽省税务局 福建省税务局 江西省税务局 山东省税务局 宁波市税务局 厦门市税务局 青岛市税务局关于发布〈华东区域税务行政处罚裁量基准〉的公告》印发，自2025年1月1日起施行。

2024年9月14日，《国家税务总局北京市税务局 国家税务总局天津市税务局 国家税务总局河北省税务局 国家税务总局山西省税务局 国家税务总局内蒙古自治区税务局关于发布〈华北区域税务行政处罚裁量基准〉的公告》印发，本公告自2024年12月1日起施行。

2024年6月21日，《国家税务总局重庆市税务局 国家税务总局四川省税务局 国家税务总局贵州省税务局 国家税务总局云南省税务局 国家税务总局西藏自治区税务局关于修订发布〈西南区域税务行政处罚裁量基准〉的公告》印发，本公告自2024年8月1日起施行。

1. 主要内容基本相同

上述3个《裁量基准》所明确的各项税务违法行为处罚裁量具体标准，均是在法律、法规和规章等上位法规定的处罚种类、幅度内进行的细化、量化，如《中华人民共和国行政处罚法》《中华人民共和国税收征收管理法》及其实施细则、《中华人民共和国发票管理办法》及其实施细则、《税务登记管理办法》（国家税务总局令第7号公布，第36号、第44号、第48号修改）、《纳税担保试行办法》（国家税务总局令第11号公布）、《非居民承包工程作业和提供劳务税收管理暂行办法》（国家税务总局令第19号公布）、《税收票证管理办法》（国家税务总局令第28号公布，第48号修改）。

3个《裁量基准》的体例结构和基本内容，也是按照《国务院办公厅进一步规范行政裁量权基准制定和管理工作的意见》要求设置的，综合考量税务违法行为的事实、性质、情节以及社会危害程度，对法律、法规和规章规定的税务行政处罚裁量权进行细化量化，明确了各项税务违法行为的裁量阶次、适用条件和具体标准。

3个《裁量基准》涵盖了税务登记类、纳税申报类、账簿凭证管理类、发票及票证管理类、税款征收类、税务检查类、纳税担保类7大类税务违法行为，只是在项目上，华东区域的《裁量基准》将7大类违法行为细化为55小项，华北区域与西南区域的《裁量基准》是细化为54小项。

2. 具体细节有差异

下面我们选取“逾期未申报”“偷税”“虚开发票”这三大类高频处罚事项，通过对比三大区域的税务处罚裁量基准来感受它们之间的异同。

（1）《税收征管法》第六十二条“逾期未申报”处罚裁量基准

对比。

①华东区域税务行政处罚裁量基准。

<table>
<tr><th>违法行为</th><th>处罚依据</th><th>裁量阶次</th><th>适用条件</th><th>具体标准（处罚标准）</th></tr>
<tr><td rowspan="5">纳税人未按照规定的期限办理纳税申报和报送纳税资料的，或者扣缴义务人未按照规定的期限向税务机关报送代扣代缴、代收代缴税款报告表和有关资料</td><td rowspan="5">《中华人民共和国税收征收管理法》第六十二条<br>纳税人未按照规定的期限办理纳税申报和报送纳税资料的，或者扣缴义务人未按照规定的期限向税务机关报送代扣代缴、代收代缴税款报告表和有关资料的，由税务机关责令限期改正，可以处二千元以下的罚款；情节严重的，可以处二千元以上一万元以下的罚款</td><td>轻微</td><td>一年内首次违反且危害后果轻微，当前税务登记状态为正常，在税务机关发现前主动改正或者在税务机关责令限期改正期限内改正的</td><td>不予处罚</td></tr>
<tr><td>较轻</td><td colspan="2">纳税人状态为正常，个人每次处二十元的罚款，单位每次处五十元的罚款</td></tr>
<tr><td>一般</td><td colspan="2">被认定为非正常户的，无欠缴税款、滞纳金、罚款的，个人处两百元的罚款，单位处五百元的罚款；欠缴税款、滞纳金、罚款金额不满二十万元的，个人处五百元以上两千元以下的罚款，单位处一千元以上两千元以下的罚款</td></tr>
<tr><td>严重</td><td colspan="2">被认定为非正常户的，欠缴税款、滞纳金、罚款金额二十万元以上的，处两千元以上一万元以下的罚款。纳税人有其他严重情节的，处两千元以上一万元以下的罚款</td></tr>
<tr><td colspan="3">同一申报期不同税种未按期办理纳税申报的可合并为一次处理。对两次以上逾期未申报行为一并补申报的，可按照“逾期未申报行为次数*单次罚款金额”计算处罚金额一并处罚，其他适用条件（欠缴税款、滞纳金、罚款）相同的情况下正常户累计罚款金额不超过非正常户处罚金额上限</td></tr>
</table>

②华北区域税务行政处罚裁量基准。

一年内首次违反且危害后果轻微，并在税务机关发现前主动改正或者在税务机关责令限期改正的期限内改正的，不予行政处罚。

除前款规定情形外，按以下标准进行处罚：

逾期90天以下的，对个人处20元以下的罚款，对单位处200元以下的罚款；逾期超过90天且180天以下的，对个人处20元以上30元以下的罚款，对单位处200元以上500元以下的罚款；逾期超过180天的，对个人处30元以上50元以下的罚款，对单位处500元以上1 000元以下的罚款。

逾期超过180天且360天以下，同时存在未缴销发票或存在欠缴税款、滞纳金、罚款的，对个人处50元以上2 000元以下的罚款，对单位处1 000元以上2 000元以下的罚款。

逾期超过360天，同时存在未缴销发票或存在欠缴税款、滞纳金、罚款的，或者有其他严重情节的，处2 000元以上1万元以下的罚款。

其他未列明情形，按税收征管法有关规定处理。

③西南区域税务行政处罚裁量基准。

| 适用条件 | 具体标准 | 备注 |
| --- | --- | --- |
| 纳税人五年内首次未按照规定的期限办理纳税申报和报送纳税资料，或者扣缴义务人五年内首次未按照规定的期限向税务机关报送代扣代缴、代收代缴税款有关资料，且危害后果轻微，并在税务机关发现前主动改正或者在税务机关责令限期改正的期限内改正的 | 不予处罚 | 首违不罚清单事项 |
| 属于自然人或个体工商户的纳税人、扣缴义务人 | 每次逾期未申报处50元罚款，最高不超过200元 | 逾期未申报次数按申报期计算，原则上一个月为一次（包括当月应申报未申报的所有税种的纳税申报和扣缴申报）。可以在多个月份申报的，计入到最后月份 |
| 不属于自然人或个体工商户的纳税人、扣缴义务人 | 每次逾期未申报处100元罚款，最高不超过2 000元 | |
| 情节严重的 | 2 000元—1万元 | |

分析逾期未申报罚款金额裁量阶次。

3个区域均将纳税人划分为“个人（含个体工商户）”与“单位”实施精确执法。例如：

华东区域处罚个人分为5阶次：20元；200元；500元；2 000元；10 000元。处罚单位有5阶次：50元；500元；1 000元；2 000元；10 000元。

华北区域处罚个人也有5阶次：20元；30元；50元；2 000元；10 000元。针对单位处罚分为5阶次：200元；500元；1 000元；2 000元；10 000元。

西南区域处罚个人有3阶次：50元；2 000元；10 000元。处罚单位有3阶次：100元；2 000元；10 000元。

华东、华北区域罚款金额裁量阶次明显多于西南区域。华东、华北区域一般情况下对个人（含个体工商户）每次逾期未申报处每次20元罚款，西南区域处50元罚款。对于单位而言，华东区域处每次50元罚款，也明显低于华北与西南区域。

针对“每次”的解释，华东区域明确：同一申报期不同税种未按期办理纳税申报的可合并为一次处理。对两次以上逾期未申报行为一并补申报的，可按照“逾期未申报行为次数*单次罚款金额”计算处罚金额一并处罚，其他适用条件（欠缴税款、滞纳金、罚款）相同的情况下正常户累计罚款金额不超过非正常户处罚金额上限。西南区域同样解释：逾期未申报次数按申报期计算，原则上一个月为一次（包括当月应申报未申报的所有税种的纳税申报和扣缴申报）。可以在多个月份申报的，计入最后月份。

举例说明：甲公司为增值税小规模纳税人，按季申报企业所得税、增值税，并按月扣缴个人所得税。甲公司在2023年4月申报期内申报了增值税和企业所得税，但未扣缴申报个人所得税；2023年5月申报期内未扣缴申报个人所得税，且在5月底前未作2022年企业所得税汇缴申报。2023年6月10日，税务机关对甲公司的上述违法行为进行行政处罚，甲公司逾期未申报次数为2次（4月逾期未扣缴申报个人所得税是第一次，5月逾期未汇缴申报企业所得税和扣缴申报个人所得税是第二次），如果不满足“首违不罚”条件，则罚款200元。

分析首违不罚：

《裁量基准》在全面落实国家税务总局“首违不罚”事项清单的基础上，对于违法情节相对较轻且及时改正的违法行为，确定了相对较低的处罚标准，将柔性执法理念融入其中，体现了处罚和教育相结合的原则。“首违不罚”的上位法依据源自《行政处罚法》第三十三条“初次违法且危害后果轻微并及时改正的，可以不予行政处罚”。这里的“危害后果轻微”“及时改正”均易理解并无争议，不同的是对于“初次”的解释，下面以“逾期未申报首违不罚”为例看看三者的异同。

华东区域：《裁量基准》所称“一年”是指一个自然年度，“首次”起算时间为违法行为发生之日起。

华北区域：《裁量基准》所称“一年内首次违反”是指自税务行政相对人的违法行为被税务机关发现时追溯至上一年度的同一日期（不含当日）止，在本机关税收管理系统内没有该税务行政相对人违反《裁量基准》规定的同一项违法行为的其他记录。举例说明如下：

某纳税人2023年4月18日因违反“纳税人未按照规定的期限办理纳税申报和报送纳税资料”被税务机关作违法行为登记，如经税务机关核实，该纳税人2022年4月19日至2023年4月18日期间除本次违法行为外，在本机关税收管理系统内没有其他“纳税人未按照规定的期限办理纳税申报和报送纳税资料”违法行为的记录，则符合“一年内首次违反”规定。

西南区域：《裁量基准》在首违不罚的起始时间计算上，参考了《中华人民共和国行政处罚法》和《中华人民共和国税收征收管理法》关于追诉时效的规定，将第一批清单中2个违反税收规章的事项设置为2年，其余12个违反税收法律、法规的事项设置为5年。

《裁量基准》所称“两年”是指作出行政处罚决定之日(立案检查的从违法行为被发现之日)前24个月，所称“五年”是指作出行政处罚决定之日(立案检查的从违法行为被发现之日)前60个月。举例说明如下：

①税务机关拟于2023年2月20日对“扣缴义务人未按照《税收票证管理办法》开具税收票证”的违法行为进行处罚，《裁量基准》规定的“两年内”的计算期间为2021年2月21日至2023年2月20日。

②税务机关拟于2023年2月20日对“偷税”行为进行处罚，该违法行为于2023年1月10日被发现，《裁量基准》规定的“五年内”的计算期间为2018年1月11日至2023年1月10日。

华东区域称“初次”为“一个自然年度内首次”。华北区域称“一年”追溯至上一年度的同一日期（不含当日）止。西南区域称“初次”

为“两年或五年内首次”，较之于以上两大区域，使用条件更为严格。

（2）《税收征管法》第六十三条第一款“偷税”处罚裁量基准对比。

①华东区域税务行政处罚裁量基准。

| 违法行为 | 处罚依据 | 裁量阶次 | 适用条件 | 具体标准（处罚标准） |
|---|---|---|---|---|
| 纳税人伪造、变造、隐匿、擅自销毁账簿、记账凭证，或者在账簿上多列支出或者不列、少列收入，或者经税务机关通知申报而拒不申报或者进行虚假的纳税申报，不缴或者少缴应纳税款 | 《中华人民共和国税收征收管理法》第六十三条第一款：<br>纳税人伪造、变造、隐匿、擅自销毁账簿、记账凭证，或者在账簿上多列支出或者不列、少列收入，或者经税务机关通知申报而拒不申报或者进行虚假的纳税申报，不缴或者少缴应纳税款的，是偷税。对纳税人偷税的，由税务机关追缴其不缴或者少缴的税款、滞纳金，并处不缴或者少缴的税款百分之五十以上五倍以下的罚款；构成犯罪的，依法追究刑事责任 | 轻微 | —— | —— |
| | | 较轻 | 违法行为较轻且配合税务机关检查的，或者在税务机关对其违法行为作出税务处理前主动补缴税款和滞纳金的 | 处不缴或少缴税款百分之五十以上一倍以下的罚款 |
| | | 一般 | 五年内二次及以上违反本条规定的，或者逃避、拒绝税务检查的，或者有其他不配合税务机关检查情形的 | 处不缴或少缴税款一倍以上二倍以下的罚款 |
| | | 严重 | 违法行为手段恶劣、社会影响较大、危害后果严重的，或者有其他严重情节的 | 处不缴或少缴税款二倍以上五倍以下的罚款 |

②华北区域税务行政处罚裁量基准。

五年内首次因偷税被税务机关处罚，并能够配合税务机关检查，且未造成较大不良社会影响的，处不缴或者少缴的税款50%以上1倍以下的罚款。

五年内首次因偷税被税务机关处罚且不配合税务机关检查的，或者五年内首次因偷税被税务机关处罚且案件产生较大不良社会影响的，处不缴或者少缴的税款1倍以上2倍以下的罚款。

五年内二次以上因偷税被税务机关处罚的，或者逃避、拒绝检查造成严重后果的，或者案件产生重大不良社会影响的，或者有其他严重情节的，处不缴或者少缴的税款2倍以上5倍以下的罚款。

③西南区域税务行政处罚裁量基准。

| 适用条件 | 具体标准 |
|---|---|
| 五年内首次发生，配合检查、调查，在检查、调查期间主动补缴税款的 | 处不缴或者少缴的税款50%的罚款 |
| 五年内首次发生，配合检查、调查，未在检查、调查期间主动补缴税款的 | 处不缴或者少缴的税款50%以上1倍以下的罚款 |
| 五年内发生两次以上，或者不配合检查、调查的，或者有其他严重情节的 | 处不缴或者少缴的税款1倍以上5倍以下的罚款 |

分析逃税罚款比例：

3个区域均用3阶次划分逃税罚款比例，如华东、华北区域3阶次：50%以上1倍以下；1倍以上2倍以下；2倍以上5倍以下。西南区域3阶次：50%；50%以上1倍以下；1倍以上5倍以下。三个区域均将“是否五年内首次”“是否配合税务机关检查”或“是否在检查、调查期间主动补缴税款”作为三档的区别标志。

（3）发票管理办法第三十五条第一款“虚开发票”处罚裁量基准对比。

①华东区域税务行政处罚裁量基准。

<table>
<tr><th>违法行为</th><th>处罚依据</th><th>裁量阶次</th><th>适用条件</th><th>具体标准（处罚标准）</th></tr>
<tr><td rowspan="4">虚开发票</td><td rowspan="4">《中华人民共和国发票管理办法》第三十五条第一款<br>违反本办法的规定虚开发票的，由税务机关没收违法所得；虚开金额在1万元以下的，可以并处5万元以下的罚款；虚开金额超过1万元的，并处5万元以上50万元以下的罚款；构成犯罪的，依法追究刑事责任</td><td>轻微</td><td>——</td><td>——</td></tr>
<tr><td>较轻</td><td>虚开金额在一万元以下的</td><td>处五万元以下的罚款，有违法所得的予以没收</td></tr>
<tr><td>一般</td><td>虚开金额超过一万元且五十万元以下的</td><td>处五万元以上十万元以下的罚款，有违法所得的予以没收</td></tr>
<tr><td>严重</td><td>1.虚开金额在五十万元以上（不含本数）两百万元以下的<br>2.虚开金额在两百万元以上（不含本数）五百万元以下的<br>3.虚开金额在五百万元以上（不含本数）的</td><td>1.处十万元以上二十万元以下的罚款，有违法所得的予以没收<br>2.处二十万元以上五十万元以下的罚款，有违法所得的予以没收<br>3.处五十万元的罚款，有违法所得的予以没收</td></tr>
</table>

②华北区域税务行政处罚裁量基准。

没收违法所得，同时按以下标准进行罚款：

虚开金额1万元以下的，可以并处5万元以下的罚款。

虚开金额超过1万元且50万元以下的，并处5万元以上10万元以下的罚款。

虚开金额超过50万元的，并处10万元以上50万元以下的罚款。

③西南区域税务行政处罚裁量基准。

| 适用条件 | 具体标准 |
|---|---|
| 虚开金额1万元以下的 | 5万元以下 |
| 虚开金额超过1万元，50万元以下的 | 5万—10万元 |
| 虚开金额超过50万元、500万元以下的 | 10万—30万元 |
| 虚开金额超过500万元的，或者有其他严重情节的 | 30万—50万元 |

分析虚开行政处罚裁量阶次：

《发票管理办法》第三十五条第一款中对于虚开发票的，由税务机关没收违法所得，再根据虚开金额1万元为界，并处5万元以下罚款或者并处5万元以上50万元以下的罚款，罚款金额为2阶次：小于5万元；5万—50万元。如此处罚标准，裁量空间巨大，因此各区域均对此进行细化，压缩裁量空间，既防止随意执法，又保留一定裁量权限，确保税务行政处罚裁量权行使公平合理。

华北区域增加“虚开金额50万元”的界限，作为“10万元罚款”的界限，罚款金额划分为3阶次：小于5万元；5万—10万元；10万—50万元。

西南区域划分为4个裁量阶次，虚开金额以1万元、50万元、500万元为界，罚款金额划分为4阶次：5万元；5万—10万元；10万—30万元；30万—50万元。

华东区域更是分为5个裁量阶次，虚开金额以1万元、50万元、200万元、500万元为界，罚款金额划分为5阶次：小于5万元；5万—10万元；10万—20万元；20万—50万元；50万元。最后一档明确了“虚开金额在500万元以上（不含本数）的”即处以顶格50万元的罚款。

通过以上比较，可以发现全国税务机关在采用“一把尺”统一税务行政处罚裁量基准方面做到了“精、细、密”。上述3个区域《裁量基准》均充分考虑了各类违法行为的发生频率、违法手段、危害后果、改正情况等因素，结合税收执法实践，合理划分了裁量阶次。

## 问题80：行政处罚裁量基准是否也应适用从旧兼从轻原则？

2021年7月15日，修订后的《行政处罚法》正式实施，此次修订增加了第三十七条，即：实施行政处罚，适用违法行为发生时的法律、法规、规章的规定。但是，作出行政处罚决定时，法律、法规、规章已被修改或者废止，且新的规定处罚较轻或者不认为是违法的，适用新的规定。

这一条规定填补了行政法未规定“从旧兼从轻原则”的空白。

实践中，有执法人员提出：《行政处罚法》只是规定了法律、法规、规章适用“从旧兼从轻”原则，并未规定自由裁量基准也可以适用“从旧兼从轻”原则？

全国人大常委会法制工作委员会副主任许安标主编的《中华人民共和国行政处罚法释义》中提到：行政管理具有一定特殊性，对违法行为的认定和处罚，往往除了需要依据法律、法规、规章外，还需要依据大量更低层级的规范性文件、标准等。实践中法律、法规、规章未作出修改，但相配套的规范性文件、标准作了调整，也应当适用从旧兼从轻原则。

按照上述原则，我们可以理解为自由裁量基准是与法律、法规、规章相配套的规范性文件，是对法律、法规、规章具体处罚幅度的细化，效力低于法律、法规、规章，既然法律、法规、规章可以适用“从旧兼从轻”，则“举重以明轻”，自由裁量基准也可以适用“从旧兼从轻”。需要注意的是：如果违法行为处于连续或继续状态，跨越了新、旧裁量基准，则应适用违法行为终了时的裁量基准，即新裁量基准。

在《华东区域税务行政处罚裁量基准》解读稿中，关于《裁量基准》与相关文件衔接处理情况表述如下：《裁量基准》自2025年1月1日起施行。《裁量基准》施行前发生、税务机关尚未作出行政处罚决定的税务违法行为，按照原规定处理，但按照本《裁量基准》处理有利于税务行政相对人的除外。

## 问题81：税务机关能否作出与裁量基准规定不一致的处罚？

可以。

1. 应当经过集体审议决定

《国家税务总局关于发布〈税务行政处罚裁量权行使规则〉的公告》（国家税务总局公告2016年第78号）第二十一条规定：

> 对情节复杂、争议较大、处罚较重、影响较广或者拟减轻处罚等税务行政处罚案件，应当经过集体审议决定。

第二十二条规定：

> 税务机关按照一般程序实施行政处罚，应当在执法文书中对事实认定、法律适用、基准适用等说明理由。

因此税务机关拟作出的行政处罚在法律、法规、规章规定的幅度范围内，但与相关裁量基准不一致，需要作出较重或者减轻处罚的，应当经过集体讨论决定。此处的集体讨论并非一定指重大税务案件审理或召开局务会研究等，而是有权作出处罚的行政机关，根据行政处罚工作流程，按照相对固定的形式进行的包括书面审理、会议审理等形式的集体审议，相当于履行行政执法“三项制度”中“重大执法决定法制审核”相关内容。另外，并非只要经过集体讨论就可以任意改变裁量基准的执行，集体研究的结论应当有充分的理由可以说明为何不按照裁量基准实施处罚。

2. 应当进行重大税收执法决定法制审核

《行政处罚法》第五十八条规定：

> 有下列情形之一，在行政机关负责人作出行政处罚的决定之前，应当由从事行政处罚决定法制审核的人员进行法制审核；未经法制审核或者审核未通过的，不得作出决定：
>
> （一）涉及重大公共利益的；
>
> （二）直接关系当事人或者第三人重大权益，经过听证程序的；
>
> （三）案件情况疑难复杂、涉及多个法律关系的；
>
> （四）法律、法规规定应当进行法制审核的其他情形。
>
> 行政机关中初次从事行政处罚决定法制审核的人员，应当通过国家统一法律职业资格考试取得法律职业资格。

部分省市将“作出的罚款处罚在法律、法规、规章规定的幅度范围内，但与相关裁量基准不一致”列入重大税收执法决定法制审核事项，并明确“未经法制部门审核或者审核未通过的，不得作出决定”。在这种情况下，作出与裁量基准规定不一致的处罚，重大税收执法决定法制审核已是必经程序。对于应当进行法制审核，而没有经过法制审核的，应认定存在“重大且明显违法”，根据《行政处罚法》第三十八条，违反法定程序构成重大且明显违法的，行政处罚无效。

## 问题82：税务局一份处罚文书是否可以出现罚款1倍、0.5倍、0.2倍3个罚款比例？

一份税务处罚决定书可以出现多种处罚幅度。

1. 典型案例法理评析

根据网上公示（202×）×税稽罚〔202×〕××号税务行政处罚

决定书显示：

对违规取得增值税留抵退税款46 131.89元处1倍罚款，系基于该行为符合《国家税务总局关于进一步加大增值税期末留抵退税政策实施力度有关征管事项的公告》（国家税务总局公告2022年第4号）明确的骗取退税从重处罚情形。

对主动预缴增值税44 255.1元处0.2倍罚款，系依据《行政处罚法》第三十二条第（一）项，认定纳税人存在减轻处罚情节。

对少缴城市维护建设税1 548.93元、企业所得税3 450.95元处0.5倍罚款，系按照一般偷税行为基准处罚。

这份处罚决定书虽然较为少见，却涵盖了较重处罚、从轻处罚、减轻处罚等多种处罚幅度比例，极具研判价值与指导意义，将税务行政处罚裁量权行使展现得淋漓尽致。

该处罚决定书创造性地将不同违法形态进行区分处理，体现了“过罚相当”原则的三重维度：

（1）违法性质区分：骗取退税行为较一般偷税行为具有更高主观恶性；

（2）危害程度评估：主动预缴有效降低国家税款损失风险；

（3）处罚梯度设计：1倍（从重）—0.5倍（基准）—0.2倍（减轻）形成完整裁量谱系。

其中0.2倍的处罚突破了《税收征管法》第六十三条50%下限，但符合《行政处罚法》第三十二条减轻处罚规定，印证了：减轻处罚可突破分则条款处罚下限；跨法条竞合时应遵循“特别法优于普通法，新法优于旧法”原则；处罚决定须同时载明《税收征管法》与《行政处罚法》的双重依据。

《国家税务总局安徽省税务局关于发布〈安徽省规范税务行政处罚裁量权实施办法〉的公告》（国家税务总局安徽省税务局公告2018年第12号）第八条对此有如下解释：

对税务行政相对人给予罚款的行政处罚的，罚款数额按照下列规则确定：

（一）罚款为一定金额的倍数的，减轻处罚应当低于最低倍数，但最低不得低于10%，从轻处罚应当低于最高倍数与最低倍数的平均值；

（二）罚款为一定幅度的数额的，减轻处罚应当低于最低罚款数额，从轻处罚应当低于最高罚款数额与最低罚款数额的平均值；

（三）只规定最高罚款数额没有规定最低罚款数额的，从轻处罚按最高罚款数额的30%以下确定。

## 2. 执法风险提示

在行使税务行政处罚裁量权时应注意以下几点：

一是遵循类似案件相似处罚原则，对同一纳税人多个违法行为的处罚应分别裁量、合并执行，避免同案不同罚、处罚明显不当等情形的产生。

二是严格区分“从轻处罚”（在法定幅度内较低限度）与“减轻处罚”（突破法定下限）的适用条件；对照不予、从轻或者减轻处罚的法定或酌定情节，对税务行政相对人主观意图、手段、情节、危害后果等相关因素作出综合考量。

三是严格遵循《行政处罚法》《税务行政处罚裁量权行使规则》和本区域税务行政处罚裁量基准有关规定，作出公正裁量。建立行政处罚裁量说明制度，通过“事实—情节—依据”的三段论式论证增强文书说服力。

本案例研究显示，精细化裁量既是法治税务建设的必然要求，也是优化税收营商环境的有效路径。建议各级税务机关加强典型案例研判，通过建立“裁量要素清单”“处罚基准库”等制度工具，推动税务行政处罚向规范化、标准化、透明化方向发展。

## 问题83：税务执法人员未按裁量基准规定处罚纳税人，实际罚款金额低于裁量基准，此时是否需要对其重新进行处罚？反之，如果罚款金额高于裁量基准呢？

信赖保护原则是行政法中的基本原则，在整个行政活动中，对行政主体的行为起到指导和约束的作用，贯穿行政法的始终。信赖保护原则是行政法中特有的一项原则。在日益发展的政治、经济、文化态势面前，人们对行政机关寄予厚望，希望其通过强而有力的行政手段，来引领社会的良性发展。随着行政诉讼和司法审查的纵深开展，行政法领域已经锤炼出了许多具有行政法特色的专门法律原则，信赖保护原则就是其中之一。信赖保护原则在行政法上的确立并发挥作用，是法的安定性原则与依法行政原则、公共利益与个人利益相权衡的结果。它要求政府信守自己的诺言，要求行政活动具有真实性、稳定性。其目的在于维护法律秩序的安定性，保护社会成员的合法权益。

税务人员如果未按裁量基准规定处罚纳税人，此时造成过罚不相匹配的现象，但是造成的原因并不是税务行政相对人隐瞒违法事实所造成的后果，而是税务工作人员工作不够严谨细致所造成的，因此即便造成了处罚过轻的后果，只要未查明做出行政执法人员有接受请托、行政相对人没有故意隐瞒违法事实的情形，此时不宜撤销原处罚决定，再对行政相对人重新实施行政处罚，只能追究相关人员的执法过错。

如果罚款金额高于裁量基准，此时由于税务工作人员工作缺乏责任心，给行政相对人施加了比法定结果更加严格的处罚决定，此种不利后果是税务机关造成的，不应当由当事人承担此类后果，此时如果纳税人提出或者税务机关自查发现后应当撤销原来作出的行政处罚决定，然后重新作出处罚决定。

提示：狭义的信赖保护原则只限于运用在授益性行政行为中，如行政许可。广义的信赖保护原则扩展到保护由一切行政行为引起的相对人信赖利益的损失。该原则适用的条件是：

1.存在信赖基础。即信赖的客体：有效国家意思表示。

2.具备信赖行为。即相对人基于对行政行为的信赖已采取了相应行为。

3.信赖值得保护。即值得保护的信赖须是“正当的信赖”。

本书认为，如果仅下达了处罚告知书，或者已经下达了处罚决定文书，但当事人没有去缴纳罚款，也就是还没有具备信赖行为，当然不具备信赖利益保护原则适用的条件，此时税务机关可以撤销上述文书后重新制作文书送达。

例如，经过重大税务案件审理的案件会出现前后两份《税务行政处罚事项告知书》不同的情况。根据《国家税务总局关于修改〈重大税务案件审理办法〉的决定》（国家税务总局令第51号）第十四条规定：

> 稽查局应当在内部审理程序终结后5日内，将重大税务案件提请审理委员会审理。
>
> 当事人按照法律、法规、规章有关规定要求听证的，由稽查局组织听证。

稽查局在提请重大税务案件审理委员会审理之前应制发《税务行政处罚事项告知书》，满足相关条件情况下应当举行听证，然后将连同听证材料在内的案件材料提交审理委员会。重大税务案件审理委员会根据不同情况，作出以下处理：（一）案件事实清楚、证据确凿、程序合法、法律依据明确的，依法确定审理意见；（二）案件事实不清、证据不足的，由稽查局对案件重新调查；（三）案件执法程序违法的，由稽查局对案件重新处理；（四）案件适用法律依据不明确，或者需要处理的有关事项超出本机关权限的，按规定程序请示上级机关或征求有权机关的意见。针对重大税务案件审理委员会改变稽查审理意见，或者由稽查重新调查、重新处理后改变处罚决定的，稽查局应当重新制发《税务行政处罚事项告知书》，告知纳税人最新的处罚结果。

## 问题84：税务行政处罚决定书能否单独引用税务行政处罚裁量基准作为依据？兼谈如何正确引用处罚依据。

规范性文件不得单独作为执法依据引用。

部分税收执法文书显示，个别税务机关在纳税人符合“首违不罚”情形下，制作《不予税务行政处罚决定书》只单独引用《国家税务总局关于发布〈税务行政处罚“首违不罚”事项清单〉的公告》(国家税务总局公告2021年第6号)作为依据，实施“首违不罚”。比如有单位在处理“逾期未申报”违法违章信息时，单独引用《关于发布〈××区域税务行政处罚裁量基准〉的公告》进行罚款。这种做法显然是不合法的。

《中华人民共和国行政处罚法》第四条规定：

> 公民、法人或者其他组织违反行政管理秩序的行为，应当给予行政处罚的，依照本法由法律、法规、规章规定，并由行政机关依照本法规定的程序实施。

裁量基准属于税务规范性文件，由此可知，税务规范性文件不属于也不应该成为执法依据。

《税务行政处罚裁量权行使规则》第十条规定：

> 税务机关在实施行政处罚时，应当以法律、法规、规章为依据，并在裁量基准范围内作出相应的行政处罚决定，不得单独引用税务行政处罚裁量基准作为依据。

第二十二条规定：

> 税务机关按照一般程序实施行政处罚，应当在执法文书中对事实认定、法律适用、基准适用等说明理由。

为了保证在税务行政处罚中正确运用裁量基准，《税务行政处罚裁量权行使规则》中规定了各级税务机关在实施税务行政处罚时，应当依据法律、法规、规章、规范性文件、本规则及本省税务机关公告的税务行政处罚裁量基准。

综上所述，援引裁量基准文件需把握两个关键点：一是对外执法文书中不得单独引用裁量基准；二是按照一般程序作出的处罚案件，应当在执法文书中对裁量基准的适用说明理由。

举例说明，针对××区域的偷税行为进行处罚，税务处罚决定书应援引《税收征管法》第六十三条第一款以及《关于发布〈××区域税务行政处罚裁量基准〉的公告》中对“偷税”的处罚裁量基准规定。文中首次引用裁量基准时应为全称，文中再次引用时可简化为“××区域税务行政处罚裁量基准”，或以文号“国家税务总局××省税务局公告20××年第×号”指代。

针对××区域“逾期未申报”行为按照一般程序进行处罚，《税务行政处罚决定书》应援引《税收征管法》第六十二条以及《关于发布〈××区域税务行政处罚裁量基准〉的公告》中对“逾期未申报”的处罚裁量基准规定。

针对“首违不罚”事项，《不予行政处罚决定书》应援引《行政处罚法》第三十三条第一款以及《国家税务总局关于发布〈税务行政处罚“首违不罚”事项清单〉的公告》（国家税务总局公告2021年第6号）、《国家税务总局关于发布〈第二批税务行政处罚“首违不罚”事项清单〉的公告》（国家税务总局公告2021年第33号）等相关规定。

因国家税务总局尚未制定专门的关于税务行政决定文书如何引用法律规范的文件，在实务中可参照《最高人民法院关于裁判文书引用第一篇行政处罚疑难问题分析法律、法规等规范性法律文件的规定》（法释〔2009〕14号），依次引用法律、行政法规，总局规章、规范性文件；同时引用两部以上法律的，应当先引用基本法律，后引用其他法律。引用包括实体法和程序法的，先引用实体法，后引用程序法。

前述引用应当准确到条、款、项、目。如果单独援引规范性文件，则税务行政决定与规范性文件需要一并接受法院审查，《关于审理行政案件适用法律规范问题的座谈会纪要》（法〔2004〕96号）规定：

行政审判实践中，经常涉及有关部门为指导法律执行或者实施行政措施而作出的具体应用解释和制定的其他规范性文件，主要是：国务院部门以及省、市、自治区和较大的市的人民政府或其主管部门对于具体应用法律、法规或规章作出的解释；县级以上人民政府及其主管部门制定发布的具有普遍约束力的决定、命令或其他规范性文件。行政机关往往将这些具体应用解释和其他规范性文件作为具体行政行为的直接依据。这些具体应用解释和规范性文件不是正式的法律渊源，对人民法院不具有法律规范意义上的约束力。但是，人民法院经审查认为被诉具体行政行为依据的具体应用解释和其他规范性文件合法、有效并合理、适当的，在认定被诉具体行政行为合法性时应承认其效力；人民法院可以在裁判理由中对具体应用解释和其他规范性文件是否合法、有效、合理或适当进行评述。

## 问题85：如何理解税务行政处罚中的“处”和“可以处”？

在法律用语中，所谓“可以处”是授权性的规定，这样规定赋予了执法者在执行行政处罚时享有自由裁量权。所谓“处”无选择余地。“可以处”是结合具体案件的构成要件、违法程度的轻重，由执法者自由裁量决定。两者最大的区别为“处”是一定要作出，而“可以处”是根据情况来决定是否作出，如果作出，可以在裁量幅度内选定具体金额。以《税收征管法》第六十条为例：

纳税人有下列行为之一的，由税务机关责令限期改正，可以处二千元以下的罚款；情节严重的，处二千元以上一万元以下的罚款：

（一）未按照规定的期限申报办理税务登记、变更或者注销登记的；

（二）未按照规定设置、保管账簿或者保管记账凭证和有关资料的；

（三）未按照规定将财务、会计制度或者财务、会计处理办法和会计核算软件报送税务机关备查的；

（四）未按照规定将其全部银行账号向税务机关报告的；

（五）未按照规定安装、使用税控装置，或者损毁或者擅自改动税控装置的。

……

该法条的第一款既有“可以处”，又有“处”。根据《税收征管法》释义解读，发现纳税人有上述行为，在责令限期改正的同时，可以行政处罚。这里“可以”，不是必须。税务机关可以根据情况进行判断，酌情予以处罚，也可以不处罚，并有一定幅度的自由裁量权。《税收征管法》与旧法相比，此款的一大变化就是在责令限期改正的同时，可以处罚，而旧法是必须限期期满后，仍未改正的，才可以处罚。修改的原因是本款规定的五类行为都是税务管理过程中常见的违法行为，而且有上述行为的纳税人往往居无定所，税务机关责令其改正时，就逃之夭夭，起不到惩戒与教育的作用，因此，改为责令改正的同时可以处罚。

但是，第一款中的“情节严重”，这里就是“处”而不是“可以处”。实际上，发生上述违法行为并且情节严重，税务机关就必须处以罚款，且其自由裁量权在2 000元至10 000元之间，而不在“处”与“不处”之间。上述差异在具体实施税务行政处罚时，应当给予高度重视。

## 问题86：如何理解税务行政处罚中的“情节严重”？

在实践中，部分税务机关对部分税收违法行为按照“情节严重”作出税务行政处罚，但是在制作《税务行政处罚决定书》时，在违法事实描述部分未认定“情节严重”，容易引发一定的行政执法风险。

对于这一问题，可以从以下两个角度来理解：第一，如果文书中未明确指出具体违法事实“构成情节严重”的，可能被解释为“不构成情节严重”，事实认定存在瑕疵；第二，如果文书未明确指出“构成情节严重"，按照文书适用的处罚条款的构成要件事实，对照具体案件事实，如果两者不匹配的，则属于法律适用有错误，存在被撤销的税收执法风险。

"情节严重"属于法律上的不确定概念，需要税务机关在具体案件处理过程中，综合全案情况裁量决定。自由裁量并非真的"自由"，作出这种裁量应当有明确依据，在法律法规、部门规章未明确说明的情况下，税务机关的规范性文件可以作为认定情节严重的依据。在目前司法案例中，法院一般都会尊重税务机关在专业领域的行政初次判断权，认可税务规范性文件规定的情节严重的具体情形。

## 问题87：针对D级纳税人，在税务行政处罚上有没有特殊规定？

如果D级纳税人涉及行政处罚，没有法定从轻、减轻事由，税务行政处罚决定相关文书也未涉及从轻、减轻理由，根据《国家税务总局关于发布〈纳税信用管理办法（试行）〉的公告》（国家税务总局公告2014年第40号）第三十二条第（五）项之规定，原则上不能对纳税人适用最低标准进行税务行政处罚。

《国家税务总局关于发布〈纳税信用管理办法（试行）〉的公告》（国家税务总局公告2014年第40号）第三十二条规定：

> 对纳税信用评价为D级的纳税人，税务机关应采取以下措施：
>
> ……
>
> （五）列入重点监控对象，提高监督检查频次，发现税收违法违规行为的，不得适用规定处罚幅度内的最低标准；
>
> （六）将纳税信用评价结果通报相关部门，建议在经营、投融资、取得政府供应土地、进出口、出入境、注册新公司、工程招投标、政府采购、获得荣誉、安全许可、生产许可、从业任职资格、资质审核等方面予以限制或禁止；
>
> （七）税务机关与相关部门实施的联合惩戒措施，以及结合实际情况依法采取的其他严格管理措施。

## 专题17：首违不罚

### 问题88："首违不罚"的依据溯源？

《行政处罚法》第三十三条规定：

> 违法行为轻微并及时改正，没有造成危害后果的，不予行政处罚。初次违法且危害后果轻微并及时改正的，可以不予行政处罚。

该规定就是我们常说的"首违不罚"。"首违不罚"就是对首次、危害后果轻微的违法行为建立容错机制，给予当事人改正的机会，是行政处罚与教育相结合原则的具体体现。

（1）"首违不罚"是有利于纠正行政执法"唯罚是举"的做法，但它并不等于"违法不罚"，不是公民首次违法的豁免权。该规定的适用，要求同时符合初次违法、危害后果轻微、及时改正三个条件。

①初次违法。

初次违法主要是指当事人在一定时间范围内，在同一领域、同一空间内第一次有某种违法行为。如果当事人存在多次违法的情况，即便违法行为轻微、及时纠正且没有危害后果，行政机关一般也不能不予行政处罚。

②危害后果轻微。

危害后果轻微是指当事人实施了违法行为且已经造成了危害后果，只不过这种危害后果相对较轻。后果轻微可以是涉及金额较小，也可以是恢复原状较为容易。

③及时改正。

及时改正是指当事人对其实施的违法行为已经及时改正。对于"及时"的判断，关键在于采取纠正措施时间节点的确定及改正的主动性。及时改正，可以是在实施违法行为后尚未造成危害后果时，就主动采取纠正措施以防止危害结果的发生，但仍未阻止危害后果的发生。

也可以是管理部门已经指出违法行为后宽限的时间内及时改正。如果在管理部门宽限改正期限内仍不主动改正，在行政机关启动行政处罚程序后才急忙改正，不能算作及时改正，这种情况只能将其作为一个量罚因素予以考虑。

（2）“首违不罚”只能适应于非主观意愿和冲动的违法行为，而不适用于其他主观恶性较重违法行为。要让“首违不罚”举措合理运用，发挥作用，需要明确哪些违法行为适用，哪些不适用，设置好运用的大前提和清单。

（3）《行政处罚法》第三十三条第三款规定：

> 对当事人的违法行为依法不予行政处罚的，行政机关应当对当事人进行教育。

即行政机关实施了“首违不罚”应当进行相应教育。在具体实务中，行政处罚机关根据案件线索进行相应调查，调查报告的内容要记载清楚，并做好相关台账和不予立案申请表。如果已经立案，应当按照处罚程序详细调查，并根据调查报告下达不予处罚决定书。

（4）“不予处罚”与“可以不罚”都属于“慎罚”制度，但两者还是有一定区别：“不予处罚”是“绝对不罚”。在“不予处罚”情形下，行政机关对当事人实施处罚的，属于行政行为违法；“可以不罚”是“相对不罚”。在“可以不罚”的情形下，行政机关具有一定的裁量权。如果已有裁量基准的，就必须遵循裁量基准。

《国家税务总局关于发布〈税务行政处罚裁量权行使规则〉的公告》（国家税务总局公告2016年第78号）第十一条规定：

> 法律、法规、规章规定可以给予行政处罚，当事人首次违反且情节轻微，并在税务机关发现前主动改正的或者在税务机关责令限期改正的期限内改正的，不予行政处罚。

《国家税务总局关于发布〈税务行政处罚“首违不罚”事项清单〉的公告》（国家税务总局公告2021年第6号）明确对于首次发生清单中

所列事项且危害后果轻微，在税务机关发现前主动改正或者在税务机关责令限期改正的期限内改正的，不予行政处罚。华北、东北、华东、中南、西南、西北等区域税务部门分别联合发布本区域税务行政处罚裁量基准或“首违不罚”清单进一步宣传与强调“首违不罚”政策，由此确立了满足前提条件下的“首违必不罚”原则。

## 问题89：目前税务领域的“首违不罚”事项有哪些？

2021年3月31日，《税务行政处罚“首违不罚”事项清单》（国家税务总局公告2021年第6号）列举了适用“首违不罚”的事项，共计10项，兼顾了资料报送、纳税申报和票证管理等多类型轻微税收违法行为。税务机关对发生清单所列事项，且符合公告规定条件的纳税人、扣缴义务人适用“首违不罚”。对适用“首违不罚”的纳税人、扣缴义务人，税务机关应当以适当方式加强税法宣传和辅导，自2021年4月1日起施行。

2021年12月30日，《第二批税务行政处罚“首违不罚”事项清单》（国家税务总局公告2021年第33号）列举了4个适用“首违不罚”的事项，兼顾了资料报送、税务登记和票证管理等多类型轻微税收违法行为，自2022年1月1日起施行。

可能被大家忽略的是，《国家税务总局关于办理2021年度个人所得税综合所得汇算清缴事项的公告》（国家税务总局公告2022年第1号）、《国家税务总局关于办理2022年度个人所得税综合所得汇算清缴事项的公告》（国家税务总局公告2023年第3号）和《国家税务总局关于办理2023年度个人所得税综合所得汇算清缴事项的公告》（国家税务总局公告2024年第2号）均规定了“纳税人因申报信息填写错误造成汇算多退或少缴税款的，纳税人主动或经税务机关提醒后及时改正的，税务机关可以按照‘首违不罚’原则免予处罚”。

2025年2月21日，《个人所得税综合所得汇算清缴管理办法》（国家税务总局令第57号）公布，并自公布之日起施行。其中第二十九条规定：

> 纳税人因申报信息填写错误造成汇算清缴多退或少缴税款，主动改正或经税务机关提醒后及时改正的，税务机关可以按照“首违不罚”原则免予处罚。

该项规定正式由税务规范性文件升格成为部门规章的规定。

相关政策还有，《国家税务总局关于充分发挥税收职能作用 助力打赢疫情防控阻击战若干措施的通知》（税总发〔2020〕14号）（十八）依法加强权益保障。对受疫情影响逾期申报或逾期报送相关资料的纳税人，免予行政处罚，相关记录不纳入纳税信用评价；对逾期未申报的纳税人，暂不按现行规定认定非正常户。

## 问题90：纳税人出现逾期未申报且限期未改正，如何从法律适用角度对“首违不罚”“轻微不罚”及“非主观过错不罚”三种情形进行辨析？

### 1.基本案情概要

某纳税人因逾期未申报被税务机关责令限期改正，因不可抗力等客观因素导致限期未改正，但最终完成申报。是否处罚、如何处罚需结合《行政处罚法》第三十三条，对“轻微不罚”“首违不罚”及“非主观过错不罚”三种情形进行综合研判。

### 2.法律适用分析

（1）“首违不罚”排除适用。

根据税务行政处罚“首违不罚”事项清单适用规则，须同时满足三个要件：首次发生清单所列事项；危害后果轻微；在发现前主动改正或限期内改正。

本案纳税人未在责令期限内完成改正，已突破“首违不罚”的时间要件，故不符合适用条件。

（2）“轻微不罚”可行性论证。

依据《行政处罚法》第三十三条第一款，可以判断以下要件：①违法程度要件：本案属程序性违法，未造成税款流失（实体性后果）；②改正时效要件：虽未在限期内但最终完成申报；③后果要件：未产生税收管理秩序重大影响。此时需重点审查：是否属于“首次”不作为必要条件；补申报是否消除违法状态；是否存在社会负面影响。

（3）“非主观过错”认定空间。

根据《行政处罚法》第三十三条第二款，纳税人需举证证明逾期非主观故意或过失（如提供自然灾害证明、系统故障证据等）；税务机关应核实证据真实性及因果关系。

若成立可单独适用该条款，无须考量前两种情形。

### 3.法律适用要旨对比

| 适用类型 | 核心要件 | 证明责任 | 法律效果 |
|---|---|---|---|
| 轻微不罚 | 行为轻微+及时改正+无后果 | 税务机关负主责 | 绝对不处罚 |
| 首违不罚 | 初次违法+后果轻微+限改 | 税务机关举证 | 裁量不处罚 |
| 非主观过错不罚 | 充分举证无过错 | 当事人负全责 | 绝对不处罚 |

### 4.裁量程序规范

依据《税务行政处罚裁量权行使规则》第二十一条规定：

> 对情节复杂、争议较大、处罚较重、影响较广或者拟减轻处罚等税务行政处罚案件，应当经过集体审议决定。

应启动重大案件集体审议机制，需审查违法事实证据链、改正情况证明、非主观过错证据，可作出不予处罚决定，制作《不予行政处罚决定书》时应援引具体条款。

### 5.类案处理指引

建立“三阶审查”机制，先排除主观过错，再检视改正情况，最后评估危害后果。强化说理义务，不予处罚决定书应详细阐述三种情形的竞合关系，如在处罚文书载明："鉴于违法行为已及时纠正且未造成危害后果，同时考虑当事人已提供非主观过错的相关证据……"

## 问题91：对于不在"首违不罚"事项清单内的事项，能否以符合"首违不罚"条件为由下达《不予处罚决定书》？

不能以符合"首违不罚"条件为由下达《不予处罚决定书》。《税务行政处罚裁量权行使规则》第十一条规定：

> 法律、法规、规章规定可以给予行政处罚，当事人首次违反且情节轻微，并在税务机关发现前主动改正的或者在税务机关责令限期改正的期限内改正的，不予行政处罚。

从法理上看，如果一项税收违法行为，只要同时符合上述三个条件，自然可以直接定性为"首违不罚"。但是《国家税务总局关于发布〈税务行政处罚"首违不罚"事项清单〉的公告》（国家税务总局公告2021年第6号）、《国家税务总局关于发布〈第二批税务行政处罚"首违不罚"事项清单〉的公告》（国家税务总局公告2021年第33号）或者本区域税务行政处罚裁量基准划定了税务领域的"首违不罚"事项。

有人提出，只有清单范围内的事项才能享受"首违不罚"吗？为什么不能直接运用《行政处罚法》第三十三条规定，适用"首违不罚"？

2020年《国务院关于做好自由贸易试验区第六批改革试点经验复制推广工作的通知》（国函〔2020〕96号）规定，司法部负责推进多领域实施包容免罚清单模式。在总结实践经验的基础上，新修订的《行政处罚法》对"首违不罚"作出了细化规定。在司法部的官方解读中，司法部行政执法协调监督局一级巡视员、副局长徐志群就此专门作出回应。为增强"首违不罚"的可操作性，下一步将采取以下几方面的措施：

一是各地区各部门要根据实际制定并公开多领域或本领域初次违法免予处罚清单，准确把握适用范围。清单要根据执法实践和法律法规规章的立改废情况适时予以调整。

二是要严格规范行政裁量权。各级行政执法部门要统筹做好免罚清单实施和规范行政处罚裁量权工作。对照法律法规，依据不同行政违法行为的事实、性质、情节、危害程度、实际后果等因素，按照合法、科学、公正、合理的原则，综合考虑法定裁量和酌定裁量因素，对行政处罚行为种类进行逐条梳理、分类、细化，纳入行政处罚裁量基准管理，并适时组织评估，建立动态调整机制。

三是要严格适用相关程序。属于可以适用“首违不罚”情形的，行政执法人员应当向当事人指出违法行为，进行批评教育，并提出及时改正要求。可采用告知承诺制（告知承诺制是专用术语，告知其相应的义务和责任，相对人承诺，即予以办理相关事项，不需要提供证明材料）等方式，要求当事人在承诺期限内及时改正并提交相应证明材料，未及时改正的，应视情形依法采取必要的监管措施或信用惩戒措施。

四是要加强执法痕迹化管理。实施“首违不罚”要落实好行政执法全过程记录制度，行政执法人员可以根据实际情况，采用音像记录方式记录执法全过程，确保履职尽责有据可查和可回溯管理。

需要注意的是，根据《不予税务行政处罚决定书》填写说明：

> 本决定书依据《中华人民共和国税收征收管理法》第八十六条、《中华人民共和国行政处罚法》第三十三条、第五十七条设置，因此适用于税务机关对违法行为轻微，依法可以不予行政处罚的案件；或者违反税收法律、行政法规应当给予行政处罚的行为，五年后发现的案件作出决定时使用；或者违法事实不能成立的，不予行政处罚；当事人有证据足以证明没有主观过错的，不予行政处罚等情形。

所以，如果违法行为不符合“首违不罚”，但是符合上述列举其他情形，此时应当以其他法定事由而非“首违不罚”事由下达《不予税务行政处罚决定书》。

## 问题92：纳税人丢失发票后，能否认定为未按规定保管发票，进行“首违不罚”？

不能将丢失发票定性为“首违不罚”。

2021年，国家税务总局分别发布了6号和33号公告，对十四个事项施行“首违不罚”，即对于首次发生清单中所列事项且危害后果轻微，在税务机关发现前主动改正或者在税务机关责令限期改正的期限内改正的，不予行政处罚。在两个公告中的十四个事项中，均未出现丢失发票可适用“首违不罚”的明确规定。

《发票管理办法》第三十三条规定：“违反本办法的规定，有下列情形之一的，由税务机关责令改正，可以处1万元以下的罚款；有违法所得的予以没收：……（九）未按照规定存放和保管发票的。”

第三十四条第二款规定，丢失发票或者擅自损毁发票的，由税务机关责令改正，可以处1万元以下的罚款；情节严重的，处1万元以上3万元以下的罚款；有违法所得的予以没收。

由上述罚则可以看出，《发票管理办法》将未按照规定存放和保管发票的，与丢失发票或者擅自损毁发票划分为两类相互独立情形，两者不能混同。

实务中如何对两者进行准确区分呢？

从范围来讲，“丢失发票或者擅自损毁发票的”行为应当属于“未按照规定存放和保管发票的”行为。但考虑到“丢失发票或者擅自损毁发票的”行为社会危害性大于一般的、普通的“未按照规定存放和保管发票的”行为，因此，将“丢失发票或者擅自损毁发票的”行为单列，单独进行处罚。而“未按照规定存放和保管发票的”行为，是指“丢失发票或者擅自损毁发票的”行为以外，狭义的“未按照规定存放和保管发票的”行为，如保管不慎让发票遭水泡。

丢失发票或者擅自损毁发票的行为社会危害性高。丢失的发票很容易流散到社会上，成为假发票的源头。有一部分纳税人将发票卖给他人谋利后，也会称发票已丢失。而一些纳税人，为了造假，有时会损毁发票。这些行为对税务机关控制税源都有相当的危害，因此要将其进行单独规定和处罚。

虽然丢失发票或擅自损毁发票不适用“首违不罚”，即《行政处罚法》第三十三条第一款规定，但是如果当事人有证据足以证明没有主观过错造成丢失发票的，税务机关可以适用《行政处罚法》第三十三条第二款不予处罚。

值得一提的是，随着电子发票的新变化，电子发票支持重复下载打印，且可通过全国查验平台实时核验，极大降低了丢失风险。但纳税人仍需履行保管义务，避免恶意损毁或篡改。

**备注：**发票丢失处理流程如下。

（1）无须登报申明遗失。

自2019年7月24日起，不再提交发票丢失登报作废声明。

**政策依据：**《国家税务总局关于公布取消一批税务证明事项以及废止和修改部分规章规范性文件的决定》（国家税务总局令第48号）附件1“取消的税务证明事项目录”第一条。

（2）无须开具“已报税证明单”。

当前税务已经实现增值税专用发票及机动车销售统一发票报税信息的共享共用。

若丢失发票的发票联、抵扣联，则此发票的其他基本联次复印件，可作为增值税进项税额的抵扣凭证、退税凭证或记账凭证。无须开具“已报税证明单”。

**政策依据：**《国家税务总局关于增值税发票综合服务平台等事项的公告》（国家税务总局公告2020年第1号）。

（3）仍需办理发票挂失损毁报告。

发生发票丢失情形时，应当于发现丢失当日书面报告税务机关，填写发票遗失、损毁报告。

**政策依据：**《中华人民共和国发票管理办法实施细则》第三十

五条。

## 问题93："非首次"轻微违法纳税人是否必罚?

**案例**："A公司系小规模纳税人，按季申报增值税、城市维护建设税等税种，A公司应在2024年4月申报期办理第一季度纳税申报，但是出现了逾期申报情形。经税务机关责令限改后，A公司在责令限期内予以改正。此时符合"首违不罚"条件，税务机关对纳税人不予处罚。相同的事情再次出现，A公司应在2024年7月申报期办理第二季度纳税申报，逾期申报后经税务机关责令限改，A公司也在责令限期内改正。请问此时税务机关是否必须作出处罚决定?

**答**：税务机关不是必须作出处罚。

《行政处罚法》第三十三条规定：

> 违法行为轻微并及时改正，没有造成危害后果的，不予行政处罚。初次违法且危害后果轻微并及时改正的，可以不予行政处罚。

本条款第一种情形关注"行为轻微""及时改正""没有危害后果"三个因素，就应不予处罚。第二句话关注"初次""及时改正""危害后果轻微"，即可不予处罚。其法理在于行政处罚并非以处罚为唯一目的，实施行政处罚要与违法行为的事实、性质、情节以及社会危害程度相当，即过罚相当。

因为是"逾期未申报"，依据《税收征管法》第六十二条：

> 纳税人未按照规定的期限办理纳税申报和报送纳税资料的，或者扣缴义务人未按照规定的期限向税务机关报送代扣代缴、代收代缴税款报告表和有关资料的，由税务机关责令限期改正，可以处2 000元以下的罚款；情节严重的，可以处2 000元以上1万元以下的罚款。

此条款中均有"可以"的表述，既可以罚，也可以不罚，是否处罚应考量个案的违法行为性质、违法后果、是否存在主观过错等因素。因此，本书认为，不管是“首次”，还是第二次、第三次“逾期未申报”，如果纳税人在责令限期内改正，税务机关均可视情况，决定是否予以处罚。

当前，《税务行政处罚裁量权行使规则》（国家税务总局公告2016年第78号）第十一条规定：

> 法律、法规、规章规定可以给予行政处罚，当事人首次违反且情节轻微，并在税务机关发现前主动改正的或者在税务机关责令限期改正的期限内改正的，不予行政处罚。

《税务行政处罚“首违不罚”事项清单》（国家税务总局公告2021年第6号）明确对于首次发生清单中所列事项且危害后果轻微，在税务机关发现前主动改正或者在税务机关责令限期改正的期限内改正的，不予行政处罚。各地税务行政处罚裁量基准或“首违不罚”清单实际上进一步巩固了“首违必不罚”原则，是对“首违不罚”原则的细化与落实，但是，对于“首次”的强调，应避免绝对化，进而机械执法，不当解释为对“非首次”轻微违法纳税人必罚的概念。

因此，行政机关实施罚款等处罚时，要统筹考虑相关法律规范与《行政处罚法》的适用关系，符合《行政处罚法》第三十二条规定的从轻、减轻处罚或者第三十三条等规定的不予、可以不予处罚情形的，要适用《行政处罚法》依法作出相应处理。

## 问题94：“首违不罚”与纳税信用评价有何联动？

自2021年度纳税信用评价起，税务机关按照“首违不罚”相关规定对纳税人不予行政处罚的，相关记录不纳入纳税信用评价。

国家税务总局第一批税务“首违不罚”清单自2021年4月1日起施行。“首违不罚”事项自2021年4月1日起施行，税务机关在每年4月确定上一年度纳税信用评价结果，而“首违不罚”不纳入纳税信用评价的时间是自2021年度纳税信用评价起，因此，纳税人在2022年查询上一年度的纳税信用评价结果时，对于发生的“首违不罚”事项，不会影响到纳税评价结果。

根据《印花税法》第十六条：

> 印花税按季、按年或者按次计征。实行按季、按年计征的，纳税人应当自季度、年度终了之日起十五日内申报缴纳税款；实行按次计征的，纳税人应当自纳税义务发生之日起十五日内申报缴纳税款。

例如，某企业2023年8月发生印花税纳税义务，2023年10月申报，此时印花税属逾期申报，按照纳税信用相关规定，按税种按次扣5分。经主管税务机关核实，该企业属于“纳税人未按照税收征收管理法及实施细则等有关规定的期限办理纳税申报和报送纳税资料”且在责令限改期内改正，符合“首违不罚”的条件，作出不予处罚决定。因此，该企业逾期申报印花税的记录不会被纳入2023年的纳税信用评价中，不影响2023年的纳税评价结果。

## 专题18：不配合

### 问题95：纳税人未在税务稽查工作底稿上签字，能否认定为不配合税务检查并对其进行处罚？

不可以。《税收征管法》第七十条规定：

> 纳税人、扣缴义务人逃避、拒绝或者以其他方式阻挠税务机关检查的，由税务机关责令改正，可以处一万元以下的罚款；情节严重的，处一万元以上五万元以下的罚款。

根据《税收征管法》释义：

> 根据本条的规定，分为三类行为：①逃避税务机关检查，

是指纳税人躲避税务人员的检查，或者借口会计不在本地逃避税务机关检查。②拒绝税务机关检查。③其他方式，如借口账簿放在居住地，非生产、经营地，不让税务人员进入，转移账簿等。

《税收征管法实施细则》还对拒绝检查的情形进行了明确，第九十六条规定：

纳税人、扣缴义务人有下列情形之一的，按照税收征管法第七十条的规定处罚：

（一）提供虚假资料，不如实反映情况或者拒绝提供有关各种资料的；

（二）拒绝或阻止税务机关记录、录音、录像、照相和复印与案件有关的情况和资料的；

（三）在检查期间，纳税人、扣缴义务人转移、隐匿、销毁有关资料的；

（四）有不依法接受税务检查的其他情形。

这里不依法接受税务检查的其他情形包括需要财务人员、主要负责人、财务负责人等到场而不到场的，税务机关依法调账检查而拒绝的。对这些行为，不考虑是否造成了不缴或少缴税款的结果，税务机关都要责令限期改正，按照《税收征管法》第七十条的规定予以处罚。

税务稽查工作底稿仅是税务检查过程中记录案件事实、归集相关证据材料的过程性文书。《税务稽查工作底稿》根据记录内容不同，分为《税务稽查工作底稿（一）》和《税务稽查工作底稿（二）》，前者主要用于记录从被查对象的账簿凭证资料中摘录的内容，后者主要用于记录案件具体事实。从《税务稽查工作底稿（二）》的内容来看，税务机关虽然会向纳税人出具税务稽查工作底稿，并要求纳税人对载明的事实发表陈述意见，但稽查工作底稿将纳税人的陈述限制在了事实认定部分，纳税人即便对事实认定无异议，其对法律适用、行政裁量权行使等内容也可能会有异议。税务机关向纳税人出具稽查工作底稿，通常要求其立即发表意见，更多时候是想让纳税人直接签署“情况属实”“无异议”等字样，以形成对案件事实的自认，免除自身的执法风险。在纳税人未被充分告知不利后果，而且在没有给予合理的陈述、申辩期限的情况下，有些纳税人为谨慎起见，选择不予签署并不影响税务检查工作的进行，对此不应强制。此时，如果没有其他对检查工作产生实质性影响的干扰检查行为，仅依据纳税人未在工作底稿上签字就认定其不配合税务检查，存在被认定有滥用职权的执法风险。

## 问题96：税务机关对破产期间的企业进行正常涉税管理，如果管理人不配合，能否进行税务行政处罚？

税务机关对破产企业仍有处罚权，只是需谨慎行使，建议就管理人的行为向受理破产案件法院反映情况，商请依法督促改正。

《行政处罚法》《税收征管法》和《企业破产法》对该问题均未作出具体规定，从规范层面讲，没有特别规定的，应当适用一般规定。因此，破产清算期间企业法人资格没有灭失，仍然属于《税收征管法》管理的对象，对企业违法行为可以作出行政处罚决定。但企业已经进入破产程序，未按规定办理的纳税申报并非自身原因造成，其主观上没有过错，法律行为主客观要件出现了分离，名义上的违法主体仍然是破产债务人，行为的作出主体是管理人，无论破产企业还是管理人，均处于破产法院的司法管理之下，作为法人决策的股东会、董事会已失去决策能力，即使进行了行政处罚，也达不到惩罚与教育的目的。

从另一角度讲，特别是对于破产清算企业，因破产法及司法解释对于罚款债权的清偿顺位有明确意见，属于劣后债权，各类法定债权包括普通债权得到清偿之后，才可能清偿劣后债权，而劣后债权得到清偿的可能性非常小。即便作出罚款决定，也无法适用税收强制执行，只能依法向管理人申报该笔罚款债权，达不到行政处罚的教育与惩戒目的。

企业进入破产程序后，税务机关一般不宜再启动税务检查程序，但发现重大违法线索必须查处的情形除外。因管理人代表企业办理涉税事项时未遵守税费法律、法规，造成企业未缴或者少缴税费的，主管税务机关责令限期整改。对拒不改正或未勤勉尽责履行代企业进行税费申报义务的管理人，主管税务机关可以将有关情况通报人民法院。





## 问题97：纳税人在检查过程中逃避、拒绝或者以其他方式阻挠税务检查，稽查局能否作出停止向其发售发票的决定或其他行政处罚决定？

不能停止供应发票。但可以视情形给予行政处罚。根据《税收征管法》第七十二条规定：

> 从事生产、经营的纳税人、扣缴义务人有本法规定的税收违法行为，拒不接受税务机关处理的，税务机关可以收缴其发票或者停止向其发售发票。

需要注意的是，第七十二条的法定前提条件有两个，一是从事生产经营的纳税人、扣缴义务人有该法规定的违法行为。即从事生产经营的纳税人、扣缴义务人存在该法规定的违反税务登记、凭证、账簿管理，违反纳税申报制度的行为，违反发票管理制度的行为，欠缴税款行为，偷税、抗税、骗取出口退税行为，逃避追缴欠税行为，逃避税务检查的行为以及其他违反该法规定的行为。二是违法行为人拒不接受税务机关处理。所谓拒不接受税务机关处理，是指对税务机关作出的限期改正、催缴税款、税收保全、强制执行、罚款等行政处理决定和行政处罚决定，不予执行，或者采取欺骗、隐匿、转移财产甚至暴力、威胁等方式阻挠税务机关实施处理决定。也就是说，只有同时满足这两个条件，税务机关才能作出停售发票的决定。

实践中，稽查部门并非税源管理部门，无法直接作出停售发票的决定。如果认为纳税人存在违法行为且不接受税务机关处理需要停售发票的，应当向税源管理部门发出《稽查建议书》，由主管税务机关依法进行停售发票的处理。

但是，稽查部门有权对纳税人阻挠税务检查的行为予以行政处罚。《税收征管法》第十四条规定：

本法所称税务机关是指各级税务局、税务分局、税务所和按照国务院规定设立的并向社会公告的税务机构。

第五十六条规定：

纳税人、扣缴义务人必须接受税务机关依法进行的税务检查，如实反映情况，提供有关资料，不得拒绝、隐瞒。

第七十条规定：

纳税人、扣缴义务人逃避、拒绝或者以其他方式阻挠税务机关检查的，由税务机关责令改正，可以处一万元以下的罚款；情节严重的，处一万元以上五万元以下的罚款。

《税务稽查案件办理程序规定》第二十七条规定：

被查对象有下列情形之一的，依照税收征管法和税收征管法实施细则有关逃避、拒绝或者以其他方式阻挠税务检查的规定处理：

（一）提供虚假资料，不如实反映情况，或者拒绝提供有关资料的；

（二）拒绝或者阻止税务机关记录、录音、录像、照相和复制与案件有关的情况和资料的；

（三）在检查期间转移、隐匿、销毁有关资料的；

（四）有不依法接受税务检查的其他情形的。

因此，纳税人在检查过程中逃避、拒绝或者以其他方式阻挠税务检查，稽查局可以根据《税收征管法》及其实施细则的规定对其作出税务处理和税务行政处罚决定。

# 第四节　讲明程序正当的公理

本节解决“用何方式步骤处罚”的问题。依法告知当事人违法行为查处程序，明确履行方式、期限及拒不履行的后果，敦促其主动履行处罚决定，避免不必要的损失。依法告知救济权利、期限、行使方式和途径，以及救济权行使不影响处罚决定执行等事项，让其享有并充分行使救济权。坚持实体合法的同时，更加注重程序合法，体现程序公平公正之理。

## 专题19：责令限改

### 问题98：《国家税务总局关于修订部分税务执法文书的公告》（国家税务总局公告2021年第23号）中对《责令限期改正通知书》的修订有何变化？兼谈责令限期改正的程序性意义。

经过修订，《责令限期改正通知书》中限期改正截止日期变为可选项，在原先“限你（单位）于______年____月____日前____”只一种填写方式的基础上，增加了“限你（单位）于收到本文书之日起____日内________”的填写方式。

同时删除了“如对本通知不服，可自收到本通知之日起，六十日内依法向________申请行政复议；或者自收到本通知之日起，三个月内依法向人民法院起诉。”

（1）修订前文书式样。

______税务局

责令限期改正通知书

______税限改〔　〕号

________：（纳税人识别号：　　　　　）

你(单位)________________________________________________

________________________________。根据__________________________

____________________________________________________________，

限你(单位)于_____年__月__日前___________________________

____________________________________________________________。

如对本通知不服，可自收到本通知之日起，六十日内依法向______________申请行政复议；或者自收到本通知之日起，三个月内依法向人民法院起诉。

税务机关(签章)

年 月 日

**使用说明**

1.本文书依据《中华人民共和国税收征收管理法》及其实施细则、《中华人民共和国发票管理办法》设置。

2.适用范围：纳税人、扣缴义务人违反税收法律、法规的规定，税务机关责令其限期改正时使用。

3.填写说明：

(1)抬头：税务管理相对人名称；

(2)"你(你单位)______________"：具体违法行为；

(3)"根据_______________"：有关法律、行政法规的具体内容；

(4)"于_____年__月__日"：责令改正的期限；

(5)"前________________"：责令改正的具体内容。

4.本文书为A4型竖式，一式二份，税务机关一份，税务管理相对人一份。

根据《国家税务总局关于印发全国统一税收执法文书式样的通知》(国税发〔2005〕179号)附件《全国统一税收执法文书式样》中《责令限期改正通知书》格式：

限你(单位)于________年____月____日前_________。如对本通知不服，可自收到本通知之日起，六十日内依法向________申请行政复议；或者自收到本通知之日起，三个月内依法向人民法院起诉。

按照之前《责令限改通知书》的格式，催报即责令限改是税务机关法定职责，限改期是以税务机关税收征管系统做出责令限改之日起算，而非送达之日即纳税人收到通知书起算，但根据《中华人民共和国税收征收管理法实施细则》第八章“文书送达”第一百零一条的规定：“税务机关送达税务文书，应当直接送交受送达人。”第一百零二条的规定：“送达税务文书应当有送达回证，并由受送达人或者本细则规定的其他签收人在送达回证上记明收到日期，签名或者盖章，即为送达。”第一百零七条的规定：“税务文书的格式由国家税务总局制定。本细则所称税务文书，包括：（一）税务事项通知书；（二）责令限期改正通知书……”

因此两者出现矛盾，即责令限改起算日期在实际《全国统一税收执法文书式样》规定的文书式样以及税收征管系统中的设置，与《中华人民共和国税收征收管理法实施细则》文书送达要求不一致，涉及送达程序是否合法的问题。

（2）修订后文书式样。

______税务局（稽查局）

责令限期改正通知书

______税限改〔 〕号

________：（纳税人识别号：　　　　）

你（单位）______________________________________________

________________________。根据____________________，

限你（单位）于__________________________________________

______________________________________________________。

税务机关（签章）

年　月　日

**使用说明**

1.本文书依据《中华人民共和国税收征收管理法》《中华人民共和国税收征收管理法实施细则》《中华人民共和国发票管理办法》设置。

2.适用范围：纳税人、扣缴义务人违反税收法律、法规的规定，税务机关责令其限期改正时使用。

3.填写说明：

（1）抬头：填写纳税人、扣缴义务人等税务行政相对人名称或者姓名，统一社会信用代码或者有效身份证件号码，没有统一社会信用代码的，以纳税人识别号代替。

（2）“你（单位）________”：具体违法行为；

（3）“根据________”：有关法律、行政法规的具体内容；

（4）“限你（单位）于________________”横线处填写“____年____月____日前________”或者“收到本文书之日起____日内____”。

4.本文书为A4型竖式，一式二份，税务机关一份，税务行政相对人一份。

经过修订，《责令限期改正通知书》中限期改正截止日期变为可选项，在原先“限你（单位）于____年____月____日前____”一种填写方式的基础上，增加了“限你（单位）于收到本文书之日起____日内____”的填写方式。如在邮寄送达方式下，执法人员可选择后一种填写方式，避免由于邮寄时间不可控导致纳税人难以在限改期内改正的问题。

（3）意义。

以《税收征管法》第六十二条“逾期未申报”处罚的规定为例：

纳税人未按照规定的期限办理纳税申报和报送纳税资料的，或者扣缴义务人未按照规定的期限向税务机关报送代扣代缴、代收代缴税款报告表和有关资料的，由税务机关责令限期改正，可以处二千元以下的罚款；情节严重的，可以处二千元以上一万元以下的罚款。

其程序的核心在于“由税务机关责令限期改正”。根据国家税务总局第一批税务行政处罚“首违不罚”事项清单以及第二批税务行政处罚“首违不罚”事项清单，均强调了适用税务行政处罚“首违不罚”的三个条件：一是首次发生清单中所列事项，二是危害后果轻微，三是在税务机关发现前主动改正或者在税务机关责令限期改正的期限内改正。符合上述三个条件的，税务机关应主动对当事人适用“首违不罚”。如当事人认为其符合适用“首违不罚”的条件，但税务机关未主动适用的，可以进行申辩并要求适用“首违不罚”。根据“首违不罚”条件三，“是否给予纳税人充足的时间以改正”影响到纳税人是否符合“首违不罚”条件以适用“首违不罚”。

《东北区域税务行政处罚裁量基准》所明确的55项税收违法行为的裁量基准，有超半数的裁量因素为“是否改正”“是否配合”，并对按要求“改正”“配合”的违法情形设立“首违不罚”或设置较低额度的罚款。

因此，类似“逾期未申报”的处罚核心是“责令限改”，那么“责令限改”的核心是“送达”。只有做到了《责令限改通知书》的有效送达才能保证程序的合法，才能保证接下来行政处罚或不予处罚行政行为的合法有效。

（4）为什么删除救济条款?

《最高人民法院关于适用〈中华人民共和国行政诉讼法〉的解释》第六十九条规定：

> 有下列情形之一，已经立案的，应当裁定驳回起诉：
> ……
> （八）行政行为对其合法权益明显不产生实际影响的；
> ……

对于该条，最高人民法院解读认为：“无诉则无判”，诉乃发动审判权的前提。然而，并非只要诉具备了法定形式并符合法定程序，人民法院就必须进行实体审理。现有法律虽然未作出明确规定，但根据审判权的应有之义，结合立法精神以及司法实践可知，答案并非绝对的。诉最终能否获得审理判决还要取决于诉的内容，即当事人的请求是否足以具有利用国家审判制度加以解决的实际价值和必要性。具体到税务领域，若税务机关的行政行为未对纳税人的合法权益产生实际影响的，不属于行政诉讼的受案范围。《责令限改通知书》因其内容主要是通知纳税人履行法定义务，例如，告知其依法履行按期申报纳税的义务，并未创设新的义务或负担，对纳税人的合法权益没有产生实际影响，不应该出现“如对本通知不服可申请行政复议或向人民法院起诉”的救济条款。

## 问题99：未做限期责令改正直接作出处罚决定，是否影响税务行政处罚文书效力？

根据我国现行法律规定及行政执法实践，税务机关在作出行政处罚前未履行责令限期改正程序，将直接影响行政处罚文书的法律效力。

具体分析如下：

### 1. 责令限期改正的法定属性

《行政处罚法》第二十八条明确要求：

> 行政机关实施行政处罚时，应当责令当事人改正或限期改正违法行为。

该程序具有双重法律属性：一方面属于行政命令，旨在恢复正常行政管理秩序；另一方面是行政处罚的法定前置程序，体现“处罚与教育相结合”原则。税务领域的责令限改期限通常不超过30日（特殊情形除外），其设定目的在于给予当事人自我纠错的合理期间。

### 2. 程序违法的法律后果

（1）前置程序缺失的效力瑕疵。

对于《税收征管法》明确规定需先责令改正的违法行为（如逾期未申报），未经限改程序直接处罚将构成程序重大违法。依据《行政处罚法》第三十八条，违反法定程序的行政处罚无效。司法实践中，此类文书可能被法院判决撤销。

（2）并行程序的完整性要求。

即使法律未明确规定前置关系，责令限改与行政处罚也应同步实施。税务机关若仅处罚不整改，或整改期限设置不合理（如处罚决定早于限改期满），将被认定为程序瑕疵。根据《行政复议法》第六十四条、第六十五条，此类情形可能导致行政处罚决定被撤销或确认违法。

### 3. 典型案例的实践指引

纳税人首次逾期申报且在限改期内改正的，税务机关依法作出不予处罚决定。这一案例凸显了责令限改程序对行政处罚裁量的关键影响：当事人是否在限改期内改正，直接决定是否适用“首违不罚”规则。

### 4. 执法风险的防控建议

为确保行政处罚文书的法律效力，税务机关应注意：

（1）严格遵循“先整改后处罚”原则，对可改正的违法行为必须先行责令限改；

（2）合理设定限改期限，确保当事人具备整改可行性；

（3）完善执法文书制作，明确记载责令限改与处罚决定的关联性；

（4）加强执法监督，通过案卷评查等机制及时纠正程序违法行为。

综上，责令限期改正程序是税务行政处罚的法定构成要件。未经该程序或程序瑕疵的行政处罚文书，可能因违反法定程序而被认定为无效或应予撤销。税务机关在执法过程中，应当严格履行法定程序义务，确保行政处罚的合法性与合理性。

## 问题100：税务机关责令企业限期缴纳税款，应当注意哪些涉及行政处罚内容？

《税收征管法》第六十八条：

> 纳税人、扣缴义务人在规定期限内不缴或者少缴应纳或者应解缴的税款，经税务机关责令限期缴纳，逾期仍未缴纳的，税务机关除依照本法第四十条的规定采取强制执行措施追缴其不缴或者少缴的税款外，可以处不缴或者少缴的税款百分之五十以上五倍以下的罚款。

本条款在执行中，应当注意以下方面：

由税务机关责令限期缴纳。即由税务机关制作《税务事项通知书》以送达文书的形式，责令纳税人、扣缴义务人在文书确定的期限内缴纳或者解缴税款。纳税人、扣缴义务人应当在限定的期限内缴纳或者解缴所欠税款。在实际处理过程中，部分税务机关可能会忽略本环节的文书制作，认为电话通知或者当面约谈后就已经履行了责令限制缴纳税款的告知义务，实际缺乏法定文书送达程序。也正因为执法程序的缺失，导致无法进入强制执行环节。

进入强制执行环节，可以对欠缴税款的纳税人、扣缴义务人处不缴或者少缴的税款百分之五十以上五倍以下的罚款。需要提醒的是，这里的“可”字给予了税务机关一定的自由裁量权。税务机关可以根据实际情况考虑是否给予处罚，而非必须处罚。

根据2024年2月9日《国务院关于进一步规范和监督罚款设定与实施的指导意见》（国发〔2024〕5号）规定：

> 实施罚款处罚无法有效进行行政管理时，要依法确定更加适当的处罚种类。设定罚款要结合违法行为的事实、性质、

> 情节以及社会危害程度，统筹考虑经济社会发展水平、行业特点、地方实际、主观过错、获利情况、相似违法行为罚款规定等因素，区分情况、分类处理，确保有效遏制违法、激励守法。

如果针对欠税纳税人进行处罚无法有效起到追缴的效果时，本书不建议轻易启动。优化执法方式规范欠税管理，欠税有一整套完整的欠税征缴征管措施，包括但不限于约谈、制定还款计划、实施欠税公告、税收保全、税收强制执行措施、履行税收代位权等行政执法措施。

其不缴税款的后果也可以通过每天增长的滞纳金来体现。滞纳金也是一种执行罚，是当事人不及时履行他人所不能代替履行的义务时，国家行政机关对其采用课以财产上给予新的给付义务的办法，即税务机关对未按规定期限缴纳税款的纳税人按比例附加征收的款项。《税收征管法》第三十二条规定：

> 纳税人未按照规定期限缴纳税款的，扣缴义务人未按照规定期限解缴税款的，税务机关除责令限期缴纳外，从滞纳之日起，按日加收滞纳税款万分之五的滞纳金。

## 问题101：企业存在少缴税款，税务机关对企业下达限期改正通知书后，企业仅补缴部分税款，应当如何实施行政处罚？

**案例：** 2020年3月4日，A市某区税务局以甲公司在2018年和2019年未依法履行纳税申报为由，发出责令限期改正通知书，限期办理纳税申报，要求该公司补缴税款103万元。公司4月26日只补缴税款74万元。2020年4月30日，A市税务稽查局立案检查，经过检查认定该企业已缴纳的部分，属于未在法定纳税期限申报纳税，依据《税收征管法》第六十四条处以0.5倍罚款；对于责令缴纳仍不缴纳的29万元属于通知申报而未申报，定性为偷税，按照《税收征管法》第六十三条规定处以1倍罚款。

**答：**税务机关上述处理是不当的。

首先，当事人违法与否只能是同一涉税行为，不存在将同一违法行为分为两个部分，分别以《税收征管法》第六十三条和第六十四条分别进行处罚，比较《税收征管法》第六十三条和第六十四条，第六十三条规定的法律责任要比第六十四条更加重要。既从性质上考虑，又从结果上考虑，采取轻重并用，分段进行两次处罚是对法律的错误理解和适用。

其次，纳税人只是少申报缴纳税款，而非拒不申报。所谓经税务机关通知而拒不申报，指的是应当依法办理纳税申报的纳税人，不按照法律、行政法规的规定办理纳税申报，并经税务机关通知，仍拒不申报的行为。在本案中，该公司只是未按照限定金额少缴税款，不能认定其行为属于经税务机关通知而拒不申报。如果企业按照税务机关通知进行了纳税申报但是未缴纳税款，此时不能适用第六十四条。根据《税收征管法》第六十四条释义，是指：

> 纳税人不进行纳税申报而不缴或者少缴应纳税款应承担的法律责任。纳税人不进行纳税申报，不缴或者少缴应纳税款，是指纳税人在规定的申报期限内未进行纳税申报，超过税款缴纳期限，不缴或者少缴税款的行为。纳税人有上述行为的，由税务机关追缴其不缴或者少缴的税款、滞纳金，以纠正违法行为人的违法行为，保证国家税收不受损失。同时由税务机关对违法行为人并处不缴或者少缴的税款百分之五十以上五倍以下的罚款。

如果纳税人在规定的期限内未进行纳税申报，经税务机关通知仍拒不申报，不缴或者少缴税款的，属偷税行为，应当按照第六十三条的规定进行处罚。

综上所述，应当按照《税收征管法》第六十八条规定处理：

纳税人、扣缴义务人在规定期限内不缴或者少缴应纳或者应解缴的税款，经税务机关责令限期缴纳，逾期仍未缴纳的，税务机关除依照本法第四十条的规定采取强制执行措施追缴其不缴或者少缴的税款外，可以处不缴或者少缴的税款百分之五十以上五倍以下的罚款。

## 专题20：简易程序

### 问题102：行政处罚简易程序较之于普通程序有何不同？办税服务厅是否可以作出简易处罚？

税务行政处罚分为普通程序和简易程序两种，其中的简易程序又称为当场处罚程序，指具有行政处罚权的税务机关对于符合法定条件的处罚事项，当场作出税务行政处罚（一定金额以下罚款）决定的程序。

简易处罚为即办事项，处罚告知与决定书合并出具，流程较之普通处罚得以大大简化。因此，这项变化对提高行政效率、减轻税务机关行政处罚的工作压力、便利行政相对人都是利好。应注意的是，行政处罚简易程序自2021年7月15日《行政处罚法》实施起已适用新标准，即“对公民处以200元以下、对法人或者其他组织处以3 000元以下罚款”。因此，《国家税务总局关于修订部分税务执法文书的公告》（国家税务总局公告2021年第23号）对税务行政简易处罚按此标准作了调整。实践中，执法人员进行税务行政简易处罚不能继续适用原来的对公民处以50元以下罚款、对法人和其他组织处以1 000元以下罚款的标准，否则，存在执法程序选择不当的执法风险。

因《行政复议法》修订，《国家税务总局关于修订部分税务执法文书的公告》（国家税务总局公告2024年第1号）再次对《税务行政处罚决定书（简易）》进行了修订，根据《行政复议法》对当场作出的行政处罚实行行政复议前置的规定，删除《税务行政处罚决定书（简易）》

文书告知事项中“向人民法院起诉”的有关表述。

《国家税务总局关于修订税务行政处罚(简易)执法文书的公告》(国家税务总局公告2017年第33号)规定:

> 税务机关依法对公民、法人或者其他组织当场作出行政处罚决定的,使用修订后的《税务行政处罚决定书(简易)》,不再另行填写《陈述申辩笔录》和《税务文书送达回证》。

虽然是即办事项,但是当场作出税务行政处罚决定,税务人员也必须遵循法定的简易程序。应当向当事人出示税务检查证,调查违法行为的相关事实(取证),告知查明的事实、处罚理由及法律依据,并告知陈述、申辩的权利,听取当事人陈述、申辩,作出行政处罚决定,填写预定格式、编有号码的税务行政处罚决定书,将《税务行政处罚决定书(简易)》当场送达当事人。可以说《税务行政处罚决定书(简易)》一纸文书,麻雀虽小,但如同普通程序一样五脏俱全。

2023年9月1日,第十四届全国人民代表大会常务委员会第五次会议修订《行政复议法》,自2024年1月1日起施行。根据其第二十三条规定:

> 有下列情形之一的,申请人应当先向行政复议机关申请行政复议,对行政复议决定不服的,可以再依法向人民法院提起行政诉讼:
>
> (一)对当场作出的行政处罚决定不服;
>
> ……对前款规定的情形,行政机关在作出行政行为时应当告知公民、法人或者其他组织先向行政复议机关申请行政复议。

据此,税务行政处罚简易决定全部纳入行政复议前置范围,同时规定对行政复议前置情形,行政机关在作出行政行为时应当告知公民、法人或者其他组织先向行政复议机关申请行政复议,因此《税务行政处罚决定书（简易）》中告知救济途径已经进行了相应修改，以保障行政相对人及时正确行使救济权利。2024年1月25日，《国家税务总局关于修订部分税务执法文书的公告》（国家税务总局公告2024年第1号）的附件《修订后的税务执法文书式样》，再次对《税务行政处罚决定书（简易）》文书的内容作了修订。

至于办税服务厅是否可以作出简易处罚，鉴于《行政处罚法》第五十九条规定：

> 行政机关依照本法第五十七条的规定给予行政处罚，应当制作行政处罚决定书。
>
> ……
>
> 行政处罚决定书必须盖有作出行政处罚决定的行政机关的印章。

因为不同于《行政许可法》中可设置行政许可专用章，行政处罚领域并没有行政处罚专用章，因此，此处行政机关的印章应解释为行政机关的公章。由此，一局的公章只有一枚，且不可能随意放置在大厅，所以印章问题不解决，办税服务厅做处罚文书的问题就解决不了。《国家税务总局关于做好国税地税征管体制改革过渡期有关税收征管工作的通知》（税总发〔2018〕68号）规定：

> （一）表证单书及印章使用。新税务机构挂牌后，启用新的行政、业务印章，原国税、地税机关的行政、业务印章停止使用。税收业务印章根据工作需要按规定刻制，税务行政处罚事项可以使用税收业务专用章。各类证书、文书、表单等启用新的名称、局轨、字轨和编号。

由此明确了税务行政处罚事项可以使用税收业务专用章，且税收业务印章可根据工作需要按规定刻制，如此，办税服务厅就可以作出简易处罚决定书。

______税务局（稽查局）

税务行政处罚决定书（简易）

________税简罚〔 〕号

<table>
<tr><td colspan="2">被处罚人名称</td><td colspan="3"></td></tr>
<tr><td colspan="2">被处罚人证件名称</td><td></td><td>证件号码</td><td></td></tr>
<tr><td colspan="2">处罚地点</td><td></td><td>处罚时间</td><td></td></tr>
<tr><td colspan="2">违法事实及<br>处罚依据</td><td colspan="3"></td></tr>
<tr><td colspan="2">缴纳方式</td><td colspan="3">□1.当场缴纳；<br>□2.限十五日内到____________________缴纳。</td></tr>
<tr><td colspan="2">罚款金额</td><td colspan="3">（大写）________ ¥_____</td></tr>
<tr><td>告知事项</td><td colspan="4">1.当事人应终止违法行为并予以纠正；<br>2.如对本决定不服，可以自收到本决定书之日起六十日内依法向____________申请行政复议；<br>3.到期不缴纳罚款的，税务机关可自缴款期限届满次日起每日按罚款数额的百分之三加处罚款，加处罚款的数额不超过罚款本数；<br>4.对处罚决定逾期不申请行政复议又不履行的，税务机关有权依法采取强制执行措施或者申请人民法院强制执行。</td></tr>
<tr><td colspan="5">执法人员已告知我享有陈述、申辩权利，我陈述、申辩如下：<br>经办人：<br>年 月 日</td></tr>
<tr><td colspan="3">执法人员：<br>税务机关（印章）：<br>年 月 日</td><td colspan="2">签收情况：<br>经办人：<br>年 月 日</td></tr>
</table>

**使用说明**

1.本决定书依据《中华人民共和国税收征收管理法》《中华人民共和国行政处罚法》第五十一条、第五十二条设置。

2.适用范围：在对公民处以200元（含200元）以下、对法人或者其他组织处以3 000元（含3 000元）以下罚款，当场作出税务行政处罚时使用。

3.填写说明：

（1）被处罚人名称：单位被处罚的，填写单位全称；个人被处罚的，填写个人姓名。

（2）被处罚人证件名称：单位填写税务登记证件（含加载统一社会信用代码的营业执照），未办理税务登记的，填写其他合法有效证件；个人被处罚的，填写个人有效身份证件名称。

（3）证件号码：单位填写纳税人识别号（含统一社会信用代码），未办理税务登记的，填写其他有效证件号码；个人填写有效身份证件号码。

（4）缴纳方式：如果是当场缴纳，在"□1"内打"√"，如是指定缴纳在"□2"处打"√"，在"________"填写缴纳地点。

（5）经办人：填写具体经办被处罚事项，能代表被处罚人陈述申辩及签收文书的人员，被处罚人是单位的，要同时加盖单位公章。

4.文书字号设为"税简罚"，稽查局使用设为"税稽简罚"。

5.本表为A4型竖式，一式二份，当事人一份，作出处罚决定的税务机关一份。

说理式执法文书模板：

国家税务总局××市××县税务局
税务行政处罚决定书（简易）
×税简罚〔2018〕××号

| | | | |
|---|---|---|---|
| 被处罚人名称 | ××县×××公司 | | |
| 被处罚人证件名称 | 统一社会信用代码证 | 证件号码 | |
| 处罚地点 | ××区税务局办税服务厅 | 处罚时间 | 2018年1月26日 |

续表

<table>
<tr><td>违法事实<br>及<br>处罚依据</td><td colspan="3">一、违法事实<br>经查明，你公司未按照《中华人民共和国增值税暂行条例》第二十三条确定的纳税期限在2023年1月15日前办理所属期2022年第四季度的增值税纳税申报，也未在我局通知的责令改正期限1月22日前完成申报，违反《税收征管法》第二十五条第一款之规定，属于未按照规定的期限办理纳税申报的行为。</td></tr>
<tr><td>违法事实<br>及<br>处罚依据</td><td colspan="3">二、处罚依据<br>你公司上述违法行为事实清楚，证据确凿，根据《税收征管法》第六十二条规定：“纳税人未按照规定的期限办理纳税申报和报送纳税资料的，或者扣缴义务人未按照规定的期限向税务机关报送代扣代缴、代收代缴税款报告表和有关资料的，由税务机关责令限期改正，可以处二千元以下的罚款；情节严重的，可以处二千元以上一万元以下的罚款。”<br>鉴于你公司配合检查、态度良好，并已于2023年1月26日进行申报，减轻了危害后果，根据《行政处罚法》第二十七条第一款第（一）项之规定，对你公司予以从轻处罚。</td></tr>
<tr><td>缴纳方式</td><td colspan="3">☐1. 当场缴纳；<br>☐2. 限15日内到中国 × × × 银行 × × × 支行缴纳。</td></tr>
<tr><td>罚款金额</td><td colspan="3">（大写）贰佰元整　¥200.00</td></tr>
<tr><td>告知事项</td><td colspan="3">1. 当事人应终止违法行为并予以纠正；<br>2. 如对本决定不服，可以自收到本决定书之日起六十日内依法向________申请行政复议；<br>3. 到期不缴纳罚款的，税务机关可自缴款期限届满次日起每日按罚款数额的百分之三加处罚款，加处罚款的数额不超过罚款本数；<br>4. 对处罚决定逾期不申请行政复议又不履行的，税务机关有权依法采取强制执行措施或者申请人民法院强制执行。</td></tr>
<tr><td colspan="4">执法人员已告知我公司享有陈述、申辩权利，我公司陈述、申辩如下：<br>对你局上述事实认定和处罚决定无异议，今后我公司会加强《税收征管法》等法律法规的学习，按时办理纳税申报和报送资料。<br>经办人：× ×（同时加盖单位公章）<br>2023年1月26日</td></tr>
<tr><td colspan="2">税收执法人员：× ×<br>税务机关（盖章）<br>2023年1月26日</td><td colspan="2">签收情况：<br>（签收人员姓名及签收日期）</td></tr>
</table>

**附件**：本文书涉及的相关法律法规条款。

（1）中华人民共和国增值税法。

第三十条　增值税的计税期间分别为十日、十五日、一个月或者一个季度。纳税人的具体计税期间，由主管税务机关根据纳税人应纳税额的大小分别核定。不经常发生应税交易的纳税人，可以按次纳税。

纳税人以一个月或者一个季度为一个计税期间的，自期满之日起十五日内申报纳税；以十日或者十五日为一个计税期间的，自次月一日起十五日内申报纳税。

扣缴义务人解缴税款的计税期间和申报纳税期限，依照前两款规定执行。

纳税人进口货物，应当按照海关规定的期限申报并缴纳税款。

（2）中华人民共和国增值税暂行条例。

第二十三条　增值税的纳税期限分别为1日、3日、5日、10日、15日、1个月或者1个季度。纳税人的具体纳税期限，由主管税务机关根据纳税人应纳税额的大小分别核定；不能按照固定期限纳税的，可以按次纳税。

纳税人以1个月或者1个季度为1个纳税期的，自期满之日起15日内申报纳税；以1日、3日、5日、10日或者15日为1个纳税期的，自期满之日起5日内预缴税款，于次月1日起15日内申报纳税并结清上月应纳税款。

扣缴义务人解缴税款的期限，依照前两款规定执行。

（3）中华人民共和国税收征收管理法。

第二十五条　纳税人必须依照法律、行政法规规定或者税务机关依照法律、行政法规的规定确定的申报期限、申报内容如实办理纳税申报，报送纳税申报表、财务会计报表以及税务机关根据实际需要要求纳税人报送的其他纳税资料。

扣缴义务人必须依照法律、行政法规规定或者税务机关依照法律、行政法规的规定确定的申报期限、申报内容如实报送代扣代缴、代收代缴税款报告表以及税务机关根据实际需要要求扣缴义务人报送的其他有关资料。

第六十二条　纳税人未按照规定的期限办理纳税申报和报送纳税资料的，或者扣缴义务人未按照规定的期限向税务机关报送代扣代缴、代收代缴税款报告表和有关资料的，由税务机关责令限期改正，可以处二千元以下的罚款；情节严重的，可以处二千元以上一万元以下的罚款。

（4）中华人民共和国行政处罚法。

第三十二条　当事人有下列情形之一，应当从轻或者减轻行政处罚：

（一）主动消除或者减轻违法行为危害后果的；

（二）受他人胁迫或者诱骗实施违法行为的；

（三）主动供述行政机关尚未掌握的违法行为的；

（四）配合行政机关查处违法行为有立功表现的；

（五）法律、法规、规章规定其他应当从轻或者减轻行政处罚的。

第四十四条　行政机关在作出行政处罚决定之前，应当告知当事人拟作出的行政处罚内容及事实、理由、依据，并告知当事人依法享有的陈述、申辩、要求听证等权利。

第七十二条　当事人逾期不履行行政处罚决定的，作出行政处罚决定的行政机关可以采取下列措施：

（一）到期不缴纳罚款的，每日按罚款数额的百分之三加处罚款，加处罚款的数额不得超出罚款的数额；

（二）根据法律规定，将查封、扣押的财物拍卖、依法处理或者将冻结的存款、汇款划拨抵缴罚款；

（三）根据法律规定，采取其他行政强制执行方式；

（四）依照《中华人民共和国行政强制法》的规定申请人民法院强制执行。

行政机关批准延期、分期缴纳罚款的，申请人民法院强制执行的期限，自暂缓或者分期缴纳罚款期限结束之日起计算。

## 问题103：拟对公民处以二百元以下、对法人或者其他组织处以三千元以下罚款是否必须适用简易程序？

是否适用简易程序并不能简单通过罚款金额来判断。《行政处罚法》第五十一条规定：

违法事实确凿并有法定依据，对公民处以二百元以下、对法人或者其他组织处以三千元以下罚款或者警告的行政处罚的，可以当场作出行政处罚决定。法律另有规定的，从其规定。

由此得知行政处罚适用简易程序的条件需要满足“违法事实确凿并有法定依据”这个基础条件。违法事实确凿一般是指违法事实比较清楚，执法人员和行政相对人对此均没有异议，无须启动后续调查程序。如果违法事实不清，或缺少证据固定，即使拟“对公民处以二百元以下、对法人或者其他组织处以三千元以下罚款”也应当适用普通程序。本着行政法高效原则，对简易处罚事项排除特殊情况后，应当严格适用简易程序，避免出现对简易程序与一般程序界限理解有误、执行有偏差的情形。

同时注意与《税收征管法》第七十四条“本法规定的行政处罚，罚款额在二千元以下的，可以由税务所决定”区分衔接问题。本条对税务所罚款处罚权限作出了规定，即税务所的罚款处罚权限为二千元以下。一个是程序事项，另一个是执法主体事项，不可混淆。

因此，对于法人或者其他组织2 000元以上、3 000元以下的行政处罚，既要按照简易处罚的流程即时办结，又要由区县级税务机关实施处罚。

## 问题104：“家庭农场”“宾馆超市”“合伙企业”属于“个人”吗？如何适用行政处罚简易程序？

在实践中，发现基层执法人员极易出现因对“家庭农场”“宾馆超市”“合伙企业”等名称不清楚其属于“个人”还是“单位”类型，从而出现错误适用行政处罚普通程序与简易程序的情形。2021年修订后的《行政处罚法》提高了简易程序案件标准。《行政处罚法》第五十一条规定：

> 违法事实确凿并有法定依据，对公民处以二百元以下、对法人或者其他组织处以三千元以下罚款或者警告的行政处罚的，可以当场作出行政处罚决定。法律另有规定的，从其规定。

该规定和原来50元、2 000元的标准相比有了较大提升，更加符合社会发展程度及基层执法需要。

“公民”“法人”“其他组织”是《行政处罚法》上对行政相对人的分类，《民法典》根据身份不同，对从事活动主体具体分为：自然人、法人、非法人组织。两者分类不同，《行政处罚法》对三分类未作出概念解释，也没有明文规定要按照民事法律规定执行，但《民法典》的有关规定却给予我们重要的参考价值。“法人”很容易理解，要理解“公民”“其他组织”等含义就必须引入《民法典》中关于“自然人”“非法人组织”的概念。

《民法典》“第二章　自然人”中包括“第一节 民事权利能力和民事行为能力”与“第四节　个体工商户和农村承包经营户”。自然人，是指依自然规律产生，具有自然生命，区别于其他动物的人。而个体工商户和农村承包经营户是从自然人当中衍生出来的，又称“商自然人”“商个人”，是自然人的特殊状态。

个体工商户是指在法律允许的范围内，依法经核准登记，从事工商经营活动的自然人或者家庭。单个自然人申请个体经营，应当是16周岁以上有劳动能力的自然人。家庭申请个体经营，作为户主的个人应该有经营能力，其他家庭成员不一定都有经营能力。《促进个体工商户发展条例》（中华人民共和国国务院令第755号）第二条规定：

> 有经营能力的公民在中华人民共和国境内从事工商业经营，依法登记为个体工商户的，适用本条例。

第六条规定：

> 个体工商户可以个人经营，也可以家庭经营。

农村承包经营户是指在法律允许的范围内，按照农村土地承包经营合同的约定，利用农村集体土地从事种植业以及副业生产经营的农村集体经济组织的成员或者家庭。

关于“非法人组织”的概念，《民法典》第一百零二条规定：

> 非法人组织是不具有法人资格，但是能够依法以自己的名义从事民事活动的组织。非法人组织包括个人独资企业、合伙企业、不具有法人资格的专业服务机构等。

学完《民法典》，再回看《行政处罚法》第五十一条，那么第五十一条中的“公民”是否包括个体工商户？“法人、其他组织”又是哪些？我们根据《民法典》的第二章第四节“个体工商户和农村承包经营户”、第三章“法人”、第四章“非法人组织”等有关规定，可以确定《行政处罚法》第五十一条所指的“公民”范畴包括自然人、个体工商户，对于农民开办的专业合作社，一般也视为个人。“法人”包括有限责任公司、股份有限公司、行政机关、事业单位、军事单位、社会团体及其他单位。“其他组织”包括个人独资企业、合伙企业以及不具有法人资格的专业服务机构等。

因此，我们不能通过纳税人名称如“家庭农场”“宾馆超市”“合伙企业”等来简单判定纳税人类型。因为《行政处罚法》第五十一条规定：

> 违法事实确凿并有法定依据，对公民处以二百元以下、对法人或者其他组织处以三千元以下罚款或者警告的行政处罚的，可以当场作出行政处罚决定。法律另有规定的，从其规定。

所以对于登记类型为“个体经营纳税人税务登记”的纳税人的处罚务必选择“被处罚人类型”为“自然人”类型，绝不能选择“法人/其他组织”类型，否则会导致错误适用简易程序，构成程序违法的后果。

我们更需要说明的是，以上推理过程反映了行政执法无法孤立地仅仅适用行政法律法规，行政执法事实上是与刑法、民法保持着千丝万缕密切联系的。适当情况下，即使行政法律未明确规定可以适用刑法、民法的有关原理、做法，但其实我们在行政执法实务中仍然应当参照、参考、借鉴刑法、民法的有关原理、作法。

**知识链接：**

（1）个人所得税中的个人、个体工商户、个人独资企业、合伙企业。

《个人所得税法》及实施条例对“个人”并没有定义，只是将“个人”分为居民个人和非居民个人。

从《个人所得税法实施条例》第五条里关于征税范围里“经营所得”来看：

> （五）经营所得，是指：
>
> 1.个体工商户从事生产、经营活动取得的所得，个人独资企业投资人、合伙企业的个人合伙人来源于境内注册的个人独资企业、合伙企业生产、经营的所得；
>
> 2.个人依法从事办学、医疗、咨询以及其他有偿服务活动取得的所得；
>
> 3.个人对企业、事业单位承包经营、承租经营以及转包、转租取得的所得；
>
> 4.个人从事其他生产、经营活动取得的所得。

取得经营所得的个人，没有综合所得的，计算其每一纳税年度的应纳税所得额时，应当减除费用6万元、专项扣除、专项附加扣除以及依法确定的其他扣除。专项附加扣除在办理汇算清缴时减除。

一般情况来看，个人所得税的个人是指自然人。但是在经营所得中明确了包括“商自然人”个体工商户和包括个人独资企业、合伙企业在内非法人组织需缴纳经营所得的个人所得税。这样看来，个人所得税的分类标准倒是与《民法典》极度接近，涵盖了自然人（含个体户）和非法人组织。而剩下来的法人当然是在企业所得税征税范围了。

（2）增值税法规的个人、个体工商户、其他个人、自然人。

《中华人民共和国增值税暂行条例实施细则》规定：

> 第九条 条例第一条所称单位，是指企业、行政单位、事业单位、军事单位、社会团体及其他单位。
>
> 条例第一条所称个人，是指个体工商户和其他个人。

《国家税务总局关于增值税一般纳税人登记管理若干事项的公告》（国家税务总局公告2018年第6号）明确指出《增值税一般纳税人登记管理办法》（国家税务总局令第43号）第四条第（二）项所称的“其他个人”是指自然人。

作为具有自然属性的个人，在其产生纳税义务之时，所称纳税主体名称不同，但实质等同——“个体工商户”是作为“自然人”的特殊形态存在，税法上的“其他个人”就是民法上的狭义“自然人”。

## 问题105：采取简易处罚方式，纳税人如果拒绝当场领取文书，税务机关如何处置？

**案例：**个体工商户王某因存在逾期未进行纳税申报，并且不符合“首违不罚”条件，某区税务局准备对其进行简易处罚，但该纳税人拒绝前往税务机关领取简易处罚文书，此时如何处置？

**答：**《行政处罚法》第五十二条规定：

> 执法人员当场作出行政处罚决定的，应当向当事人出示执法证件，填写预定格式、编有号码的行政处罚决定书，并当场交付当事人。当事人拒绝签收的，应当在行政处罚决定书上注明。

按照上述规定，结合《国家税务总局关于修订部分税务执法文书的公告》(国家税务总局公告2024年第1号)中修改的《税务行政处罚决定书(简易)》填写说明，文书应当场送达。

根据《国家税务总局关于修订税务行政处罚(简易)执法文书的公告》(国家税务总局公告2017年第33号)规定，税务机关依法对公民、法人或者其他组织当场作出行政处罚决定的，使用修订后的《税务行政处罚决定书(简易)》，不再另行填写《陈述申辩笔录》和"税务文书送达回证"。

这里的当场送达应当如何理解？由于简易处罚文书必须依托税收征管系统才能做出，结合税务部门工作特点，在实践中主要采取如下做法：

一是执法人员在税务机关当场制作，并通知纳税人当场领取。此种情形完全符合《行政处罚法》第五十二条规定，并无争议。此处不再赘述。

二是出现纳税人拒绝当场领取文书的情况，那么税务机关应当启动送达程序。税务文书送达方式包括直接送达、留置送达、委托送达、邮寄送达和公告送达，还有《国家税务总局关于发布〈税务文书电子送达规定(试行)〉的公告》(国家税务总局公告2019年第39号)的电子送达。《税收征管法实施细则》第一百零二条："送达税务文书应当有送达回证，并由受送达人或者本细则规定的其他签收人在送达回证上记明收到日期，签名或者盖章，即为送达。"由此可见，《税务文书送达回证》是受送达人接受送达后签署给送达人的回执，是有效送达最为关键的证据，是足以证明受送达人收到送达的法律文书。无论是去纳税人处，还是到税务局来，受送达人在送达回证上签字即可固定直接送达的证据。

**注意事项：**

（1）简易处罚文书执法人员一栏是否应当两个人签字。依据《行政处罚法》第四十二条规定："行政处罚应当由具有行政执法资格的执法人员实施。执法人员不得少于两人，法律另有规定的除外。"因此该栏目必须为两名执法人员同时签名。

（2）简易处罚必须同时具备违法事实确凿并有法定依据，需满足对公民处以二百元以下、对法人或者其他组织处以三千元以下罚款或者警告的行政处罚的三个条件，才能适用简易处罚方式。而不能单纯以行政处罚金额的大小，直接决定是否采取简易处罚。如果纳税人对简易处罚有异议，如需进一步调查核实，就不能适用简易处罚，此时必须转为一般处罚程序。

当然，参照《中华人民共和国民事诉讼法》等规定，国家税务总局制发《关于发布〈税务文书电子送达规定（试行）〉的公告》（国家税务总局公告2019年第39号，以下简称《公告》），明确该公告自2020年4月1日起施行。其中第八条规定：

> 税务处理决定书、税务行政处罚决定书（不含简易程序处罚）、税收保全措施决定书、税收强制执行决定书、阻止出境决定书以及税务稽查、税务行政复议过程中使用的税务文书等暂不适用本规定。

该规定也意味着在满足电子送达的前提条件下，《税务行政处罚决定书（简易）》可以电子送达。

## 专题21：法制审核

### 问题106：需要对某税务分局管理的1户企业作出3 000元税务行政处罚，此时是否应当由县区局法制部门发起，是否需要进行重大执法决定法制审核？

**案例：**A县甲税务分局所辖的1户企业纳税人，因违反《发票管理办法》规定，应当处以3 000元行政罚款，准备采取一般处罚方式。此时甲税务分局根据《税收征管法》规定，税务分局最高只能对纳税人的涉税违法行为处以2 000元罚款，因此，行政处罚主体应确定为A县税务局，应当如何启动内部流程?

**答：**第一，要明确税收部门职能。按照目前税收工作实践，规范做法应当由主管税务机关发起调查核实，经县（区）局税政部门内部审批后，以县（区）局名义作出行政处罚决定书。在日常工作中我们发现，有部分税务机关混淆了税政部门和法制部门的功能定位，要求法制部门负责此项工作，法制部门作为重大执法决定法制审核部门，不宜作出执法行为，否则会出现“既当运动员，又当裁判员”的现象。

第二，一般税务行政处罚决定是否需要进行税收法制审核，遵照各省份重大执法决定法制审核事项清单规定。《行政处罚法》第五十一条规定：

> 违法事实确凿并有法定依据，对公民处以二百元以下、对法人或者其他组织处以三千元以下罚款或者警告的行政处罚的，可以当场作出行政处罚决定。法律另有规定的，从其规定。

同时，各省重大执法决定法制审核事项清单规定不完全一致。比如河北省税务系统重大执法决定法制审核事项清单规定适用一般程序的税务行政处罚决定，应当进行法制审核（如下表所示）；贵州省税务系统重大执法决定法制审核事项清单则规定，罚款3 000元及以上的，需要进行重大法制审核（如下表所示）。同时，如果对照上述规定，贵州省只是从数额区分了税收法制审核标准，如果对个人处以3 000元以下罚款，即便是一般程序处罚也不采用重大法制审核。所以在判断是否进行重大法制审核要求时，要注意上级税务局划定重大法制审核范围，避免出现疏漏。

**河北省税务系统重大执法决定法制审核事项清单**

| 序号 | 审核事项 | 承办机构 | 审核机构 | 提交的主要材料 | 提请表基本情况说明要点 |
|---|---|---|---|---|---|
| 1 | 适用一般程序的税务行政处罚决定 | 税源管理部门 | 法制部门 | 1.重大执法决定法制审核提请表<br>2.税收违法行为行政处罚审查报告<br>3.税务行政处罚事项告知书及其送达回证<br>4.陈述申辩笔录或听证笔录<br>5.其他相关文书及证据材料等 | 1.执法人员的数量及执法资格情况<br>2.认定的基本事实<br>3.执法程序履行情况<br>4.适用的执法依据，具体到条款项<br>5.案件定性<br>6.拟处理意见 |
| | | | 重大税务案件审理委员会 | 按照重大税务案件审理有关规定提交 | |

**贵州省税务系统重大执法决定法制审核事项清单（试行）**

| 序号 | 审核事项 | 标准 |
|---|---|---|
| 1 | 罚款数额较大或经过听证程序的税务行政处罚决定 | 省、市（州）税务局罚款数额分别为400万元及以上，300万元及以上、200万元及以上；县（区）税务局罚款数额为1万元及以上、5千元及以上，3千元及以上 |

## 专题22：处罚告知

### 问题107：在税务行政处罚事项告知环节应注意哪些问题？简易程序中没有告知环节吗？简易程序、普通程序、听证程序分不清怎么办？处罚告知与处罚决定间隔时间是否不能少于五个工作日？

按照2021年修订后的《行政处罚法》规定，处罚听证提出时间由原来的收到告知后“三日内提出”改为“行政机关告知后五日内提出”，因此，执法人员作出《税务行政处罚事项告知书》《社会保险费行政处罚事项告知书》与作出处罚决定的间隔时间不能少于五个工作日。

简易程序中是有告知事项的。《国家税务总局关于修订部分税收执法文书的公告》(国家税务总局公告2024年第1号)中《税务行政处罚决定书(简易)》(部分)文书样式如下。

| | |
|---|---|
| 告知事项 | 1. 当事人应终止违法行为并予以纠正；<br>2. 如对本决定不服，可以自收到本决定书之日起六十日内依法向____________________申请行政复议；<br>3. 到期不缴纳罚款的，税务机关可自缴款期限届满次日起每日按罚款数额的百分之三加处罚款，加处罚款的数额不超过罚款本数；<br>4. 对处罚决定逾期不申请行政复议又不履行的，税务机关有权依法采取强制执行措施或者申请人民法院强制执行。 |
| 执法人员已告知我享有陈述、申辩权利，我陈述、申辩如下：<br>经办人：<br>年 月 日 | |

《税务行政处罚决定书(简易)》涵盖了处罚告知、陈述申辩等要素，相当于集成了《税务行政处罚告知书》《陈述申辩笔录》和“税务文书送达回证”等文书的浓缩要点，所以我们说简易处罚决定书麻雀虽小，但五脏俱全。

行政处罚适用简易程序或普通程序的条件与听证标准有何不同?

以上内容分属行政处罚法不同章节，即第五章“行政处罚的决定”中的“第二节 简易程序”“第三节 普通程序”“第四节 听证程序”。其中，听证程序并非一个单列的独立处理程序，附属于普通程序而存在，具有类审判的性质，对行政处罚中影响当事人重大权益的事项列举出来，赋予当事人要求听证的程序权利，以保障当事人陈述、申辩、举证权利的完整实现，也为行政机关全面查明案件事实提供了一个程序保障。

简易程序与普通程序区分标准点在于“个人二百”“单位三千”，依据《行政处罚法》第五十一条规定：

违法事实确凿并有法定依据，对公民处以二百元以下、对法人或者其他组织处以三千元以下罚款或者警告的行政处罚的，可以当场作出行政处罚决定。法律另有规定的，从其规定。

税务行政处罚听证程序标准点是“个人二千”“单位一万”，依据《行政处罚法》第六十三条：

行政机关拟作出下列行政处罚决定，应当告知当事人有要求听证的权利，当事人要求听证的，行政机关应当组织听证：

（一）较大数额罚款。

……

《税务行政处罚听证程序实施办法（试行）》第三条规定：

税务机关对公民作出2 000元以上（含本数）罚款或者对法人或者其他组织作出1万元以上（含本数）罚款的行政处罚之前，应当向当事人送达《税务行政处罚事项告知书》，告知当事人已经查明的违法事实、证据、行政处罚的法律依据和拟将给予的行政处罚，并告知有要求举行听证的权利。

《国家税务总局关于发布〈税务行政处罚裁量权行使规则〉的公告》（国家税务总局公告2016年第78号）第二十条规定：

税务机关对公民作出2 000元以上罚款或者对法人或者其他组织作出1万元以上罚款的行政处罚决定之前，应当告知当事人有要求举行听证的权利；当事人要求听证的，税务机关应当组织听证。

只有税务机关行政处罚达到了这个标准，当事人要求听证的，税务机关应当组织听证。

处罚告知与处罚决定间隔时间是否不能少于五个工作日？

不是的。在已经准确区分简易程序、普通程序、听证程序不同标准的前提下，我们对此分三种情形介绍。

一是在简易程序中即罚款“个人二百”“单位三千”以下，可当场作出《税务行政处罚决定书(简易)》。

二是达到普通程序标准但没达到听证标准，“个人二百至二千”“单位三千至一万”之间，如果纳税人陈述申辩无异议，甚至放弃陈述申辩的，案情相对简单的，《税务行政处罚决定书》与《税务行政处罚告知书》可以同日下达。

三是一旦达到听证标准，处罚告知与处罚决定间隔时间不能少于五个工作日。因为《行政处罚法》修订了听证申请时间，引起了执法程序的变化。基层执法人员如果不注意这个变化，仍按照原来规定的三个工作日后便作出处罚决定，就属于程序违法。具体来说，在向当事人送达《税务行政处罚事项告知书》或《社会保险费行政处罚事项告知书》的第二日起算，至少经过五个工作日后未收到听证申请的，当事人的听证权利灭失，执法人员在第六个工作日才可以制作并送达处罚决定书。

为了方便当事人，同时提高行政效率，部分地区试点无异议行政处罚“一站式”办结服务，如某市税务局针对企业反映较多的税务行政处罚业务以及后续涉税事项无法一次办结的问题，推出无异议行政处罚“一站式”办结服务，即在企业纳税人对处罚事实、依据和结果均无异议的前提下，在办税服务厅安排专人专办行政处罚事项，同时优化办理流程，提供预约办理和容缺办理等服务，对不能当场办结的，主动向纳税人告知所需要提供的材料。针对身在外地的纳税人，该局先出具税务行政处罚决定书，再协助纳税人通过远程方式缴纳罚款并完成补申报，确保其在电子税务局完成申报后，最后邮寄送达处罚决定书等资料，让企业补齐公章。

**附注：**2023年9月1日第十四届全国人民代表大会常务委员会第五次会议修订《行政复议法》，自2024年1月1日起施行。根据其第二十三条规定：

有下列情形之一的，申请人应当先向行政复议机关申请

> 行政复议，对行政复议决定不服的，可以再依法向人民法院提起行政诉讼：
>
> （一）对当场作出的行政处罚决定不服……
>
> 对前款规定的情形，行政机关在作出行政行为时应当告知公民、法人或者其他组织先向行政复议机关申请行政复议。

据此，税务行政处罚简易程序全部纳入行政复议前置范围，同时规定对行政复议前置情形，行政机关在作出行政行为时应当告知公民、法人或者其他组织先向行政复议机关申请行政复议，因此《税务行政处罚决定书（简易）》中告知救济途径已作相应修改，以保障行政相对人及时行使其救济权利。

## 专题23：陈述申辩+听证

### 问题108：如何区分税务行政处罚中涉及的陈述、申辩和听证？

区分税务行政处罚中涉及的陈述、申辩和听证，需要重点关注以下四个方面。

1.权利产生的规范基础不同

狭义的陈述申辩主要是陈述事实和理由，提出自己的证据；申辩，主要是解释、辩解，反驳对自己不利的意见和证据。通过陈述、申辩，当事人可以表达意见，有效避免行政机关作出不当判断。该种权利来自法律的赋予而当然享有，税务机关不得剥夺，其法律依据是《行政处罚法》第四十五条，该条规定：

> 当事人有权进行陈述和申辩。行政机关必须充分听取当事人的意见，对当事人提出的事实、理由和证据，应当进行复核；当事人提出的事实、理由或者证据成立的，行政机关应当采纳。

而要求听证的权利，并非直接来自法律的赋予，该种程序权利针对特定种类的行政处罚，需依申请而产生，并非当然享有，《行政处罚法》第六十四条规定：

> 听证应当依照以下程序组织：
>
> （一）当事人要求听证的，应当在行政机关告知后五日内提出……

也就是说，没有当事人的申请，听证程序不启动。

相对应的，因程序权利产生不同，其消灭形式也不同。陈述申辩权的放弃需要以明确的意思向税务机关作出，没有当事人明确放弃的书面证据，或者笔录签字确认，该种权利始终存在。而听证权利还可以沉默方式放弃，在行政机关告知后五日内没有提出听证要求的，该权利消灭。一般认为，即便当事人放弃听证或者撤回听证要求后，也不宜在要求听证期限届满前作出处罚决定，更不宜在当事人放弃听证或者撤回听证要求的当日就作出处罚决定。参照《公安机关办理行政案件程序规定（2020年修正）》第一百三十四条规定：

> 违法嫌疑人放弃听证或者撤回听证要求后，处罚决定作出前，又提出听证要求的，只要在听证申请有效期限内，应当允许。

听证权利是一项基本的程序权利，本书认为类似于起诉权、上诉权，对于保护当事人合法权益非常重要，也不过分损害行政效率，应当准许期限届满前的反悔。

### 2.权利行使的时间不同

陈述、申辩权适用于税务行政处罚的全过程，税务机关不能狭隘理解为：在下达了《税务行政处罚事项告知书》后在一定期限内提出的意见才叫陈述申辩。区别在于：处罚事项告知书下达后，当事人已经明确知晓税务机关拟作出行政处罚的事实、理由及依据，只要在行政处罚决定作出前，当事人随时可以为自己的行为进行辩解和反驳，进行陈述、申辩，包括调查取证的过程中当事人都可以提出。比如在现场检查或勘验环节，要求当事人到场是为了保障当事人的陈述、申辩权，这也是保证行政处罚案件事实清楚、证据充分的必然要求。无论在哪个环节当事人提出了陈述申辩，行政机关都要记录并复核。行政处罚听证是在行政机关告知权利后五个工作日内提出，听证程序的陈述申辩权在听证程序举行的过程中提出。

3.适用处罚种类范围不同

所有的行政处罚在处罚决定作出前都要告知当事人享有陈述、申辩权，而听证适用于《行政处罚法》第六十三条规定较重的行政处罚。实际上，本书理解税务行政处罚听证是正式的陈述申辩程序。为了保证行政效率，实践中不可能将所有的行政处罚案件都纳入听证的范围，而是按照行政处罚对当事人权益的影响大小而作出的专门规定。按照《行政处罚法》的规定，只有符合较大数额罚款、没收较大数额违法所得、没收较大价值非法财物、降低资质等级、吊销许可证件、责令停产停业、责令关闭、限制从业和其他较重行政处罚的要告知行政处罚听证权。具体到税务机关，目前税收规范性文件仅规定了涉及较大数额罚款可以要求听证，对于停止出口退税权并未明确。对于没收较大数额违法所得，属于《行政处罚法》明确规定的可要求听证范畴，但是税收规范性文件对该种处罚是否可要求听证，并未作出明确规定，因此在税收实践中判定是否需要进行行政处罚听证依然存在争议。因《行政处罚法》是行政处罚领域的一般法，除非特别法另有规定，一般认为，没收较大数额财物和违法所得、停止出口退税权对纳税人利益影响较大，属于可要求听证的行政处罚种类范围。除了前述法定情形外，个别行政处罚案件中，税务机关对于前述处罚种类之外的处罚，告知当事人可以要求听证，当事人依法申请听证后，税务机关发现告知听证错误，此时出于信赖保护原则，不宜事后反悔以不符合法定听证条件、告知错误为由拒绝组织听证，应当依法组织听证程序，以避免不必要的行政执法风险。

4.案卷排他效力不同

案卷排他性原则要求行政机关的决定必须根据听证会案卷作出，不能在案卷之外，以当事人不知道或者没有论证的事实作为行政决定的根据，否则行政裁决无效。案卷排他性原则是听证的核心内容，其目的在于维护听证的公正性。在听证后，行政机关只能根据听证笔录所涉及的证据以及争论过的事实作出处罚决定。《行政处罚法》第六十五条规定：

> 听证结束后，行政机关应当根据听证笔录，依照本法第五十七条的规定，作出决定。

前述规定强化了听证笔录的效力，行政机关应当以听证笔录作为处罚决定的主要依据。而对于普通的陈述、申辩，行政机关要进行复核并结合其他证据材料作出行政处罚决定。尽管行政处罚案件均贯彻卷宗排他性原则，只是举办了听证程序的行政处罚，有法律明文规定，案卷之外的证据不能作为认定当事人行为违法的依据。

新修订的《行政复议法》规定适用普通程序审理的行政复议案件，行政复议机构应当当面或者通过互联网、电话等方式听取当事人的意见，并将听取的意见记录在案。

审理重大、疑难、复杂的行政复议案件，行政复议机构应当组织听证。行政复议机构认为有必要听证，或者申请人请求听证的，行政复议机构可以组织听证。

因此，新修订的《行政复议法》在陈述、申辩和听证程序上与《行政处罚法》的规定趋于一致，进一步说明陈述、申辩和听证是充分听取各方当事人意见、查明案件事实和争议焦点的行政法重要程序。

## 问题109：税务机关在作出行政处罚前，已告知纳税人有听证权利，是否还要作陈述申辩笔录？

《税收征管法》第八条规定：

> 纳税人、扣缴义务人对税务机关所作出的决定，享有陈述权、申辩权；依法享有申请行政复议、提起行政诉讼、请求国家赔偿等权利。

《国家税务总局关于纳税人权利与义务的公告》（国家税务总局公告2009年第1号，依据国家税务总局公告2018年第31号修改）规定：

> 您对我们作出的决定，享有陈述权、申辩权。如果您有充分的证据证明自己的行为合法，我们就不得对您实施行政处罚；即使您的陈述或申辩不充分合理，我们也会向您解释实施行政处罚的原因。我们不会因您的申辩而加重处罚。

《税收征管法》第八条第四款规定了“纳税人、扣缴义务人对税务机关所作出的决定，享有陈述权、申辩权”。而税务机关的决定，除了行政处罚决定以外，还包括税务处理决定，因此，当事人对于税务机关的处理、处罚决定，自然就享有陈述申辩权，对于符合一定条件的处罚决定，还享有听证权，听证的目的也是为了进一步保障当事人享有的陈述申辩权，但是两者不能相互替代。不能因为已经告知纳税人可以行使听证权利，就剥夺纳税人的陈述申辩权利，侵害纳税人的合法权益。

国家税务总局安徽省税务局于2019年7月26日制定《安徽省税务行政争议前置处理办法》，其中明确税务行政争议前置处理，是指税务机关在作出涉税（费）行政决定前，基于行政相对人的申请，就征纳双方存在争议的事实认定、执法程序、法律依据等听取陈述、申辩，并依法说明理由、妥善处理的过程性行为。此项规定也是充分保障行政相对人在税务处理决定方面的陈述、申辩权。

**注意：**还有观点认为，税务机关在稽查期间与当事人的沟通也是当事人行使陈述申辩权的表现形式，比如《税务稽查工作底稿（二）》中有记载陈述申辩的相关内容。这种观点是错误的，所谓陈述申辩权是对拟作出的行政行为的陈述与申辩，而不是调查过程中的沟通意见。行政决定的事实、理由、依据和内容均应当事先告知当事人，否则当事人在不知其可能承担的不利后果的前提下，就无法提出充分的陈述申辩意见，陈述申辩权将形同虚设。

## 问题110：税务机关在税务行政处罚听证过程中，以前期陈述申辩、沟通交流环节已经展示证据为由，拒绝出示证据做法是否合法？

这种做法是违法的。

首先，陈述申辩权利是不能被剥夺的。《行政处罚法》第六十二条明确规定：

> 行政机关及其执法人员在作出行政处罚决定之前，未依照本法第四十四条、第四十五条的规定向当事人告知拟作出的行政处罚内容及事实、理由、依据，或者拒绝听取当事人的陈述、申辩，不得作出行政处罚决定；当事人明确放弃陈述或者申辩权利的除外。

该条是告知、陈述申辩的程序规定，属强制性规范。依据该条规定，陈述申辩的前提是依法全面告知，如果行政机关未进行告知或告知不全面，陈述申辩权失去了行使的针对性，相当于变相剥夺、限制了行政相对人的申辩权。

其次，行政机关有义务保障相对人申辩权的行使。其具体制度措施就是听证程序，《行政处罚法》第六十五条规定：

> 听证结束后，行政机关应当根据听证笔录，依照本法第

五十七条的规定，作出决定。

该条明确了笔录约束力，但笔录发挥作用的前提亦是建立在行政机关首先出示调查证据的基础上。而《行政处罚法》第六十四条第（七）款明确了“举行听证时，调查人员提出当事人违法的事实、证据和行政处罚建议，当事人进行申辩和质证”。因此，听证程序是更为完整的陈述申辩权行使方式，听证环节中行政机关依然要对拟作出的行政处罚决定正确与否进行举证。

最后，未出示原始证据影响相对人的申辩权利。行政处罚决定所依据的证据包括但不限于税务稽查报告、审理报告，还有询问笔录、勘验笔录等。这些是形成定性的原始证据材料，如果将询问笔录、勘验笔录统统移除卷宗，稽查报告就成了“皮之不存，毛将焉附”，证明力不足，无法仅据此作出处罚决定。相对人对税务行政处罚告知书的知晓只是片面知晓，而非对行政处罚所依据的证据材料全面知晓，这些关键证据的出示才是行使申辩权的基本保障。

因此，虽然《行政处罚法》没有对行政机关在举行听证时，未出示相关证据的法律后果作出规定。但无论从告知违法事实的程序规定、笔录约束力还是从设置听证程序的目的、程序正义的角度都能推导出在听证程序中未出示证据，是严重影响相对人合法权利的，属于执法程序的重大瑕疵，存在被依法撤销的执法风险。

## 问题111：如何保障纳税人的陈述申辩权？

现实中，忽略相对人的陈述、申辩现象时有发生。执法人员对案件不能先入为主，剥夺当事人的陈述、申辩权利，不能认为当事人的陈述、申辩是“不老实”“狡辩”，不能简单把陈述、申辩意见归入案卷不进行认真复核。

1.陈述与申辩权的含义

陈述权是指纳税人对作出的决定享有陈述自己意见的权利；申辩

权是指纳税人对作出的决定所主张的事实、理由和依据享有申诉和解释说明的权利。

《国家税务总局关于纳税人权利与义务的公告》(国家税务总局公告2009年第1号)中规定:

> 十、陈述与申辩权
>
> 您对我们作出的决定,享有陈述权、申辩权。如果您有充分的证据证明自己的行为合法,我们就不得对您实施行政处罚;即使您的陈述或申辩不充分合理,我们也会向您解释实施行政处罚的原因。我们不会因您的申辩而加重处罚。

### 2.陈述与申辩权的法律依据

《税收征管法》第八条第四款规定:

> 纳税人、扣缴义务人对税务机关所作出的决定,享有陈述权、申辩权;依法享有申请行政复议、提起行政诉讼、请求国家赔偿等权利。

《行政处罚法》第七条规定:

> 公民、法人或者其他组织对行政机关所给予的行政处罚,享有陈述权、申辩权;对行政处罚不服的,有权依法申请行政复议或者提起行政诉讼。

《行政处罚法》第四十四条规定:

> 行政机关在作出行政处罚决定之前,应当告知当事人拟作出的行政处罚内容及事实、理由、依据,并告知当事人依法享有的陈述、申辩、要求听证等权利。

《行政处罚法》第四十五条规定:

> 当事人有权进行陈述和申辩。行政机关必须充分听取当事人的意见,对当事人提出的事实、理由和证据,应当进行

复核；当事人提出的事实、理由或者证据成立的，行政机关应当采纳。

行政机关不得因当事人陈述、申辩而给予更重的处罚。

《行政处罚法》第六十二条规定：

行政机关及其执法人员在作出行政处罚决定之前，未依照本法第四十四条、第四十五条的规定向当事人告知拟作出的行政处罚内容及事实、理由、依据，或者拒绝听取当事人的陈述、申辩，不得作出行政处罚决定；当事人明确放弃陈述或者申辩权利的除外。

### 3.如何保障陈述与申辩权

税务机关作出的税务行政处罚，分为简易程序和普通程序。

（1）简易程序的陈述与申辩权。

简易程序的税务行政处罚是指违法事实确凿并有法定依据，对公民处以200元以下、对法人或者其他组织处以3 000元以下罚款或者警告的行政处罚，税务机关可以当场作出行政处罚决定。

如果税务机关对纳税人实施简易程序的税务行政处罚，在作出行政处罚决定之前，应当当场告知纳税人作出行政处罚决定的事实、理由及依据，并告知纳税人依法享有的权利。纳税人对税务机关提出的事实、理由及依据可以当场提出质疑，阐明纳税人的意见。税务机关将听取纳税人的陈述、申辩，并进行复核。纳税人提出的事实、理由及证据成立的，应当采纳。税务机关不能因纳税人的陈述或申辩而加重处罚。

（2）普通程序的陈述与申辩权。

普通程序的税务行政处罚是指除简易程序以外的税务行政处罚。

如果税务机关对纳税人实施普通程序的税务行政处罚，在作出行政处罚决定之前，应当告知纳税人作出行政处罚决定的事实、理由及依据，并告知纳税人享有陈述、申辩的权利。如果税务行政处罚的罚款数额达到一定金额（对公民罚款2 000元以上、对法人或其他组织罚款10 000元以上），纳税人有权要求举行听证。

纳税人要求陈述、申辩的，应在税务机关作出税务行政处罚决定之前向税务机关陈述、申辩，进行陈述、申辩可以采取口头形式或书面形式。采取口头形式进行陈述、申辩的，税务机关应当记录。纳税人对陈述、申辩笔录审核无误后应签字或者盖章。

税务机关将对纳税人提出的事实、理由和证据进行复核；纳税人提出的事实、理由或者证据成立的，应当采纳。

在听取纳税人的陈述、申辩并复核后，或纳税人表示放弃陈述、申辩权后，税务机关才可以作出税务行政处罚决定，并送达纳税人签收。

4.相关案例

2023年3月16日，某县税务分局工作人员发现某公司没有按期办理纳税申报，也无法与公司取得联系。3月31日，公司办税员到税务分局办理了当月纳税申报。

依照《税收征管法》第六十二条规定，税务分局拟对公司作出罚款50元的处罚决定。公司当即向税务分局进行了陈述申辩，称由于洪水造成电讯中断和桥梁损坏，致使公司无法及时报告和按期申报，并非主观上故意拖延，并在道路修复后立即办理了纳税申报，故要求税务分局不予处罚。税务机关核实情况后，作出不予处罚的决定。

## 问题112：在未达听证标准情况下，税务机关同日送达《行政处罚事项告知书》及《行政处罚决定书》，是否必然导致纳税人无法行使陈述、申辩权利?

新修订的《行政处罚法》将可以当场作出行政处罚决定的标准由“对公民处以五十元以下，对法人或者其他组织处以一千元以下罚款”的，改为“对公民处以二百元以下、对法人或者其他组织处以三千元以下罚款”，处罚金额明显提高。而目前按照《税务行政处罚听证程序实施办法》（国税发〔1996〕190号）规定，税务机关对公民作出2 000元以上（含本数）罚款、对法人或者其他组织作出1万元以上（含本数）罚款之前，应当向当事人送达《税务行政处罚事项告知书》，并告知有要求举行听证的权利。在现行《税务行政处罚听证程序实施办法》中关于听证标准的金额没有变化之前，税务机关仍然应该按照该办法的有关规定执行。

按照修订前《行政处罚法》制定的《税务行政处罚听证程序实施办法》要求，听证的当事人应当在《税务行政处罚事项告知书》送达后3日内向税务机关书面提出听证。新修订的《行政处罚法》将申请听证时限改为5日，对申请形式则没有要求。所以从2021年7月15日起，税务执法人员在行政处罚工作中需要注意，纳税人除书面外也可以口头提出听证要求，口头提出时需要记录基本信息，如纳税人名称、纳税人识别号或身份证号、提请理由及时间等，并由其法定代表人或代理人签字确认。

因此，符合听证条件的，《税务行政处罚事项告知书》送达后未满5个工作日作出税务行政处罚决定将面临极大的执法风险。

那么，在未达听证标准情况下，税务机关同日送达《行政处罚事项告知书》及《行政处罚决定书》，是否必然导致纳税人无法行使陈述、申辩权利？此问题应当予以分类讨论。

第一种情形，如果当事人没有书面表示其放弃陈述申辩权，只是口头表示放弃，此时由于依然在法定期限内，而且法律并未限制陈述申辩次数，纳税人依然可以再次改变其想法，重新要求行使陈述申辩权。如果税务机关同日送达《行政处罚事项告知书》及《行政处罚决定书》，势必造成纳税人无法对认定的违法事实收集相关证据予以反驳，造成自身合法权益受到侵害。

第二种情形，如果当事人书面表示其放弃陈述申辩权，税务机关予以确认。此时从提升行政机关工作效率角度来看，可以同日送达。同日送达不等于同时同步送达。比如，告知书送达后，当事人要撰写放弃陈述申辩的情况说明，此时决定书在送达时间上应当有一定的时间差才符合逻辑。否则，反而证明当事人并非自觉自愿放弃陈述申辩权，一旦引发诉讼，税务机关将由于程序违规面临败诉风险。当事人只要表示放弃陈述申辩权，无论是口头形式，还是书面形式，都应当在法定期限届满内提出，税务机关应当予以书面记录确认。不然的话如果当事人在期限届满前又反悔，重新提出陈述申辩，行政机关没有法律依据可以拒绝听取其陈述申辩。

## 问题113：税务行政处罚听证工作有哪些注意事项？

《行政处罚法》第六十五条规定：

> 听证结束后，行政机关应当根据听证笔录，依照本法第五十七条的规定，作出决定。

行政处罚听证权是当事人行使陈述权和申辩权的一种特殊表现形式，是国家法律赋予行政相对人的一项事前救济权。目的是更加有效的保护自然人、法人和其他组织的合法权益。但在实际操作中，往往受制于听证笔录的效力表述不明等诸多原因，导致长期以来税务行政相对人参加听证的积极性不高，行政处罚听证程序实际上被架空。

第一，修订前的《行政处罚法》，规定听证笔录是作出行政处罚决定的参考因素，本次修订明确了听证笔录是作出行政处罚决定的依据。听证笔录“案卷排他原则”得到进一步确立。案卷排他性原则，即行政机关的决定必须根据听证案卷作出，不能在案卷之外，以当事人不知道或者没有论证的事实作为行政决定的根据，否则，行政决定无效。案卷排他性原则是正式听证的核心内容，其目的在于维护听证的公正性。其理由是，如果行政机关可以根据听证笔录以外的证据认定的事实作出决定，当事人的听证权就会失去意义。也就是说，未经听证、质证的证据不能作为作出行政决定的依据。经过听证之后的证据和听证笔录，应该说比检查人员的检查报告更客观、真实。与其他证据相比，听证笔录及双方确认过的证据更有说服力，因此，应当作为行政机关作出行政处罚决定的重要依据。凡听证笔录内未涉及的事实和证据，不得作为税务行政处罚的根据。如果税务机关在听证环节出示了相关证据，用于证明税务行政处罚告知书中未提及的违法事实，此时相关证据由于未事先告知当事人，不宜直接作为税务行政处罚的证据。即便有税务检查报告、询问笔录、稽查工作底稿中的记载，不能免除税务机关的告知义务。此时，税务机关宜再次启动告知程序，将听证程序中新提出的违法事实重新告知，由当事人另行准备有针对性的陈述、申辩，并可提供证据。

第二，经过听证后，如果稽查局要改变拟作出的行政处罚决定，是否需要在作出行政处罚决定前再次告知当事人有申请听证的权利？

有部分税务机关认为，只要改变了处罚决定，就应当告知行政相对人。因为行政相对人有主张自身合法权益的权利。比如，罚款由50万元改为30万元，看似结果对听证申请人有利，但是申请人认为违法事实不清、证据不足，不应当对其进行处罚。此时不再告知听证权利，申请人合法权益保护属于真空地带。

本书认为，需要结合“案卷排他原则”，从改变的具体内容和情形区分不同情况。一般来说，区分案件定性与量化处理。如果涉及违法行为性质的改变，一般应当重新告知、重新听证。例如，原来告知内容是偷税，听证后拟作出虚开的处罚，两者差异较大，原则上需要重新告知。如果仅仅涉及处罚金额改变，一般认为不需要重新告知。换句话说，新的处罚意见改变了原来告知的内容，如果案件事实、法律依据未变化，仅处罚内容和幅度减轻，或者根据陈述、申辩或听证过程当事人提交的新证据被办案机关采纳，据此改变处罚依据的事实和证据的，不需要重新告知，但应当在行政处罚决定书中说明理由，这恰恰是说明当事人陈述、申辩或听证发挥了作用的体现。《行政处罚法》第六十五条规定：

> 听证结束后，行政机关应当根据听证笔录，依照本法第

五十七条的规定，作出决定。

由此，根据“案卷排他原则”，听证笔录具有排他效力，应该成为行政处罚决定的唯一依据。如果在听证后、处罚决定作出之前，出现了新的证据且对当事人更不利的，就新增加的不利部分，应当重新告知并组织新的听证。

如果是非因采纳当事人意见而改变处罚依据的，需要重新告知。当然，如果改变后，拟作出的处罚决定已不属于法定听证处罚范围的，则只需告知陈述申辩权即可，不需要告知听证权。

听证程序之后，如果当事人对事实、证据有异议，认为属于不得处罚情形等，如何解决？本书认为，税务行政处罚听证并非要求当事人认可税务行政处罚的全部事实、证据，而是通过听证给予当事人完整、充分的陈述申辩机会，并可提供证据，听证程序中，税务机关可以参照《最高人民法院关于行政诉讼证据若干问题的规定》规定的证据的对质辨认和核实规则，对行政处罚的证据予以审查认定，并作为查明案件事实的依据。如果行政相对人对行政处罚的事实依据仍有异议的，可以通过税务行政复议、税务行政诉讼等行政救济方式予以维权。

第三，“行政机关不得因当事人申辩而加重处罚”是听证程序的一项重要原则。一是当事人提出的事实、理由和证据，即使不成立，也不能因此给予更重的处罚。《行政处罚法》第五条规定，实施行政处罚必须以事实为依据，与违法行为的事实、性质、情节以及社会危害程度相当。因此，行政处罚不能以当事人是否陈述、申辩，“态度”是否良好作为依据。实践中，存在个别行政机关及其执法人员因为当事人的态度不好而给予更重处罚的现象，这是对当事人正当权利的漠视，不利于维护当事人合法权益，损害行政机关公信力，阻碍法治政府建设进程，必须加以制止。二是“更重的处罚”的含义。首先，“更重的处罚”不同于“加重”或者“从重”，而是针对听取意见前拟作出的行政处罚，凡是当事人陈述、申辩后，由于其陈述、申辩而又在原来拟作出的行政处罚基础上追加处罚的，都属于更重的处罚，均应禁止。其次，在行政处罚实施过程中，如果行政机关发现了新的事实和证据，根据法律规定应当给予更重处罚的，行政机关依法给予更重的处罚，不属于本条规定的范畴。

**提示：**如果纳税人因刑事犯罪已被羁押，羁押场所为看守所，如何举行听证？如果纳税人要求听证，税务机关可协商公安机关、检察机关、人民法院赴看守所举行听证。

因刑事案件的调查、公诉、判决分属公安机关、检察机关、人民法院，在刑事案件办理过程中，特别是敏感案件，公安机关、检察机关、人民法院不太愿意配合税务机关的听证工作，担心影响案件的正常处理，此时，需个别协调。如果无法协调在看守所举办听证会的，可以退一步，商请相关机关委托送达授权委托手续等，取得该单位的法定代表人的授权书，指令合格代理人参加听证会。如果均无法协调的，可以考虑暂缓办理听证，待刑事案件已决后，再商请监狱部门配合办理听证程序。

**案例：**根据A市扫黑除恶办工作部署，国家税务总局A市税务局稽查局派出稽查人员在市专案组的指导和配合下，查处A市某建材销售有限公司偷税的违法事实。经查，A市建材销售有限公司购进A市水泥有限公司水泥价值6 500万元。因该公司存在账外经营行为，对应收入也未向税务部门申报纳税，属于偷税行为。国家税务总局A市税务局稽查局经过研究，拟对A市建材销售有限公司偷税的违法事实处少缴增值税、企业所得税、城市维护建设税税款0.5倍的罚款。鉴于A市建材销售有限公司法定代表人已被羁押，为充分保障当事人的合法权益，国家税务总局A市税务局稽查局于异地（B市某县看守所）举行了税务行政处罚听证会。

## 问题114：针对作出停止出口退税权的税务行政处罚需要听证吗？

目前，《税务行政处罚裁量权行使规则》对于停止出口退税权等处罚，税法没有明确是否需要告知当事人有听证权利。

《国家税务总局关于修改〈税务行政复议规则〉的决定》（国家税务总局令第39号）第十四条规定：

> 行政复议机关受理申请人对税务机关下列具体行政行为不服提出的行政复议申请：
>
> ……
>
> （五）行政处罚行为：
>
> 1.罚款；
>
> 2.没收财物和违法所得；
>
> 3.停止出口退税权。

《国家税务总局关于发布〈税务行政处罚裁量权行使规则〉的公告》（国家税务总局公告2016年第78号，2018年第31号修改）第四条规定：

> 税务行政处罚的种类包括：
>
> （一）罚款；
>
> （二）没收违法所得、没收非法财物；
>
> （三）停止出口退税权；
>
> （四）法律、法规和规章规定的其他行政处罚。

第二十条规定：

> 税务机关对公民作出2 000元以上罚款或者对法人或者其他组织作出1万元以上罚款的行政处罚决定之前，应当告知当事人有要求举行听证的权利；当事人要求听证的，税务机关应当组织听证。

由此看出，《税务行政处罚裁量权行使规则》对于停止出口退税权等处罚，没有明确规定应当告知当事人有听证权利。

《行政处罚法》第六十三条规定：

> 行政机关拟作出下列行政处罚决定，应当告知当事人

有要求听证的权利，当事人要求听证的，行政机关应当组织听证：

（一）较大数额罚款；

（二）没收较大数额违法所得、没收较大价值非法财物；

（三）降低资质等级、吊销许可证件；

（四）责令停产停业、责令关闭、限制从业；

（五）其他较重的行政处罚；

（六）法律、法规、规章规定的其他情形。

当事人不承担行政机关组织听证的费用。

对于众多外贸企业来说，停止出口退税权比罚款影响更大，依据《行政处罚法》立法精神，对于停止出口退税权的行政处罚决定作出前，纳税人也应该享有听证权利。因此，税务机关可适时扩大听证的范围，以保障纳税人的听证权，以及通过听证程序实现的陈述申辩权。

**停止出口退税权未举行听证被法院确认违法案例：**

（1）案情简介：

乙公司系具有进出口业务资质的外贸企业。2015年底，乙公司通过中间人与丙公司签订合同，约定乙公司为丙公司办理出口退税业务，每出口一美元货物原告收取固定佣金。其间，业务均由中间人负责联系，乙丙公司之间并无实际接触。2016年，稽查局向乙公司出具了《税务检查通知书》，对乙公司2014年1月1日至2016年5月27日期间涉税情况进行检查。2017年，税务局重大税务案件审理委员会经审理作出《审理意见书》，在"被检查对象的意见和主张"部分，记载了原告的抗辩意见，在此之前并未举行听证程序。原市国税局根据《审理意见书》的提议，就两年内停止为原告办理出口退税的事项向省国税局进行请示，得到省局同意。2017年2月21日，稽查局作出税务行政处罚事项告知书，并告知乙公司有陈述、申辩和申请听证的权利。2017年2月23日，原告提交陈述申辩意见并提出听证申请，执法人员表示其已陈述申辩不必再行听证。同年3月9日，稽查局作出税务处罚决定，8月23日，原市国税稽查局向原告送达《税务处罚决定书》。乙公司对处罚决定不服，诉至法院。

（2）法院判决：

一审法院认为对于听证程序，《行政处罚法》（此时适用的2017年修正版本）第四十二条第一款规定，行政机关作出责令停产停业、吊销许可证或者执照、较大数额罚款等行政处罚决定之前，应当告知当事人有要求举行听证的权利。虽然该条规定没有明确将“停止出口退（免）税资格”列入应当告知听证权利的范围，但该条中的“等”系不完全列举（需注意该条规定在新修订的《行政处罚法》中已进行更正），应当包括与明文列举的“责令停产停业、吊销许可证或者执照、较大数额罚款”类似的其他对行政相对人权益产生较大影响的行政处罚。本案中，对于原告这样的外贸企业来说，停止其申报出口退（免）税资格两年无疑将会对公司的经营能力产生重大影响，从维护行政相对人合法权益，保障行政处罚合法性和合理性的角度出发，应当赋予原告申请听证的权利。此外，国家税务总局令第34号《重大税务案件审理办法》第十四条第二款规定，当事人要求听证的，由稽查局组织听证。第十五条第一款规定，稽查局提请审理委员会审理案件，应当提交税务稽查报告、听证材料等案件材料。由此可知，在重大税务案件提请审理委员会审理之前，税务稽查部门应当告知相对人享有申请听证的权利，并将听证材料一并向审理委员会提交。本案中，被诉行政处罚决定系经过重大税务案件审理委员会集体讨论而作出，但原市国税稽查局在提请重大案件审理委员会审理前并未告知原告听证权利，而是在进行处罚前告知时才口头告知，且在原告提交书面听证申请后，原市国税稽查局并未组织听证，违反了法定程序，判决该决定违法，但并未予以撤销行政处罚决定书。

乙公司不服一审判决，提起上诉，二审法院经审理后认为原审判决并无不当，依法应予维持。

## 专题24：送达

### 问题115：《行政处罚告知书》《行政处罚决定书》送达时间有无具体要求?

目前，法律对于《税务行政处罚告知书》送达时间无明确要求，在实践操作中一般采用3日内送达。

对于《行政处罚决定书》送达时间则是依据《行政处罚法》第六十一条规定：

> 行政处罚决定书应当在宣告后当场交付当事人；当事人不在场的，行政机关应当在七日内依照《中华人民共和国民事诉讼法》的有关规定，将行政处罚决定书送达当事人。
>
> 当事人同意并签订确认书的，行政机关可以采用传真、电子邮件等方式，将行政处罚决定书等送达当事人。

那么这里“七日”如何计算？依据《民事诉讼法》第八十五条规定：

> 期间以时、日、月、年计算。期间开始的时和日，不计算在期间内。期间届满的最后一日是节假日的，以节假日后的第一日为期间届满的日期。期间不包括在途时间，诉讼文书在期满前交邮的，不算过期。

因此在实际执法过程中，行政处罚作出的当天不计算在内，第二天即七日的起算日期。七日内作出相应的首次送达动作，如果案卷材料显示首次送达动作记录的日期与决定书的落款日期间隔大于7天，则属于送达期间违法，会被认定存在送达程序瑕疵。

**提示：**行政处罚决定书的落款日期应当是行政处罚决定的作出日期。与行政机关负责人的批准日期相同，实务中很多税务机关往往把文书实际打印日期作为落款日期，造成与负责人批准日期不符，这种做法并不妥当。

## 问题116：税务行政处罚相关文书送达有哪些注意事项？

依据《中华人民共和国行政处罚法》（以下简称《行政处罚法》）、《中华人民共和国民事诉讼法》（以下简称《民事诉讼法》）及相关司法解释等现行法律法规规定，需要注意如下方面：

1.法律法规规定的受送达人，不等于案件当事人，而是法律文书指向的送达对象。代理人、指定的代收人均不属于受送达人，而是受送达人委托或指定的人。只有受送达人本人、法人的法定代表人、其他组织的主要负责人签收的，才属于受送达人本人签收；同住成年家属、负责收件的人、代理人、代收人签收的，均属于“代收”，需要在送达回证“代收”一栏签字，并注明与受送达人本人的关系。

2.无论“代理人”或者“指定代收人”都应当有“受送达人”书面的授权委托书或者指定代为接收法律文书的授权书。实务中，可以在当事人接受调查询问时，由当事人出具符合规定的《授权委托书》，明确委托代理人的特别授权内容，包括授权代为举证、质证、代为履行证据提交义务，代为接收税务部门法律文书以及代为行使陈述、申辩、要求听证等权利。授权委托书应当载明有效期，一般可以写明“自××××年××月××日始至被调查事项终止时结束”。无论是当事人的法务、会计、外事等工作人员，还是当事人的律师等外聘人员，只要有当事人的书面授权委托，都可以成为本条所称的“代理人”或者“指定代收人”。

3.个体工商户属于自然人里的特殊情形，可以送到其家庭居住的住所，此时直接送达包括其“同住成年家属”，这里家属的概念要作扩大化解释，只要是同住在同一住所的成年亲属，均可以代收；还可以送到个体工商户的经营场所，由其本人或负责收件的员工、指定的人代收。

4.自然人的“同住”概念一般不能作扩大化解释，一般限定为同一住所内，不能因与父母、子女等居住在同一小区、同村甚至同一幢楼、上下楼就认定为“同住”（大都应以住所的产权证明是否记载为同一住所来认定）。如果存在上述送达情形，一般需要受送达人指定代收人。

5.指定代收人的，在民事诉讼中，原则上一般应优先选择向指定代收人送达；但是，在行政处罚案件中，如果向受送达人送达更符合高效便民原则的，行政机关仍可优先选择向受送达人送达，如送达未果，再向指定代收人送达。

6.直接送达有困难的，可以转交其他部门代为送达。其他部门是指税务部门以外的部门。转交送达与委托送达类似，都属于代送达，不同的是代送达的部门不同。根据《民事诉讼法》规定，受送达人被监禁的，通过其所在监所转交。受送达人被采取强制性教育措施的，通过其所在强制性教育机构转交。代为转交的机关、单位收到执法文书后，必须立即交受送达人签收，以在送达回证上的签收日期为送达日期。

7.“受送达人在送达回证上注明签收日期，并签名或者盖章”中，“签收日期”原则上应该手写签收，为稳妥起见，可以签名和盖章同时使用。“盖章”里的“章”，一般情形下指的是公章，不能使用“财务章”等其他章代替。经办人只盖章而未签字的，应当在备注栏中载明经办人的姓名、职务等身份信息及未签名的原因。

8.适用简易程序当场作出行政处罚决定的，必须将预定格式、编有号码的行政处罚决定书当场交付当事人，不能离开现场后，另行送达处罚决定书。

9.直接送达的送达地点，应当是送达法律文书的实际地点，而非受送达人的经营地址、登记地址、送达地址确认书确认的地址等，比如规范表述应当写作：“××市（县）××区××路××号××楼××室”“××市（县）××区××路××号××公司××办公室”等。

10.“填发税务机关”填写：印章必须是“××税务机关”；年月日是必填项，年月日时间应当等于或者早于送达人、被送达人填写时间。否则形式上会出现送达在前、税务机关填发在后的逻辑错误，一旦发生税收争议，难以起到自证文书送达已经完成的法律效果。

11.送达人填写：必须与受送达人时间一致。有税务机关将到达送达地址时间作为送达时间直接填写时间，送达人实际签收并填写时间后，将会出现送达人时间在前，受送达人签收时间后的程序性错误。

12.邮寄送达必须使用邮政部门快递办理，不能使用顺丰等快递企业的邮寄服务。《国家邮政局关于切实加强国家机关公文寄递管理的通知》（国邮发〔2012〕204号）第一条第（一）项规定：

> 根据邮政法第五十五条的规定，邮政企业以外的经营快递业务的企业不得寄递国家机关公文。

《邮寄纳税申报办法》（国税发〔1997〕147号，根据国家税务总局令第40号和国家税务总局令第44号修正）要求纳税资料“由邮政人员上门收寄，也可到指定的邮政部门办理交寄手续”。实务中，已经有其他行政部门顺丰邮寄行政复议文书等而被法院确认为违法。

13.慎用公告送达。《行政处罚法》规定当事人不在场的，行政机关应当在七日内依照《民事诉讼法》的有关规定，将行政处罚决定书送达当事人。对于《民事诉讼法》规定的公告送达方式，应当穷尽其他送达方式后才可使用。例如，《最高人民法院关于进一步加强民事送达工作的若干意见》（法发〔2017〕19号）第十五条规定：

> 要严格适用民事诉讼法关于公告送达的规定，加强对公告送达的管理，充分保障当事人的诉讼权利。只有在受送达人下落不明，或者用民事诉讼法第一编第七章第二节规定的其他方式无法送达的，才能适用公告送达。

《中华人民共和国民事诉讼法》（2023年修正）第九十五条规定：

> 受送达人下落不明，或者用本节规定的其他方式无法送达的，公告送达。自发出公告之日起，经过三十日，即视为送达。公告送达，应当在案卷中记明原因和经过。

公告送达只有在受送达人下落不明，或者穷尽民事诉讼法规定的其他方式无法送达的，才能适用公告送达。个别税务文书打不通电话，联系不上企业的相关人员，在邮寄退回后就办理了公告送达手续，并不妥当。



## 问题117:《税务行政处罚决定书》与《税务处理决定书》缴款期限、《责令限期改正通知书》等责令限期改正期限的时长是否有具体规定?

《税务行政处罚决定书》与《税务处理决定书》缴款期限均为不超过十五日。责令限期改正的期限一般不超过三十日。文件依据如下：

《行政处罚法》第六十七条规定：

> 作出罚款决定的行政机关应当与收缴罚款的机构分离。
>
> 除依照本法第六十八条、第六十九条的规定当场收缴的罚款外，作出行政处罚决定的行政机关及其执法人员不得自行收缴罚款。
>
> 当事人应当自收到行政处罚决定书之日起十五日内，到指定的银行或者通过电子支付系统缴纳罚款。银行应当收受罚款，并将罚款直接上缴国库。

《税收征管法实施细则》第七十三条规定：

> 从事生产、经营的纳税人、扣缴义务人未按照规定的期限缴纳或者解缴税款的，纳税担保人未按照规定的期限缴纳所担保的税款的，由税务机关发出限期缴纳税款通知书，责令缴纳或者解缴税款的最长期限不得超过15日。

《税务行政处罚裁量权行使规则》第十二条规定：

> 税务机关应当责令当事人改正或者限期改正违法行为的，除法律、法规、规章另有规定外，责令限期改正的期限一般不超过三十日。

## 第五节　讲求严谨规范的文理

本节解决执法文书的形式、格式问题。文书式样符合统一制式要求，做到观点明确、证据充分，逻辑严密、结构严谨，用词准确、格式规范。

### 问题118：《税务行政处罚决定书》对比《税务处理决定书》的不同点有哪些？

最具代表性的税务执法文书有《税务行政处罚决定书》与《税务处理决定书》。税务机关会根据税务检查情况分别对纳税人作出《税务行政处罚决定书》与《税务处理决定书》。下面将通过统一规范的文书格式展示来直观感受制作出的税务执法文书样式。

根据《国家税务总局关于修订部分税务执法文书的公告》（国家税务总局公告2021年第23号）附件《修订后的税务执法文书式样》中《税务行政处罚决定书》文书式样如下。

______税务局（稽查局）

税务行政处罚决定书

________税罚〔　〕号

________：（纳税人识别号：　　　　　）

经我局（所）______________________________

你（单位）存在违法事实及处罚决定如下：

**一、违法事实及证据**

（一）

1.

2.

（二）

……

上述违法事实，主要有以下证据证明：

1.

2.

3.

……

**二、处罚决定**

（一）

1.

2.

（二）

……

以上应缴款项共计_____元。限你（单位）自本决定书送达之日起__日内到________缴纳入库（账号：______）。到期不缴纳罚款，我局（所）可依照《中华人民共和国行政处罚法》第七十二条第一款第（一）项规定，每日按罚款数额的百分之三加处罚款。

如对本决定不服，可以自收到本决定书之日起六十日内依法向____申请行政复议，或者自收到本决定书之日起六个月内依法向人民法院起诉。如对处罚决定逾期不申请复议也不向人民法院起诉、又不履行的，我局（所）有权采取《中华人民共和国税收征收管理法》第四十条规定的强制执行措施，或者申请人民法院强制执行。

税务机关（印章）

年 月 日

**使用说明**

1.本决定书依据《中华人民共和国税收征收管理法》《中华人民共和国税收征收管理法实施细则》《中华人民共和国行政处罚法》设置。

2.适用范围：税务机关在对纳税人、扣缴义务人及其他当事人作出税务行政处罚决定时使用。

3.本文书受送达人处填写纳税人、扣缴义务人等税务行政相对人名称或者姓名，统一社会信用代码或者有效身份证件号码，没有统一社会信用代码的，填写纳税人识别号。

4.“经我局（所）________”：横线处填写“于____年__月__日至____年__月__日对你（单位）（地址：______________）____年__月__日至____年__月__日______情况进行检查”，或者“对你单位（地址：______________）__________情况进行检查核实”。地址填写注册登记地址或者有效身份证件上的地址。

5.本决定书的主体部分，必须抓住税收违法的主要违法事实，简明扼要地加以陈述并说明主要证据，然后列举处罚的法律依据和具体情节轻重，写明处罚结论。若违法事实及证据复杂，应给予分类分项陈述。

6.本决定书所援引的处罚依据，必须是税收法律、行政法规或者规章，并应当注明文件名称、文号和有关条款。

7.“向______”横线处填写有权受理行政复议申请的上级税务机关的具体名称。

8.本决定书与《税务文书送达回证》一并使用。

9.文书字号设为“罚”，稽查局使用设为“稽罚”。

10.本决定书为A4竖式，一式三份，一份送纳税人或者扣缴义务人或者其他当事人，一份送征管部门，一份装入卷宗。

**根据《国家税务总局关于修订部分税务执法文书的公告》（国家税务总局公告2024年第1号）附件《修订后的税务执法文书式样》中《税务处理决定书》文书式样如下。**

______税务局（稽查局）

税务处罚决定书

________税处〔  〕号

________：（纳税人识别号：            ）

我局（所）于___年___月___日至___年___月___日对你（单位）

（地址：____）___年__月__日至____年__月__日________________

________情况进行了检查，违法事实及处理决定如下：

**一、违法事实**

（一）

1.

2.

（二）

……

**二、处理决定及依据**

（一）

1.

2.

（二）

……

限你（单位）自收到本决定书之日起__日内到_____将上述税款及滞纳金缴纳入库，并按照规定进行相关账务调整。逾期未缴清的，将依照《中华人民共和国税收征收管理法》第四十条规定强制执行。

你（单位）若同我局（所）在纳税上有争议，必须先依照本决定的期限缴纳税款及滞纳金或者提供相应的担保，然后可自上述款项缴清或者提供相应担保被税务机关确认之日起六十日内依法向________申请行政复议。

税务机关（印章）

年 月 日

**使用说明**

1.本决定书依据《中华人民共和国税收征收管理法》《中华人民共和国税收征收管理法实施细则》和《中华人民共和国行政复议法》第二十条、《税务稽查案件办理程序规定》第四十三条设置。

2.适用范围：税务机关对各类税收违法行为依据有关税

收法律、行政法规、规章作出处理决定时使用。

3.本决定书应当包括如下内容：被处理对象名称、查证的违法事实及违法所属期间、处理依据、处理决定、作出处理决定的税务机关名称及印章、作出处理决定日期、处理决定文号、告知申请行政复议的时限、途径。

4.本文书受送达人处填写纳税人、扣缴义务人等税务行政相对人名称或者姓名，统一社会信用代码或者有效身份证件号码，没有统一社会信用代码的，填写纳税人识别号。地址填写注册登记地址或者有效身份证件上的地址。

5.本决定书的主体部分，必须抓住税收违法行为的主要事实，简明扼要地加以叙述，然后列举处理的依据，写明处理结论。若违法事实复杂，应当分类分项叙述。

6.本决定书所援引的处理依据，必须是税收及其他相关法律、行政法规或者规章，并应当注明文件名称、文号和有关条款。

7.“限你（单位）自本决定书送达之日起___日内到___将上述税款及滞纳金缴纳入库，并按照规定进行相关账务调整。逾期未缴清的，将依照《中华人民共和国税收征收管理法》第四十条规定强制执行。”其中强制执行措施仅限于对从事生产、经营的纳税人、扣缴义务人适用，对非从事生产、经营的纳税人、扣缴义务人可以申请人民法院强制执行。

8.本决定书与《税务文书送达回证》一并使用。

9.文书字号设为“税处”，稽查局使用设为“税稽处”。

10.本决定书为A4竖式，一式三份，一份送达纳税人、扣缴义务人，一份交给纳税人、扣缴义务人的征管部门，一份装入卷宗。

综上所述，我们将两种文书的不同点用表格形式直观展示如下。

| 税务处理决定书 | 税务行政处罚决定书 |
|---|---|
| 告知：虽然《税收征管法》没有规定，但关系行政相对人的重大权益，应保障其知情权、陈述申辩权、听证权 | 告知：普通程序必须制作《税务行政处罚事项告知书》，达到听证条件并要求听证的，应当在行政机关告知后五日内提出 |
| 逾期未缴清：可强制执行税款及滞纳金 | 到期不缴纳罚款：可加处罚款 |

续表

| 税务处理决定书 | 税务行政处罚决定书 |
| --- | --- |
| 救济：复议前置（60日） | 救济：可复议（60日）可诉讼（6个月） |
| 复议前：要缴清税款和滞纳金或提供纳税担保 | 复议前三种情况：<br>1. 仅对罚款不服，不用先缴。但复议不停止执行<br>2. 仅对加处罚款不服，必须缴罚款和加处罚款<br>3. 对罚款和加处罚款都不服，不用先缴 |
| 强制执行：在15日后 | 对加处罚款强制执行：加处罚款超过30日，经催告仍不履行<br>对罚款强制执行：复议期限及诉讼期限结束后 |

通常是基于相同的违法事实分别作出的《税务处理决定书》和《税务行政处罚决定书》，虽然两者存在关联，但通过表格对比可以看出这两种文书无论是强制执行，还是在救济途径等方面都不相同，因此代表了两个独立的行政行为。现实中，复议申请人往往并不明晰两者不同，所以会在同一份行政复议申请书中对上述两个文书提出行政复议。如果遇到这种情况，复议机关应当告知申请人按照“一行为一申请”的要求分别提出行政复议。

该表格中还有一个特别之处，在于针对《税务行政处罚决定书》申请复议细分三种情况，即《税务行政复议规则》第三十四条规定：

> 申请人对本规则第十四条第（一）项规定以外的其他具体行政行为不服，可以申请行政复议，也可以直接向人民法院提起行政诉讼。
>
> 申请人对税务机关作出逾期不缴纳罚款加处罚款的决定不服的，应当先缴纳罚款和加处罚款，再申请行政复议。

## 问题119：撰写《税务行政处罚决定书》，有哪些事项需要引起注意？

《税务行政处罚决定书》是税务机关对行政相对人违法行为实施税务行政处罚的执法文书，主要分为两个组成部分：“违法事实及证据”

和“处罚决定”。其中撰写“违法事实及证据”部分时应当注意以下方面：

第一，违法事实应当清楚具体，包含违法行为构成要件事实。无论是涉及案件定性，还是量化处理的事实，均需予以认定。但是，有些税务机关在制作处罚决定文书时，对违法事实描述不够清晰具体，语焉不详。比如某份税务处罚决定书认定：“甲科技公司2022年接受虚开增值税专用发票240份，金额合计6 063 991.26元，税额合计788 320.87元，价税合计6 852 312.13元。”但是从该违法事实描述中，该公司对外接受虚开发票代码、发票号码信息、虚开公司基本信息均有缺失。如果发票份数太多且号码不连号，可以注明见附件，而非直接不予告知。对于认定该企业虚开究竟是属于有货虚开还是无货虚开并无阐明，属于事实不清。再比如某份2023年制作的税务行政处罚决定书认定：“你公司向B公司提供应税劳务，未按规定申报纳税，造成2016—2020年少缴增值税3 234 527.22元、城市维护建设税226 416.9元、教育费附加97 035.83元、地方教育附加64 690.54元。”根据税法规定，违反税收法律、行政法规应当给予行政处罚的行为，在5年内未被发现的，不再给予行政处罚。由于2016年、2017年距2023年已经超过5年，如果对于少缴税款不逐年予以年限注明，无法准确计算最终罚金额。

第二，列举的违法事实与行政处罚定性应关联紧密，措辞简洁。有些《税务行政处罚决定书》直接照搬《税务处理决定书》内容，冗长复杂，难以看出案件违法事实与处罚决定法律适用的要件事实之间的对应关系，属于文书制作技术上的疏漏。

第三，违法证据应当逐一列明、不可遗漏，同时应当与违法事实之间有证明关系。在实践中，少数《税务行政处罚决定书》仅列明纳税申报表、询问笔录等证据，或者由于证据太多，只写几种主要证据，其余统一标注为其他证据一笔带过。由于证据描述过于模糊，纳税人无从得知税务机关取得哪些证据证明自己违法事实的存在，陈述申辩权难以充分实现。如果要规范证据应当进行如下表述：

以上事实有以下证据证明：

（1）税源管理部门提供的实地调查现场图片、物业公司证明；

（2）“国家税务总局A市税务局纳税人涉税事项调查表”；

（3）王××询问笔录。

第（1）—（3）项证据证明，你公司虚假登记，你公司属于S集团相关负责人利用公司员工身份证开办的空壳公司。

另外，撰写“处罚决定”部分时应当注意以下方面：

（1）行政处罚决定引用法律、法规、部门规章要注意遵守规范。

常见的就是引用法条不写款、项、目。有少数稽查人员认为，在制作税收执法文书时，相关法条引用无误即可。但是实际是有部分法条明明存在款、项、目，如果不具体列明，难以具体对应到所在违法事实，属于适用法律不够精准。比如，处罚偷税行为的《税收征管法》第六十三条。其实际分为两款，第一款是处罚纳税人的偷税行为，第二款是处罚扣缴义务人的偷税行为。如果某份《税务行政处罚决定书》要处罚纳税人甲企业的偷税行为，但是笼统引用第六十三条，由于这条有两款规定存在，税务机关究竟是引用哪一款？《税务行政处罚决定书》引用法条不仅要准确，更要精确，不应当让纳税人去推测和揣度税务机关的执法依据。

（2）适用法律、法规、部门规章、税收规范性文件应当遵守法律适用规则。

对于法律适用要按照《立法法》的规定，遵循上位法优于下位法、新法优于旧法、特别法优于一般法的适用原则。应当注意的是，所谓的上位法优于下位法和特别法优于一般法，是在法律矛盾冲突的情况下适用，如果没有矛盾冲突完全可以适用下位法或者一般法。新法优于旧法，是实体法的适用规则，不包括程序法，一般指违法行为发生在新法颁布实施前，对其查处程序适用新法，实体适用旧法，而对于发生在新法之后的违法行为，不管是程序还是实体都应当适用新法而不是旧法。

（3）要注意使用规范的用词。

比如有的《税务行政处罚决定书》用词缺乏规范意识，对企业认定使用“暴力虚开”“恶意虚开”等各类不规范的表述。由于税收法律、法规并无此类表述，在文书中表现有损税务部门的专业性。还有的《税务行政处罚决定书》将内部会议纪要内容直接复制，造成文书中居然出现“经研究建议处罚10万元”字样。由于“建议”字样的出现，造成《税务行政处罚决定书》处于一种待确认状态。在此情形下，如果纳税人因为发现文书中出现上述错误而选择不予履行，税务机关将无法启动下一步执法程序，只能先行收回错误文书再重新下达正确文书，执法流程停滞且处于被动地位，有损税收执法的权威性、严肃性。

## 问题120：对外文书未援引条文具体的款和项，属适用法律错误吗？

根据现行法律规定及司法实践，税务机关在对外文书中未援引法律条文的具体款、项，将构成适用法律错误，可能导致行政处罚决定被撤销。具体分析如下：

### 1.法律明确性要求

《行政处罚法》第四十四条规定：

> 行政机关在作出行政处罚决定前，应当告知当事人拟作出的行政处罚内容及事实、理由、依据。

此处的“依据”应包含具体的法律条款。最高人民法院第41号指导案例——宣懿成等诉浙江省衢州市国土资源局收回国有土地使用权案明确指出：行政机关作出具体行政行为时未引用具体法律条款，且在诉讼中不能证明该行为符合法律的具体规定，应当视为该行为没有法律依据，构成适用法律错误。

### 2.司法审查标准

形式要件缺失：行政文书未标注具体款、项的，即使实体内容符合法律原则，仍构成程序瑕疵。

实质影响判断：若行政机关在诉讼中仍无法说明具体适用依据，将被直接认定为无法律依据，最终被法院撤销行政决定。

### 3.未具体到款、项的文书可能面临以下风险

被复议机关以“适用依据错误”为由撤销；被法院认定为程序违法而判决撤销该行政行为；影响税务文书的公信力和执行力。

如某《税务行政处罚决定书》中这样表述：“依据《中华人民共和国发票管理办法》第三十四条规定，决定对你单位处罚款200元。”

援引法律依据条文虽然正确，但未按引用规范引用至具体条文的条款项目。丢失发票的具体罚则应为《中华人民共和国发票管理办法》第三十四条第二款。

《中华人民共和国发票管理办法》第三十四条规定如下：

> 跨规定的使用区域携带、邮寄、运输空白发票，以及携带、邮寄或者运输空白发票出入境的，由税务机关责令改正，可以处1万元以下的罚款；情节严重的，处1万元以上3万元以下的罚款；有违法所得的予以没收。
>
> 丢失发票或者擅自损毁发票的，依照前款规定处罚。

### 4.执法建议

严格遵循“条款必引”原则，在文书中完整载明法律名称、条款及款项；建立法律条款核对机制，确保违法事实与适用依据精准对应；加强执法培训，提升税务人员对法律条文的理解和引用能力；完善文书模板，设置必填项提示，避免遗漏具体条款。

综上，未援引法律条文具体款、项的税务文书，属于适用法律错误的情形。税务机关在执法过程中，应当严格遵守法律明确性原则，确保行政处罚决定既有实体合法性，又具备程序完整性。

第二篇

# 税务行政处罚错误文书摘编及点评

## 1.国家税务总局A市税务局第一稽查局税务行政处罚决定书

国家税务总局A市税务局第一稽查局

税务行政处罚决定书

A税稽一罚〔2022〕××号

A市××餐饮管理有限公司:(纳税人识别号: ××××××)

经我局(所)于2020年10月26日至2022年6月30日对你(单位)(地址: ××××××)2019年1月1日至2019年12月31日移送案件线索的情况进行检查,你(单位)存在违法事实及处罚决定如下:

**一、违法事实及证据**

你公司隐匿销售收入,属于偷税。

你公司主要经营奶茶加盟,品牌为A品牌,收取加盟技术指导费用。公司与加盟单位签订协议,帮助加盟单位选拔培训上岗人员,提供技术。2019年取得业务收入1 005 500元未计入收入,导致少缴2019年1—3月增值税29 286.41元,城市建设维护税1 025.02元,教育费附加439.29元,地方教育附加292.86元。你公司已在2020年6月补缴入库。

电话联系你公司法定代表人和财务负责人,均联系不上,实地核查,你公司已经不再经营,生产场所无任何办公物品和办公人员。查询你公司银行账户,账户处于冻结状态。

上述违法事实,主要有以下证据证明:

银行流水、现场拍照、申报表、发票明细。

**二、处罚决定**

根据《中华人民共和国税收征收管理法》第六十三条第一款,决定罚款30 311.43元。

以上应缴款项共计30 311.43元。限你(单位)自本决定书送达之日起15日内到国家税务总局A市××区税务局缴纳入库。到期不缴纳罚款，我局（所）可依照《行政处罚法》第七十二条第一款第（一）项规定，每日按罚款数额的百分之三加处罚款。

如对本决定不服，可以自收到本决定书之日起六十日内依法向国家税务总局A市税务局申请行政复议，或者自收到本决定书之日起六个月内依法向人民法院起诉。如对处罚决定逾期不申请复议也不向人民法院起诉、又不履行的，我局（所）有权采取《中华人民共和国税收征收管理法》第四十条规定的强制执行措施，或者申请人民法院强制执行。

税务机关（印章）
二〇二二年六月三十日

## 文书点评

（1）违法事实描述不清。

没有说明该纳税人为增值税一般纳税人还是小规模纳税人，没有按月份确定当月实际少缴的各类税额，没有分税种列明具体税额的计算依据、计算方式。文书中对于“实地核查，你公司已经不再经营，生产场所无任何办公物品和办公人员。查询你公司银行账户，账户处于冻结状态”的描述没有详细阐述依据何种证据认为2019年取得业务收入1 005 500元未计入收入，缺乏证据的关联性。同时，纳税人2019年取得业务收入1 005 500元未计入收入是通过何种方式确认，是通过查账发现，还是自查发现未见说明。

（2）偷税定性不当。

纳税人补缴税款时间为2020年6月，稽查部门于2020年10月26日至2022年6月30日启动检查，由于纳税人在稽查部门立案前已经完成补缴税款，根据《关于呼和浩特市昌隆食品有限公司有关涉税行为定性问题的复函》（国税办函〔2007〕513号）:《税收征管法》未具体规定纳税人自我纠正少缴税行为的性质问题，在处理此类情况时，仍应按《税收征管法》关于偷税应当具备主观故意、客观手段和行为后果的规定进行是否偷税的定性。税务机关在实施检查前，纳税人自我纠正属补报补缴少缴的税款，不能证明纳税人存在偷税的主观故意，不应定性为偷税。退一步说，即便符合偷税定性，文书中也没有对偷税行为列明行政罚款倍数，无法与案件本身进行有机结合，进而判断税务自由裁量权运用是否得当。

（3）没有说明证据证明了哪些违法事实。

文书中只是简单罗列了银行流水、现场拍照、申报表、发票明细。但是上述证据没有说明证明了哪些违法事实。比如没有说明获取的银行流水所属期为哪些年度，也没有说明是取得的公司对公账户还是法定代表人个人账户；再比如发票明细是哪些发票，是增值税普通发票还是专用发票，更没有说明上述证据证明了哪些违法事实。因此，违法事实与证据之间没有构建严密的论证关系。

## 2.国家税务总局A市税务局第三稽查局税务行政处罚决定书

国家税务总局A市税务局第三稽查局

税务行政处罚决定书

A税稽三罚〔2022〕××号

A市××贸易公司：(纳税人识别号：××××××1234)

我局（所）于2021年9月15日至2022年7月19日对你（单位）2018年1月1日至2018年12月31日城市维护建设税、增值税等情况进行了检查，你（单位）存在违法事实及处罚决定如下：

**一、违法事实及证据**

你单位接受B市××五金有限公司2018年2月至2018年7月开具增值税专用发票14份（发票代码××××××，发票号码×××××××15—×××××××29，税额合计187 280.42元，价税合计1 349 770.4元），你单位均已在当月申报抵扣。

上述发票已被确认为虚开。2021年7月21日向你单位送达税务检查通知书（A税稽三检通二〔2021〕××××××），法定代表人签收后，逃避税务检查。根据检查，你单位未向B市××五金有限公司对公支付上述发票涉及金额。

上述违法事实，主要有以下证据证明：

你单位的财务报表、纳税申报表、银行账单等。

**二、处罚决定**

根据《中华人民共和国税收征收管理法》第六十三条规定，“纳税人伪造、变造、隐匿、擅自销毁账簿、记账凭证，或者在账簿上多列支出或者不列、少列收入，或者经税务机关通知申报而拒不申报或者进行虚假的纳税申报，不缴或者少缴应纳税款的，是偷税。对纳税人偷税的，由税务机关追缴其不缴或者少缴的税款、滞纳金，并处不缴或者少缴的税款百分之五十以上五倍以下的罚款；构成犯罪的，依法追究刑事责任”。决定对你单位上述违法事实处以少缴增值税、城市维护建设税税款1倍罚款200 390.05元。

以上应缴款项共计200 390.05元。限你（单位）自本决定书送达之日起15日内到国家税务总局A市××区税务局缴纳入库。到期不缴纳罚款，我局（所）可依照《行政处罚法》第七十二条第一款第（一）项规定，每日按罚款数额的百分之三加处罚款。

如对本决定不服，可以自收到本决定书之日起六十日内依法向国家税务总局A市税务局申请行政复议，或者自收到本决定书之日起六个月内依法向人民法院起诉。如对处罚决定逾期不申请复议也不向人民法院起诉、又不履行的，我局（所）有权采取《中华人民共和国税收征收管理法》第四十条规定的强制执行措施，或者申请人民法院强制执行。

税务机关（印章）

二〇二二年九月六日

## 文书点评

（1）违法事实阐述存疑。

首先，违法事实是接受B市××五金有限公司2018年2月至2018年7月开具增值税专用发票14份，A单位均已在当月申报抵扣。上述发票已被确认为虚开。但是开票方虚开，并非等同于购货方接受虚开，两者并非一一对应的因果关系，上述违法行为论证存在硬伤。不能排除A企业构成善意取得的可能性，也不能排除不符合善意取得条件，但是由于证据不足，也不能接受虚开的可能性。

其次，即便A企业接受虚开事实存在，其接受虚开行为属于有货虚开还是无货虚开并未阐明。如果是无货虚开，此时企业对应购进货物为虚构，其计入会计账簿的发票属于多列成本，如果同时造成少缴税款，应当构成偷税；如果是有货虚开，企业即便在补开、换开发票、其他外部凭证过程中，因对方注销、撤销、依法被吊销营业执照、被税务机关认定为非正常户等特殊原因无法补开、换开发票、其他外部凭证的，此时仍然可以根据《企业所得税税前扣除凭证管理办法》（国家税务总局公告2018年第28号）第十四条规定，将实际发生的成本予以税前扣除。因此，只有确定具体虚开类型，才能得出企业所得税是否少缴、是否构成偷税的结论。但是本文书对于企业所得税是否存在问题未提及。

最后，作为计算行政罚款基数的少缴税款，文书没有确定2—7月期间各月少缴的分税种税额，没有分税种少缴税款的计算过程。属于违法事实不清。

（2）定性偷税证据不足。

定性为偷税的前提，不仅要存在虚假的纳税申报，同时必须要有真实交易的存在。如果购货交易属于虚构事项，此时纳税义务没有发生，不产生应缴税款。对此类行为应当定性为虚开而非偷税，应当按照《发票管理办法》第二十一条定性虚开，并依据第三十五条对A企业接受虚开的行为予以税务行政处罚。

（3）逃避税务检查行为是否作行政处罚未能说明。

根据《税收征管法》第七十条规定，纳税人、扣缴义务人逃避、拒绝或者以其他方式阻挠税务机关检查的，由税务机关责令改正，可以处一万元以下的罚款；情节严重的，处一万元以上五万元以下的罚款。按照文书中的违法事实阐述，该企业是否构成情节严重未作说明，可能存在未对其进行税务行政处罚的可能性。

### 3.国家税务总局C市税务局第二稽查局税务行政处罚决定书

国家税务总局C市税务局第二稽查局

税务行政处罚决定书

C市税稽罚〔2020〕××号

甲贸易有限公司（统一社会信用代码：××××××，经营地址：××××××）：

我局于2019年7月1日至2019年11月25日，对你公司2016年1月1日至2018年12月31日的涉税情况进行了检查。你公司存在违法事实及处罚决定如下：

**一、违法事实**

你公司开具发票后逾期未作纳税申报，未在备案生产经营地址挂牌经营，无法联系上公司相关人员，于2017年11月3日被主管税务机关认定为非正常户。检查期间你公司未与检查人员联系和提供相关涉税资料。

你公司在未取得进项发票的情况下，于2017年6月2日—6月24日期间对外开具增值税普通发票100份，涉及A建筑工程有限责任公司、B消防工程有限公司等8户企业，发票代码：××××××，发票号码：×××××001—××××100，金额9 335 049.53元，税额280 051.48元，价税合计9 615 101.01元。

你公司没有向主管税务机关报备银行存款账户，预留在增值税普通发票的银行股份有限公司××支行账户

××××××，资金交易存在异常，上述账户共收取货款2 497 600元，迅速转给黄××等个人账户2 497 600元。除上述资金交易外，你公司银行账户未发现有其他收支信息。

**二、处罚决定及依据**

对你公司未在注册地经营，开具发票后未申报纳税，货款未收取或收取后立即转到个人账户的行为，根据《中华人民共和国发票管理办法》第二十二条（国务院令第764号修改为第二十一条）第二款第（一）项的规定，认定你公司开具的100份增值税普通发票，发票代码：××××××，发票号码：××××××001—××××100，属于虚开的增值税普通发票，虚开金额9 335 049.53元，税额280 051.48元，价税合计9 615 101.01元。对你公司虚开增值税普通发票行为，根据《中华人民共和国发票管理办法》第三十七条（国务院令第764号修改为第三十五条）的规定，处以150 000元的罚款。

以上应缴罚款150 000元，限你公司自本决定书送达之日起十五日内到国家税务总局C市税务局缴纳入库，到期不缴纳罚款的，我局将可以依照《行政处罚法》第五十一条第（一）项的规定，每日按罚款数额的百分之三加处罚款。

如对本决定不服，可以自收到本决定书之日起六十日内依法向国家税务总局A市税务局申请行政复议，或者自收到本决定书之日起六个月内依法向人民法院起诉。如对处罚决定逾期不申请复议也不向人民法院起诉、又不履行的，我局将采取《中华人民共和国税收征收管理法》第四十条规定的强制执行措施，或者申请人民法院强制执行。

国家税务总局C市税务局第二稽查局

二〇二〇年三月三十日

## 文书点评

（1）违法事实表述存在缺陷。

“涉及A建筑工程有限责任公司、B消防工程有限公司等8户企业”，8户企业名称应当完整表述，不得随意缩略。“未取得进项发票”“资金交易异常”是存在虚开行为的常见特征，但是产生上述现象的原因可能有多种因素，不能因为存在上述现象，未见对上述发票协查结果，直接得出虚开发票的违法事实，结论缺乏有力佐证。如将上述发票定性为异常凭证更符合案情实际。

（2）违法行为表述与法条不匹配。

文书中“对你公司未在注册地经营，开具发票后未申报纳税，货款未收取或收取后立即转到个人账户的行为”的表述更接近于偷税，没有阐述发票开具是否与实际经营业务情况不符，但是却使用根据《发票管理办法》第二十一条第二款第（一）项为他人、为自己开具与实际经营业务情况不符的发票的规定，前后表述并不匹配，难以得出适用该法条的结论。

## 4.国家税务总局W市税务局稽查局税务行政处罚决定书

国家税务总局W市税务局稽查局

税务行政处罚决定书

W税稽罚〔2023〕××号

W市甲商贸有限公司：（纳税人识别号：××××××）

经我局对你公司2022年1月1日至2022年3月31日期间的纳税情况进行检查，你公司存在违法事实及处罚决定如下：

**一、违法事实及证据**

（一）违法事实

你公司2022年3月29日对外开具25份增值税电子专用发票：发票代码：×××××××××，发票号码：

××××××01 — ××××××25、金额合计2 490 265.5元、税额合计323 734.5元、价税合计2 814 000元，无进项未进行纳税申报。你公司上述虚开增值税专用发票的行为违反了《中华人民共和国发票管理办法》第二十二条（国务院令第764号修改为第二十一条，下同）第二款第（一）项之规定。

（二）上述违法事实，主要有以下证据证明：

增值税专用发票数据查询（发票开具明细）、申报资料、走逃失联证明。

**二、处罚决定**

根据《中华人民共和国发票管理办法》第二十二条（现为第二十一条）第二款第（一）项、第三十七条（现为第三十五条）第一款之规定，决定对你公司虚开增值税专用发票行为处200 000元罚款。

以上应缴款项共计200 000元。限你公司自本决定书送达之日15日内到国家税务总局W市经济技术开发区税务局缴纳入库。到期不缴纳罚款，我局可依照《行政处罚法》第七十二条第一款第（一）项规定，每日按罚款数额的百分之三加处罚款。

如对本决定不服，可以自收到本决定书之日起六十日内依法向国家税务总局A市税务局申请行政复议，或者自收到本决定书之日起六个月内依法向人民法院起诉。如对处罚决定逾期不申请复议也不向人民法院起诉、又不履行的，我局有权采取《中华人民共和国税收征收管理法》第四十条规定的强制执行措施，或者申请人民法院强制执行。

附件：公告送达企业名单.docx

国家税务总局W市税务局稽查局

二〇二三年九月二十八日

## 文书点评



（1）违法事实表述存在问题。

该企业对外开具25份增值税电子专用发票，本身并非违法行为，不能作为违法事实。如果定性为违法行为，应当说清该虚开行为是有实际交易行为（货物、服务、劳务）虚开，还是无实际交易行为（货物、服务、劳务）虚开，哪些企业接受了上述虚开发票，金额、税额分别为多少，但是上述违法事实具体细节未见表述。同时，“无进项未进行纳税申报”是虚开行为的常见特征，税务机关经常归纳为“有出无进”，但是这只是一种特征的规律性概括，不能直接作为违法事实进行表述。对于企业而言，没有取得进项税额可能存在很多原因，比如购买货物无法取得专用发票，只取得增值税普通发票，或者货款未能付清对方没有开发票等，不能因为没有取得进项发票，就贸然得出该企业对外实施虚开发票行为的结论。

（2）证据证明力不强，无法得出其虚开结论。

该处罚决定书仅仅列举了三类证据，增值税专用发票数据查询（发票开具明细）、申报资料、走逃失联证明。其中发票开具证据属于直接证据，但是只能证明该企业开具上述发票，申报资料也只能证明其未取得进项税额。走逃失联只能证明该企业属于非正常经营状态。根据上述证据无法直接得出该企业实施虚开行为的结论。相反，根据税务稽查工作要求，定性虚开行为需要取得资金流相关情况及证据、实地核查情况及证据，生产经营真实性核定情况，同时判定交易是否真实，经过集体审理定性虚开的，还需由查处案件的税务稽查部门出具《已证实虚开通知单》并附相关证据材料，发往下游受票企业所在地税务机关依法处理。

（3）执法文书送达方式存在错误。

作为执法机关应保护行政相对人合法权益，穷尽送达方式后才能最终选择公告送达。对走逃（失联）企业，在直接送达、邮寄送达等送达方式无法送达的情况下，才能直接实施公告送达。但是该处罚决定书显示未经上述程序直接公告送达，这与《税收征管法》要求背道而驰。

【《中国行政审判案例》（最高人民法院行政审判庭编）第三卷第89号案例，河北省任丘市城内公共汽车有限公司诉任丘市工商行政管理局行政处罚案：行政主体未尝试其他送达方式而径行通过公告送达方式送达行政处罚决定的，视为未送达。】

## 5.国家税务总局F市税务局第三稽查局税务行政处罚决定书

国家税务总局F市税务局第三稽查局

税务行政处罚决定书

A税稽三罚〔2022〕××号

A市甲健身服务有限公司：（纳税人识别号：××××××）

经我局（所）于2021年10月19日至2022年8月26日对你（单位）（地址：××××××）2017年1月1日至2019年12月31日纳税情况进行检查，你（单位）存在违法事实及处罚决定如下：

**一、违法事实及证据**

根据现有证据，你单位2017年第三季度取得收入9 388元、2017年第四季度取得收入517 778元（其中租金收入66 600元）、2018年第一季度取得收入96 055元、2018年第二季度取得收入85 015元、2018年第三季度取得收入133 318元（其中租金收入50 000元）、2018年第四季度取得收入183 675元（其中租金收入50 000元）、2019年第一季度取得收入102 152元、2019年第二季度取得收入106 983元、2019年第三季度取得收入167 816元、2019年第四季度取得收入454 929元（其中租金收入52 500元）。你单位自开业以来在税务机关持续零申报，未入库税费，上述取得收入未按规定申报缴纳相应税费。

根据《中华人民共和国增值税暂行条例》第一条和第

十一条规定，你单位应补缴增值税44 413.58元。

根据《中华人民共和国城市维护建设税暂行条例》第二条和第四条规定，你单位应补缴城市维护建设税3 108.96元。

因你单位未向税务机关提供账簿、凭证致使难以查账，根据《中华人民共和国税收征收管理法》第三十五条第（四）项，《中华人民共和国税收征收管理法实施细则》第四十七条第（二）项，《国家税务总局关于印发〈企业所得税核定征收办法〉（试行）的通知》（国税发〔2008〕30号）第三条第（四）项、第四条第（一）项、第六条、第八条，对你单位核定征收企业所得税，应税所得率为10%。根据《中华人民共和国企业所得税法》第一条、第三条、第四条、第六条和《国家税务总局关于印发〈企业所得税核定征收办法〉（试行）的通知》（国税发〔2008〕30号）第六条规定，你单位2017年度企业所得税应收收入151 583.72元，应补缴企业所得税1 515.84元；2018年度企业所得税应收收入382 703.63元，应补缴企业所得税3 827.04元；2019年度企业所得税应收收入1 264 679.32元，应补缴企业所得税6 323.4元。

上述违法事实，主要有以下证据证明：

消费者提供的涉税证据资料、情况说明、申报表、税务登记表、你单位申报纳税情况等。

**二、处罚决定**

根据《中华人民共和国税收征收管理法》第六十三条第一款，你单位进行虚假纳税申报造成少缴税款的行为已构成偷税，追缴你单位少缴的增值税44 413.58元、城市维护建设税3 108.96元，追缴你单位少缴的2017年度企业所得税1 515.84元、2018年度企业所得税3 827.04元、2019年度企业所得税6 323.4元，决定并处少缴增值税百分之五十的罚款22 206.82元，处少缴城市维护建设税百分之五十的罚款1 554.49元，处少缴企业所得税百分之五十的罚款5 833.14元。

以上应缴款项共计29 594.45元。限你（单位）自本决定书送达之日起15日内到国家税务总局F市××区税务局缴纳入库。到期不缴纳罚款，我局（所）可依照《行政处罚法》第七十二条第一款第（一）项规定，每日按罚款数额的百分之三加处罚款。

如对本决定不服，可以自收到本决定书之日起六十日内依法向国家税务总局A市税务局申请行政复议，或者自收到本决定书之日起六个月内依法向人民法院起诉。如对处罚决定逾期不申请复议也不向人民法院起诉、又不履行的，我局（所）有权采取《中华人民共和国税收征收管理法》第四十条规定的强制执行措施，或者申请人民法院强制执行。

A市税务局第三稽查局

二〇二二年八月二十六日

## 文书点评

（1）违法事实表述不清晰。

该处罚决定书中仅表述为未按规定申报缴纳相应税费，然后将其定性为偷税过于牵强。众所周知，《税收征管法》第六十三条中定性为偷税的申报手段只有通知申报拒不申报，或者进行虚假的纳税申报两类。如果定义为通知申报拒不申报，应当是纳税人在税务机关下达《税务事项通知书》限期缴纳税款后，仍然拒绝履行义务才能定性，但是相关税务机关执法信息未见表述；如果定性为进行虚假的纳税申报，需要在申报表进行虚假填写相关涉税信息，但是该纳税人没有进行纳税申报，与《税收征管法》第六十三条规定不符合。在界定为偷税时未能阐明该企业采用何种列明的偷税手段，属于违法事实表述不清。

（2）事后核定企业所得税，界定为偷税与法律要求冲突。

税务机关定性企业为偷税，应当是事实清楚具体、证据确凿充分，税务机关已经承认因纳税人未向税务机关提供账簿、凭证致使难以查账，此时无法认定为违法事实清楚、违法证据确凿，此时核定税款属于税务机关运月合理方法和法定的规则对纳税人的整体的应纳税事实作出一种推定，无法得出该企业有偷税的主观故意，以此定性为偷税并确定罚款基数值得商榷。

（3）界定为偷税缺乏相关证据。

按照税收规定，“对采取欺骗、隐瞒手段，故意不缴、少缴税款的，应当认定为偷税。对涉嫌偷税案件，要着重取得不缴、少缴税款主观故意方面的证据，查明采取欺骗、隐瞒手段的事实。对未采取欺骗、隐瞒手段，只是因理解税收政策不准确、计算错误等失误导致未缴、少缴税款的，依法追缴税款、滞纳金，不定性为偷税”。该份行政处罚文书缺乏相关证据形成证明体系，无法得出确定性结论。税务机关列举的“消费者提供的涉税证据资料、情况说明、申报表、税务登记表、你单位申报纳税情况等”对应证明了哪些违法事实，没有形成一一对应关系，既无法充分形成证据链条，也影响纳税人充分有效的行使陈述申辩权。

## 6.国家税务总局D市税务局稽查局税务处理决定书 国家税务总局D市税务局稽查局税务行政处罚决定书

本书主要分析税务行政处罚，但是下列两份文书内容相互关联，为进一步详细分析此类行政处罚行为是否合规，因此一并列出供读者参考。

国家税务总局D市税务局稽查局

税务处理决定书

A税稽处〔2022〕××号

D市××餐饮有限公司：（纳税人识别号：××××××）

我局于2019年5月21日至2022年5月27日对你单位2014年1月1日至2018年12月31日企业所得税、房产税、印花税、地方教育附加、教育费附加、营业税、城市维护建设税、增值税情况进行了检查，违法事实及处理决定如下：

**一、违法事实**

经查你单位位于甲区两处房产（甲区字第11号、×××12号），2014至2018年度你单位作为产权所有人分别出租给张××、胡××、李××等，存在租金收入未按照税法规定申报缴纳税款的问题。

**二、处理决定及依据**

……

国家税务总局D市税务局稽查局

二〇二二年七月八日

国家税务总局D市税务局稽查局

税务行政处罚决定书

D税稽罚〔2022〕××号

D市××餐饮有限公司：（纳税人识别号：××××××）

经我局于2019年5月21日至2022年5月7日对你单位2014年1月1日至2018年12月31日举报内容涉税项目的情况进行检查，你单位存在违法事实及处罚决定如下：

**一、违法事实及证据**

经查，你单位采取申报不实的营业收入，不实的计税依据，进行虚假申报，造成少缴营业税10 100元、增值税20 211.99元，房产税67 747.1元、企业所得税7 525.57元、印花税690元、城市维护建设税2 121.84元，共少缴税款108 396.5元，同时该企业以法定代表人在国外为由，始终不提供账簿、凭证，存在采取非暴力不配合税务机关检查的情节。

上述违法事实，主要有以下证据证明：

统一社会信用代码证复印件、租赁合同复印件、法院判决书及相关部门提供的材料等证据。

**二、处罚决定**

根据《中华人民共和国税收征收管理法》第六十三条第一款，《H省税务行政处罚裁量基准》第三条第十三款，决定对你单位应缴未缴税款处一倍罚款，即108 396.5元。

以上应缴款项共计108 396.5元。限你单位自本决定书送达之日起15日内到国家税务总局D市××区税务局缴纳入库。到期不缴纳罚款，我局（所）可依照《行政处罚法》第七十二条第一款第（一）项规定，每日按罚款数额的百分之三加处罚款。

如对本决定不服，可以自收到本决定书之日起六十日内依法向国家税务总局A市税务局申请行政复议，或者自收到本决定书之日起六个月内依法向人民法院起诉。如对处罚决定逾期不申请复议也不向人民法院起诉、又不履行的，我局（所）有权采取《中华人民共和国税收征收管理法》第四十条规定的强制执行措施，或者申请人民法院强制执行。

国家税务总局D市税务局稽查局
二〇二二年七月八日

## 文书点评

（1）《税务处理决定书》违法事实过于简略，未提及每年分税种实际少缴税款数额。加上各税种纳税义务发生时间不尽相同，导致分税种补缴税款对应滞纳金计算的起点时间难以确认。

（2）处罚决定书没有注明各年度实际出现少缴的税种、税款金额，只列出合计数字，属于违法事实交代不清。同时，同一违法事实税务处理决定书和处罚决定书表述不一致，无法相互印证是否出现信息错误。

（3）对于拒绝提供账簿、凭证未做行政处罚。同时，“非暴力”不配合税务机关检查的表述，并非规范的法律用语，证据证明缺乏必要论述。

（3）该《税务行政处罚决定书》只是简单列举了相关证据，“统一社会信用代码证复印件、租赁合同复印件、法院判决书及相关部门提供的材料等证据”，相关证据应当完整注明证据来源、达到何种证明目的、证明哪些违法事实，而不能以相关证据此类语言一笔带过，既影响了纳税人陈述申辩权的行使，也影响了证据证明体系的充分论证。

## 7. 国家税务总局H市税务局稽查局税务行政决定书

国家税务总局H市税务局稽查局

税务行政处罚决定书

H税稽二罚〔2023〕××号

H建材有限公司：（纳税人识别号：××××××）

经我局（所）于2021年12月20日至2023年6月2日对你（单位）（地址：H市××区××路××号）2018年1月1日至2018年12月31日协查案源的情况进行检查，你（单位）存在违法事实及处罚决定如下：

**一、违法事实及证据**

你单位接受B木业有限公司2018年2月定性虚开增值税专用发票15份，金额1 360 683.76元，税额231 316.24元，合计1 592 000元。你单位已进行进项抵扣并税前扣除。经查你单位2017—2018年需要木材石方等建筑材料，经常在A建材城、××装饰城、××市场等进货，无法取得发票，只开具收据或白条，当时支付款项方式包括现金、承兑汇票、转账等。经业务经办人王某的同学黄某（已联系不上）介绍，在B木业开具发票，发票寄到黄某家中。2018年2月多笔对公转账1 592 000元，南京银行转至对方建设银行，相关开票费用由黄某与开票单位结算，具体付了多少因时间较长记不清了，大部分资金通过黄某转到王某个人工行借记卡，此卡2019年因盗刷已停卡，银行流水无法打印。根据B木业稽查结论：B木业收到货款后转给收购对象刘某，刘某转给黄某，黄某转给王某1 097 960元。上述资金情况与询问笔录和上游开票企业资金流向表一致，资金回流属实，但黄某解释差额因时间太长记不清是否通过其他方式结算。王某提供了2018年度个人农行卡，有大量支出项，但时间太长无法核对支付具体对应的交易内容。2023年3月31日向你单位送达了处罚告知书，你单位提出异议，经研究决定由你单位预缴税款可在行政处罚裁量权以内从轻处罚，你单位未及时预缴，故维持原处罚决定。

上述违法事实，主要有以下证据证明：

询问笔录，B木业上下游企业资金流向表，情况说明，入账凭证，购销合同，公司南京银行流水，增值税申报表，认证抵扣清单，企业所得税申报表，第二次询问笔录，收据，白条，王某个人农业银行卡。

**二、处罚决定**

根据《中华人民共和国税收征收管理法》第六十三条，决定对你单位利用虚开发票多列支出行为应补增值税及城市维护建设税处以1倍罚款计247 508.38元。

以上应缴款项共计247 508.38元。限你（单位）自本决定书送达之日起15日内到国家税务总局H市××区税务局缴纳入库。到期不缴纳罚款，我局（所）可依照《中华人民共和国行政处罚法》第七十二条第一款第（一）项规定，每日按罚款数额的百分之三加处罚款。

如对本决定不服，可以自收到本决定书之日起六十日内依法向国家税务总局A市税务局申请行政复议，或者自收到本决定书之日起六个月内依法向人民法院起诉。如对处罚决定逾期不申请复议也不向人民法院起诉、又不履行的，我局（所）有权采取《中华人民共和国税收征收管理法》第四十条规定的强制执行措施，或者申请人民法院强制执行。

国家税务总局A市税务局稽查局

税务机关（印章）

二〇二三年六月二日

## 文书点评

（1）资金回流并未实现闭环，作为证据证明力不强。

在税收实践中，如果要证明企业通过资金回流方式虚构交易，资金回流应当呈现闭环，回到企业法人代表或企业法人代表实际控制银行卡下，并有相关银行流水、人员询问笔录出现佐证，说明资金来源。该文书中相关人员并未承认银行卡，银行流水无法打印，税务机关也未前往银行取得电子件，相关证据存在缺陷。

（2）相关证据在相关性上存在缺陷。

B木业公司的稽查结论未解释该公司资金支付刘某、黄某用途，相关询问笔录没有证明该笔资金来源和用途，是否承认对其虚开发票未见说明。未见制作《税务事项通知书》，要求当事人提供相关证据。同时证据基本信息交代不清，比如购销合同为B公司与哪些公司的购销合同，认证抵扣清单涉及哪些发票，发票号码未见；再比如询问笔录是针对哪些人所作出的，增值税申报表又是哪一年度的。由于信息过于简略，造成违法行为论证存在诸多疑点，同时也造成纳税人无法有效行使陈述申辩权，执法工作质量过于粗糙。更为严重的是，相关证据没有完整注明证据来源、达到何种证明目的、证明哪些违法事实。这些信息不能简单一笔带过，否则既影响了纳税人陈述申辩权的行使，也影响了证据证明体系的充分论证。

（3）定性偷税手段存在错误。

上述案例中，属于虚假的纳税申报而非多列支出。同时如果是无货虚开，可能造成企业所得税少缴，企业所得税也应当定性为偷税。对此违法事实部分未见文书对此予以说明。

（4）违法事实不够清楚具体。

从建材城等多处购买建材金额未见，是否等同于虚开金额未知，进而无法确认取得发票对应的货物是否属于有货虚开，还是无货虚开、有货虚开兼而有之，未见明确阐明。“大部分资金通过黄某转到王某个人工行借记卡”此类表述显示金额并非一致，对B公司支付开票费也未见说明，就无法证明该项资金是否属于同一笔资金。

（5）上述罚款金额已经达到行政处罚听证标准，纳税人是否在规定时间内申请听证，还是放弃听证未见说明。对于纳税人的异议，应当归属于陈述申辩，未见陈述申辩的复核结论，存在执法瑕疵。

## 8. 国家税务总局A市税务局稽查局不予税务行政处罚决定书

国家税务总局A市税务局稽查局

不予税务行政处罚决定书

G税稽不罚〔2022〕16号

G市×××金属制品有限公司（纳税人识别号：××××××）：

经我局（所）对你（单位）（地址：G市×××）2016年1月1日至2016年12月31日纳税情况进行了检查，你单位存在以下违法事实：

（一）你单位注册地址G市×××，无法找到你单位，你单位税务登记信息拨打电话无法联系。国家税务总局G市甲区税务局出具《企业走逃（失联）证明》，证明你单位已走逃（失联）。

（二）你单位取得B市×××金属材料有限公司2016年5月21日开具的增值税专用发票5份，金额合计449 958.97元，税额合计75 493.03元。国家税务总局B市税务局第一稽查局于2022年7月开具《已证实虚开通知单》，证明上述发票为虚开发票。

（三）你单位2016年度取得进项发票已证实虚开，检查你单位银行账户华夏银行A市分行，未发现该公司与B市×××金属材料有限公司有资金往来记录。

你单位取得上述发票及货款支付存在不正常和不符合营业常规的现象，定性为偷税。

上述事实，主要有以下证据证明：

1. 国家税务总局G市甲区税务局出具《企业走逃（失联）

证明》，证明你单位已走逃（失联）。

2.国家税务总局B市税务局第一稽查局于2022年7月开具《已证实虚开通知单》，证明上述发票为虚开增值税专用发票。

3.你单位发票领购及开具情况、增值税申报表等资料，证明你单位于2016年6月已认证抵扣上述发票增值税进项税额。

4.你单位银行账户查询结果等资料，证明你单位与B市×××金属材料有限公司银行账户无资金往来，存在明显异常。

上述行为违反《中华人民共和国税收征收管理法》第六十三条第一款规定，对你单位定性偷税，处0.5倍罚款，增值税罚款金额38 246.52元，城市维护建设税罚款金额2 677.26元。鉴于上述税收违法行为你单位取得上述发票在2016年5月认证、抵扣，检查通知书送达回证签收日期为2022年8月20日，已超过五年，依照根据《中华人民共和国税收征收管理法》第八十六条“违反税收法律、行政法规应当给予行政处罚的行为，在五年内未被发现的，不再给予行政处罚”规定，现决定不予行政处罚。

如对本决定不服，可以自收到本决定书之日起六十日内依法向国家税务总局G市税务局申请行政复议，或者自收到本决定书之日起六个月内依法向人民法院起诉。

国家税务总局A市税务局稽查局

税务机关（印章）

二〇二二年十二月六日

## 文书点评

（1）《不予税务行政处罚决定书》的违法事实记载不够准确。

虽然该文书在违法事实部分已经注明B市×××金属材料有限公司2016年5月21日开具的增值税专用发票5份，但是不能就此略去5份发票代码、发票号码，否则依然损害纳税人的知情权。作为纳税人而言，无法确认处罚决定书提及的5份发票，即便自身拥有证据也难以行使陈述申辩权。如果不注明难以相互对照，更难做到事实清楚、证据确凿。

（2）定性偷税依据不明，证据不足。

在不予处罚决定书中，认定存在偷税行为的违法事实为“你单位2016年度取得进项发票已证实虚开，检查你单位银行账户华夏银行A市分行，未发现该公司与B市×××金属材料有限公司有资金往来记录”。但是从逻辑分析上可以看出，无资金往来记录，非正常户开具进项发票都属于间接证据，接受虚开的可能性较大，但是并没有排除受票方是否善意取得，无法得出该公司接受虚开的结论，即便有双方无资金往来的银行交易明细作为补强证据，得出偷税的结论也过于武断。“你单位取得上述发票及货款支付存在不正常和不符合营业常规的现象，定性为偷税。”《税收征管法》第六十三条界定偷税行为列举了几种手段，“伪造、变造、隐匿、擅自销毁账簿、记账凭证，或者在账簿上多列支出或者不列、少列收入，或者经税务机关通知申报而拒不申报或者进行虚假的纳税申报”，同时有不缴或者少缴应纳税款的后果，才能定性为偷税，但是该决定书并未将违法行为归属于任何一类偷税手段，应当属于偷税构成要件事实表述不明确。

# 第三篇

# 涉税司法判决文书典型案例

## 1.浙江A房地产、H市税务局稽查局税务行政管理再审案

### 【案例索引】

浙江A房地产、H市税务局稽查局税务行政管理再审行政判决书［浙江省高级人民法院行政判决书（2020）浙行再44号］

### 【案情简述】

原地税稽查一局于2013年11月15日收到关于A公司的检举事项，于同月18日对A公司进行立案稽查，并于同月27日向A公司送达《税务检查通知书》。在税务检查过程中，原地税稽查一局对A公司的报表、账簿、凭证等有关资料进行检查。2014年1月至4月，原地税稽查一局经审批延长检查时限至2014年5月10日。2014年7月2日，原地税稽查一局作出杭地税稽一罚告〔2014〕73号《行政处罚事项告知书》，告知A公司违法事实及拟作出的处罚，同时告知申请陈述、申辩和申请听证的权利。2014年9月5日，A公司申请行政处罚听证。2014年9月19日，原地税稽查一局召开听证会听取A公司陈述申辩意见。2014年11月17日，原地税稽查一局作出案涉H地税稽一处〔2014〕126号《处理决定书》（以下简称“被诉处理决定”），主要内容为：我局于2013年11月27日至2014年5月30日对你单位2011年1月1日至2013年10月31日的涉税事宜进行了检查。明确违法事实如下：2013年1—10月收到售房预收账款411 745 679元，已申报缴纳营业税及附加预收账款163 436 018元，已办理9月延期缴纳税款预收账款52 980 097元，预收账款差额195 329 564元未按规定足额申报缴纳营业税金及附加。A公司不服，先后提起复议、诉讼。

### 【纳税人观点】

之所以出现一部分预收账款未申报缴纳营业税的情况，是因为公

司财务人员在归集营业税应税营业额时未将银行贷款支付的预收款统计在内，并非出于少缴税款的目的故意为之，税务机关不应按偷税对其进行行政处罚。

**【税务机关观点】**

税法并没有强调偷税的主观故意，且《税收征管法》第六十三条规定的四种手段其中一种为虚假申报。本案申请人未如实申报，属于虚假申报。

**【司法观点】**

偷税，是指纳税人以不缴或少缴税款目的，采取伪造、变造、隐匿、擅自销毁账簿、记账凭证，在账簿上多列支出或者不列、少列收入，或采取各种不公开的手段，或者进行虚假的纳税申报的手段，隐瞒真实情况，不缴或者少缴税款的行为。《国家税务总局关于税务检查期间补正申报补缴税款是否影响偷税行为定性有关问题的批复》（税总函〔2013〕196号）、《国家税务总局关于北京聚菱燕塑料有限公司偷税案件复核意见的批复》（税总函〔2016〕274号）等批复中均认为存在偷税的主观故意系认定偷税的构成要件之一。故国家税务总局杭州市税务局稽查局称税法并没有强调偷税主观故意的意见，与法不符，不能成立。而对于行为人主观故意的认定，通常应从行为人的具体行为进行综合分析。鉴于在行政诉讼中，行政机关对其作出的行政行为的合法性负有举证责任。因此，税务机关对偷税违法行为的认定、处理，应当对当事人不缴、少缴应纳税款的主观故意进行调查、认定，并在行政诉讼程序中就此承担举证责任。具体到本案，原地税稽查一局提供的证据仅能证明A公司存在未按规定按期足额申报缴纳相关税款的行为，未能证明A公司该行为的目的是不缴或少缴税款。相反，在案证据反映，A公司案涉售房预收账款由银行打入A公司账户后，A公司均列为预收款入账，并向税务机关报送相关财务会计报表，未发现有伪造、变造、隐匿、擅自销毁账簿、记账凭证，在账簿上多列支出或者不列、少列收入的情形。而且，房产销售过程中，购房者通常都会在房屋交付后为办理不动产权证要求房地产开发公司开具销售发票。因此，A公司也难以通过不开具销售发票的手段隐瞒实际销售款项达到不缴或少缴相关税款的目的。综上所述，本案在原地税稽查一局未能提供足够证据证明A公司具有偷逃案涉税款故意的情况下，适用《税收征管法》第六十三条第一款的规定作出被诉税务处理决定，认定A公司未按规定按期足额申报缴纳相关税款的行为为偷税并作处理，依据不足，依法应予撤销。

## 2.A粮食经销站与某市税务局第二稽查局税务行政管理（税务）案

**【案例索引】**

A粮食经销站与某市税务局第二稽查局税务行政管理（税务）一审行政判决书［（2020）辽0381行初177号］

某市税务局第二稽查局、A粮食经销站税务行政管理（税务）二审行政判决书［（2021）辽03行终93号］

**【案情简述】**

某县国家税务局稽查局于2016年12月26日作出税务行政处罚决定书，认定：A粮食经销站为虚开增值税专用发票，依据《中华人民共和国发票管理办法》第三十七条（国务院令第764号修改为第三十五条）的规定，决定对A粮食经销站虚开增值税发票行为处以500 000元罚款。某县国家税务局稽查局作出的处罚告知书及处罚决定书均采取的是公告送达的方式，但其提供的程序证据不能证明对原告送达税务文书符合公告送达的情形，其送达程序不符合法律规定，也未能保证当事人的陈述、申辩权利及听证的权利。

**【纳税人观点】**

被诉税务行政处罚决定程序违法，2019年6月，原告去国家税务总局某县税务局办理税务业务时获悉所诉税务行政处罚决定，因某县国家税务局稽查局已经撤销，工作职责由被告某市税务局第二稽查局承接，2019年8月13日被告才向原告“送达”上述税务行政处罚决定书，依据《行政处罚法》第三条第二款规定该行政处罚应属无效。长期以来A粮食经销站都有家属居住，某县国家税务局稽查局对原告地址及人员了如指掌，在作出税务行政处罚决定书后，并未依据《行政处罚法》第三十五条、第四十条的规定送达，也未依据《行政处罚法》第二十一条、第三十二条、第四十一条、第四十二条的规定履行法定的告知义务，严重剥夺了原告的法定权利，该行政处罚决定对原告不能成立。对此无效的税务行政处罚决定书，原告在2019年8月19日向某县税务局提起撤销申请，并多次向某县国家税务局询问回复情况，某县税务局电话告知向被告询问，2019年10月被告电话答复其是承继单位，无权处理。被告的税务处罚决定、送达程序、答复均违法。

【税务局观点】

（1）某县国家税务局稽查局在作出行政处罚决定前，通过调查被上诉人企业财务账和被上诉人的财务负责人、原投资人、现投资人及相关证人，发现被上诉人企业已在2012年7月1日承包给第三人李某经营，所有涉案虚开增值税专用发票的行为均系第三人李某在承包经营期间在没有任何实物交易的情况下实施的，故稽查局依据《行政处罚法》（2017年修正）第四条（现第五条）：“行政处罚遵循公正、公开的原则。设定和实施行政处罚必须以事实为依据，与违法行为的事实、性质、情节以及社会危害程度相当。”第五条（现第六条）：“实施行政处罚，纠正违法行为，应当坚持处罚与教育相结合，教育公民、法人或者其他组织自觉守法。”认为实际经营者李某应作为行政行为相对人的代表，又因当时李某已负案在逃，上诉人企业已无人管理。稽查局无法将处理决定告知书和处罚决定书通过直接送达、留置送达、邮寄送达等方式送给被上诉人的实际经营者李某，故依法通过公告方式送达。

（2）稽查局作出的《税务行政处罚决定书》公告送达日期为2016年12月24日至2017年2月21日，被上诉人于2019年8月13日委托律师向上诉人调取行政处罚决定书，之后被上诉人于2020年8月才向某市人民法院提起诉讼，明显超过法定诉讼时效期间。

**【司法观点】**

（1）某县国家税务局稽查局如认为A粮食经销站存在违法行为，应当向被上诉人履行相关行政处罚程序，其向联系不到的经销站实际经营者李某履行相关程序，属履行程序对象错误。且稽查局于2016年12月6日在北京市某酒店对经销站当时的投资人进行询问，因而亦不存在对被上诉人经销站无法直接送达、邮寄送达的事实。故稽查局2016年12月16日作出本案所诉税务行政处罚决定时，以联系不到经销站的实际经营者李某，无法直接送达、邮寄送达为由，以公告送达的方式向经销站送达该处罚决定书的送达程序不符合法律规定。

（2）关于上诉人提出本案诉讼超过起诉期限问题，因稽查局对税务行政处罚决定的送达不符合法律规定，导致被上诉人实际上在2019年8月13日才正式知道该处罚决定的内容，被上诉人于2019年10月13日提起行政诉讼，并未超过法律规定的起诉期限。

综上所述，一审法院认定事实清楚，证据确实充分，适用法律正确，审判程序合法。上诉人的上诉主张不能成立，本院不予支持。依照《行政诉讼法》第八十九条第一款第（一）项的规定，判决如下：

驳回上诉，维持原判。

（1）撤销某县国家税务局稽查局于2016年12月26日作出的税务行政处罚决定；

（2）责令某市税务局第二稽查局于本判决生效之日起90日内重新作出行政行为。

## 3. A公司与某市税务局第二稽查局、某省国税局税务行政管理（税务）案

**【案例索引】**

A公司与某市税务局第二稽查局、某省国税局税务行政管理（税务）一审行政判决书［（2019）辽0105行初379号］

A公司、某市税务局第二稽查局税务行政管理（税务）二审行政裁定书［（2021）辽01行终283号］

**【案情简述】**

某市国家税务局第二稽查局于2016年11月4日作出《税务检查通知书》，决定从2016年11月8日起对A公司2014年1月1日至2016年6月30日涉税情况进行检查。经检查发现，A公司存在利用虚开的增值税发票抵扣税款的违法行为后，对其共作出三次《税务行政处罚决定书》。

第一次作出的《税务行政处罚决定书》（税稽二罚〔2017〕46号）因第二稽查局对原告作出罚款的税务行政处罚决定已达到某市国家税务局重大税务案件审理标准，而第二稽查局未经重大税务案件审理委员会审理程序，径直作出税务行政处罚决定，属程序违法，被复议机关某市国家税务局依法撤销并责令第二稽查局在接到《行政复议决定书》之日起60日内重新作出具体行政行为。

而第二稽查局于2019年1月4日才对原告第二次作出《税务行政处罚决定书》（税稽二罚〔2019〕4号），超出了复议机关某市国家税务局规定的时限。并且，被告第二稽查局向A公司送达后，发现存在对A公司下达文书前未履行行政处罚告知程序的问题，自行作出决定撤销了第二次处罚文书。

在履行了告知及听证程序后，第二稽查局于2019年4月30日第三次对原告作出《税务行政处罚决定书》[税稽二罚（2019）50042号]，认定原告A公司在2014年1月1日至2016年6月30日期间存在虚开增值税专用发票的违法事实，决定对原告少缴的税款处以共计1 748 125.84元罚款。原告不服，提起行政复议，被告省国税局于2019年9月30日作出《行政复议决定书》[税复决字（2019）50007号]，认为《税务行政处罚决定书》[税稽二罚（2019）50042号]存在如下瑕疵：

（1）某市税务局重大税务案件审理委员会未按期作出审理决定，某市国家税务局第二稽查局未按期进行补充调查，某市国家税务局第二稽查局未在接到复议决定之日起60日内重新作出具体行政行为，但上述程序瑕疵不影响对申请人违法行为事实的认定及处罚。

（2）某市国家税务局第二稽查局2016年9月5日对A公司代账会计进行询问调查，同时制作了《询问（调查）笔录》，并进行了同步录像，同步录像不完整，无法与《询问（调查）笔录》内容进行核实，并且某市税务局第二稽查局无法证明其通过其他单位通知A公司代账会计进行询问调查的方式的适当性，但是据以作出《税务行政处罚决定书》[税稽二罚（2019）50042号]的其他证据已经足以对申请人违法行为事实进行认定及处罚。

某省国税局作出复议决定：《税务行政处罚决定书》[税稽二罚（2019）50042号]认定事实清楚，证据确凿，适用依据正确，程序合法，内容适当。决定维持。

原告A公司诉被告某市税务局第二稽查局、某省国税局税务行政处罚决定及复议决定一案，于2019年10月10日向法院提起诉讼。

**【纳税人观点】**

某市税务局第二稽查局作出案涉行政行为程序严重违法。

（1）第二稽查局的审理环节程序违法，侵犯原告知情权。

我公司于2019年1月28日向某市税务局第二稽查局提起税务行政处罚听证申请，第二稽查局于2019年1月31日依法受理并决定于2019

年2月19日举行听证会。我公司于收到受理通知当日向第二稽查局申请查阅本案税务稽查案卷。但第二稽查局以“需履行法定审批程序”为由拒绝，且并未对所谓“法定审批程序”的审批机关、审批时限等作出说明，导致直至听证会举行当日，我公司都未能查阅到案卷。在听证会当日，我公司请求调查人员出示相关证据，并加以质证，但调查人员以“保密”为由拒绝出示关键证据，如我公司代账会计在公安机关讯问笔录和在税务机关的询问笔录等。上述行为严重侵犯了我公司的知情权，致使我公司在稽查阶段未能充分行使陈述、申辩权利。

（2）第二稽查局的稽查程序严重超过法定时限。

根据某市国家税务局于2017年11月14日作出的《税务行政复议决定书》，第二稽查局应当于复议决定作出之日起60日内重新作出具体行政行为。具体行政行为的作出，是指具体行政行为所需法定程序已全部完成，行为结果已送达行政相对人，并产生公定性效力。本案中，第二稽查局于2019年4月30日才作出、于2019年5月7日才向我公司送达案涉《税务行政处罚决定书》，远远超过了60日，属于程序严重违法。

省国税局作出的《行政复议决定书》中未对行政处罚合法性进行论证，径行作出维持决定。该复议决定书中，仅复制、粘贴了案涉《行政处罚决定书》的部分内容，未对其合法性加以论证。《行政复议决定书》第18页写道“《税务行政处罚决定书》[税稽二罚（2019）50042号]存在如下瑕疵：……但是据以作出《税务行政处罚决定书》[税稽二罚（2019）50042号]的其他证据已经足以对申请人违法行为事实进行认定及处罚”。程序违法不能称之为瑕疵、事实不清证据不足也不能称之为瑕疵，复议机关以“瑕疵”二字掩盖了被诉行政处罚中存在的程序违法与证据矛盾，进而作出了维持决定。我公司认为，该决定是对《行政处罚法》的无视，也是对我公司合法利益的无视。对我公司在复议阶段提出的各项主张，该复议决定均未加以回应，更未论证为何“其他证据已经足以对申请人违法行为事实进行认定及处罚”。

【税务局观点】

答辩人经税务检查、调取账簿资料、询问财务负责人、提请某市国家税务局重大税务案件审理委员会审理、组织听证、作出《税务行政处罚决定书》和《税务处理决定书》，整个处理过程虽略有瑕疵，但不影响对A公司违法行为事实的认定和处罚，故答辩人作出涉诉具体行政行为符合法律程序。

（1）答辩人并未侵犯A公司知情权。

根据《税务稽查案卷管理暂行办法》第四十四条规定，“尚未装订归档的案卷文件材料，在提供利用前应当由税务局及其稽查局相关部门进行审核，严格限制利用范围”，A公司一案的案卷资料属于尚未装订成册的案卷，尚未区分正卷与副卷资料，根据《税务稽查案卷管理暂行办法》第十三条第二款，“税务稽查案卷副卷作为密卷或者内部档案管理”，因此，第二稽查局是严格按照《税务稽查案卷管理暂行办法》对案卷进行管理和使用的，不存在侵犯申请人的知情权的情况。

（2）关于超过法定期限的问题。

由于本案案情复杂，还需要提交某市重大税务案件审理委员会，又遇到税收征管系统流转，需要报送省局运维中心处理等客观情况。对此省局在行政复议决定书中已将超期的原因及过程进行了阐明和论述，但上述程序瑕疵不影响对A公司违法行为事实的认定和处罚，基于此，省国税局依法作出了维持答辩人对A公司行政处罚具体行政行为的复议决定。综上，答辩人作出涉诉具体行政行为具备法定职权，事实认定清楚，法律适用正确，符合法定程序，A公司的诉讼请求没有事实和法律依据，依法应予驳回。

【司法观点】

被告某市税务局第二稽查局作出的行政行为存在程序违法问题，虽经复议机关及该局自行纠正，仍应确认其程序违法。但上述程序违法对原告的权利并不产生实际影响，故对原告要求撤销《税务行政处罚决定书》的诉讼请求不予支持。

关于被告某省国税局作出的案涉《行政复议决定书》是否合法的问题。《税务行政复议规则》第七十条规定："行政复议机关应当全面审查被申请人的具体行政行为所依据的事实证据、法律程序、法律依据和设定的权利义务内容的合法性、适当性。"第七十五条第（三）项第3目规定："行政复议机构应当对被申请人的具体行政行为提出审查意见，经行政复议机关负责人批准，按照下列规定作出行政复议决定：（三）具体行政行为有下列情形之一的，决定撤销、变更或者确认该具体行政行为违法；决定撤销或者确认该具体行政行为违法的，可以责令被申请人在一定期限内重新作出具体行政行为：3.违反法定程序的……"依据上述规定，被告某省国税局作为复议机关应对被申请人即第二稽查局的行政行为进行全面审查，如前述某市税务局第二稽查局案涉行政行为存在程序违法问题，而某省国税局在《行政复议决定书》中仅表述为瑕疵，亦属不当，应确认违法。但对原告的权利亦不产生实际影响，故对原告要求撤销《行政复议决定书》的诉讼请求不予支持。

最终，一审法院确认被告某市税务局第二稽查局于2019年4月30日作出《税务行政处罚决定书》的行政行为程序违法。确认被告某省国税局于2019年9月30日作出《行政复议决定书》的行政行为违法。驳回原告A公司其他诉讼请求。

案件因上诉进入二审，二审法院认为，根据《行政诉讼法》第二十六条"公民、法人或者其他组织直接向人民法院提起诉讼的，作出行政行为的行政机关是被告。经复议的案件，复议机关决定维持原行政行为的，作出原行政行为的行政机关和复议机关是共同被告；复议机关改变原行政行为的，复议机关是被告"、《最高人民法院关于适用〈中华人民共和国行政诉讼法〉若干问题的解释》第十九条"当事人不服经上级行政机关批准的行政行为，向人民法院提起诉讼的，以在对外发生法律效力的文书上署名的机关为被告"的规定，原审将第二稽查局、省税务局作为本案适格被告正确。

但是，因本案系经重大税务案件审理程序审理，故重大税务案件审理委员会所在机关即某市税务局，同时其也是案涉行政复议决定的被申请人，应该作为本案第三人参加诉讼。原审未将某市税务局列为本案第三人属于遗漏当事人情形。综上所述，原审法院违反法定程序，依照《行政诉讼法》第八十九条第一款第（四）项的规定，裁定如下：撤销（2019）辽0105行初379号一审行政判决；发回一审法院另行组成合议庭重审。

## 4.A公司、某市国家税务局、某省国家税务局行政复议案

**【案例索引】**

A公司与某市国家税务局、某省国家税务局行政复议二审行政判决书［（2017）宁01行终106号］

**【案情简述】**

2015年9月9日，某市国家税务局稽查局作出《税务处理决定书》，认定A公司于2012年至2013年向B公司销售电缆、水泵、进口煤矿机械配件27 250 476.23元（A公司在2012年向B公司开具增值税发票金额为15 052 255.66元，2013年增值税发票金额为12 168 306.04元，原告A公司在2012年申报营业收入为15 082 170.19元，2013年申报营业收入12 168 306.04元，合计27 250 476.23元），且在2012年至2013年收到B公司承兑汇票30 371 489.86元，构成应税收入27 250 476.23元，A公司2010年至2013年实现的销售收入与申报纳税的销售收入及财务会计报表记载的销售收入一致。

A公司未能提供相关财务账簿和纳税资料，某市国家税务局稽查局认为原告违反《税收征管法》第三十五条第一款第（三）项的规定，决定对其所得税重新核定征收，责令A公司限期缴纳企业所得税384 526.82元，从滞纳税款之日起按日加收滞纳税款万分之五的滞纳金。

双方争议的主要焦点在于对A公司2012年和2013年的企业所得税是否需要重新核定，即企业对外虚开增值税专用发票，其虚开的收入是否属于企业所得税的应税收入征收企业所得税？

**【纳税人观点】**

已生效的行政判决书认定：A公司2012年向B公司开具增值税专用发票195份，货物名称为交通配件，但B公司收到的货物是电缆、水泵、进口煤矿机械配件，实际供货方为C公司。2013年至2014年4月，C公司继续向B公司提供货物，由A公司开具增值税专用发票与B公司进行结算，结算后的款项由A公司转付给C公司，A公司开具的增值税发票中的货物存在没有实际交易的情形。

根据《企业所得税法》第一条第一款、第三条第一款，《企业所得税法实施条例》第六条、第九条、第十四条，以及《国家税务总局关于确认企业所得税收入若干问题的通知》（国税函〔2008〕875号）、《企业会计准则——基本准则》《企业会计准则第14号——收入》《中华人民共和国合同法》《中华人民共和国物权法》等法律法规及规范性文件：无实际销售的虚开增值税专用发票的虚开金额，不符合企业所得税销售收入的确认条件，不属于企业所得税的征收范围，不发生企业所得税的纳税义务，不征收企业所得税。被上诉人对已查实的上诉人无实际销售而虚开增值税发票的金额核定企业所得税违法。

以上，被上诉人核定征收上诉人2010—2013年企业所得税并加收滞纳金的决定违法，应予撤销。

**【税务局观点】**

本案中，上诉人混淆了民事法律关系和税收行政法律关系。税收行政法律关系的基本原则是税收法定。民事法律关系可以自由约定收讫双方，税务法律关系是只要任何一个主体向另一主体开具了发票，并作为流转一方收据了货款，它就构成了增值税纳税义务主体，也构成了所得税纳税义务主体。本案需要查明税收法律关系主体即为A公司，A公司既然产生了申报收入，就构成了所得税纳税义务主体。上诉人以“软拒绝”方式没有提供账簿，被上诉人依据《税收征管法》的规定，以核定征收方式核定上诉人的企业所得税应纳税额。且上诉人没有任何证据证明其成立以来唯一并且只跟B公司交易，而没有从其他第三方处取得收入，这足以证明上诉人纳税申报表上自行申报的收入是合理可信的。

根据《企业所得税法》第六条的规定，企业以货币形式和非货币形式从各种来源取得的收入，均构成所得税应税所得额的收入。2010—2013年期间申报收入是上诉人自行申报，没有任何一家企业会不惜多缴税而虚构收入，可以认可并作为核定征收时确定其应税收入的基数。同时，其自行申报收入反映的交易情况，与被上诉人调取的与B公司大量交易、付款的事实是吻合和相互印证的。

【司法观点】

A公司未能按照税务机关的要求提供其账簿资料及其他纳税资料等，其行为符合《税收征管法》第三十五条第一款第（三）项的情形，被上诉人某市国税局对上诉人核定应纳税额，符合法律规定。关于应税收入额的确定问题，上诉人虽在2012年至2013年向B公司虚开增值税专用发票，但其从B公司实际取得承兑汇票货款30 371 489.86元。A公司2012年申报营业收入15 082 170.19元，2013年申报营业收入12 168 306.04元，共计27 250 476.23元。故某市国家税务局稽查局以上诉人自行申报的营业收入作为应税收入额以计算应纳税所得额，并无不当。

## 5. 上诉人A公司与被上诉人某市税务局稽查局税务行政管理行政处罚案

【案例索引】

上诉人A公司与被上诉人某市税务局稽查局税务行政管理行政处

【案情简述】

上诉人A公司因诉被上诉人某市税务局稽查局税务行政管理行政处罚一案，经过一审、二审，法院作出（2018）苏01行终1027号判决书。

税务处罚决定中将A公司在2010年至2014年期间少申报租金收入行为认定为偷税并处罚。

原审法院认为：

（1）关于偷税定性问题。

《税收征管法》第六十三条第一款规定，纳税人伪造、变造、隐匿、擅自销毁账簿、记账凭证，或者在账簿上多列支出或者不列、少列收入，或者经税务机关通知申报而拒不申报或者进行虚假的纳税申报，不缴或者少缴应纳税款的，是偷税。根据该规定，偷税有四种手段：一是通过伪造、变造、隐匿、擅自销毁账簿、记账凭证等手段，不缴或者少缴应纳税款的行为；二是通过在账簿上多列支出或者不列、少列收入，不缴或者少缴应纳税款的行为；三是经税务机关通知而拒不申报或者进行虚假的纳税申报，不缴或者少缴应纳税款的行为。

偷税包括三个构成要件：

①主观上存在偷税故意；

②采取以上三种之一的欺骗或隐瞒的手段；

③造成了不缴或少缴的后果。

本案中，稽查局在调查过程中收集的A公司与9家公司签订的租赁合同可以证明，A公司通过约定的方式转移纳税义务，存在故意不申报纳税的故意。稽查局对A公司的股东、高管及财务人员的调查及银行流水可以证明，A公司存在将租金收入打入个人账户，逃避纳税的行为。A公司未按规定时限申报纳税，客观上造成了国家税收收入的损失，损害了国家税收征管的秩序。补缴的税款亦未归属到所属年限申报，客观上造成了少缴的后果。A公司的行为符合《税收征管法》第六十三条规定的偷税的构成要件，稽查局认定原告偷税的行为认定事实清楚，适用法律正确。

在偷税认定方面，A公司强调系原总经理的个人行为，但原审法院认为，总经理代表公司租赁公司房产，系职务行为，且法定代表人、执行董事对租金长期打入个人账户均是知情的。公安未对总经理立案查处，尚无法认定属职务犯罪行为。

（2）事后补缴对偷税认定的影响。

补缴是否免责的问题。A公司强调已补缴税款应推定其没有偷税的主观故意。原审法院认为，是否具有主观故意应以行为发生时进行判断，不能因事后补缴就倒推没有主观故意。根据《国家税务总局关于税务检查期间补正申报补缴税款是否影响偷税行为定性有关问题的批复》（税总函〔2013〕196号），纳税人未在法定期限内缴纳税款，且行为符合《税收征管法》第六十三条规定的构成要件的，即构成偷税，逾期后补缴税款不影响行为的定性。纳税人在稽查局进行税务检查前主动补正申报补缴税款，并且税务机关没有证据证明纳税人具有偷税主观故意的，不按偷税处理。本案中，某市税务局稽查局的证据能够证明A公司在2010—2014年期间出租自有房产存在故意欺骗和隐瞒应纳税收入，具有偷税的主观故意，该稽查局将A公司定性为偷税并无不当。

（3）处罚幅度问题。

根据《税收征管法》第六十三条规定，对纳税人偷税的，由税务机关追缴其不缴或者少缴的税款、滞纳金，并处不缴或者少缴的税款百分之五十以上五倍以下的罚款；构成犯罪的，依法追究刑事责任。鉴于A公司在税务检查中比较配合，也补缴了部分税款，该稽查局在法定的处罚幅度内处以0.8倍罚款，处罚并无不当。

**【纳税人观点】**

（1）本案上诉人是在稽查立案之前做的税款补缴，一审法院对该事实没有认定清楚。

国家税务总局曾明确发文规定：“对随机抽查的企业，鼓励其自查自纠、自我修正，引导依法诚信纳税。对主动、如实补缴税款、缴纳滞纳金，或者配合税务机关查处税收违法行为有立功表现的，依法从轻、减轻税务行政处罚。对税收违法行为轻微，且主动、及时补缴税款、缴纳滞纳金，没有造成危害后果的，依法不予税务行政处罚。”依据该规定，上诉人在发现少计租金收入的情况下，及时补缴税款。该自查自纠行为虽不是随机抽查行为，但根据举重以明轻原则，在随机抽查的情况下，对于税收违法行为轻微，且主动、及时补缴税款、缴纳滞纳金，没有造成危害后果的，依法不予税务行政处罚，那么对于本案的主动自查自纠行为更不应该被课以行政处罚。

（2）原总经理行为是否属于上诉人的行为，一审对此事实认定不清。

原总经理的行为应不属于履行职务行为，其只是被授权管理公司，被授权代程 ×× 签署有关上诉人公司的一切文件，并没有被授权代替程 ×× 本人签署合同。原总经理的不法行为也不等同于上诉人行为，其行为导致上诉人在税法上的“不合法”行为，并不是上诉人主动追求其“不合法”行为。原总经理作出的行为导致上诉人违反税法上的规定属于原总经理的侵权行为，其税法法律责任不应该由被侵权的上诉人承担。一审法院认为原总经理签字的行为是经过程 ×× 的授权，明显属于事实认定不清。因此上诉人不存在《税收征管法》第六十三条第一款规定的偷税行为。

发现原总经理的违法行为后，上诉人在税务检查前的自我纠正补税行为属于违法阻却中的自救行为，不属于违法行为。上诉人在税务检查前已补缴税款及滞纳金，足以证明上诉人并无希望或积极追求偷逃税款这一结果的直接故意，也无放任偷逃税款这一结果的间接故意。

**【税务局观点】**

（1）本案上诉人并未依法补缴，且其补缴系事后进行，不影响偷税认定。

①未依法补缴。2016年5月17日，上诉人将其2010—2014年出租房屋取得的、未申报的租金收入共计16 861 878.45元，作为2014年度企业所得税应纳税所得额向南京市玄武区国家税务局申报、缴纳企业

所得税4 215 469.61元，缴纳滞纳金739 814.92元。然而，本案上诉人并未依法对其2010—2013年的未入账、未申报收入进行补充申报，而是将以前年度少申报的部分收入并入2014年度当期进行企业所得税纳税申报，不仅与事实不符，也少于被上诉人调查核实的2010—2014年的全部未入账、未申报收入。虽经被上诉人通知，上诉人仍拒不改正。可见，上诉人并未依法补缴税款。

②事后补缴不影响偷税的认定。根据《国家税务总局关于税务检查期间补正申报补缴税款是否影响偷税行为定性有关问题的批复》（税总函〔2013〕196号）之规定，上诉人虽存在补缴的行为，但一方面其并未依法补缴税款，另一方面其已构成偷税的补缴，并不影响其偷税行为的定性。

（2）上诉人隐藏收入、虚假申报的违法事实，在案证据均能够相互印证并加以证实。

本案被上诉人依法实施了税务检查，向上诉人、承租人调取了相关证据资料，对有关人员进行了询问并制作了询问笔录，调取了上诉人的纳税申请表和具体工作人员的相关银行流水和交易记录。通过检查，被上诉人所获得的证据能够环环相扣、相互印证，证实本案上诉人在账目上隐藏收入，将本应由公司收取的资金收入隐藏在个人账户上，向税务机关作出虚假申报，不缴少缴税款数额巨大，主观故意明显，构成偷税。

（3）上诉人与其原总经理的民事争议，与本案无关。

**【司法观点】**

《税收征管法》第六十三条第一款规定，纳税人伪造、变造、隐匿、擅自销毁账簿、记账凭证，或者在账簿上多列支出或者不列、少列收入，或者经税务机关通知申报而拒不申报或者进行虚假的纳税申报，不缴或者少缴应纳税款的，是偷税。对纳税人偷税的，由税务机关追缴其不缴或者少缴的税款、滞纳金，并处不缴或者少缴的税款百分之五十以上五倍以下的罚款；构成犯罪的，依法追究刑事责任。

本案中，被上诉人根据调查中获取的房屋租赁合同、询问笔录、个人银行卡交易清单、租金未作收入统计表、记账凭证及相关情况说明等证据材料，确认上诉人A公司将公司2010—2014年期间租金收入合计18 883 287.52元通过公司员工个人账户收取，亦未在当年度的企业所得税纳税申报中予以申报纳税，属于设立账外账、少列收入，达到不缴或少缴税款的目的。被上诉人据此认定上诉人A公司该行为构成偷税，并对其处以不缴或少缴税款3 761 308.31元的0.8倍的处罚，计人民币3 009 046.65元。该处罚决定认定事实清楚，适用法律正确，证据确凿，并无不当。同时，被上诉人在作出行政处罚决定中，履行了立案检查、调查取证、处罚告知、进行听证、听取陈述申辩、报送审理及作出处罚决定并送达上诉人等相关程序义务，程序合法。

上诉人认为将公司租金收入设立账外账，不予申报纳税行为系原总经理的个人行为，与上诉人公司无关。对此，本院认为，原总经理时任上诉人公司总经理对外代表公司处理公司自有房屋出租事宜，其少列收入不予申报纳税动机亦出于为公司获取不当利益考虑，该行为应视为职务行为，而非原总经理个人行为。且在卷证据显示公司法定代表人程××知晓原总经理的行为，程××也提供个人账户接受承租方房租汇款。故上诉人该项主张，与事实不符，本院不予采纳。

上诉人认为上诉人公司行为没有偷税的主观故意，故不应认定为偷税行为。对此，本院认为，在卷证据显示上诉人公司在订立租赁合同时即约定相应税费由承租人负担，以此逃避纳税义务，又违法不开具发票，说明其在租赁关系建立之初就存在隐瞒收入进行偷税的主观故意。且上诉人公司将房屋租赁款项存入公司法定代表人、高管及财务负责人的个人名下，以账外设账等方式不计少计收入，以此达到不缴或少缴税款的目的，其偷税主观故意意图明显，不属于"因理解税收政策不准确、计算错误等失误导致未缴、少缴税款，依法追缴税款、滞纳金"的范畴。故上诉人认为其没有偷税的主观故意，不应认定为偷税的上诉理由不能成立，本院不予采纳。

上诉人认为上诉人公司在税务检查前自我纠正申报补缴税款，应不按偷税处理。对此，本院认为,《国家税务局关于税务检查期间补正申报补缴税款是否影响偷税行为定性有关问题的批复》(税总函〔2013〕196号)明确规定：税务机关认定纳税人补缴或者少缴税款的行为是否构成偷税，应当严格遵循《税收征管法》第六十三条的有关规定。纳税人未在法定的期限内缴纳税款，且其行为符合《税收征管法》第六十三条规定的构成要件的，即构成偷税，逾期后补缴税款不影响行为的定性。纳税人在稽查局进行税务检查前主动补正申报补缴税款，并且税务机关没有证据证明纳税人具有偷税主观故意的，不按偷税处理。依据该批复，上诉人公司行为符合《税收征管法》第六十三条规定构成偷税行为，逾期后补缴税款不影响该行为定性，且上诉人公司也没有如实按规定申报补缴应纳税款，偷税主观意图明显，应按偷税行为处理。

上诉人认为某市税务局稽查局和原某市地税局稽查局执法尺度不一致，应仅就上诉人主动补缴申报与税务局认定的差额部分进行罚款。对此，本院认为，某市稽查局成立于2018年7月5日，9号《税务行政处罚决定书》作出时间是2017年8月4日，当时稽查局和原某市地税局稽查局分属两不同执法单位，征收税种有别、所查违法事实有异、处理结果有所不同。上诉人认为两单位处罚认定标准不一致，以此认定被上诉人作出的9号《税务行政处罚决定书》)违法的上诉理由，于法无据，本院不予采纳。

上诉人认为被上诉人作出的9号《税务行政处罚决定书》处罚畸重不合理，对此，本院认为,《税收征管法》第六十三条规定，构成偷税的，由税务机关追缴其不缴或者少缴的税款、滞纳金，并处不缴或者少缴的税款百分之五十以上五倍以下的罚款。J省某市国家税务局、J省某市地方税务局发布的《税务行政处罚自由裁量基准操作标准》第六条规定，纳税人实施偷税有以下情形之一的，处不缴或少缴税款0.5倍以上1倍以下罚款：①纳税人配合税务机关检查的；②在税务机关对其违法行为作出税务处理前主动补缴税款和滞纳金的；③以及违法行为较轻的。被上诉人综合本案案情和上诉人公司配合税务机关检查及主动补缴税款和滞纳金情节，对上诉人公司作出0.8倍处罚，符合法律及税务处罚操作标准的相关规定，并无不当。

## 6.A公司不服某市税务局税务管理加收滞纳金处罚案件

**【案例索引】**

某市税务局、A公司不服税务管理加收滞纳金处罚一审行政判决书［（2013）青行重字第1号］

某市税务局、A公司不服税务管理加收滞纳金处罚一审行政判决书［（2013）青行重字第2号］

**【案情简述】**

原告A公司不服被告某市税务局作出的税务行政处罚一案，法院作出（2013）青行重字第1号判决书。原告不服被告某市税务局作出的税务行政处理一案，法院作出（2013）青行重字第2号判决书。

（1）关于实体问题。

①2003年存在的违法事实。

第一，A公司2003年10月使用加盖虚构开票单位——某单位印章的5份普通发票，作为购进固定资产及列支销售费用的原始凭证入账，据此列支销售费用8 250元并于同年计提折旧8 085.1元。根据《中华人民共和国税收征收管理法》（以下简称《税收征管法》）第十九条、《中华人民共和国发票管理办法》（以下简称《发票管理办法》）第二十二条、《中华人民共和国发票管理办法实施细则》（以下简称《发票管理办法实施细则》）第三十二条的规定，上述5份普通发票不得作为会计核算的凭证，应调增2003年应纳税所得额16 335.1元。

第二，A公司2003年没有实现销售收入，只有预售收入，不符合《国家税务总局关于印发〈企业所得税税前扣除办法〉的通知》（国税发〔2000〕84号，自2010年11月29日起全文失效，下同）第四十条、第四十二条、第四十三条规定，A公司2003年的业务招待费163 202元、业务宣传费60 880元、广告费555 064.5元，合计779 146.5元，不得在2003年的企业所得税税前扣除，应作纳税调整779 146.5元。但是，A公司仅作纳税调整95 436.8元，少作纳税调整683 709.7元，故应调增2003年应纳税所得额683 709.7元。

第三，A公司2003年工资支出170 636元，职工福利费支出23 749.04元，职工工会经费支出3 392.72元，职工教育经费支出2 544.55元。根据《中华人民共和国企业所得税暂行条例》（以下简称《企业所得税暂行条例》）第六条第二款第（二）项、第（三）项及《财政部 国家税务总局关于调整计税工资扣除限额等有关问题的通知》（财税字〔1999〕258号，根据财政部令第62号废止，下同）第一条规定，2003年允许税前扣除的工资125 600元、职工福利费17 584元、职工工会经费1 884元、职工教育经费2 512元，工资、职工福利费、职工工会经费、职工教育经费分别超过税前扣除标准45 036元、6 165.04元、1 508.72元、32.55元，合计52 742.31元，应作纳税调整52 742.31元。但是，A公司未作纳税调整，应调增2003年应纳税所得额52 742.31元。

第四，A公司2003年罚款、罚金支出合计1 000元。根据《企业所得税暂行条例》（自2008年1月1日起全文废止，下同）第七条第（四）项规定，上述罚款、罚金支出不允许税前扣除，应作纳税调整1 000元，A公司已作纳税调整11 722.51元，应调减2003年应纳税所得额10 722.51元。

第五，A公司2003年取得的预售收入8 894 440元。根据《国家税务总局关于房地产开发有关企业所得税问题的通知》（国税发〔2003〕83号，自2006年1月1日全文废止，下同）第二条规定，应按15%利润率，计算预计营业利润额1 334 166元，申报缴纳企业所得税。但是，A公司未按上述规定计算预计营业利润额，申报缴纳企业所得税，故应调增2003年应纳税所得额1 334 166元。

第六，A公司2003年申报销售成本11 854 328.51元，经查证，A公司的开发项目在2003年尚未完工。根据国税发〔2003〕83号文第二条规定，开发项目完工后，才能结转其销售成本并予申报。但是，A公司提前结转并申报销售成本11 854 328.51元，故应调增2003年应纳税所得额11 854 328.51元。

第七，A公司2003年申报销售收入8 894 440元，经查证，A公司的开发项目在2003年尚未完工。因此，该收入属预售收入，根据国税发〔2003〕83号文第二条规定，开发项目完工后，才结转为销售收入。故调减A公司2003年应纳税所得额8 894 440元。

以上第一、二、三、五、六项所列的违法行为，共调增2003年应纳税所得额13 941 281.62元；以上第四、七项所列的行为，共调减2003年应纳税所得额8 905 162.51元。两者相抵后，2003年实际调增应纳税所得额5 036 119.11元。

②2004年存在的违法事实。

2003年用不符合规定的发票作为购进固定资产的原始凭证，该固定资产在2004年提取折旧154 285.92元。根据《税收征管法》第十九条、《发票管理办法》第二十二条、《发票管理办法实施细则》第三十二条的规定，上述不符合规定的发票不得作为会计核算的凭证，该固定资产不得提取折旧。因此，调增2004年应纳税所得额154 285.92元。

③2005年存在的违法事实。

第一，本期申报销售成本45 938 059.93元，核实实际发生数为53 603 871.15元，根据已售完工产品比例，允许扣除成本为49 974 889.07元，调减应纳税所得额4 036 829.14元。

第二，A公司2005年账上反映的“营业税金及附加”金额为1 315 096.48元。但是，A公司2005年申报缴纳企业所得税时，申报“营业税金及附加”4 683 516.59元，多申报3 368 420.11元。因此，应调增2005年应纳税所得额3 368 420.11元。

第三，A公司2005年账上反映的“固定资产折旧”金额为435 995.24元。但是，A公司2005年申报缴纳企业所得税时，申报“固定资产折旧”760 166.03元，多申报324 170.79元。因此，应调增2005

年应纳税所得额324 170.79元。

第四，A公司2005年账上反映的“利息净支出”金额为584 271.46元。但是，A公司2005年申报缴纳企业所得税时，申报“利息净支出”653 814.8元，多申报69 543.34元。因此，应调增2005年应纳税所得额69 543.34元。

第五，A公司2005年账上反映的“租金净支出”金额为202 140元。但是，A公司2005年申报缴纳企业所得税时，申报“租金净支出”294 384元，多申报92 244元。因此，应调增2005年应纳税所得额92 244元。

第六，A公司2005年账上反映的“税金”金额为77 110.67元。但是，A公司2005年申报缴纳企业所得税时，申报“税金”136 899.66元，多申报59 788.99元。因此，应调增2005年应纳税所得额59 788.99元。

第七，A公司2005年账上反映的“差旅费”金额为157 864.7元。但是，A公司2005年申报缴纳企业所得税时，申报“差旅费”283 916.1元，多申报126 051.4元。因此，应调增2005年应纳税所得额126 051.4元。

第八，A公司2005年账上反映的“会议费”金额为35 944元。但是，A公司2005年申报缴纳企业所得税时，申报“会议费”54 214元，多申报18 270元。因此，应调增2005年应纳税所得额18 270元。

第九，A公司2005年账上反映的“业务招待费”金额为400 097.29元，A公司2005年申报缴纳企业所得税时，申报“业务招待费”1 029 544.59元。A公司本期销售收入为71 902 861元，根据国税发〔2000〕84号文件规定，允许列支的业务招待费为245 708.58（71 902 861 × 3‰+30 000）元，应核减783 836.01元，应作纳税调整783 836.01元，已作纳税调整813 927.61元，故应调减应纳税所得额30 091.6元。

第十，A公司2005年账上反映的“工资薪金”金额为270 201.46元。但是，A公司2005年申报缴纳企业所得税时，申报“工资薪金”691 664.46元，多申报421 463元。因此，应调增2005年应纳税所得得额421 463元。

第十一，A公司2005年工资支出270 201.46元。根据《企业所得税暂行条例》第六条第二款第（二）项及广西壮族自治区财政厅、广西壮族自治区国家税务局、广西壮族自治区地方税务局《关于调整我区企业计税工资扣除限额的通知》（桂财税〔2005〕6号）规定，2005年允许税前扣除的工资为172 800元，超过扣除标准97 401.46元，应作纳税调整97 401.46元。但是，A公司已作纳税调整241 484.46元，多作纳税调整144 083元。因此，应调减2005年应纳税所得额144 083元。

第十二，A公司2005年账上反映的“职工福利费、职工工会经费、职工教育经费”金额合计45 675.25元。但是，A公司2005年申报缴纳企业所得税时，申报“职工福利费、职工工会经费、职工教育经费”合计111 841.69元，多申报66 166.44元。因此，应调增2005年应纳税所得额66 166.44元。

第十三，A公司2005年职工福利费支出37 828.2元，职工工会经费支出4 053.02元，职工教育经费支出3 794.03元。根据《企业所得税暂行条例》第六条第二款第（三）项规定，2005年允许税前扣除的职工福利费为24 192元、职工工会经费为3 456元、职工教育经费为2 592元，职工福利费、职工工会经费、职工教育经费分别超过税前扣除标准13 636.2元、597.02元、1 202.03元，合计15 435.25元，应作纳税调整15 435.25元。但是，A公司已作纳税调整37 542.64元，多作纳税调整22 107.39元。因此，应调减2005年应纳税所得额22 107.39元。

第十四，纳税调整增加额中的其他纳税调整增加项目调整业务宣传费4 743 340.05元，核实为0元，应调减2005年应纳税所得额4 743 340.05元。

第十五，2005年度期间费用业务宣传费实际支出131 197.95元，根据国税发〔2000〕84号文规定，本期允许列支的业务宣传费为359 514.31元（71 902 861.00 × 5‰）。经核，A公司2003年业务宣传费60 880元，2004年业务宣传费389 172.4元，本期允许扣除业务宣传费应为359 514.31元，未申报扣除228 316.36元，应调减2005年应纳税所得额228 316.36元。

第十六，A公司2005年度纳税调整减少额申报10 509 385.52元，为2003年、2004年“世×商都”项目预售收入的预计毛利额，经核预计毛利额为8 359 193.85元，多申报2 150 191.67元，应调增2005年应纳税所得额2 150 191.67元。

第十七，A公司2005年税款滞纳金和罚款支出13 046.98元。根据《企业所得暂行条例》第七条第（四）项规定，上述罚款、罚金支出不允许税前扣除，应作纳税调整13 046.98元。但是，A公司已作纳税调整174 384.07元，多调整161 337.09元。因此，应调减2005年应纳税所得额161 337.09元。

第十八，A公司2005年账上反映的“销售费用”2 311 439.54元、“管理费用”2 778 060.87元、“财务费用”622 356.34元、“营业外支出”20 472.98元，金额合计5 732 329.73元。其中，“固定资产折旧”435 995.24元、“利息净支出”584 271.46元、“租金净支出”202 140元、“税金”77 110.67元、“广告费支出”467 520元、“差旅费”157 864.7元、“会议费”35 944元、“业务招待费”400 097.29元、“工资薪金”270 201.46元、“职工福利费”37 828.2元、“职工工会经费”4 053.02元、“职工教育经费”3 794.03元、“社会保险缴款”77 553.22元。以上“固定资产折旧”等十三项费用合计2 754 373.29元，扣除“固定资产折旧”等十三项费用支出外，账上反映其他的“销售费用”“管理费用”“财务费用”“营业外支出”金额合计为2 977 956.44元。但是，A公司2005年申报缴纳企业所得税时，申报其他的“销售费用”“管理费用”“财务费用”“营业外支出”合计10 990 099.19元，多申报费用8 012 142.75元。且A公司已作纳税调整92 020.98元，实际多申报费用7 920 121.77元。因此，应调增2005年应纳税所得额7 920 121.77元。

第十九，A公司2005年取得财政“创新基金”补贴394 000元。根据《财政部 国家税务总局关于企业补贴收入征税等问题的通知》（财税字〔1995〕81号，依据财政部令第62号，已全文废止）第一条规定，该补贴应计入2005年度的应纳税所得额，征收企业所得税。但是，A

公司未计入2005年度应纳税所得额，造成少报应纳税所得额394 000元。因此，应调增2005年应纳税所得额394 000元。

第二十，A公司2005年取得三份普通发票，号码分别为：02458××、02437××、01885××，作为列支管理费用的原始凭证入账，据此列支管理费用200 800元。经核实，上述三份发票的开票单位与领购单位不一致，违反了《发票管理办法》第二十六条的规定。根据《税收征管法》第十九条及《发票管理办法》第二十二条规定，不得作为会计核算的凭证。因此，应调增2005年应纳税所得额200 800元。

第二十一，2003年用不符合规定的发票作为购进固定资产的原始凭证，在2005年提取折旧154 285.92元。根据《税收征管法》第十九条、《发票管理办法》第二十二条、《发票管理办法实施细则》第三十二条的规定，上述不符合规定的发票不得作为会计核算的凭证，该固定资产不得提取折旧。故调增2005年应纳税所得额154 285.92元。

第二十二，A公司将2004年少计的收入或多列的费用452 502.86元，调增了2005年应纳税所得额452 502.86元。由于A公司2004年免征企业所得税，因此，2004年少计的收入或多列的费用，不需要调增2005年应纳税所得额。故应调减2005年应纳税所得额452 502.86元。

以上第二、三、四、五、六、七、八、十、十二、十六、十八、十九、二十、二十一目所列违法行为，共调增2005年应纳税所得额15 365 517.43元；第一、九、十一、十三、十四、十五、十七、二十二目所列行为，调减应纳税所得额9 818 607.49元。两者相抵后，实际调增2005年应纳税所得额5 546 909.94元。

④综上所述：

第一，对A公司2003年第一、二、三、五、六目所列的违法行为，实际调增2003年应纳税所得额5 036 119.11元，抵减A公司2003年度申报亏损4 860 607.43元后，2003年实际应纳税所得额175 511.68元。根据《企业所得税暂行条例》第三条、第四条之规定，造成2003年少缴企业所得税57 918.85元。根据《税收征管法》第六十三条第一款规定，予以追缴。

对A公司2005年第二、三、四、五、六、七、八、十、十二、十六、十八、十九、二十、二十一目所列的违法行为，实际调增2005年应纳税所得额5 546 909.94元。根据《企业所得税暂行条例》第三条、第四条之规定，造成2005年少缴企业所得税1 830 480.28元。根据《税收征管法》第六十三条第一款规定，予以追缴。

第二，被告在对原告2003—2005年期间的企业所得税执行情况和取得发票情况进行检查后，针对原告的税务违法行为，分别行文作了处理和处罚。在对原告作出的追缴企业所得税及滞纳金的税务处理决定中，其中第（一）项处理决定认定原告2003年少缴企业所得税57 918.85元、2005年少缴企业所得税1 830 480.28元，决定根据《税收征管法》第六十三条第一款规定，予以追缴。然而，在同时作出的本案税务行政处罚决定中，被告在认定原告2003年、2005年存在的违法事实与税务处理决定所作认定一致的情形下，却在其第（二）项、第（三）项处罚决定中认定原告2003年共少缴企业所得税52 528.27元、2005年共少缴企业所得税1 713 301.93元，并在此基础上，根据《税收征管法》第六十三条第一款规定，对原告处少缴税款百分之五十的罚款，罚款金额分别为26 264.14元和856 650.96元。

（2）关于程序问题。

被告在对原告作出本案税务行政处罚决定之前，虽然以《税务行政处罚事项告知书》的形式，告知了原告作出行政处罚的事实根据、法律依据及拟作出的处罚决定。但经审查发现，被告在本案税务行政处罚决定书中认定原告2005年存在的第一、九、十五、十六目违法事实，并未在《税务行政处罚事项告知书》中列明。

**【纳税人观点】**

被告作出的处理决定认定事实和适用法律、法规错误。其作出的处理决定是在原告2005年错误纳税申报的基础上采取简单的调增、调减方式计算得出的错误结论。

【税务局观点】

原告认为被告作出的税务处理决定认定事实和适用法律法规错误的理由不成立。

（1）原告计算和纳税申报的法律义务。

根据《企业所得税暂行条例》第九条的规定，原告负有按照税收规定计算纳税的义务；根据《企业所得税暂行条例实施细则》第五十六条的规定，原告负有正确计算纳税的义务；根据《税收征管法》第十九条、《发票管理办法》第二十二条的规定，原告负有利用合法有效凭证记账、核算的义务；根据《税收征管法》第二十五条、国税发〔2000〕84号文第三条的规定，原告负有申报真实、合法的义务；根据国税发〔1998〕182号（自2006年4月30日起全文废止）文第十一条的规定，原告负有依法如实填写纳税申报表的义务。

（2）原告推脱其计算纳税和纳税申报义务。

根据《税收征管法实施细则》第九条、《税务稽查工作规程》（国税发〔1995〕226号，依据国税发〔2009〕157号全文废止）第一条的规定，被告的税务稽查是对原告履行纳税义务进行检查和处理，检查核对原告计算纳税和纳税申报是否存在错漏、是否违法，而不是代替原告计算和申报企业所得税。原告推脱其计算纳税和纳税申报义务，将其归为被告义务，认为“被告没有依据国税发〔2003〕83号（自2006年1月1日起全文废止）文的规定和计算公式来处理原告‘世×商都’项目的涉税事项”，明显违反法律规定。

（3）原告承认其违反规定计算纳税和纳税申报。

原告认为“被告的处理决定是在原告2005年错误纳税申报的基础上采取简单的调增、调减方式计算得出的错误结论”。根据上述规定，原告有依法计算纳税和纳税申报的义务，且其已计算纳税和纳税申报。原告经被告处理后，承认其2005年纳税申报“错误”，实际上是承认其2005年违反规定计算纳税和纳税申报。

被告适用《企业所得税暂行条例》第三条、第四条的规定，追缴原告2003年、2005年企业所得税正确；适用《税收征管法》第三十二条、《企业所得税暂行条例》第十五条的规定，向原告征收所追缴的企业所得税的滞纳金正确；依据《税收征管法》第六十三条的规定，认定原告的行为构成偷税正确。

**【司法观点】**

（1）关于实体问题。

第一，根据《税收征收管理法》第六十三条的规定，纳税人偷税行为的认定，具体分为四种情形：伪造、变造、隐匿、擅自销毁账簿、记账凭证，在账簿上多列支出或者不列、少列收入，经税务机关通知申报而拒不申报或者进行虚假的纳税申报。纳税人只有采取这四种手段不缴或者少缴应纳税款的，才以偷税论处。被告在本案税务处理决定中，对原告违法事实分别作了罗列，缺乏对原告行为手段性质的明确定性。被告仅依据原告少缴企业所得税的事实，即适用偷税对原告进行处理，属认定事实不清，适用法律错误。

第二，被告在第（一）项处理决定中，对原告2003年第一、二、三、五、六目所列的违法行为，决定根据《税收征管法》第六十三条第一款的规定予以追缴。然而，被告在其后第（三）项处理决定中，认定原告2003年第二、三、五、六目所列的违法行为，根据《税收征管法》第六十三条第一款规定，上述行为已构成偷税，对偷税的行政处罚另行文处理。即被告在第（三）项处理决定中，并未将原告2003年第一目所列违法行为定性为偷税行为。显然，被告对原告同一违法行为的定性，前后不一。被告在对原告的违法行为是否构成偷税缺乏准确定性的情形下，即适用《税收征管法》第六十三条第一款的规定对原告进行处理，属认定事实不清，适用法律错误。

第三，被告在税务处理决定已对原告上述2003年、2005年的违法行为按偷税处理的情形下，在同时作出的行政处罚决定中，却适用《发票管理办法》的规定对原告进行处罚，相互矛盾，显属认定事实不清，适用法律错误。

（2）关于程序问题。

《中华人民共和国行政处罚法》第三十一条规定："行政机关在作出行政处罚决定之前，应当告知当事人作出行政处罚决定的事实、理由及依据，并告知当事人依法享有的权利。"①第三十二条第一款规定："当事人有权进行陈述和申辩。行政机关必须充分听取当事人的意见，对当事人提出的事实、理由和证据，应当进行复核；当事人提出的事实、理由或者证据成立的，行政机关应当采纳。"② 根据上述规定，行政机关在作出行政处罚决定之前，应当告知当事人作出行政处罚决定的事实、理由、依据及其依法享有的权利，并听取当事人的陈述和申辩，此系行政处罚的法定程序。

被告在作出处罚决定之前，未完整告知原告作出处罚决定的事实，剥夺了原告对未告知部分事实进行陈述和申辩的权利，特别是第十六目违法事实还涉及调增原告2005年应纳税所得额2 150 191.67元。

被告的行为违反了上述规定，已构成程序违法。根据《中华人民共和国行政处罚法》第四十一条③"行政机关及其执法人员在作出行政处罚决定之前，不依照本法第三十一条、第三十二条的规定向当事人告知给予行政处罚的事实、理由和依据，或者拒绝听取当事人的陈述、申辩，行政处罚决定不能成立；当事人放弃陈述或者申辩权利的除外"的规定，被告对原告作出的行政处罚决定，依法不能成立。

---

① 注：现修订为《行政处罚法》第四十四条，行政机关在作出行政处罚决定之前，应当告知当事人拟作出的行政处罚内容及事实、理由、依据，并告知当事人依法享有的陈述、申辩、要求听证等权利。

② 注：现更改为《行政处罚法》第四十五条，法条内容未改变。

③ 注：现更改为《行政处罚法》第六十二条，行政机关及其执法人员在作出行政处罚决定之前，未依照本法第四十四条、第四十五条的规定向当事人告知拟作出的行政处罚的事实、理由、依据，或者拒绝听取当事人的陈述、申辩，不得作出行政处罚决定；当事人明确放弃陈述或者申辩权利的除外。

## 7.某市A工厂与国家税务总局某市税务局稽查局税务行政管理（税务）案

**【案例索引】**

某市A工厂与国家税务总局某市税务局稽查局税务行政管理（税务）一审行政判决书［（2019）辽1481行初31号］

国家税务总局某市税务局稽查局、某市A工厂税务行政管理（税务）二审行政判决书［（2020）辽14行终25号］

国家税务总局某市税务局稽查局、某市A工厂税务行政管理（税务）再审审查与审判监督行政裁定书［（2020）辽行申767号］

**【案情简述】**

某市税务局稽查局作出税稽罚〔2018〕5号《税务行政处罚决定书》，主要内容为：认定原告A工厂取得虚开增值税专用发票进项税额424 800.25元，取得有资金回流的增值税专用发票（失控发票）进项税额3 255 303.84元，取得无资金回流的增值税专用发票（失控发票）进项税额534 660.56元。

原告申报2016年和2017年进项税额转出4 364 062.45元，经查2016年和2017年进项税额转出4 364 062.25元。

经计算2016年应补缴增值税558 208.86元，2017年1月和2月应补缴增值税2 486 066.6元，两年合计应补缴增值税3 044 275.46元。

2018年3月期末留抵税额调整为3 910 982.1元。

以所补缴增值税为计算依据征收附加税，经计算2016年12月应补缴附加税33 492.54元，2017年应补缴附加税149 164元，合计应补缴附加税182 656.54元。根据《中华人民共和国税收征收管理法》第六十三条第一款和《国家税务总局关于纳税人取得虚开的增值税专用发票处理问题的通知》第一条的规定，A工厂取得的不符合规定增值税专用发票抵扣进项税款，进行虚假纳税申报，造成少缴应纳税款的行为是偷税，除依法追缴少缴纳的增值税税款3 044 275.46元以及依托增值税征收的城市维护建设税、教育费附加182 656.54元，决定对A工厂并处少缴增值税及城市维护建设税税款（教育费附加未进行处罚）一倍罚款，即罚款3 074 718.22元（增值税3 044 275.46元、城市建设维护税30 442.76元）。

原告A工厂不服被告国家税务总局某市税务局稽查局作出的税稽罚〔2018〕5号税务行政处罚决定一案，向某市基层人民法院提起行政诉讼。

上诉人国家税务总局某市税务局稽查局因税务行政处罚决定一案，不服（2019）辽1481行初31号行政判决，向某市中级人民法院提起上诉。

再审申请人国家税务总局某市税务局稽查局因与被申请人A工厂税务行政处罚决定一案，不服某市中级人民法院（2020）辽14行终25号行政判决，向某省高级人民法院申请再审。

**【纳税人观点】**

2017年5月，被告对原告进行税务检查，2018年3月20日，被告通知原告“变更检查期间和检查人员”；2018年7月9日通知原告“变更稽查所属期间”；2018年7月18日通知原告“变更执法主体”；2018年8月16日被告作出税稽罚告〔2018〕7号《税务行政处罚事项告知书》，告知原告“缴纳3 044 275.46元增值税税款和城市维护建设税、教育费附加182 656.54元，并处罚款3 074 718.22元”。2018年8月23日，被告以原告“取得虚开增值税专用发票、取得失控发票、虚开发票、偷税”为理由，作出税稽罚〔2018〕5号《税务行政处罚决定书》及税稽处〔2018〕11号《税务处理决定书》，被告的以上处罚决定及处理决定存在重复。原告的生产销售业务是真实的，没有虚开增值税专用发票。另外，被告检查出的失控发票是经过税务机关认证后查出的，期间时间间隔长达半年多，税务机关当时没有查出，原告更无法辨别发票是否失控。原告知道发票失控后，立即进行了进项税转出，缴纳了税款。因此，原告不应重复缴纳税款。国税发〔2000〕187号文件规定："存在真实的交易，没有证据表明购货方知道销售方提供的专用发票是以非法手段获得的，对购货方不以偷税论处"。综上所述，被告行政行为证据不足，适用法律错误，违反法定程序，请求判决撤销被告作出的税稽罚〔2018〕5号《税务行政处罚决定》。

**【税务局观点】**

（1）被告作出的税务处罚决定系依职权作出。

（2）原告存在取得虚开、失控增值税专用发票的违法事实。被告是根据《税收违法案件协查函》和外地税务局转交的该企业取得失控增值税专用发票信息，依法定权限和程序对原告工厂进行的检查。所取得的虚开、失控增值税专用发票已在明细表中予以列明，取得的虚开增值税专用发票存在资金回流的情形，系非善意取得，应依法补缴税款。

（3）被告作出的税务行政处罚决定程序合法、法律依据充分。稽查人员于2017年11月21日向原告下达《税务检查通知书》，2018年8月6日提请国家税务总局某市税务局重大税务案件审理委员会审理，2018年8月15日通过重大案件审理；2018年8月16日下达《税务行政处罚事项告知书》，同日原告签收，且在法定期限内未申请听证；2018年8月23日下达《税务处理决定书》和《税务行政处罚决定书》，8月27日原告签收。

（4）计算税款数额和罚款数额均有事实和法律依据。

（5）《税务行政处罚决定书》和《税务处理决定书》不存在重复性，原告称重复缴纳税款不存在，纳税行为不属于人民法院审查范围。综上所述，被告对原告的税务行政处罚决定证据充分，程序合法，适用法律正确，请求驳回原告诉讼请求。

【司法观点】

本案的争议焦点是某市税务局稽查局作出的税稽罚〔2018〕5号税务行政处罚决定认定的事实是否清楚、程序是否合法。

（1）关于认定取得虚开增值税专用发票违法事实的问题。

某市税务局稽查局认定的违法事实是“2016年11月取得B金属材料有限公司（失联）开具的增值税专用发票25组，金额2 498 824.75元，税额424 800.25元”。某市税务局稽查局对于A工厂与B公司资金流检查情况是“2016年11月17日第19#凭证记载了某市A工厂付给B金属材料有限公司货款2 926 000元，当日通过银行卡资金回流2 677 290元，差额248 710元，占开票总额的9%”。依据现有证据，只能证明B金属材料有限公司开具的25份增值税专用发票为虚开发票的事实，并不能认定A工厂让B金属材料有限公司为其虚开增值税发票的事实。

通过某市税务局稽查局认定的A工厂2015—2017年间的生产销售业务真实情况，结合A工厂提供的证据，能够证明A工厂于2016年11月17日后，购进原料进行生产，生产与销售情况属实，某市税务局稽查局也没有提供证据证明当月A工厂的原料不是从出具发票的公司供货。某市税务局稽查局对于A工厂进行该笔业务期间回流的资金减少的9%是否为同一货款中资金，对于回流资金中间人是否与供货方有关联以及回流的资金减少9%的用途是什么均未提供有效的证据。因此，某市税务局稽查局依据现有证据不能认定A工厂取得的增值税发票存在资金回流，非善意取得增值税专用发票的情形。

（2）关于认定取得失控增值税专用发票违法事实的问题。

某市税务局稽查局认定A工厂取得10户纳税人开具的虚开或失控增值税专用发票，该10户纳税人目前全部为失联或走逃状态，票面所列品名为锌锭。其中，A工厂与上述七家企业存在资金回流。A工厂从上述2家企业购买锌锭，但一直未给对方付款，业务往来过程中未发现资金回流。A工厂与七家企业均有购销合同及付款凭证，付款金额与货款相同。某市税务局稽查局认定九笔回流情况，但九笔回流款是否是同一货款，回流渠道是供货公司回流还是供货公司职工回流，自然人与供货公司是否存在其他关系均没有提供相关证据予以证明。因此，某市税务局稽查局认定相关自然人回流资金，存在认定事实不清，主要证据不足的问题。

根据国税发〔2000〕187号《国家税务总局关于纳税人善意取得虚开的增值税专用发票处理问题的通知》的规定，对购货方取得销售方虚开的增值税专用发票应按偷税处理的前提条件是有证据证明购货方在进项税得到抵扣前知道该专用发票是销售方以非法手段获得的。本案中，A工厂与销售方有购货合同、付款凭证，并有货物入库单，且经税务机关查明A工厂生产销售业务真实，税务机关没有提供充分的证据证明A工厂与销售方不存在真实交易。某市税务局稽查局依据现有证据认定A工厂取得的增值税发票存在资金回流，为非善意取得增值税专用发票，事实不清，证据不足。

关于某市税务局稽查局提出本案对于A工厂因没有按照《中华人民共和国增值税暂行条例》第四条“除本条例第十一条规定外，纳税人销售货物、劳务、服务、无形资产、不动产（以下统称“应税销售行为”），应纳税额为当期销项税额抵扣当期进项税额后的余额。应纳税额计算公式应纳税额=当期销项税额–当期进项税额。当期销项税额小于当期进项税额不足抵扣时，其不足部分可以结转下期继续抵扣”、第二十三条“增值税的纳税期限分别为1日、3日、5日、10日、15日、1个月或者1个季度。纳税人的具体纳税期限，由主管税务机关根据纳税人应纳税额的大小分别核定；不能按照固定期限纳税的，可以按次纳税。纳税人以1个月或者1个季度为1个纳税期的，自期满之日起15日内申报纳税；以1日、3日、5日、10日或者15日为1个纳税期的，自期满之日起5日内预缴税款，于次月1日起15日内申报纳税并结清上月应纳税款。扣缴义务人解缴税款的期限，依照前两款规定执行”的规定，在接到税务机关通知后没有按照上述规定进行当月抵扣税款，没有作进项税转出，构成偷税，而作出税务行政处罚的观点。

原审法院认为某市税务局稽查局作出的税稽罚〔2018〕5号税务行

政处罚决定中，均是对于A工厂取得虚开、失控增值税发票、资金回流、货物流检查、银行存款资金流检查等问题的认定。虽然处罚决定中对于A工厂取得发票的时间、补税的金额进行了认定，但在A工厂接到税务机关通知后对于取得增值税发票未在当期抵扣的事实、违反的法律、法规条款及什么时间转出、每笔应当转出多少等事实，均未在被诉处罚决定中认定，因此，对某市税务局稽查局的上述观点不予支持并无不当。

综上所述，某市税务局稽查局的再审申请不符合《中华人民共和国行政诉讼法》第九十一条规定的情形。依照《最高人民法院关于适用〈中华人民共和国行政诉讼法〉的解释》第一百一十六条第二款的规定，裁定如下：

驳回国家税务总局某市税务局稽查局的再审申请。

## 8. B光电有限公司、A市国家税务局稽查局其他案

### 【案例索引】

B光电有限公司、A市国家税务局稽查局其他二审行政判决书［（2018）浙02行终180号］

### 【案情简述】

2017年9月15日，原A市国家税务局稽查局（以下简称“原国税稽查局”）作出A国税稽罚〔2017〕7号税务行政处罚决定。该决定认定2015年9月至11月期间，上诉人B公司向C市甲五金科技有限公司（以下简称“甲公司”）购买“冲床、模具及配件”，却取得由D铜业有限公司虚开的货物名称为“铜带”的增值税专用发票26份，价税合计250万元，增值税进项税额363 247.89元已于同期向税务机关申报抵扣，已造成偷税363 247.89元的事实。2016年1月至2月期间，上诉人B公司在没有与D公司进行“铜带”交易的情况下，向其开具增值

税专用发票10份，货物名称为“铜带”，价税合计250万元，属于虚开发票行为。为此，原国税稽查局根据《税收征管法》第六十三条第一款、《发票管理办法》第二十二条第二款第（二）项（国务院令第764号修改为第二十一条）、国家税务总局国税发〔1997〕134号《关于纳税人取得虚开的增值税专用发票处理问题的通知》、国家税务总局国税发〔2000〕182号《关于〈国家税务总局关于纳税人取得虚开的增值税专用发票处理问题的通知〉的补充通知》，决定对上诉人上述偷税行为处以所偷税款0.8倍的罚款计290 598.31元。根据《发票管理办法》第二十二条第二款第（一）项、第三十七条（国务院令第764号修改为第二十一条、第三十五条）之规定，决定对上诉人虚开发票的违法行为处以50 000元的罚款。

原审法院经审理认定，2015年8月28日，原告B公司与甲公司签订了买卖合同，由原告向甲公司购买“冲床、模具及配件”，合同总金额为250万元（含17%增值税）。合同签订后，原告向甲公司付清了款项，甲公司亦将该批货物送达给原告。因销售方甲公司无法开具冲床的增值税专用发票，只开具了110万元冲床的增值税普通发票，无法用于进项税额抵扣，原告遂要求甲公司提供增值税专用发票。后甲公司联系与其有铜带业务往来的D公司，由D公司向原告开具货物名称为“铜带”的增值税专用发票26份，价税合计250万元，发票号码为NO.××××6489-××××6592、××××6507-××××6510、××××6516-××××6518、××××6184-××××6188、××××7617-××××7621、××××7627-××××7631，其中增值税进项税额363 247.89元原告已于同期向税务机关申报抵扣。

2016年1月至2月期间，原告按常态进行财务审计，会计师事务所发现原告上述250万元发票存在实物与账面库存不符的情况，要求原告按照相关规定进行纠错。后原告在没有与甲公司进行“铜带”交易的情况下，向甲公司开具了货物名称为“铜带”的宁波增值税专用发票10份，价税合计250万元，发票号码为NO.××××6319、××××6321、××××6323-××××6327、××××6329-

××××6331。

针对原告的上述行为，原国税稽查局于2016年6月28日经审查予以立案查处。2016年8月29日，原国税稽查局作出A国税稽通一〔2016〕48号《税务检查通知书》，并于同年8月30日向原告送达。2017年8月21日，原国税稽查局作出A国税稽罚告〔2017〕6号《税务行政处罚事项告知书》，告知原告拟作出的处罚及其享有陈述、申辩和听证的权利，并于次日向原告送达。2017年8月14日，原A市国家税务局重大税务案件审理委员会作出A国税重审决字〔2017〕33号《审理意见书》，同意原国税稽查局提出的追缴增值税、加收滞纳金、处以罚款以及移送公安的意见，并要求原国税稽查局制作相应的法律文书并送达执行。2017年8月22日，原告向原国税稽查局就本案申请听证。2017年9月5日，原国税稽查局根据原告的申请召开了听证会。2017年9月15日，原国税稽查局作出A国税稽罚〔2017〕7号《税务行政处罚决定书》，并于同年9月19日向原告送达了该处罚决定书。原告不服，向法院提起行政诉讼。因税务机构改革，原国税稽查局与A市地方税务局稽查局合并为国家税务总局A市税务局稽查局。

一审法院认为，根据《税收征管法》第五条“国务院税务主管部门主管全国税收征收管理工作。各地国家税务局和地方税务局应当按照国务院规定的税收征收管理范围分别进行征收管理”的规定，原国税稽查局具有对本辖区内税收进行征收管理的行政职能。案件争议焦点为原国税稽查局作出的A国税稽罚〔2017〕7号《税务行政处罚决定书》认定事实是否清楚，程序是否合法。

关于偷税的事实方面。首先，原告提出其确向甲公司购买了250万元的设备，根据双方合同约定，其理应取得17%的进项税额，因此其主观上不具有《税收征管法》第六十三条规定要求的“不缴或少缴应纳税款”的目的，亦未造成“不缴或少缴应纳税款”的结果，且该行为系因财务工作人员业务不专、疏忽大意造成的，而非企业法人、企业主追求或者放任的行为。根据《国家税务总局关于一般纳税人销售自己使用过的固定资产增值税有关问题的公告》（国家税务总局公告

2012年第1号）的规定，纳税人购进或者自制固定资产时为小规模纳税人，认定为一般纳税人后销售该固定资产，按简易办法依4%征收率减半征收增值税，同时不得开具增值税专用发票。甲公司在购进冲床时是小规模纳税人，虽然其在向原告公司销售冲床时已转为一般纳税人，但此时甲公司是无法就冲床开具增值税专用发票的，因此其在原告要求其开具增值税专用发票时向原告提供了第三方D公司开具的增值税专用发票，而原告在收到上述发票后，明知其与D公司无“铜带”的业务往来，仍将其取得的不应抵扣的D公司虚开的货物名称为“铜带”的增值税专用发票进行进项抵扣，已经表明了原告“不缴或者少缴应纳税款”的主观目的，且原告已将上述由D公司虚开的增值税专用发票抵扣了税款，造成了国家税收的损失。其次，《国家税务总局关于纳税人取得虚开的增值税专用发票处理问题的通知》（国税发〔1997〕134号）第二条规定，在货物交易中，购货方从销售方取得第三方开具的专用发票，或者从销货地以外的地区取得专用发票，向税务机关申报抵扣税款或者申请出口退税的，应当按偷税、骗取出口退税处理，依照《税收征管法》及有关规定追缴税款，处以偷税、骗取数额五倍以下的罚款。《国家税务总局关于〈国家税务总局关于纳税人取得虚开的增值税专用发票处理问题的通知〉的补充通知》（国税发〔2000〕182号）第一条规定，购货方取得的增值税专用发票所注明的销售方名称、印章与其进行实际交易的销售方不符的，即134号文件第二条规定的“购货方从销售方取得第三方开具的专用发票”的情况。根据上述规定，原告从销售方甲公司处取得第三方D公司开具的增值税专用发票申报抵扣税款的行为，应按偷税处理。同时，根据原告财务人员李××的证言，可以证实其知晓原告将D公司虚开的货物名称为“铜带”的增值税专用发票进行进项抵扣的行为违反了相关税务规定，而非原告所说的财务工作人员业务不专、疏忽大意。故对原告的上述观点不予支持。

关于虚开发票的事实方面。原告提出“虚开发票”系公司财务人员对“偷税”这一行为进行主动纠错时，因业务不专而导致的错开行为。会计师事务所在进行审计时已发现实物与账面库存对不上，不符合增值税专用发票开具的相关规定，告知原告按照规定申请开具增值税红字专用发票，原告财务人员对该规定也是知晓的。但原告并未按照相关规定对发票进行“冲红”处理，反而在没有与甲公司进行“铜带”交易的情况下，向其开具增值税专用发票，已经构成了虚开发票的行为，故对原告的诉讼主张亦不予支持。

关于程序方面，根据《税务稽查工作规程》第二十二条第四款的规定，检查应当自实施检查之日起60日内完成；确需延长检查时间的，应当经稽查局局长批准。原国税稽查局于2016年8月29日作出A国税稽通一〔2016〕48号《税务检查通知书》，但直至2017年9月15日才作出A国税稽罚〔2017〕7号《税务行政处罚决定书》，且原国税稽查局未提交证据证明本案曾延长过检查时间，因此已超过了《税务稽查工作规程》规定的检查时间，但对原告依法享有的听证、陈述、申辩等重要程序性权利不产生实质损害，属于程序轻微违法。此外，原国税稽查局在处罚决定书上告知原告：“如对本决定不服，可以自收到本决定书之日起六十日内依法向A市国家税务局申请行政复议……”但原A市国家税务局却在原告申请行政复议时告知原告应当向国家税务总局申请行政复议，故原国税稽查局对原告的救济权利的告知存在错误。鉴于原A市国家税务局已书面告知原告正确的救济方式，未对原告救济权的行使造成影响，对此予以指正。

综上所述，原国税稽查局作出A国税稽查罚〔2017〕7号税务行政处罚决定，认定事实清楚，程序轻微违法，依照《行政诉讼法》第七十四条第一款第（二）项之规定，判决确认原国税稽查局作出A国税稽罚〔2017〕7号税务行政处罚决定违法。

**【纳税人观点】**

（1）一审判决认定事实不清，证据不足。第一，一审判决认定原告存在“偷税、虚开发票”的主观故意的事实认定不清，证据不足。被上诉人提交的证据仅证明上诉人疑似存在“偷税、虚开发票”的行为，并无上诉人存在主观故意的证据。上诉人已经说明上诉人的行为是因为财务操作失误和错误的补救措施造成的。第二,一审认定“造成国家税款的损失”的事实认定不清、证据不足。一审仅以上诉人已将增值税专用发票进行了抵扣，并没有对当期销售、应缴税金额等进行计算分析，属于认定事实不清。

（2）被诉处罚决定程序违法。第一，被上诉人未对原告财务人员、法定代表人进行调查询问，造成主要证据不足。第二，被上诉人的检查人员在调查、送达文书中以个人私章替代签名的行为违法。第三，被上诉人于2016年8月29日作出《税务检查通知书》，直至2017年9月5日才作出被诉处罚决定，存在严重超期。第四，被上诉人对复议机关引导错误，导致上诉人不能提起复议，侵害了上诉人的复议权利。

综上所述，请求二审法院撤销一审判决，撤销被诉处罚决定。

**【税务局观点】**

（1）上诉人明知其与D公司无铜带的业务往来情况下，仍将其取得的不应抵扣D公司虚开的货物名称为“铜带”的增值税专用发票进行进项抵扣，应按偷税处理。

（2）被上诉人已向上诉人的实际经营人吴××及原财务人员李××进行调查询问，认定事实清楚。

（3）被诉处罚决定程序合法。第一，除了现场笔录和勘验笔录外的其他文书并无不允许盖私章的规定。第二，本案案情复杂，调查涉及三户企业，造成调查处理时间较长。但被诉处罚决定经原国税稽查局重大税务案件审理委员会和原A市国税局重大税务案件审理委员会审理，并且组织了听证会，充分保障了上诉人的陈述、申辩和听证等权利。第三，上诉人向原A市国税局申请行政复议，原A市国税局当天就告知其向国家税务总局申请行政复议，并未对上诉人救济权利的行使造成影响。

综上所述，请求二审法院驳回上诉，维持原判。

【司法观点】

本院认为,《税收征管法》第十四条以及《税收征管法实施细则》第九条第一款规定，税务机关是指各级税务局、税务分局、税务所和按照国务院规定设立的并向社会公告的税务机构。其中的按照国务院规定设立的并向社会公告的税务机构，是指省以下税务局的稽查局。稽查局专司偷税、逃避追缴欠税、骗税、抗税案件的查处。据此，原国税稽查局具有作出被诉行政处罚的法定权限。

根据《行政处罚法》第四十三条（现为第六十五条）规定，听证结束后，行政机关依照该法第三十八条的规定，作出决定。《行政处罚法》第三十八条（现为第五十七条）第二款规定，对情节复杂或者重大违法行为给予较重的行政处罚，行政机关的负责人应当集体讨论决定。参照《重大税务案件审理办法》第十五条第一款规定提请重大税务案件审理委员会审理需提交的材料中包含有听证材料。本案中，被告举行听证的时间是2017年9月5日，而原A市国税局重大税务案件审理委员会于2017年8月14日就已作出《重大税务案件审理委员会审理意见书》，故存在先集体讨论后进行听证，此举势必使听证流于形式，应认定为重大程序违法。

根据行政诉讼法的相关规定，具体行政行为合法需要满足行政主体具有行政职权、行政行为作出程序合法、认定事实清楚、适用法律正确4项条件。经审查，具体行政行为不能满足前一顺序条件的，即可予以撤销。被诉行政处罚决定由于欠缺作出程序合法条件，依法应予撤销，其认定事实是否清楚、所适用的法律是否正确与本案裁判结果已无关联，本案不作评判。

法院认定一审判决认定事实不清，应予纠正。依照《行政诉讼法》第八十九条第一款第（三）项的规定，判决如下：

一、撤销A市××区人民法院（2017）浙0212行初290号行政判决；

二、撤销A国税稽罚〔2017〕7号税务行政处罚决定。

第四篇

# 涉税相关法律、法规、司法解释、规范性文件汇编

## 1.《中华人民共和国行政处罚法》新旧条文对照表

| 修改前 | 修改后 |
|---|---|
| 行政处罚法（2017年修正）（1996年3月17日第八届全国人民代表大会第四次会议通过　根据2009年8月27日第十一届全国人民代表大会常务委员会第十次会议《关于修改部分法律的决定》第一次修正　根据2017年9月1日第十二届全国人民代表大会常务委员会第二十九次会议《关于修改〈中华人民共和国法官法〉等八部法律的决定》第二次修正） | 行政处罚法（2021年修订）（1996年3月17日第八届全国人民代表大会第四次会议通过　根据2009年8月27日第十一届全国人民代表大会常务委员会第十次会议《关于修改部分法律的决定》第一次修正　根据2017年9月1日第十二届全国人民代表大会常务委员会第二十九次会议《关于修改〈中华人民共和国法官法〉等八部法律的决定》第二次修正　2021年1月22日第十三届全国人民代表大会常务委员会第二十五次会议修订） |
| **第一章　总则** | **第一章　总则** |
| 第一条　为了规范行政处罚的设定和实施，保障和监督行政机关有效实施行政管理，维护公共利益和社会秩序，保护公民、法人或者其他组织的合法权益，根据宪法，制定本法 | 第一条　为了规范行政处罚的设定和实施，保障和监督行政机关有效实施行政管理，维护公共利益和社会秩序，保护公民、法人或者其他组织的合法权益，根据宪法，制定本法 |
| | 第二条　行政处罚是指行政机关依法对违反行政管理秩序的公民、法人或者其他组织，以减损权益或者增加义务的方式予以惩戒的行为 |
| 第二条　行政处罚的设定和实施，适用本法 | 第三条　行政处罚的设定和实施，适用本法 |
| 第三条　公民、法人或者其他组织违反行政管理秩序的行为，应当给予行政处罚的，依照本法由法律、法规或者规章规定，并由行政机关依照本法规定的程序实施。没有法定依据或者不遵守法定程序的，行政处罚无效 | 第四条　公民、法人或者其他组织违反行政管理秩序的行为，应当给予行政处罚的，依照本法由法律、法规、规章规定，并由行政机关依照本法规定的程序实施 |

续表

| 修改前 | 修改后 |
| --- | --- |
| 第四条　行政处罚遵循公正、公开的原则<br>设定和实施行政处罚必须以事实为依据，与违法行为的事实、性质、情节以及社会危害程度相当<br>对违法行为给予行政处罚的规定必须公布；未经公布的，不得作为行政处罚的依据 | 第五条　行政处罚遵循公正、公开的原则<br>设定和实施行政处罚必须以事实为依据，与违法行为的事实、性质、情节以及社会危害程度相当<br>对违法行为给予行政处罚的规定必须公布；未经公布的，不得作为行政处罚的依据 |
| 第五条　实施行政处罚，纠正违法行为，应当坚持处罚与教育相结合，教育公民、法人或者其他组织自觉守法 | 第六条　实施行政处罚，纠正违法行为，应当坚持处罚与教育相结合，教育公民、法人或者其他组织自觉守法 |
| 第六条　公民、法人或者其他组织对行政机关所给予的行政处罚，享有陈述权、申辩权；对行政处罚不服的，有权依法申请行政复议或者提起行政诉讼<br>公民、法人或者其他组织因行政机关违法给予行政处罚受到损害的，有权依法提出赔偿要求 | 第七条　公民、法人或者其他组织对行政机关所给予的行政处罚，享有陈述权、申辩权；对行政处罚不服的，有权依法申请行政复议或者提起行政诉讼<br>公民、法人或者其他组织因行政机关违法给予行政处罚受到损害的，有权依法提出赔偿要求 |
| 第七条　公民、法人或者其他组织因违法受到行政处罚，其违法行为对他人造成损害的，应当依法承担民事责任<br>违法行为构成犯罪，应当依法追究刑事责任，不得以行政处罚代替刑事处罚 | 第八条　公民、法人或者其他组织因违法行为受到行政处罚，其违法行为对他人造成损害的，应当依法承担民事责任<br>违法行为构成犯罪，应当依法追究刑事责任的，不得以行政处罚代替刑事处罚 |
| **第二章　行政处罚的种类和设定** | **第二章　行政处罚的种类和设定** |
| 第八条　行政处罚的种类：<br>（一）警告<br>（二）罚款<br>（三）没收违法所得、没收非法财物<br>（四）责令停产停业<br>（五）暂扣或者吊销许可证、暂扣或者吊销执照<br>（六）行政拘留<br>（七）法律、行政法规规定的其他行政处罚 | 第九条　行政处罚的种类：<br>（一）警告、通报批评<br>（二）罚款、没收违法所得、没收非法财物<br>（三）暂扣许可证件、降低资质等级、吊销许可证件<br>（四）限制开展生产经营活动、责令停产停业、责令关闭、限制从业<br>（五）行政拘留<br>（六）法律、行政法规规定的其他行政处罚 |
| 第九条　法律可以设定各种行政处罚<br>限制人身自由的行政处罚，只能由法律设定 | 第十条　法律可以设定各种行政处罚<br>限制人身自由的行政处罚，只能由法律设定 |

续表

| 修改前 | 修改后 |
| --- | --- |
| 第十条　行政法规可以设定除限制人身自由以外的行政处罚<br>法律对违法行为已经作出行政处罚规定，行政法规需要作出具体规定的，必须在法律规定的给予行政处罚的行为、种类和幅度的范围内规定 | 第十一条　行政法规可以设定除限制人身自由以外的行政处罚<br>法律对违法行为已经作出行政处罚规定，行政法规需要作出具体规定的，必须在法律规定的给予行政处罚的行为、种类和幅度的范围内规定。法律对违法行为未作出行政处罚规定，行政法规为实施法律，可以补充设定行政处罚。拟补充设定行政处罚的，应当通过听证会、论证会等形式广泛听取意见，并向制定机关作出书面说明。行政法规报送备案时，应当说明补充设定行政处罚的情况 |
| 第十一条　地方性法规可以设定除限制人身自由、吊销企业营业执照以外的行政处罚<br>法律、行政法规对违法行为已经作出行政处罚规定，地方性法规需要作出具体规定的，必须在法律、行政法规规定的给予行政处罚的行为、种类和幅度的范围内规定 | 第十二条　地方性法规可以设定除限制人身自由、吊销营业执照以外的行政处罚<br>法律、行政法规对违法行为已经作出行政处罚规定，地方性法规需要作出具体规定的，必须在法律、行政法规规定的给予行政处罚的行为、种类和幅度的范围内规定。法律、行政法规对违法行为未作出行政处罚规定，地方性法规为实施法律、行政法规，可以补充设定行政处罚。拟补充设定行政处罚的，应当通过听证会、论证会等形式广泛听取意见，并向制定机关作出书面说明。地方性法规报送备案时，应当说明补充设定行政处罚的情况 |
| 第十二条　国务院部、委员会制定的规章可以在法律、行政法规规定的给予行政处罚的行为、种类和幅度的范围内作出具体规定<br>尚未制定法律、行政法规的，前款规定的国务院部、委员会制定的规章对违反行政管理秩序的行为，可以设定警告或者一定数量罚款的行政处罚。罚款的限额由国务院规定。国务院可以授权具有行政处罚权的直属机构依照本条第一款、第二款的规定，规定行政处罚 | 第十三条　国务院部门规章可以在法律、行政法规规定的给予行政处罚的行为、种类和幅度的范围内作出具体规定<br>尚未制定法律、行政法规的，国务院部门规章对违反行政管理秩序的行为，可以设定警告、通报批评或者一定数额罚款的行政处罚。罚款的限额由国务院规定 |

| 修改前 | 修改后 |
|---|---|
| 第十三条　省、自治区、直辖市人民政府和省、自治区人民政府所在地的市人民政府以及经国务院批准的较大的市人民政府制定的规章可以在法律、法规规定的给予行政处罚的行为、种类和幅度的范围内作出具体规定<br>尚未制定法律、法规的，前款规定的人民政府制定的规章对违反行政管理秩序的行为，可以设定警告或者一定数量罚款的行政处罚。罚款的限额由省、自治区、直辖市人民代表大会常务委员会规定 | 第十四条　地方政府规章可以在法律、法规规定的给予行政处罚的行为、种类和幅度的范围内作出具体规定<br>尚未制定法律、法规的，地方政府规章对违反行政管理秩序的行为，可以设定警告、通报批评或者一定数额罚款的行政处罚。罚款的限额由省、自治区、直辖市人民代表大会常务委员会规定 |
| | 第十五条　国务院部门和省、自治区、直辖市人民政府及其有关部门应当定期组织评估行政处罚的实施情况和必要性，对不适当的行政处罚事项及种类、罚款数额等，应当提出修改或者废止的建议 |
| 第十四条　除本法第九条、第十条、第十一条、第十二条以及第十三条的规定外，其他规范性文件不得设定行政处罚 | 第十六条　除法律、法规、规章外，其他规范性文件不得设定行政处罚 |
| **第三章　行政处罚的实施机关** | **第三章　行政处罚的实施机关** |
| 第十五条　行政处罚由具有行政处罚权的行政机关在法定职权范围内实施 | 第十七条　行政处罚由具有行政处罚权的行政机关在法定职权范围内实施 |
| 第十六条　国务院或者经国务院授权的省、自治区、直辖市人民政府可以决定一个行政机关行使有关行政机关的行政处罚权，但限制人身自由的行政处罚权只能由公安机关行使 | 第十八条　国家在城市管理、市场监管、生态环境、文化市场、交通运输、应急管理、农业等领域推行建立综合行政执法制度，相对集中行政处罚权。国务院或者省、自治区、直辖市人民政府可以决定一个行政机关行使有关行政机关的行政处罚权。限制人身自由的行政处罚权只能由公安机关和法律规定的其他机关行使 |
| 第十七条　法律、法规授权的具有管理公共事务职能的组织可以在法定授权范围内实施行政处罚 | 第十九条　法律、法规授权的具有管理公共事务职能的组织可以在法定授权范围内实施行政处罚 |

续表

| 修改前 | 修改后 |
|---|---|
| 第十八条　行政机关依照法律、法规或者规章的规定，可以在其法定权限内委托符合本法第十九条规定条件的组织实施行政处罚<br>行政机关不得委托其他组织或者个人实施行政处罚<br>委托行政机关对受委托的组织实施行政处罚的行为应当负责监督，并对该行为的后果承担法律责任<br>受委托组织在委托范围内，以委托行政机关名义实施行政处罚；不得再委托其他任何组织或者个人实施行政处罚 | 第二十条　行政机关依照法律、法规、规章的规定，可以在其法定权限内书面委托符合本法第二十一条规定条件的组织实施行政处罚。行政机关不得委托其他组织或者个人实施行政处罚<br>委托书应当载明委托的具体事项、权限、期限等内容。委托行政机关和受委托组织应当将委托书向社会公布<br>委托行政机关对受委托组织实施行政处罚的行为应当负责监督，并对该行为的后果承担法律责任<br>受委托组织在委托范围内，以委托行政机关名义实施行政处罚；不得再委托其他组织或者个人实施行政处罚 |
| 第十九条　受委托组织必须符合以下条件：<br>（一）依法成立的管理公共事务的事业组织<br>（二）具有熟悉有关法律、法规、规章和业务的工作人员<br>（三）对违法行为需要进行技术检查或者技术鉴定的，应当有条件组织进行相应的技术检查或者技术鉴定 | 第二十一条　受委托组织必须符合以下条件：<br>（一）依法成立并具有管理公共事务职能<br>（二）有熟悉有关法律、法规、规章和业务并取得行政执法资格的工作人员<br>（三）需要进行技术检查或者技术鉴定的，应当有条件组织进行相应的技术检查或者技术鉴定 |
| **第四章　行政处罚的管辖和适用** | **第四章　行政处罚的管辖和适用** |
| 第二十条　行政处罚由违法行为发生地的县级以上地方人民政府具有行政处罚权的行政机关管辖。法律、行政法规另有规定的除外 | 第二十二条　行政处罚由违法行为发生地的行政机关管辖。法律、行政法规、部门规章另有规定的，从其规定 |
| | 第二十三条　行政处罚由县级以上地方人民政府具有行政处罚权的行政机关管辖。法律、行政法规另有规定的，从其规定 |

续表

| 修改前 | 修改后 |
| --- | --- |
| 第二十一条　对管辖发生争议的，报请共同的上一级行政机关指定管辖 | 第二十四条　省、自治区、直辖市根据当地实际情况，可以决定将基层管理迫切需要的县级人民政府部门的行政处罚权交由能够有效承接的乡镇人民政府、街道办事处行使，并定期组织评估。决定应当公布<br>承接行政处罚权的乡镇人民政府、街道办事处应当加强执法能力建设，按照规定范围、依照法定程序实施行政处罚<br>有关地方人民政府及其部门应当加强组织协调、业务指导、执法监督，建立健全行政处罚协调配合机制，完善评议、考核制度 |
| | 第二十五条　两个以上行政机关都有管辖权的，由最先立案的行政机关管辖。对管辖发生争议的，应当协商解决，协商不成的，报请共同的上一级行政机关指定管辖；也可以直接由共同的上一级行政机关指定管辖 |
| | 第二十六条　行政机关因实施行政处罚的需要，可以向有关机关提出协助请求。协助事项属于被请求机关职权范围内的，应当依法予以协助 |
| 第二十二条　违法行为构成犯罪的，行政机关必须将案件移送司法机关，依法追究刑事责任 | 第二十七条　违法行为涉嫌犯罪的，行政机关应当及时将案件移送司法机关，依法追究刑事责任。对依法不需要追究刑事责任或者免予刑事处罚，但应当给予行政处罚的，司法机关应当及时将案件移送有关行政机关。行政处罚实施机关与司法机关之间应当加强协调配合，建立健全案件移送制度，加强证据材料移交、接收衔接，完善案件处理信息通报机制 |
| 第二十三条　行政机关实施行政处罚时，应当责令当事人改正或者限期改正违法行为 | 第二十八条　行政机关实施行政处罚时，应当责令当事人改正或者限期改正违法行为<br>当事人有违法所得，除依法应当退赔的外，应当予以没收。违法所得是指实施违法行为所取得的款项。法律、行政法规、部门规章对违法所得的计算另有规定的，从其规定 |
| 第二十四条　对当事人的同一个违法行为，不得给予两次以上罚款的行政处罚 | 第二十九条　对当事人的同一个违法行为，不得给予两次以上罚款的行政处罚。同一个违法行为违反多个法律规范应当给予罚款处罚的，按照罚款数额高的规定处罚 |

续表

| 修改前 | 修改后 |
| --- | --- |
| 第二十五条　不满十四周岁的人有违法行为的，不予行政处罚，责令监护人加以管教；已满十四周岁不满十八周岁的人有违法行为的，从轻或者减轻行政处罚 | 第三十条　不满十四周岁的未成年人有违法行为的，不予行政处罚，责令监护人加以管教；已满十四周岁不满十八周岁的未成年人有违法行为的，应当从轻或者减轻行政处罚 |
| 第二十六条　精神病人在不能辨认或者不能控制自己行为时有违法行为的，不予行政处罚，但应当责令其监护人严加看管和治疗。间歇性精神病人在精神正常时有违法行为的，应当给予行政处罚 | 第三十一条　精神病人、智力残疾人在不能辨认或者不能控制自己行为时有违法行为的，不予行政处罚，但应当责令其监护人严加看管和治疗。间歇性精神病人在精神正常时有违法行为的，应当给予行政处罚。尚未完全丧失辨认或者控制自己行为能力的精神病人、智力残疾人有违法行为的，可以从轻或者减轻行政处罚 |
| 第二十七条　当事人有下列情形之一的，应当依法从轻或者减轻行政处罚：<br>（一）主动消除或者减轻违法行为危害后果的<br>（二）受他人胁迫有违法行为的<br>（三）配合行政机关查处违法行为有立功表现的<br>（四）其他依法从轻或者减轻行政处罚的<br>违法行为轻微并及时纠正，没有造成危害后果的，不予行政处罚 | 第三十二条　当事人有下列情形之一，应当从轻或者减轻行政处罚：<br>（一）主动消除或者减轻违法行为危害后果的<br>（二）受他人胁迫或者诱骗实施违法行为的<br>（三）主动供述行政机关尚未掌握的违法行为的<br>（四）配合行政机关查处违法行为有立功表现的<br>（五）法律、法规、规章规定其他应当从轻或者减轻行政处罚的<br><br>第三十三条　违法行为轻微并及时改正，没有造成危害后果的，不予行政处罚。初次违法且危害后果轻微并及时改正的，可以不予行政处罚<br>当事人有证据足以证明没有主观过错的，不予行政处罚。法律、行政法规另有规定的，从其规定<br>对当事人的违法行为依法不予行政处罚的，行政机关应当对当事人进行教育 |
|  | 第三十四条　行政机关可以依法制定行政处罚裁量基准，规范行使行政处罚裁量权。行政处罚裁量基准应当向社会公布 |

| 修改前 | 修改后 |
| --- | --- |
| 第二十八条 违法行为构成犯罪，人民法院判处拘役或者有期徒刑时，行政机关已经给予当事人行政拘留的，应当依法折抵相应刑期<br>违法行为构成犯罪，人民法院判处罚金时，行政机关已经给予当事人罚款的，应当折抵相应罚金 | 第三十五条 违法行为构成犯罪，人民法院判处拘役或者有期徒刑时，行政机关已经给予当事人行政拘留的，应当依法折抵相应刑期<br>违法行为构成犯罪，人民法院判处罚金时，行政机关已经给予当事人罚款的，应当折抵相应罚金；行政机关尚未给予当事人罚款的，不再给予罚款 |
| 第二十九条 违法行为在二年内未被发现的，不再给予行政处罚。法律另有规定的除外<br>前款规定的期限，从违法行为发生之日起计算；违法行为有连续或者继续状态的，从行为终了之日起计算 | 第三十六条 违法行为在二年内未被发现的，不再给予行政处罚；涉及公民生命健康安全、金融安全且有危害后果的，上述期限延长至五年。法律另有规定的除外<br>前款规定的期限，从违法行为发生之日起计算；违法行为有连续或者继续状态的，从行为终了之日起计算 |
| | 第三十七条 实施行政处罚，适用违法行为发生时的法律、法规、规章的规定。但是，作出行政处罚决定时，法律、法规、规章已被修改或者废止，且新的规定处罚较轻或者不认为是违法的，适用新的规定 |
| | 第三十八条 行政处罚没有依据或者实施主体不具有行政主体资格的，行政处罚无效<br>违反法定程序构成重大且明显违法的，行政处罚无效 |
| **第五章 行政处罚的决定** | **第五章 行政处罚的决定** |
| | 第一节 一般规定 |
| | 第三十九条 行政处罚的实施机关、立案依据、实施程序和救济渠道等信息应当公示 |
| 第三十条 公民、法人或者其他组织违反行政管理秩序的行为，依法应当给予行政处罚的，行政机关必须查明事实；违法事实不清的，不得给予行政处罚 | 第四十条 公民、法人或者其他组织违反行政管理秩序的行为，依法应当给予行政处罚的，行政机关必须查明事实；违法事实不清、证据不足的，不得给予行政处罚 |

续表

| 修改前 | 修改后 |
|---|---|
| | 第四十一条　行政机关依照法律、行政法规规定利用电子技术监控设备收集、固定违法事实的，应当经过法制和技术审核，确保电子技术监控设备符合标准、设置合理、标志明显，设置地点应当向社会公布<br>电子技术监控设备记录违法事实应当真实、清晰、完整、准确。行政机关应当审核记录内容是否符合要求；未经审核或者经审核不符合要求的，不得作为行政处罚的证据<br>行政机关应当及时告知当事人违法事实，并采取信息化手段或者其他措施，为当事人查询、陈述和申辩提供便利。不得限制或者变相限制当事人享有的陈述权、申辩权 |
| | 第四十二条　行政处罚应当由具有行政执法资格的执法人员实施。执法人员不得少于两人，法律另有规定的除外<br>执法人员应当文明执法，尊重和保护当事人合法权益 |
| | 第四十三条　执法人员与案件有直接利害关系或者有其他关系可能影响公正执法的，应当回避<br>当事人认为执法人员与案件有直接利害关系或者有其他关系可能影响公正执法的，有权申请回避<br>当事人提出回避申请的，行政机关应当依法审查，由行政机关负责人决定。决定作出之前，不停止调查 |
| 第三十一条　行政机关在作出行政处罚决定之前，应当告知当事人作出行政处罚决定的事实、理由及依据，并告知当事人依法享有的权利 | 第四十四条　行政机关在作出行政处罚决定之前，应当告知当事人拟作出的行政处罚内容及事实、理由、依据，并告知当事人依法享有的陈述、申辩、要求听证等权利 |
| 第三十二条　当事人有权进行陈述和申辩。行政机关必须充分听取当事人的意见，对当事人提出的事实、理由和证据，应当进行复核；当事人提出的事实、理由或者证据成立的，行政机关应当采纳<br>行政机关不得因当事人申辩而加重处罚 | 第四十五条　当事人有权进行陈述和申辩。行政机关必须充分听取当事人的意见，对当事人提出的事实、理由和证据，应当进行复核；当事人提出的事实、理由或者证据成立的，行政机关应当采纳<br>行政机关不得因当事人陈述、申辩而给予更重的处罚 |

| 修改前 | 修改后 |
| --- | --- |
| | 第四十六条　证据包括：<br>（一）书证<br>（二）物证<br>（三）视听资料<br>（四）电子数据<br>（五）证人证言<br>（六）当事人的陈述<br>（七）鉴定意见<br>（八）勘验笔录、现场笔录<br>证据必须经查证属实，方可作为认定案件事实的根据<br>以非法手段取得的证据，不得作为认定案件事实的根据 |
| | 第四十七条　行政机关应当依法以文字、音像等形式，对行政处罚的启动、调查取证、审核、决定、送达、执行等进行全过程记录，归档保存 |
| | 第四十八条　具有一定社会影响的行政处罚决定应当依法公开<br>公开的行政处罚决定被依法变更、撤销、确认违法或者确认无效的，行政机关应当在三日内撤回行政处罚决定信息并公开说明理由 |
| | 第四十九条　发生重大传染病疫情等突发事件，为了控制、减轻和消除突发事件引起的社会危害，行政机关对违反突发事件应对措施的行为，依法快速、从重处罚 |
| | 第五十条　行政机关及其工作人员对实施行政处罚过程中知悉的国家秘密、商业秘密或者个人隐私，应当依法予以保密 |
| 第一节　简易程序 | 第二节　简易程序 |
| 第三十三条　违法事实确凿并有法定依据，对公民处以五十元以下、对法人或者其他组织处以一千元以下罚款或者警告的行政处罚的，可以当场作出行政处罚决定。当事人应当依照本法第四十六条、第四十七条、第四十八条的规定履行行政处罚决定 | 第五十一条　违法事实确凿并有法定依据，对公民处以二百元以下、对法人或者其他组织处以三千元以下罚款或者警告的行政处罚的，可以当场作出行政处罚决定。法律另有规定的，从其规定 |

续表

| 修改前 | 修改后 |
| --- | --- |
| 第三十四条　执法人员当场作出行政处罚决定的，应当向当事人出示执法身份证件，填写预定格式、编有号码的行政处罚决定书。行政处罚决定书应当当场交付当事人<br>前款规定的行政处罚决定书应当载明当事人的违法行为、行政处罚依据、罚款数额、时间、地点以及行政机关名称，并由执法人员签名或者盖章<br>执法人员当场作出的行政处罚决定，必须报所属行政机关备案 | 第五十二条　执法人员当场作出行政处罚决定的，应当向当事人出示执法证件，填写预定格式、编有号码的行政处罚决定书，并当场交付当事人。当事人拒绝签收的，应当在行政处罚决定书上注明<br>前款规定的行政处罚决定书应当载明当事人的违法行为，行政处罚的种类和依据、罚款数额、时间、地点，申请行政复议、提起行政诉讼的途径和期限以及行政机关名称，并由执法人员签名或者盖章<br>执法人员当场作出的行政处罚决定，应当报所属行政机关备案 |
| 第三十五条　当事人对当场作出的行政处罚决定不服的，可以依法申请行政复议或者提起行政诉讼 | 第五十三条　对当场作出的行政处罚决定，当事人应当依照本法第六十七条至第六十九条的规定履行 |
| 第二节　一般程序 | 第三节　普通程序 |
| 第三十六条　除本法第三十三条规定的可以当场作出的行政处罚外，行政机关发现公民、法人或者其他组织有依法应当给予行政处罚的行为的，必须全面、客观、公正地调查，收集有关证据；必要时，依照法律、法规的规定，可以进行检查 | 第五十四条　除本法第五十一条规定的可以当场作出的行政处罚外，行政机关发现公民、法人或者其他组织有依法应当给予行政处罚的行为的，必须全面、客观、公正地调查，收集有关证据；必要时，依照法律、法规的规定，可以进行检查。符合立案标准的，行政机关应当及时立案 |
| 第三十七条　行政机关在调查或者进行检查时，执法人员不得少于两人，并应当向当事人或者有关人员出示证件。当事人或者有关人员应当如实回答询问，并协助调查或者检查，不得阻挠。询问或者检查应当制作笔录。行政机关在收集证据时，可以采取抽样取证的方法；在证据可能灭失或者以后难以取得的情况下，经行政机关负责人批准，可以先行登记保存，并应当在七日内及时作出处理决定，在此期间，当事人或者有关人员不得销毁或者转移证据。执法人员与当事人有直接利害关系的，应当回避 | 第五十五条　执法人员在调查或者进行检查时，应当主动向当事人或者有关人员出示执法证件。当事人或者有关人员有权要求执法人员出示执法证件。执法人员不出示执法证件的，当事人或者有关人员有权拒绝接受调查或者检查<br>当事人或者有关人员应当如实回答询问，并协助调查或者检查，不得拒绝或者阻挠。询问或者检查应当制作笔录<br><br>第五十六条　行政机关在收集证据时，可以采取抽样取证的方法；在证据可能灭失或者以后难以取得的情况下，经行政机关负责人批准，可以先行登记保存，并应当在七日内及时作出处理决定，在此期间，当事人或者有关人员不得销毁或者转移证据 |

续表

| 修改前 | 修改后 |
| --- | --- |
| 第三十八条　调查终结，行政机关负责人应当对调查结果进行审查，根据不同情况，分别作出如下决定：<br>（一）确有应受行政处罚的违法行为的，根据情节轻重及具体情况，作出行政处罚决定<br>（二）违法行为轻微，依法可以不予行政处罚的，不予行政处罚<br>（三）违法事实不能成立的，不得给予行政处罚<br>（四）违法行为已构成犯罪的，移送司法机关。<br>对情节复杂或者重大违法行为给予较重的行政处罚，行政机关的负责人应当集体讨论决定。在行政机关负责人作出决定之前，应当由从事行政处罚决定审核的人员进行审核。行政机关中初次从事行政处罚决定审核的人员，应当通过国家统一法律职业资格考试取得法律职业资格 | 第五十七条　调查终结，行政机关负责人应当对调查结果进行审查，根据不同情况，分别作出如下决定：<br>（一）确有应受行政处罚的违法行为的，根据情节轻重及具体情况，作出行政处罚决定<br>（二）违法行为轻微，依法可以不予行政处罚的，不予行政处罚<br>（三）违法事实不能成立的，不予行政处罚<br>（四）违法行为涉嫌犯罪的，移送司法机关<br>对情节复杂或者重大违法行为给予行政处罚，行政机关负责人应当集体讨论决定<br><br>第五十八条　有下列情形之一，在行政机关负责人作出行政处罚的决定之前，应当由从事行政处罚决定法制审核的人员进行法制审核；未经法制审核或者审核未通过的，不得作出决定：<br>（一）涉及重大公共利益的<br>（二）直接关系当事人或者第三人重大权益，经过听证程序的<br>（三）案件情况疑难复杂、涉及多个法律关系的<br>（四）法律、法规规定应当进行法制审核的其他情形<br>行政机关中初次从事行政处罚决定法制审核的人员，应当通过国家统一法律职业资格考试取得法律职业资格 |
| 第三十九条　行政机关依照本法第三十八条的规定给予行政处罚，应当制作行政处罚决定书。行政处罚决定书应当载明下列事项：<br>（一）当事人的姓名或者名称、地址<br>（二）违反法律、法规或者规章的事实和证据<br>（三）行政处罚的种类和依据<br>（四）行政处罚的履行方式和期限<br>（五）不服行政处罚决定，申请行政复议或者提起行政诉讼的途径和期限<br>（六）作出行政处罚决定的行政机关名称和作出决定的日期<br>行政处罚决定书必须盖有作出行政处罚决定的行政机关的印章 | 第五十九条　行政机关依照本法第五十七条的规定给予行政处罚，应当制作行政处罚决定书。行政处罚决定书应当载明下列事项：<br>（一）当事人的姓名或者名称、地址<br>（二）违反法律、法规、规章的事实和证据<br>（三）行政处罚的种类和依据<br>（四）行政处罚的履行方式和期限<br>（五）申请行政复议、提起行政诉讼的途径和期限<br>（六）作出行政处罚决定的行政机关名称和作出决定的日期<br>行政处罚决定书必须盖有作出行政处罚决定的行政机关的印章 |

续表

| 修改前 | 修改后 |
| --- | --- |
| | 第六十条　行政机关应当自行政处罚案件立案之日起九十日内作出行政处罚决定。法律、法规、规章另有规定的，从其规定 |
| 第四十条　行政处罚决定书应当在宣告后当场交付当事人；当事人不在场的，行政机关应当在七日内依照民事诉讼法的有关规定，将行政处罚决定书送达当事人 | 第六十一条　行政处罚决定书应当在宣告后当场交付当事人；当事人不在场的，行政机关应当在七日内依照《中华人民共和国民事诉讼法》的有关规定，将行政处罚决定书送达当事人。当事人同意并签订确认书的，行政机关可以采用传真、电子邮件等方式，将行政处罚决定书等送达当事人 |
| 第四十一条　行政机关及其执法人员在作出行政处罚决定之前，不依照本法第三十一条、第三十二条的规定向当事人告知给予行政处罚的事实、理由和依据，或者拒绝听取当事人的陈述、申辩，行政处罚决定不能成立；当事人放弃陈述或者申辩权利的除外 | 第六十二条　行政机关及其执法人员在作出行政处罚决定之前，未依照本法第四十四条、第四十五条的规定向当事人告知拟作出的行政处罚内容及事实、理由、依据，或者拒绝听取当事人的陈述、申辩，不得作出行政处罚决定；当事人明确放弃陈述或者申辩权利的除外 |
| 第三节　听证程序 | 第四节　听证程序 |
| 第四十二条　行政机关作出责令停产停业、吊销许可证或者执照、较大数额罚款等行政处罚决定之前，应当告知当事人有要求举行听证的权利；当事人要求听证的，行政机关应当组织听证。当事人不承担行政机关组织听证的费用。听证依照以下程序组织：<br>（一）当事人要求听证的，应当在行政机关告知后三日内提出<br>（二）行政机关应当在听证的七日前，通知当事人举行听证的时间、地点<br>（三）除涉及国家秘密、商业秘密或者个人隐私外，听证公开举行<br>（四）听证由行政机关指定的非本案调查人员主持；当事人认为主持人与本案有直接利害关系的，有权申请回避<br>（五）当事人可以亲自参加听证，也可以委托一至二人代理<br>（六）举行听证时，调查人员提出当事人违法的事实、证据和行政处罚建议；当事人进行申辩和质证 | 第六十三条　行政机关拟作出下列行政处罚决定，应当告知当事人有要求听证的权利，当事人要求听证的，行政机关应当组织听证：<br>（一）较大数额罚款<br>（二）没收较大数额违法所得、没收较大价值非法财物<br>（三）降低资质等级、吊销许可证件<br>（四）责令停产停业、责令关闭、限制从业<br>（五）其他较重的行政处罚<br>（六）法律、法规、规章规定的其他情形<br>当事人不承担行政机关组织听证的费用 |

| 修改前 | 修改后 |
| --- | --- |
| （七）听证应当制作笔录；笔录应当交当事人审核无误后签字或者盖章<br>当事人对限制人身自由的行政处罚有异议的，依照治安管理处罚法有关规定执行 | |
| | 第六十四条　听证应当依照以下程序组织：<br>（一）当事人要求听证的，应当在行政机关告知后五日内提出<br>（二）行政机关应当在举行听证的七日前，通知当事人及有关人员听证的时间、地点<br>（三）除涉及国家秘密、商业秘密或者个人隐私依法予以保密外，听证公开举行<br>（四）听证由行政机关指定的非本案调查人员主持；当事人认为主持人与本案有直接利害关系的，有权申请回避<br>（五）当事人可以亲自参加听证，也可以委托一至二人代理<br>（六）当事人及其代理人无正当理由拒不出席听证或者未经许可中途退出听证的，视为放弃听证权利，行政机关终止听证<br>（七）举行听证时，调查人员提出当事人违法的事实、证据和行政处罚建议，当事人进行申辩和质证<br>（八）听证应当制作笔录。笔录应当交当事人或者其代理人核对无误后签字或者盖章。当事人或者其代理人拒绝签字或者盖章的，由听证主持人在笔录中注明 |
| 第四十三条　听证结束后，行政机关依照本法第三十八条的规定，作出决定 | 第六十五条　听证结束后，行政机关应当根据听证笔录，依照本法第五十七条的规定，作出决定 |
| **第六章　行政处罚的执行** | **第六章　行政处罚的执行** |
| 第四十四条　行政处罚决定依法作出后，当事人应当在行政处罚决的期限内，予以履行 | 第六十六条　行政处罚决定依法作出后，当事人应当在行政处罚决定书载明的期限内，予以履行。当事人确有经济困难，需要延期或者分期缴纳罚款的，经当事人申请和行政机关批准，可以暂缓或者分期缴纳 |

续表

| 修改前 | 修改后 |
| --- | --- |
| 第四十五条　当事人对行政处罚决定不服申请行政复议或提起行政诉讼的，行政处罚不停止执行，法律另有规定的除外 | |
| 第四十六条　作出罚款决定的行政机关应当与收缴罚款的机构分离。除依照本法第四十七条、第四十八条的规定当场收缴的罚款外，作出行政处罚决定的行政机关及其执法人员不得自行收缴罚款<br>当事人应当自收到行政处罚决定书之日起十五日内，到指定的银行缴纳罚款。银行应当收受罚款，并将罚款直接上缴国库 | 第六十七条　作出罚款决定的行政机关应当与收缴罚款的机构分离<br>除依照本法第六十八条、第六十九条的规定当场收缴的罚款外，作出行政处罚决定的行政机关及其执法人员不得自行收缴罚款<br>当事人应当自收到行政处罚决定书之日起十五日内，到指定的银行或者通过电子支付系统缴纳罚款。银行应当收受罚款，并将罚款直接上缴国库 |
| 第四十七条　依照本法第三十三条的规定当场作出行政处罚决定，有下列情形之一的，执法人员可以当场收缴罚款：<br>（一）依法给予二十元以下的罚款的<br>（二）不当场收缴事后难以执行的 | 第六十八条　依照本法第五十一条的规定当场作出行政处罚决定，有下列情形之一，执法人员可以当场收缴罚款：<br>（一）依法给予一百元以下罚款的<br>（二）不当场收缴事后难以执行的 |
| 第四十八条　在边远、水上、交通不便地区，行政机关及其执法人员依照本法第三十三条、第三十八条的规定作出罚款决定后，当事人向指定的银行缴纳罚款确有困难，经当事人提出，行政机关及其执法人员可以当场收缴罚款 | 第六十九条　在边远、水上、交通不便地区，行政机关及其执法人员依照本法第五十一条、第五十七条的规定作出罚款决定后，当事人到指定的银行或者通过电子支付系统缴纳罚款确有困难，经当事人提出，行政机关及其执法人员可以当场收缴罚款 |
| 第四十九条　行政机关及其执法人员当场收缴罚款的，必须向当事人出具省、自治区、直辖市财政部门统一制发的罚款收据；不出具财政部门统一制发的罚款收据的，当事人有权拒绝缴纳罚款 | 第七十条　行政机关及其执法人员当场收缴罚款的，必须向当事人出具国务院财政部门或者省、自治区、直辖市人民政府财政部门统一制发的专用票据；不出具财政部门统一制发的专用票据的，当事人有权拒绝缴纳罚款 |
| 第五十条　执法人员当场收缴的罚款，应当自收缴罚款之日起二日内，交至行政机关；在水上当场收缴的罚款，应当自抵岸之日起二日内交至行政机关；行政机关应当在二日内将罚款缴付指定的银行 | 第七十一条　执法人员当场收缴的罚款，应当自收缴罚款之日起二日内，交至行政机关；在水上当场收缴的罚款，应当自抵岸之日起二日内交至行政机关；行政机关应当在二日内将罚款缴付指定的银行 |

续表

| 修改前 | 修改后 |
| --- | --- |
| 第五十一条　当事人逾期不履行行政处罚决定的，作出行政处罚决定的行政机关可以采取下列措施：<br>（一）到期不缴纳罚款的，每日按罚款数额的百分之三加处罚款<br>（二）根据法律规定，将查封、扣押的财物拍卖或者将冻结的存款划拨抵缴罚款<br>（三）申请人民法院强制执行 | 第七十二条　当事人逾期不履行行政处罚决定的，作出行政处罚决定的行政机关可以采取下列措施：<br>（一）到期不缴纳罚款的，每日按罚款数额的百分之三加处罚款，加处罚款的数额不得超出罚款的数额<br>（二）根据法律规定，将查封、扣押的财物拍卖、依法处理或者将冻结的存款、汇款划拨抵缴罚款<br>（三）根据法律规定，采取其他行政强制执行方式<br>（四）依照《中华人民共和国行政强制法》的规定申请人民法院强制执行。行政机关批准延期、分期缴纳罚款的，申请人民法院强制执行的期限，自暂缓或者分期缴纳罚款期限结束之日起计算 |
| | 第七十三条　当事人对行政处罚决定不服，申请行政复议或者提起行政诉讼的，行政处罚不停止执行，法律另有规定的除外。当事人对限制人身自由的行政处罚决定不服，申请行政复议或者提起行政诉讼的，可以向作出决定的机关提出暂缓执行申请。符合法律规定情形的，应当暂缓执行<br>当事人申请行政复议或者提起行政诉讼的，加处罚款的数额在行政复议或者行政诉讼期间不予计算 |
| 第五十二条　当事人确有经济困难，需要延期或者分期缴纳罚款的，经当事人申请和行政机关批准，可以暂缓或者分期缴纳 | |
| 第五十三条　除依法应当予以销毁的物品外，依法没收的非法财物必须按照国家规定公开拍卖或者按照国家有关规定处理<br>罚款、没收违法所得或者没收非法财物拍卖的款项，必须全部上缴国库，任何行政机关或者个人不得以任何形式截留、私分或者变相私分；财政部门不得以任何形式向作出行政处罚决定的行政机关返还罚款、没收的违法所得或者返还没收非法财物的拍卖款项 | 第七十四条　除依法应当予以销毁的物品外，依法没收的非法财物必须按照国家规定公开拍卖或者按照国家有关规定处理<br>罚款、没收的违法所得或者没收非法财物拍卖的款项，必须全部上缴国库，任何行政机关或者个人不得以任何形式截留、私分或者变相私分<br>罚款、没收的违法所得或者没收非法财物拍卖的款项，不得同作出行政处罚决定的行政机关及其工作人员的考核、考评直接或者变相挂钩。除依法应当退还、退赔的外，财政部门不得以任何形式向作出行政处罚决定的行政机关返还罚款、没收的违法所得或者没收非法财物拍卖的款项 |

续表

| 修改前 | 修改后 |
| --- | --- |
| 第五十四条　行政机关应当建立健全对行政处罚的监督制度。县级以上人民政府应当加强对行政处罚的监督检查<br>公民、法人或者其他组织对行政机关作出的行政处罚，有权申诉或者检举；行政机关应当认真审查，发现行政处罚有错误的，应当主动改正 | 第七十五条　行政机关应当建立健全对行政处罚的监督制度。县级以上人民政府应当定期组织开展行政执法评议、考核，加强对行政处罚的监督检查，规范和保障行政处罚的实施。行政机关实施行政处罚应当接受社会监督。公民、法人或者其他组织对行政机关实施行政处罚的行为，有权申诉或者检举；行政机关应当认真审查，发现有错误的，应当主动改正 |
| **第七章　法律责任** | **第七章　法律责任** |
| 第五十五条　行政机关实施行政处罚，有下列情形之一的，由上级行政机关或者有关部门责令改正，可以对直接负责的主管人员和其他直接责任人员依法给予行政处分：<br>（一）没有法定的行政处罚依据的<br>（二）擅自改变行政处罚种类、幅度的<br>（三）违反法定的行政处罚程序的<br>（四）违反本法第十八条关于委托处罚的规定的 | 第七十六条　行政机关实施行政处罚，有下列情形之一，由上级行政机关或者有关机关责令改正，对直接负责的主管人员和其他直接责任人员依法给予处分：<br>（一）没有法定的行政处罚依据的<br>（二）擅自改变行政处罚种类、幅度的<br>（三）违反法定的行政处罚程序的<br>（四）违反本法第二十条关于委托处罚的规定的<br>（五）执法人员未取得执法证件的。行政机关对符合立案标准的案件不及时立案的，依照前款规定予以处理 |
| 第五十六条　行政机关对当事人进行处罚不使用罚款、没收财物单据或者使用非法定部门制发的罚款、没收财物单据的，当事人有权拒绝处罚，并有权予以检举。上级行政机关或者有关部门对使用的非法单据予以收缴销毁，对直接负责的主管人员和其他直接责任人员依法给予行政处分 | 第七十七条　行政机关对当事人进行处罚不使用罚款、没收财物单据或者使用非法定部门制发的罚款、没收财物单据的，当事人有权拒绝，并有权予以检举，由上级行政机关或者有关机关对使用的非法单据予以收缴销毁，对直接负责的主管人员和其他直接责任人员依法给予处分 |
| 第五十七条　行政机关违反本法第四十六条的规定自行收缴罚款的，财政部门违反本法第五十三条的规定向行政机关返还罚款或者拍卖款项的，由上级行政机关或者有关部门责令改正，对直接负责的主管人员和其他直接责任人员依法给予行政处分 | 第七十八条　行政机关违反本法第六十七条的规定自行收缴罚款的，财政部门违反本法第七十四条的规定向行政机关返还罚款、没收的违法所得或者拍卖款项的，由上级行政机关或者有关机关责令改正，对直接负责的主管人员和其他直接责任人员依法给予处分 |

续表

| 修改前 | 修改后 |
|---|---|
| 第五十八条　行政机关将罚款、没收的违法所得或者财物截留、私分或者变相私分的，由财政部门或者有关部门予以追缴，对直接负责的主管人员和其他直接责任人员依法给予行政处分；情节严重构成犯罪的，依法追究刑事责任<br>执法人员利用职务上的便利，索取或者收受他人财物、收缴罚款据为己有，构成犯罪的，依法追究刑事责任；情节轻微不构成犯罪的，依法给予行政处分 | 第七十九条　行政机关截留、私分或者变相私分罚款、没收的违法所得或者财物的，由财政部门或者有关机关予以追缴，对直接负责的主管人员和其他直接责任人员依法给予处分；情节严重构成犯罪的，依法追究刑事责任<br>执法人员利用职务上的便利，索取或者收受他人财物、将收缴罚款据为己有，构成犯罪的，依法追究刑事责任；情节轻微不构成犯罪的，依法给予处分 |
| 第五十九条　行政机关使用或者损毁扣押的财物，对当事人造成损失的，应当依法予以赔偿，对直接负责的主管人员和其他直接责任人员依法给予行政处分 | 第八十条　行政机关使用或者损毁查封、扣押的财物，对当事人造成损失的，应当依法予以赔偿，对直接负责的主管人员和其他直接责任人员依法给予处分 |
| 第六十条　行政机关违法实行检查措施或者执行措施，给公民人身或者财产造成损害、给法人或者其他组织造成损失的，应当依法予以赔偿，对直接负责的主管人员和其他直接责任人员依法给予行政处分；情节严重构成犯罪的，依法追究刑事责任 | 第八十一条　行政机关违法实施检查措施或者执行措施，给公民人身或者财产造成损害、给法人或者其他组织造成损失的，应当依法予以赔偿，对直接负责的主管人员和其他直接责任人员依法给予处分；情节严重构成犯罪的，依法追究刑事责任 |
| 第六十一条　行政机关为牟取本单位私利，对应当依法移交司法机关追究刑事责任的不移交，以行政处罚代替刑罚，由上级行政机关或者有关部门责令纠正；拒不纠正的，对直接负责的主管人员给予行政处分；徇私舞弊、包庇纵容违法行为的，依照刑法有关规定追究刑事责任 | 第八十二条　行政机关对应当依法移交司法机关追究刑事责任的案件不移交，以行政处罚代替刑事处罚，由上级行政机关或者有关机关责令改正，对直接负责的主管人员和其他直接责任人员依法给予处分；情节严重构成犯罪的，依法追究刑事责任 |
| 第六十二条　执法人员玩忽职守，对应当予以制止和处罚的违法行为不予制止、处罚，致使公民、法人或者其他组织的合法权益、公共利益和社会秩序遭受损害的，对直接负责的主管人员和其他直接责任人员依法给予行政处分；情节严重构成犯罪的，依法追究刑事责任 | 第八十三条　行政机关对应当予以制止和处罚的违法行为不予制止、处罚，致使公民、法人或者其他组织的合法权益、公共利益和社会秩序遭受损害的，对直接负责的主管人员和其他直接责任人员依法给予处分；情节严重构成犯罪的，依法追究刑事责任 |

续表

| 修改前 | 修改后 |
| --- | --- |
| **第八章　附则** | **第八章　附则** |
|  | 第八十四条　外国人、无国籍人、外国组织在中华人民共和国领域内有违法行为，应当给予行政处罚的，适用本法，法律另有规定的除外 |
|  | 第八十五条　本法中“二日”“三日”“五日”“七日”的规定是指工作日，不含法定节假日 |
| 第六十三条　本法第四十六条罚款决定与罚款收缴分离的规定，由国务院制定具体实施办法 |  |
| 第六十四条　本法自1996年10月1日起施行。本法公布前制定的法规和规章关于行政处罚的规定与本法不符合的，应当自本法公布之日起，依照本法规定予以修订，在1997年12月31日前修订完毕 | 第八十六条　本法自2021年7月15日起施行 |

## 2.关于《中华人民共和国行政处罚法(修订草案)》的说明

委员长、各位副委员长、秘书长、各位委员:

我受委员长会议的委托,作关于《中华人民共和国行政处罚法(修订草案)》的说明。

**一、修改的必要性和起草过程**

行政处罚是行政机关有效实施行政管理,保障法律、法规贯彻施行的重要手段。现行行政处罚法于1996年由第八届全国人大第四次会议通过,2009年和2017年先后两次作了个别条文修改,对行政处罚的种类、设定和实施作了基本规定。该法颁布施行以来,对增强行政机关及其工作人员依法行政理念,依法惩处各类行政违法行为,推动解决乱处罚问题,保护公民、法人和其他组织合法权益发挥了重要作用,积累了宝贵经验,同时,执法实践中也提出了一些新问题。党的十八大以来,以习近平同志为核心的党中央推进全面依法治国,深化行政执法体制改革,建立权责统一、权威高效的行政执法体制;完善行政执法程序,坚持严格规范公正文明执法。为贯彻落实党中央重大改革决策部署,推进国家治理体系和治理能力现代化,加强法治政府建设,完善行政处罚制度,解决执法实践中遇到的突出问题,有必要修改行政处罚法。

党的十八大以来,先后有近两百名全国人大代表、政协委员提出修改行政处罚法的议案、建议和提案,有关方面也陆续提出修改行政处罚法的意见和建议。行政处罚法修改列入十三届全国人大常委会立法规划。法制工作委员会于2018年启动行政处罚法的修改工作,先后到北京、江西、广东、内蒙古、天津、河南等地进行调研,多次召开国务院部门、地方人大、政府法制机构、专家学者、律师和企业座谈会,听取各方面的意见和建议。通过上海虹桥街道基层立法联系点走访基层执法部门了解实际情况，委托部分国务院部门、地方人大、基层立法联系点收集法律实施过程中存在的突出问题。通过课题委托、专题研究等方式，认真研究相关问题。在广泛征求意见和深入研究的基础上，2019年10月形成修改草案征求意见稿，书面征求国务院部门、31个省（区、市）和部分设区的市人大常委会法制工作机构，以及基层立法联系点、部分高等院校、科研单位的意见。召开座谈会，专门听取部分省、直辖市人大常委会法制工作机构主要负责同志意见。2020年1月，分别召开中央政法委、中央改革办、中央依法治国办、中央编办以及部分国务院部门、法院系统同志参加的座谈会，再次征求意见。根据各方面意见，对征求意见稿进一步修改完善，形成了行政处罚法修订草案。

**二、修改的指导思想和主要考虑**

修改工作坚持以习近平新时代中国特色社会主义思想为指导，深入贯彻党的十九大和十九届二中、三中、四中全会精神，全面贯彻习近平总书记全面依法治国新理念新思想新战略，适应推进全面依法治国的需要，落实完善行政执法体制、严格规范公正文明执法的改革要求，推进国家治理体系和治理能力现代化。

根据各方面意见，修改工作把握以下几点：一是贯彻落实党中央重大决策部署，立法主动适应改革需要，体现和巩固行政执法领域中取得的重大改革成果。二是坚持问题导向，适应实践需要，扩大地方的行政处罚设定权限，加大重点领域行政处罚力度。三是坚持权由法定的法治原则，增加综合行政执法，赋予乡镇街道行政处罚权，完善行政处罚程序，严格行政执法责任，更好地保障严格规范公正文明执法。四是把握通用性，从行政处罚法是行政处罚领域的通用规范出发，认真总结实践经验，发展和完善行政处罚的实体和程序规则，为单行法律、法规设定行政处罚和行政机关实施行政处罚提供基本遵循。

## 三、修改的主要内容

（一）关于行政处罚的定义和种类

现行行政处罚法第八条列举了七项行政处罚种类。一些意见反映，行政处罚法未对行政处罚进行界定，所列举的处罚种类较少，不利于行政执法实践和法律的实施。据此，作以下修改：一是增加行政处罚的定义，明确行政处罚是指行政机关在行政管理过程中，对违反行政管理秩序的公民、法人或者其他组织，以依法减损权利或者增加义务的方式予以惩戒的行为。二是将现行单行法律、法规中已经明确规定，行政执法实践中常用的行政处罚种类纳入本法，增加规定通报批评、降低资质等级、不得申请行政许可、限制开展生产经营活动、限制从业、责令停止行为、责令作出行为等行政处罚种类。

（二）关于地方性法规设定行政处罚的权限

现行行政处罚法第十一条规定："地方性法规可以设定除限制人身自由、吊销企业营业执照以外的行政处罚。""法律、行政法规对违法行为已经作出行政处罚规定，地方性法规需要作出具体规定的，必须在法律、行政法规规定的给予行政处罚的行为、种类和幅度的范围内规定。"多年来，一些地方人大同志反映，现行行政处罚法中有关地方性法规设定行政处罚的规定限制过严，地方保障法律法规实施的手段受限，建议扩大地方性法规的行政处罚设定权限。为充分发挥地方性法规在地方治理中的作用，增加规定：地方性法规为实施法律、行政法规，对法律、行政法规未规定的违法行为可以补充设定行政处罚。地方性法规拟补充设定行政处罚的，应当通过听证会、论证会等形式听取意见，并向制定机关作出说明。

（三）关于行政处罚实施主体

根据党和国家机构改革和行政执法体制改革要求，明确综合行政执法的法律地位，增加规定：国家在城市管理、市场监管、生态环境、文化市场、交通运输、农业等领域实行综合行政执法，相对集中行政处罚权，由一个行政机关统一实施相关领域的行政处罚。同时，根据基层整合审批服务执法力量改革要求，推进行政执法权限和力量向基层延伸和下沉，增加规定：省、自治区、直辖市根据当地实际情况，可以决定符合条件的乡镇人民政府、街道办事处对其管辖区域内的违法行为行使有关县级人民政府部门的部分行政处罚权。

（四）关于行政处罚的适用

经过多年的执法实践，行政处罚的适用规则不断发展完善，在总结实践经验基础上，作以下补充完善：一是明确行政机关实施行政处罚时，有违法所得的，应当予以没收。二是规范行政处罚自由裁量权行使，完善从轻、减轻的法定情形，增加规定当事人有证据证明没有主观过错的，不予行政处罚，法律、行政法规有特别规定的，依照其规定；行政机关可以依法制定行政处罚裁量基准。三是加大重点领域执法力度，涉及公民生命健康安全的违法行为的追责期限由两年延长至五年。四是增加"从旧兼从轻"适用规则，行政处罚的依据适用违法行为发生时的法律、法规和规章的规定，但是新的法律、法规和规章的规定更有利于当事人的，适用新的法律、法规和规章的规定。五是完善行政处罚决定无效制度，行政处罚没有法定依据或者实施主体不具有行政主体资格的，行政处罚无效；不遵守法定程序构成重大且明显违法的，行政处罚无效。六是明确行政处罚证据种类和适用规则，规定证据必须经查证属实，方可作为认定案件事实的根据；以非法手段取得的证据，不得作为认定案件事实的根据。七是进一步明确适用范围，外国人、无国籍人、外国组织在中华人民共和国领域内有违法行为，应当给予行政处罚的，适用本法，法律另有规定的除外。

（五）关于行政处罚的程序

为推进严格规范公正文明执法，巩固行政执法公示制度、行政执法全过程记录制度、重大执法决定法制审核制度"三项制度"改革成果，进一步完善行政处罚程序，作以下修改：

一是明确公示要求，增加规定行政处罚的实施机关、立案依据、实施程序和救济渠道等信息应当公示；行政处罚决定应当依法公开。二是体现全程记录，增加规定行政机关应当依法以文字、音像等形式，对行政处罚的启动、调查取证、审核、决定、送达、执行等进行全过程记录，归档保存。三是细化法制审核程序，列明适用情形，明确未经法制审核或者审核未通过的不得作出行政处罚决定。四是规范非现场执法，增加规定行政机关依照法律、行政法规规定利用电子技术监控设备收集、固定违法事实的，应当经过法制和技术审核，确保设置合理、标准合格、标志明显，设置地点应当向社会公布，并对记录内容和方便当事人查询作出相应规定。五是进一步完善回避制度，细化回避情形，明确对回避申请应当依法审查，但不停止调查或者实施行政处罚。六是增加规定发生重大传染病疫情等突发事件，为了控制、减轻和消除突发事件引起的社会危害，行政机关对违反突发事件应对措施的行为，依法从重处罚，并可以简化程序。七是适应行政执法实际需要，将适用简易程序的罚款数额由五十元以下和一千元以下，分别提高至二百元以下和三千元以下。八是增加立案程序，除当场作出的行政处罚外，行政机关认为符合立案标准的，应当立案。九是完善听证程序，扩大适用范围，适当延长申请期限，明确行政机关应当结合听证笔录作出决定。

（六）关于行政处罚的执行

为保障行政处罚决定的依法履行，补充完善执行制度，作以下修改：一是适应行政执法实际需要，将行政机关当场收缴的罚款数额由二十元以下提高至一百元以下。二是与行政强制法相衔接，完善行政处罚的强制执行程序，规定当事人逾期不履行行政处罚决定的，行政机关可以根据法律规定实施行政强制执行。三是明确行政机关批准延期、分期缴纳罚款的，申请人民法院强制执行的期限，自暂缓或者分期缴纳罚款期限结束之日起计算。四是明确当事人申请行政复议或者提起行政诉讼的，加处罚款的数额在行政复议或者行政诉讼期间不予计算。

（七）关于执法监督

为贯彻落实行政执法责任制和责任追究制度，强化对行政处罚行为的监督，作以下修改：一是增加规定罚款、没收违法所得或者没收非法财物拍卖的款项，不得同作出行政处罚决定的行政机关及其工作人员的考核、考评直接或者变相挂钩。二是增加规定县级以上人民政府应当定期组织开展行政执法评议、考核，加强对行政处罚的监督检查，规范和保障行政处罚的实施。

此外，修订草案对管辖、行政执法协助、行政执法资格等规定也作了补充完善。

行政处罚法修订草案和以上说明是否妥当，请审议。

## 3. 国务院关于进一步规范和监督罚款设定与实施的指导意见（国发〔2024〕5号）

国务院关于进一步规范和监督罚款设定与实施的指导意见

（国发〔2024〕5号）

各省、自治区、直辖市人民政府，国务院各部委、各直属机构：

行政执法是行政机关履行政府职能、管理经济社会事务的重要方式。行政执法工作面广量大，一头连着政府，一头连着群众，直接关系群众对党和政府的信任、对法治的信心。罚款是较为常见的行政执法行为。为进一步提高罚款规定的立法、执法质量，规范和监督罚款设定与实施，现就行政法规、规章中罚款设定与实施提出以下意见。

**一、总体要求**

（一）指导思想。以习近平新时代中国特色社会主义思想为指导，深入学习贯彻习近平法治思想，全面贯彻落实党的二十大精神，立足新发展阶段，完整、准确、全面贯彻新发展理念，加快构建新发展格局，严格规范和有力监督罚款设定与实施，强化对违法行为的预防和惩戒作用，提升政府治理能力，维护经济社会秩序，切实保护企业和群众合法权益，优化法治化营商环境，推进国家治理体系和治理能力现代化。

（二）基本原则。坚持党的领导，把坚持和加强党的领导贯穿于规范和监督罚款设定与实施工作的全过程和各方面。坚持以人民为中心，努力让企业和群众在每一个执法行为中都能看到风清气正、从每一项执法决定中都能感受到公平正义。坚持依法行政，按照处罚法定、公正公开、过罚相当、处罚与教育相结合的要求，依法行使权力、履行职责、承担责任。坚持问题导向，着力破解企业和群众反映强烈的乱罚款等突出问题。

（三）主要目标。罚款设定更加科学，罚款实施更加规范，罚款监督更加有力，全面推进严格规范公正文明执法，企业和群众的满意度显著提升。

## 二、依法科学设定罚款

（四）严守罚款设定权限。法律、法规对违法行为已经作出行政处罚规定但未设定罚款的，规章不得增设罚款。法律、法规已经设定罚款但未规定罚款数额的，或者尚未制定法律、法规，因行政管理迫切需要依法先以规章设定罚款的，规章要在规定的罚款限额内作出具体规定。规章设定的罚款数额不得超过法律、法规对相似违法行为规定的罚款数额，并要根据经济社会发展情况适时调整。鼓励跨行政区域按规定联合制定统一监管制度及标准规范，协同推动罚款数额、裁量基准等相对统一。

（五）科学适用过罚相当原则。行政法规、规章新设罚款和确定罚款数额时，要坚持过罚相当，做到该宽则宽、当严则严，避免失衡。要综合运用各种管理手段，能够通过教育劝导、责令改正、信息披露等方式管理的，一般不设定罚款。实施罚款处罚无法有效进行行政管理时，要依法确定更加适当的处罚种类。设定罚款要结合违法行为的事实、性质、情节以及社会危害程度，统筹考虑经济社会发展水平、行业特点、地方实际、主观过错、获利情况、相似违法行为罚款规定等因素，区分情况、分类处理，确保有效遏制违法、激励守法。制定行政法规、规章时，可以根据行政处罚法第三十二条等规定，对当事人为盲人、又聋又哑的人或者已满75周岁的人等，结合具体情况明确罚款的从轻、减轻情形；根据行政处罚法第三十三条等规定，细化不予、可以不予罚款情形；参考相关法律规范对教唆未成年人等的从重处罚规定，明确罚款的从重情形。

（六）合理确定罚款数额。设定罚款要符合行政处罚法和相关法律规范的立法目的，一般要明确罚款数额，科学采用数额罚、倍数（比例）罚等方法。规定处以一定幅度的罚款时，除涉及公民生命健康安全、金融安全等情形外，罚款的最低数额与最高数额之间一般不超过10倍。各地区、各部门要根据地域、领域等因素，适时调整本地区、本部门规定的适用听证程序的“较大数额罚款”标准。同一行政法规、规章对不同违法行为设定罚款的要相互协调，不同行政法规、规章对同一个违法行为设定罚款的要相互衔接，避免畸高畸低。拟规定较高起罚数额的，要充分听取专家学者等各方面意见，参考不同领域的相似违法行为或者同一领域的不同违法行为的罚款数额。起草法律、行政法规、地方性法规时，需要制定涉及罚款的配套规定的，有关部门要统筹考虑、同步研究。

（七）定期评估清理罚款规定。国务院部门和省、自治区、直辖市人民政府及其有关部门在落实行政处罚定期评估制度、每5年分类分批组织行政处罚评估时，要重点评估设定时间较早、罚款数额较大、社会关注度较高、与企业和群众关系密切的罚款规定。对评估发现有不符合上位法规定、不适应经济社会发展需要、明显过罚不当、缺乏针对性和实用性等情形的罚款规定，要及时按照立法权限和程序自行或者建议有权机关予以修改或者废止。各地区、各部门以行政规范性文件形式对违法所得计算方式作出例外规定的，要及时清理；确有必要保留的，要依法及时通过法律、行政法规、部门规章予以明确。

（八）及时修改废止罚款规定。国务院决定取消行政法规、部门规章中设定的罚款事项的，自决定印发之日起暂时停止适用相关行政法规、部门规章中的有关罚款规定。国务院决定调整行政法规、部门规章中设定的罚款事项的，按照修改后的相关行政法规、部门规章中的有关罚款规定执行。国务院有关部门要自决定印发之日起60日内向国务院报送相关行政法规修改方案，并完成相关部门规章修改或者废止工作，部门规章需要根据修改后的行政法规调整的，要自相关行政法规公布之日起60日内完成修改或者废止工作。因特殊原因无法在上述期限内完成部门规章修改或者废止工作的，可以适当延长，但延长期限最多不得超过30日。罚款事项取消后，有关部门要依法认真研究，严格落实监管责任，着力加强事中事后监管，完善监管方法，规范监管程序，提高监管的科学性、简约性和精准性，进一步提升监管效能。

**三、严格规范罚款实施**

（九）坚持严格规范执法。要严格按照法律规定和违法事实实施罚款，不得随意给予顶格罚款或者高额罚款，不得随意降低对违法行为的认定门槛，不得随意扩大违法行为的范围。对违法行为的事实、性质、情节以及社会危害程度基本相似的案件，要确保罚款裁量尺度符合法定要求，避免类案不同罚。严禁逐利罚款，严禁对已超过法定追责期限的违法行为给予罚款。加大对重点领域的执法力度，对严重违法行为，要依法落实“处罚到人”要求，坚决维护企业和群众合法权益。行政机关实施处罚时应当责令当事人改正或者限期改正违法行为，不得只罚款而不纠正违法行为。

（十）坚持公正文明执法。国务院部门和省、自治区、直辖市人民政府及其有关部门要根据不同地域、领域等实际情况，科学细化行政处罚法第三十二条、第三十三条规定的适用情形。行政机关实施罚款等处罚时，要统筹考虑相关法律规范与行政处罚法的适用关系，符合行政处罚法第三十二条规定的从轻、减轻处罚或者第三十三条等规定的不予、可以不予处罚情形的，要适用行政处罚法依法作出相应处理。鼓励行政机关制定不予、可以不予、减轻、从轻、从重罚款等处罚清单，依据行政处罚法、相关法律规范定期梳理、发布典型案例，加强指导、培训。制定罚款等处罚清单或者实施罚款时，要统筹考虑法律制度与客观实际、合法性与合理性、具体条款与原则规定，确保过罚相当、法理相融。行政执法人员要文明执法，尊重和保护当事人合法权益，准确使用文明执法用语，注重提升行政执法形象，依法文明应对突发情况。行政机关要根据实际情况，细化对行政执法人员的追责免责相关办法。

（十一）坚持处罚与教育相结合。认真落实“谁执法谁普法”普法责任制，将普法教育贯穿于行政处罚全过程，引导企业和群众依法经营、自觉守法，努力预防和化解违法风险。要充分考虑社会公众的切身感受，确保罚款决定符合法理，并考虑相关事理和情理，优化罚款决定延期、分期履行制度。要依法广泛综合运用说服教育、劝导示范、指导约谈等方式，让执法既有力度又有温度。总结证券等领域经验做法，在部分领域研究、探索运用行政和解等非强制行政手段。鼓励行政机关建立与企业和群众常态化沟通机制，加强跟进帮扶指导，探索构建“预防为主、轻微免罚、重违严惩、过罚相当、事后回访”等执法模式。

（十二）持续规范非现场执法。县级以上地方人民政府有关部门、乡镇人民政府（街道办事处）要在2024年12月底前完成执法类电子技术监控设备（以下简称监控设备）清理、规范工作，及时停止使用不合法、不合规、不必要的监控设备，清理结果分别报本级人民政府、上级人民政府；每年年底前，县级以上地方人民政府有关部门、乡镇人民政府（街道办事处）要分别向本级人民政府、上级人民政府报告监控设备新增情况，司法行政部门加强执法监督。利用监控设备收集、固定违法事实的，应当经过法制和技术审核，根据监管需要确定监控设备的设置地点、间距和数量等，设置地点要有明显可见的标识，投入使用前要及时向社会公布，严禁为增加罚款收入脱离实际监管需要随意设置。要确保计量准确，未经依法检定、逾期未检定或者检定不合格的，不得使用。要充分运用大数据分析研判，对违法事实采集量、罚款数额畸高的监控设备开展重点监督，违法违规设置或者滥用监控设备的立即停用，限期核查评估整改。

**四、全面强化罚款监督**

（十三）深入开展源头治理。坚决防止以罚增收、以罚代管、逐利罚款等行为，严格规范罚款，推进事中事后监管法治化、制度化、规范化。对社会关注度较高、投诉举报集中、违法行为频繁发生等罚款事项，要综合分析研判，优化管理措施，不能只罚不管；行政机关不作为的，上级行政机关要加强监督，符合问责规定的，严肃问责。要坚持系统观念，对涉及公共安全和群众生命健康等行业、领域中的普遍性问题，要推动从个案办理到类案管理再到系统治理，实现“办理一案、治理一类、影响一域”。

（十四）持续加强财会审计监督。行政机关要将应当上缴的罚款收入，按照规定缴入国库，任何部门、单位和个人不得截留、私分、占用、挪用或者拖欠。对当事人不及时足额缴纳罚款的，行政机关要及时启动追缴程序，履行追缴职责。坚决防止罚款收入不合理增长，严肃查处罚款收入不真实、违规处置罚款收入等问题。财政部门要加强对罚缴分离、收支两条线等制度实施情况的监督，会同有关部门按规定开展专项监督检查。要依法加强对罚款收入的规范化管理，强化对罚款收入异常变化的监督，同一地区、同一部门罚款收入同比异常上升的，必要时开展实地核查。强化中央与地方监督上下联动，压实财政、审计等部门的监督责任。

（十五）充分发挥监督合力。各地区、各部门要健全和完善重大行政处罚备案制度和行政执法统计年报制度。县级以上地方人民政府司法行政部门要加强案卷评查等行政执法监督工作，对违法或者明显过罚不当的，要督促有关行政机关予以改正；对不及时改正的，要报请本级人民政府责令改正。拓宽监督渠道，建立行政执法监督与12345政务服务便民热线等监督渠道的信息共享工作机制。充分发挥行政复议化解行政争议的主渠道作用，促进行政复议案件繁简分流，依法纠正违法或者不当的罚款决定。对罚款决定被依法变更、撤销、确认违法或者确认无效的，有关行政机关和财政部门要及时办理罚款退还等手续。加大规章备案审查力度，审查发现规章违法变更法律、行政法规、地方性法规规定的罚款实施主体、对象范围、行为种类或者数额幅度的，要及时予以纠正，切实维护国家法制统一。要加强分析研判和指导监督，收集梳理高频投诉事项和网络舆情，对设定或者实施罚款中的典型违法问题予以及时通报和点名曝光，依法依规对相关人员给予处分。

各地区、各部门要将规范和监督罚款设定与实施，作为提升政府治理能力、维护公共利益和社会秩序、优化营商环境的重要抓手，认真贯彻实施行政处罚法和《国务院关于进一步贯彻实施〈中华人民共和国行政处罚法〉的通知》（国发〔2021〕26号）等，系统梳理涉及罚款事项的行政法规、规章，加快修改完善相关制度。司法部要加强统筹协调监督，组织推动完善行政处罚制度、做好有关解释答复工作，指导监督各地区、各部门抓好贯彻实施，重要情况和问题及时报国务院。

国务院

2024年2月9日

## 4.国务院办公厅关于严格规范涉企行政检查的意见（国办发［2024］54号）

国务院办公厅关于严格规范涉企行政检查的意见

国办发〔2024〕54号

各省、自治区、直辖市人民政府，国务院各部委、各直属机构：

行政检查是行政执法主体履行行政管理职责的重要方式，对引导规范企业合法经营、预防纠正违法行为具有重要作用。为贯彻落实党中央关于进一步规范涉企执法的决策部署，严格规范涉企行政检查，坚决遏制乱检查，切实减轻企业负担，经国务院同意，现提出以下意见。

**一、总体要求**

坚持以习近平新时代中国特色社会主义思想为指导，深入学习贯彻习近平法治思想，全面贯彻党的二十大和二十届二中、三中全会精神，针对行政检查事项多、频次高、随意性大，以及任性检查、运动式检查、以各种名义变相检查等突出问题，加强依法行政，确保行政检查于法有据、严格规范、公正文明、精准高效，进一步优化营商环境。

**二、明确行政检查主体，严禁不具备主体资格的组织实施行政检查**

实施行政检查的主体必须具备法定资格。具有行政执法权的行政机关必须在法定职责范围内实施行政检查；法律、法规授权的具有管理公共事务职能的组织必须在法定授权范围内实施行政检查；受委托组织必须在委托范围内实施行政检查。除上述主体外，任何组织和个人不得实施行政检查。行政检查主体资格要依法确认并向社会公告。严禁政府议事协调机构以各种名义实施行政检查；严禁检验检测机构、科研院所等第三方实施行政检查；严禁外包给中介机构实施行政检查；严禁未取得执法证件的执法辅助人员、网格员、临时工等人员实施行政检查。

**三、清理并公布行政检查事项，从源头上遏制乱检查**

有关主管部门要严格落实权责清单制度，梳理本领域现有的涉企行政检查事项并实行动态管理，对没有法定依据的要坚决清理，对法定依据发生变化的要及时调整，对没有实际成效的要予以取消。行政检查事项要按照权责透明、用权公开的要求向社会公布，接受企业和社会监督。行政检查事项未经公布的，不得实施。

**四、合理确定行政检查方式，最大限度减少入企检查频次**

大力推进精准检查，防止重复检查、多头检查。能合并实施行政检查的，不得重复检查；能联合实施行政检查的，不得多头检查；能通过书面核查、信息共享、智慧监管等方式监管的，不得入企实施现场检查。严控入企检查人员数量，优化“综合查一次”、“双随机、一公开”抽查，推行简单事项“一表通查”。除有法定依据外，不得将入企检查作为行政许可、行政给付等行政行为的前提条件。2025年6月底前，国务院有关主管部门要建立本领域分级分类检查制度；有关主管部门要公布同一行政机关对同一企业实施行政检查的年度频次上限。行政检查频次要纳入行政执法统计年报。根据投诉举报、转办交办、数据监测等线索确需实施行政检查，或者应企业申请实施行政检查的，可以不受频次上限限制，但明显超过合理频次的，行政执法监督机关要及时跟踪监督。探索建立涉企行政执法案件经济影响评估制度，依法降低行政执法特别是行政检查对企业的负面影响。

**五、严格行政检查标准、程序，杜绝随意检查**

国务院有关主管部门要梳理本领域现有的行政检查标准并于2025年6月底前公布。不同领域行政检查标准相互冲突的，有关主管部门要按照规定提请本级政府或者上一级行政机关进行协调，避免企业无所适从。

实施行政检查前，要制定检查方案并报行政执法主体负责人批准，不得仅由内设机构负责人批准。情况紧急、需要当场实施的，要及时报告并补办手续。实施行政检查时，要出具行政检查通知书。加快推行“扫码入企”，将行政检查主体、人员、内容、结果等数据实时上传至信息系统。执法人员要主动出示执法证件，严禁以其他证件代替执法证件实施行政检查；人民警察要出示人民警察证件。除法律另有规定外，执法人员不得少于两人。入企检查要制作现场检查笔录，必要时进行音像记录。行政检查结束后，要将行政检查结果及时告知企业。坚持过罚相当，严格落实行政裁量权基准制度，更多采用柔性执法方式，对依法可以采用提醒、告知、劝阻等方式处理的，根据包容审慎原则不罚或者免罚，对问题突出的案事例要予以通报曝光。国务院行政执法监督机构要在2025年4月底前制定统一的行政检查文书基本格式标准，并向社会公布。涉企行政检查以属地管辖为原则，国务院有关主管部门要在2025年12月底前建立健全行政检查异地协助机制，明确相关规则，严禁违规实施异地检查。

**六、严格控制专项检查，避免“走过场”、运动式检查**

对某一地区、领域的突出问题，可以依法部署专项检查。专项检查要符合监管的客观需要，经评估确需部署的，要严格控制专项检查的范围、内容和时限等，坚决杜绝“一人生病，大家吃药”的全覆盖、无差别检查。专项检查要实行年度数量控制，事先拟订检查计划，经县级以上政府或者实行垂直管理的上一级行政机关批准后按照规定备案，并向社会公布。检查事项涉及两个以上部门的，有关主管部门要联合拟订检查计划，避免多头、重复部署。因潜在风险大、可能造成严重不良后果，确需紧急部署专项检查的，要及时修改检查计划并备案。专项检查要严格按照行政检查的标准、程序实施，务求实效，防止“走过场”。

**七、规范行政检查行为，防止逐利检查、任性检查**

涉企行政检查要做到“五个严禁”、“八个不得”。严禁逐利检查，不得接受被检查企业的任何馈赠、报酬、福利待遇，不得参加被检查企业提供的宴请、娱乐、旅游等活动，不得由被检查企业支付消费开支或者将检查费用转嫁给企业，不得强制企业接受指定的中介机构提供服务。严禁干扰企业正常生产经营，不得刻意要求法定代表人到场。严禁任性处罚企业，不得乱查封、乱扣押、乱冻结、动辄责令停产停业。严禁下达检查指标，不得将考核考评、预算项目绩效与检查频次、罚款数额挂钩。严禁变相检查，不得以观摩、督导、考察等名义行检查之实。

**八、压实规范管理责任，加强行政检查的执法监督**

各级政府及有关主管部门要认真贯彻《中共中央办公厅、国务院办公厅关于加强行政执法协调监督工作体系建设的意见》，严格落实各项要求，切实负起责任，加强对涉企行政检查的规范管理。行政执法主体要在政府网站统一公布依法应当公开的行政检查相关事项，并严格按照规定实施行政检查。违反规定实施行政检查的，企业有权拒绝接受检查，有权投诉举报。行政执法监督机关要认真履行监督职责，加强行政执法人员培训，切实转变行政执法人员“卸责式检查”的错误观念，创新涉企行政检查监督方式，推广“监督+服务”模式，实现常态化监督。要有机贯通各类监督方式，形成整体监督合力。

**九、强化数字技术赋能，确保执法监督精准高效**

国务院行政执法监督机构要加快完成全国行政执法监督信息系统建设，有关主管部门要积极协同，打通平台，破除壁垒。要全面、统一、及时归集行政检查相关执法数据，以及按照规定备案或者公布的行政检查事项、依据、标准、计划、频次等信息，对行政检查进行全程监督。要运用人工智能、大数据进行统计分析，快速预警多头检查、重复检查、高频次检查等行为，对普遍、高发问题进行及时监督。要通过信息系统收集企业对行政检查的意见建议，关注企业和社会反映强烈的突出问题，对行政执法主体受理和处理企业投诉举报情况进行重点监督。要建立健全行政执法监督与12345政务服务便民热线信息共享机制，同时发挥好工商联等在企业反映问题线索方面的作用。

**十、严肃责任追究，加大对乱检查的查处力度**

各级行政执法监督机关对不具备行政执法主体资格实施检查、未按照公布的行政检查事项和标准实施检查、未按照规定程序实施检查、擅自部署专项检查、超过行政检查年度频次上限实施检查，以及违反“五个严禁”、“八个不得”要求乱检查的，要发现一起查处一起，及时责令改正；对行政执法主体负责人或者相关责任人，进行公开约谈；对企业反映强烈、社会影响恶劣的，直接督办并予以通报曝光；对涉嫌违纪或者职务违法犯罪的，依法移送纪检监察机关。同时，要建立健全行政检查责任追究、尽职免予问责机制，细化相关情形和程序。

各地区、各部门要认真落实党中央、国务院决策部署，按照中央统筹、省负主责、市县抓落实的要求，加强部门协同配合，加大宣传培训力度，大力推进工作落实，将规范管理涉企行政检查作为政府督查和行政执法监督工作的重要内容，既要防止检查过多和执法扰企，又要保证必要的检查有效开展，并及时总结经验做法，将重要情况和问题报送司法部。司法部作为国务院行政执法监督机构，要加强综合协调和指导监督，跟踪工作进展，重大事项及时请示报告。

国务院办公厅

2024年12月30日

## 5. 国家税务总局关于印发《税务行政处罚听证程序实施办法（试行）》《税务案件调查取证与处罚决定分开制度实施办法（试行）》的通知（国税发［1996］190号）

国家税务总局关于印发《税务行政处罚听证程序
实施办法（试行）》《税务案件调查取证与处罚
决定分开制度实施办法（试行）》的通知
国税发〔1996〕190号[①]

税务行政处罚听证程序实施办法（试行）

第一条 为了规范税务行政处罚听证程序的实施，保护公民，法人和其他组织的合法权益，根据《中华人民共和国行政处罚法》，制定本实施办法。

第二条 税务行政处罚的听证，遵循合法、公正、公开、及时和便民的原则。

第三条 税务机关对公民作出2 000元以上（含本数）罚款或者对法人或者其他组织作出1万元以上（含本数）罚款的行政处罚之前，应当向当事人送达《税务行政处罚事项告知书》，告知当事人已经查明的违法事实、证据、行政处罚的法律依据和拟将给予的行政处罚，并告知有要求举行听证的权利。

第四条 要求听证的当事人，应当在《税务行政处罚事项告知书》送达后3日内向税务机关书面提出听证；逾期不提出的，视为放弃听证权利。【行政处罚法：5日；《民法典》：节假日顺延；行政复议法：工作日】

---

① 根据2021年7月9日《国家税务总局关于公布全文和部分条款失效废止的税务规范性文件目录的公告》（国家税务总局公告2021年第22号），本文《税务案件调查取证与处罚决定分开制度实施办法（试行）》自2021年7月9日起废止。

当事人要求听证的，税务机关应当组织听证。

第五条　税务机关应当在收到当事人听证要求后15日内举行听证，并在举行听证的7日前将《税务行政处罚听证通知书》送达当事人，通知当事人举行听证的时间、地点、听证主持人的姓名及有关事项。

当事人由于不可抗力或者其他特殊情况而耽误提出听证期限的，在障碍消除后5日以内，可以申请延长期限。申请是否准许，由组织听证的税务机关决定。

第六条　当事人提出听证后，税务机关发现自己拟作的行政处罚决定对事实认定有错误或者偏差，应当予以改变，并及时向当事人说明。

第七条　税务行政处罚的听证，由税务机关负责人指定的非本案调查机构的人员主持，当事人、本案调查人员及其他有关人员参加。

听证主持人应当依法行使职权，不受任何组织和个人的干涉。

第八条　当事人可以亲自参加听证，也可以委托一至二人代理。当事人委托代理人参加听证的，应当向其代理人出具代理委托书。代理委托书应当注明有关事项，并经税务机关或者听证主持人审核确认。

第九条　当事人认为听证主持人与本案有直接利害关系的，有权申请回避。回避申请，应当在举行听证的3日前向税务机关提出，并说明理由。

听证主持人是本案当事人的近亲属，或者认为自己与本案有直接利害关系或其他关系可能影响公正听证的，应当自行提出回避。

第十条　听证主持人的回避，由组织听证的税务机关负责人决定。对驳回申请回避的决定，当事人可以申请复核一次。

第十一条　税务行政处罚听证应当公开进行。但是涉及国家秘密、商业秘密或者个人隐私的，听证不公开进行。

对公开听证的案件，应当先期公告当事人和本案调查人员的姓名、案由和听证的时间、地点。

公开进行的听证，应当允许群众旁听。经听证主持人许可，旁听群众可以发表意见。

对不公开听证的案件，应当宣布不公开听证的理由。

第十二条　当事人或者其代理人应当按照税务机关的通知参加听证，无正当理由不参加的，视为放弃听证权利。听证应当予以终止。

本案调查人员有前款规定情形的，不影响听证的进行。

第十三条　听证开始时，听证主持人应当首先声明并出示税务机关负责人授权主持听证的决定，然后查明当事人或者其代理人、本案调查人员、证人及其他有关人员是否到场，宣布案由；宣布听证会的组成人员名单；告知当事人有关的权利义务。记录员宣读听证会场纪律。

第十四条　听证过程中，由本案调查人员就当事人的违法行为予以指控，并出示事实证据材料，提出行政处罚建议。当事人或者其代理人可以就所指控的事实及相关问题进行申辩和质证。

听证主持人可以对本案所及事实进行询问，保障控辩双方充分陈述事实，发表意见，并就各自出示的证据的合法性，真实性进行辩论。辩论先由本案调查人员发言，再由当事人或者其代理人答辩，然后双方相互辩论。

辩论终结，听证主持人可以再就本案的事实、证据及有关问题向当事人或者其代理人，本案调查人员征求意见。当事人或者其代理人有最后陈述的权利。

第十五条　听证主持人认为证据有疑问无法听证辨明，可能影响税务行政处罚的准确公正的，可以宣布中止听证，由本案调查人员对证据进行调查核实后再行听证。

当事人或者其代理人可以申请对有关证据进行重新核实，或者提出延期听证；是否准许，由听证主持人或者税务机关作出决定。

第十六条　听证过程中，当事人或者其代理人放弃申辩和质证权利，声明退出听证会；或者不经听证主持人许可擅自退出听证会的，听证主持人可以宣布听证终止。

第十七条　听证过程中，当事人或者其代理人、本案调查人员、证人及其他人员违反听证秩序，听证主持人应当警告制止；对不听制止的，可以责令其退出听证会场。

当事人或者其代理人有前款规定严重行为致使听证无法进行的，听证主持人或者税务机关可以终止听证。

第十八条　听证的全部活动，应当由记录员写成笔录，经听证主持人审阅并由听证主持人和记录员签名后，封卷上交税务机关负责人审阅。

听证笔录应交当事人或者其代理人、本案调查人员、证人及其他有关人员阅读或者向他们宣读，他们认为有遗漏或者有差错的，可以请求补充或者改正。他们在承认没有错误后，应当签字或者盖章。拒绝签名或者盖章的，记明情况附卷。

第十九条　听证结束后，听证主持人应当将听证情况和处理意见报告税务机关负责人。

第二十条　对应当进行听证的案件，税务机关不组织听证，行政处罚决定不能成立；当事人放弃听证权利或者被正当取消听证权利的除外。

第二十一条　听证费用由组织听证的税务机关支付，不得由要求听证的当事人承担或者变相承担。

第二十二条　本实施办法由国家税务总局负责解释。

第二十三条　本实施办法自1996年10月1日起施行。

附：税务行政处罚听证通知书

×××税务局税务行政处罚听证通知书

( )税　字第　号

_____(纳税人识别号：　　　)：

根据你提出的听证要求，定于_____年___月___日在______________________________举行听证，请准时参加。

本次听证拟由_____主持。你如认为主持人与本案有直接利害关系需要申请回避的，请于举行听证的三日前提出，并说明理由。

税务机关（章）

年 月 日

## 6. 关于纳税人取得虚开的增值税专用发票处理问题的通知（国税发［1997］134号）

关于纳税人取得虚开的增值税专用发票处理问题的通知

（国税发〔1997〕134号）

各省、自治区、直辖市和计划单列市国家税务局：

最近，一些地区国家税务局询问，对纳税人取得虚开的增值税专用发票（以下简称专用发票）如何处理。经研究，现明确如下：

一、受票方利用他人虚开的专用发票，向税务机关申报抵扣税款进行偷税的，应当依照《中华人民共和国税收征收管理法》及有关规定追缴税款，处以偷税数额五倍以下的罚款；进项税金大于销项税金的，还应当调减其留抵的进项税额。利用虚开的专用发票进行骗取出口退税的，应当依法追缴税款，处以骗税数额五倍以下的罚款。

二、在货物交易中，购货方从销售方取得第三方开具的专用发票，或者从销货地以外的地区取得专用发票，向税务机关申报抵扣税款或者申请出口退税的，应当按偷税、骗取出口退税处理，依照《中华人民共和国税收征收管理法》及有关规定追缴税款，处以偷税、骗税数额五倍以下的罚款。

三、纳税人以上述第一条、第二条所列的方式取得专用发票未申报抵扣税款，或者未申请出口退税的，应当依照《中华人民共和国发票管理办法》及有关规定，按所取得专用发票的份数，分别处以一万元以下的罚款；但知道或者应当知道取得的是虚开的专用发票，或者让他人为自己提供虚开的专用发票的，应当从重处罚。

四、利用虚开的专用发票进行偷税、骗税，构成犯罪的，税务机关依法进行追缴税款等行政处理，并移送司法机关追究刑事责任。

国家税务总局
一九九七年八月十八日

## 7. 关于增值税一般纳税人发生偷税行为如何确定偷税数额和补税罚款的通知（国税发［1998］66号）

关于增值税一般纳税人发生偷税行为如何确定
偷税数额和补税罚款的通知
（国税发〔1998〕66号）

目前，各地对增值税一般纳税人发生偷税行为，如何计算确定其增值税偷税额以及如何补税，罚款的认识和做法不一，现统一明确如下：

**一、关于偷税数额的确定**

（一）由于现行增值税制采取购进扣税法计税，一般纳税人有偷税行为，其不报、少报的销项税额或者多报的进项税额，即是其不缴或少缴的应纳增值税额。因此，偷税数额应当按销项税额的不报、少报部分或者进项税额的多报部分确定。如果销项、进项均查有偷税问题，其偷税数额应当为两项偷税数额之和。

（二）纳税人的偷税手段如属账外经营，即购销活动均不入账，其不缴或少缴的应纳增值税额即偷税额为账外经营部分的销项税额抵扣账外经营部分中已销货物进项税额后的余额。已销货物的进项税额按下列公式计算：

已销货物进项税额＝账外经营部分购货的进项税额－账外经营部分存货的进项税额

【国税函〔2005〕763号：其取得的账外经营部分防伪税控专用发票，未按规定时限认证或者未在认证通过当月申报抵扣的，不得抵扣】

（三）【条款失效】如账外经营部分的销项税额或已销货物进项税额难以核实，应当根据第十六条第（三）项规定，按照组成计税价格公式核定销售额，再行确定偷税数额。凡销项税额难以核实的，以账外经营部分已销货物的成本为基础核定销售额；已销货物进项税额难以核实的，以账外经营部分的购货成本为基础核定销售额。

（三）纳税人账外经营部分的销售额（计税价格）难以核实的，应根据《中华人民共和国增值税暂行条例实施细则》第十六条第（三）项规定按组成计税价格核定其销售额。

【国税函〔1999〕739号修订】

**二、关于税款的补征**

偷税款的补征入库，应当视纳税人不同情况处理，即：根据检查核实后一般纳税人当期全部的销项税额与进项税额（包括当期留抵税额），重新计算当期全部应纳税额，若应纳税额为正数，应当作补税处理，若应纳税额为负数，应当核减期末留抵税额（企业账务调整的具体方法，见《增值税日常稽查办法》）。

**三、关于罚款**

对一般纳税人偷税行为的罚款，应当按照本通知第一条的规定计算确定偷税数额，以偷税数额为依据处理。

## 8. 关于修改《国家税务总局关于增值税一般纳税人发生偷税行为如何确定偷税数额和补税罚款的通知》的通知(国税函[1999]739号)

关于修改《国家税务总局关于增值税一般纳税人发生偷税行为如何确定偷税数额和补税罚款的通知》的通知

(国税函〔1999〕739号)

《国家税务总局关于增值税一般纳税人发生偷税行为如何确定偷税数额和补税罚款的通知》(国税发〔1998〕66号)下发后，部分地区反映通知第一条第(三)项的表述不够确切，现修改如下：

纳税人账外经营部分的销售额(计税价格)难以核实的，应根据《中华人民共和国增值税暂行条例实施细则》第十六条第(三)项规定按组成计税价格核定其销售额。

原《国家税务总局关于增值税一般纳税人发生偷税行为如何确定偷税数额和补税罚款的通知》(国税发〔1998〕66号)第一条第(三)项废止。

## 9. 关于呼和浩特市昌隆食品有限公司有关涉税行为定性问题的复函（国税办函［2007］513号）

关于呼和浩特市昌隆食品有限公司

有关涉税行为定性问题的复函

（国税办函〔2007〕513号）

最高人民检察院：

《税收征管法》未具体规定纳税人自我纠正少缴税行为的性质问题，在处理此类情况时，仍应按《税收征管法》关于偷税应当具备主观故意、客观手段和行为后果的规定进行是否偷税的定性。税务机关在实施检查前纳税人自我纠正属补报补缴少缴的税款，不能证明纳税人存在偷税的主观故意，不应定性为偷税。

二〇〇七年五月五日

## 10. 关于税务检查期间补正申报补缴税款是否影响偷税行为定性有关问题的批复（税总函［2013］196号）

关于税务检查期间补正申报补缴税款是否
影响偷税行为定性有关问题的批复
（税总函〔2013〕196号）

山西省地方税务局：

你局《关于税务检查期间补正申报补缴税款是否影响偷税行为定性的请示》（晋地税发〔2012〕118号）收悉。经研究，批复如下：

税务机关认定纳税人不缴或者少缴税款的行为是否属于偷税，应当严格遵循《中华人民共和国税收征收管理法》第六十三条的有关规定。纳税人未在法定的期限内缴纳税款，且其行为符合《中华人民共和国税收征收管理法》第六十三条规定的构成要件的，即构成偷税，逾期后补缴税款不影响行为的定性。

纳税人在稽查局进行税务检查前主动补正申报补缴税款，并且税务机关没有证据证明纳税人具有偷税主观故意的，不按偷税处理。

国家税务总局
2013年4月19日

## 11. 国家税务总局关于发布《税务行政处罚裁量权行使规则》的公告（国家税务总局公告2016年第78号）

国家税务总局关于发布《税务行政处罚裁量权行使规则》的公告

（国家税务总局公告2016年第78号）

为全面贯彻《中华人民共和国行政处罚法》《中华人民共和国税收征收管理法》及其实施细则等有关法律法规及《法治政府建设实施纲要（2015—2020年）》精神，按照《国家税务总局关于规范税务行政裁量权工作的指导意见》（国税发〔2012〕65号）要求，国家税务总局制定了《税务行政处罚裁量权行使规则》，现予以发布，自2017年1月1日起施行。

特此公告。

国家税务总局

2016年11月30日

### 税务行政处罚裁量权行使规则

第一章　总则

第一条　为了规范税务行政处罚裁量权行使，保护纳税人、扣缴义务人及其他涉税当事人（以下简称“当事人”）合法权益，根据《中华人民共和国行政处罚法》《中华人民共和国税收征收管理法》及其实施细则等法律、法规有关规定，以及《法治政府建设实施纲要（2015—2020年）》《国家税务总局关于规范税务行政裁量权工作的指导意见》要求，制定本规则。

第二条　税务机关行使行政处罚裁量权，适用本规则。

第三条　本规则所称税务行政处罚裁量权，是指税务机关根据法律、法规和规章的规定，综合考虑税收违法行为的事实、性质、情节及社会危害程度，选择处罚种类和幅度并作出处罚决定的权力。

第四条　税务行政处罚的种类包括：

（一）罚款；

（二）没收违法所得、没收非法财物；

（三）停止出口退税权；

（四）法律、法规和规章规定的其他行政处罚。

第五条　行使税务行政处罚裁量权，应当遵循以下原则：

（一）合法原则。在法律、法规、规章规定的种类和幅度内，依照法定权限，遵守法定程序，保障当事人合法权益。

（二）合理原则。符合立法目的，考虑相关事实因素和法律因素，作出的行政处罚决定与违法行为的事实、性质、情节、社会危害程度相当，与本地的经济社会发展水平相适应。

（三）公平公正原则。对事实、性质、情节及社会危害程度等因素基本相同的税收违法行为，所适用的行政处罚种类和幅度应当基本相同。

（四）公开原则。按规定公开行政处罚依据和行政处罚信息。

（五）程序正当原则。依法保障当事人的知情权、参与权和救济权等各项法定权利。

（六）信赖保护原则。非因法定事由并经法定程序，不得随意改变已经生效的行政行为。

（七）处罚与教育相结合原则。预防和纠正涉税违法行为，引导当事人自觉守法。

第二章　行政处罚裁量基准制定

第六条　税务行政处罚裁量基准，是税务机关为规范行使行政处罚裁量权而制定的细化量化标准。

税务行政处罚裁量基准，应当包括违法行为、处罚依据、裁量阶次、适用条件和具体标准等内容。

第七条　税务行政处罚裁量基准应当在法定范围内制定，并符合以下要求：

（一）法律、法规、规章规定可予以行政处罚的，应当明确是否予以行政处罚的适用条件和具体标准；

（二）法律、法规、规章规定可以选择行政处罚种类的，应当明确不同种类行政处罚的适用条件和具体标准；

（三）法律、法规、规章规定行政处罚幅度的，应当根据违法事实、性质、情节、社会危害程度等因素确定适用条件和具体标准；

（四）法律、法规、规章规定可以单处也可以并处行政处罚的，应当明确单处或者并处行政处罚的适用条件和具体标准。

第八条 制定税务行政处罚裁量基准，参照下列程序进行：

（一）确认行政处罚裁量依据；

（二）整理、分析行政处罚典型案例，为细化量化税务行政处罚裁量权提供参考；

（三）细化量化税务行政处罚裁量权，拟定税务行政处罚裁量基准。

税务行政处罚裁量基准应当以规范性文件形式发布，并结合税收行政执法实际及时修订。

第九条 省税务局应当联合制定本地区统一适用的税务行政处罚裁量基准。

第十条 税务机关在实施行政处罚时，应当以法律、法规、规章为依据，并在裁量基准范围内作出相应的行政处罚决定，不得单独引用税务行政处罚裁量基准作为依据。

第三章 行政处罚裁量规则适用

第十一条 法律、法规、规章规定可以给予行政处罚，当事人首次违反且情节轻微，并在税务机关发现前主动改正的或者在税务机关责令限期改正的期限内改正的，不予行政处罚。

第十二条 税务机关应当责令当事人改正或者限期改正违法行为的，除法律、法规、规章另有规定外，责令限期改正的期限一般不超过三十日。

第十三条　对当事人的同一个税收违法行为不得给予两次以上罚款的行政处罚。

当事人同一个税收违法行为违反不同行政处罚规定且均应处以罚款的，应当选择适用处罚较重的条款。

第十四条　当事人有下列情形之一的，不予行政处罚：

（一）违法行为轻微并及时纠正，没有造成危害后果的；

（二）不满十四周岁的人有违法行为的；

（三）精神病人在不能辨认或者不能控制自己行为时有违法行为的；

（四）其他法律规定不予行政处罚的。

第十五条　当事人有下列情形之一的，应当依法从轻或者减轻行政处罚：

（一）主动消除或者减轻违法行为危害后果的；

（二）受他人胁迫有违法行为的；

（三）配合税务机关查处违法行为有立功表现的；

（四）其他依法应当从轻或者减轻行政处罚的。

第十六条　违反税收法律、行政法规应当给予行政处罚的行为在五年内未被发现的，不再给予行政处罚。

第十七条　行使税务行政处罚裁量权应当依法履行告知义务。在作出行政处罚决定前，应当告知当事人作出行政处罚决定的事实、理由、依据及拟处理结果，并告知当事人依法享有的权利。

第十八条　税务机关行使税务行政处罚裁量权涉及法定回避情形的，应当依法告知当事人享有申请回避的权利。税务人员存在法定回避情形的，应当自行回避或者由税务机关决定回避。

第十九条　当事人有权进行陈述和申辩。税务机关应当充分听取当事人的意见，对其提出的事实、理由或者证据进行复核，陈述申辩事由成立的，税务机关应当采纳；不采纳的，应予说明理由。

税务机关不得因当事人的申辩而加重处罚。

第二十条　税务机关对公民作出2 000元以上罚款或者对法人或者其他组织作出1万元以上罚款的行政处罚决定之前，应当告知当事人有要求举行听证的权利；当事人要求听证的，税务机关应当组织听证。

第二十一条　对情节复杂、争议较大、处罚较重、影响较广或者拟减轻处罚等税务行政处罚案件，应当经过集体审议决定。

第二十二条　税务机关按照一般程序实施行政处罚，应当在执法文书中对事实认定、法律适用、基准适用等说明理由。

第二十三条　省税务机关应当积极探索建立案例指导制度，通过案例指导规范税务行政处罚裁量权。

第四章　附则

第二十四条　各级税务机关依法行政工作领导小组应当加强规范税务行政处罚裁量权工作的组织领导。

第二十五条　国税机关、地税机关应当强化执法协作，健全信息交换和执法合作机制，保证同一地区对基本相同的税收违法行为的行政处罚基本一致。

第二十六条　各级税务机关应当积极运用信息化手段加强税务行政处罚裁量权的管理，实现流程控制，规范裁量行为。

第二十七条　各级税务机关应当通过执法督察、案卷评查等方式，对规范行政处罚裁量权工作进行监督。

第二十八条　本规则自2017年1月1日起施行。

## 12. 国家税务总局关于发布《税务行政处罚“首违不罚”事项清单》的公告（国家税务总局公告2021年第6号）

国家税务总局关于发布《税务行政处罚
“首违不罚”事项清单》的公告
（国家税务总局公告2021年第6号）

为贯彻落实中共中央办公厅、国务院办公厅《关于进一步深化税收征管改革的意见》、国务院常务会有关部署，深入开展2021年“我为纳税人缴费人办实事暨便民办税春风行动”，推进税务领域“放管服”改革，更好服务市场主体，根据《中华人民共和国行政处罚法》《中华人民共和国税收征收管理法》及其实施细则等法律法规，国家税务总局制定了《税务行政处罚“首违不罚”事项清单》。对于首次发生清单中所列事项且危害后果轻微，在税务机关发现前主动改正或者在税务机关责令限期改正的期限内改正的，不予行政处罚。税务机关应当对当事人加强税法宣传和辅导。

现将《税务行政处罚“首违不罚”事项清单》予以发布，自2021年4月1日起施行。

特此公告。

国家税务总局

2021年3月31日

**税务行政处罚“首违不罚”事项清单**

对于首次发生下列清单中所列事项且危害后果轻微，在税务机关发现前主动改正或者在税务机关责令限期改正的期限内改正的，不予行政处罚。

| 序号 | 事项 |
| --- | --- |
| 1 | 纳税人未按照税收征收管理法及实施细则等有关规定将其全部银行账号向税务机关报送 |
| 2 | 纳税人未按照税收征收管理法及实施细则等有关规定设置、保管账簿或者保管记账凭证和有关资料 |
| 3 | 纳税人未按照税收征收管理法及实施细则等有关规定的期限办理纳税申报和报送纳税资料 |
| 4 | 纳税人使用税控装置开具发票，未按照税收征收管理法及实施细则、发票管理办法等有关规定的期限向主管税务机关报送开具发票的数据且没有违法所得 |
| 5 | 纳税人未按照税收征收管理法及实施细则、发票管理办法等有关规定取得发票，以其他凭证代替发票使用且没有违法所得 |
| 6 | 纳税人未按照税收征收管理法及实施细则、发票管理办法等有关规定缴销发票且没有违法所得 |
| 7 | 扣缴义务人未按照税收征收管理法及实施细则等有关规定设置、保管代扣代缴、代收代缴税款账簿或者保管代扣代缴、代收代缴税款记账凭证及有关资料 |
| 8 | 扣缴义务人未按照税收征收管理法及实施细则等有关规定的期限报送代扣代缴、代收代缴税款有关资料 |
| 9 | 扣缴义务人未按照《税收票证管理办法》的规定开具税收票证 |
| 10 | 境内机构或个人向非居民发包工程作业或劳务项目，未按照《非居民承包工程作业和提供劳务税收管理暂行办法》的规定向主管税务机关报告有关事项 |

## 13. 关于《国家税务总局关于发布〈税务行政处罚“首违不罚”事项清单〉的公告》的解读

关于《国家税务总局关于发布〈税务行政处罚
“首违不罚”事项清单〉的公告》的解读

国家税务总局办公厅　　2021年3月31日

为贯彻落实中共中央办公厅、国务院办公厅《关于进一步深化税收征管改革的意见》、国务院常务会有关部署，深入开展2021年“我为纳税人缴费人办实事暨便民办税春风行动”，推进税收领域“放管服”改革，更好服务市场主体，税务总局制发了《国家税务总局关于发布〈税务行政处罚“首违不罚”事项清单〉的公告》（以下简称《公告》）。现解读如下：

**一、有关背景**

长期以来，税务总局坚持在促进纳税人、扣缴义务人依法纳税，提高纳税人遵从度的同时，不断优化税务执法方式，有效运用说服教育、约谈提醒等非强制性的方式，既体现法律的刚性，又体现柔性执法的温度。

新修订的《中华人民共和国行政处罚法》第三十三条第一款规定，初次违法且危害后果轻微并及时改正的，可以不予行政处罚。《税务行政处罚裁量权行使规则》（国家税务总局公告2016年第78号发布）第十一条规定，法律、法规、规章规定可以给予行政处罚，当事人首次违反且情节轻微，并在税务机关发现前主动改正的或者在税务机关责令限期改正的期限内改正的，不予行政处罚。对当事人的违法行为依法不予行政处罚的，行政机关应当对当事人进行教育。

根据上述规定，结合各地、各级税务机关探索推行税务行政处罚“首违不罚”的实践，税务总局制发了《公告》。税务机关在严格执法的基础上，在法律、行政法规规定的范围内，对首次发生清单中所列事项、危害后果轻微的纳税人、扣缴义务人，给予及时纠正税收违法行为的机会。上述纳税人、扣缴义务人在税务机关发现前主动改正或者在税务机关责令限期改正的期限内改正的，不予行政处罚。如果纳税人、扣缴义务人再次发生清单中所列税收违法行为，税务机关将严格依照法律、行政法规等的规定，给予相应的税务行政处罚。

**二、主要内容**

《公告》明确了适用税务行政处罚“首违不罚”必须同时满足下列三个条件：一是纳税人、扣缴义务人首次发生清单中所列事项，二是危害后果轻微，三是在税务机关发现前主动改正或者在税务机关责令限期改正的期限内改正。

清单列举了适用“首违不罚”的事项，共计10项，兼顾了资料报送、纳税申报和票证管理等多类型轻微税收违法行为。税务机关对发生清单所列事项，且符合公告规定条件的纳税人、扣缴义务人适用“首违不罚”。对适用“首违不罚”的纳税人、扣缴义务人，税务机关应当以适当方式加强税法宣传和辅导。

**三、施行时间**

《公告》自2021年4月1日起施行。

## 14. 国家税务总局关于发布《第二批税务行政处罚"首违不罚"事项清单》的公告(国家税务总局公告2021年第33号)

国家税务总局关于发布《第二批税务行政处罚"首违不罚"事项清单》的公告

(国家税务总局公告2021年第33号)

为进一步贯彻落实中共中央办公厅、国务院办公厅《关于进一步深化税收征管改革的意见》,持续推进税务领域"放管服"改革,根据《中华人民共和国行政处罚法》《中华人民共和国税收征收管理法》及其实施细则等法律法规,国家税务总局制定《第二批税务行政处罚"首违不罚"事项清单》,现予以发布。同时,对执行中的若干问题明确如下:

一、对当事人首次发生清单中所列事项且危害后果轻微,在税务机关发现前主动改正或者在税务机关责令限期改正的期限内改正的,不予行政处罚。

税务违法行为造成不可挽回的税费损失或者较大社会影响的,不能认定为"危害后果轻微"。

二、适用税务行政处罚"首违不罚"的,主管税务机关应及时作出不予行政处罚决定,充分保障当事人合法权益。

三、各级税务机关应加强税务行政处罚"首违不罚"管理,准确把握适用"首违不罚"的条件,不得变相扩大或者缩小"首违不罚"范围,既彰显税收执法温度,又不放松税收管理。

四、对适用税务行政处罚"首违不罚"的当事人,主管税务机关应采取签订承诺书等方式教育、引导、督促其自觉守法,对再次违反的当事人应严格按照规定予以行政处罚。

五、税务机关应明确和完善税务行政处罚"首违不罚"相关岗责流程,构建权责一致、边界清晰、协调配合、运转高效的职能体系。

六、税务机关应将税务行政处罚“首违不罚”风险防范措施嵌入信息系统，依托信息系统开展“首违不罚”预警提醒、违法阻止和分析评估，定期对“首违不罚”施行情况进行总结，取得“事前放、事中管、事后评”效果。

本公告自2022年1月1日起施行。

特此公告。

国家税务总局

2021年12月30日

**第二批税务行政处罚“首违不罚”事项清单**

对于首次发生下列清单中所列事项且危害后果轻微，在税务机关发现前主动改正或者在税务机关责令限期改正的期限内改正的，不予行政处罚。

| 序号 | 事项 |
| --- | --- |
| 1 | 纳税人使用非税控电子器具开具发票，未按照税收征收管理法及实施细则、发票管理办法等有关规定将非税控电子器具使用的软件程序说明资料报主管税务机关备案且没有违法所得 |
| 2 | 纳税人未按照税收征收管理法及实施细则、税务登记管理办法等有关规定办理税务登记证件验证或者换证手续 |
| 3 | 纳税人未按照税收征收管理法及实施细则、发票管理办法等有关规定加盖发票专用章且没有违法所得 |
| 4 | 纳税人未按照税收征收管理法及实施细则等有关规定将财务、会计制度或者财务、会计处理办法和会计核算软件报送税务机关备查 |

## 15. 关于《国家税务总局关于发布〈第二批税务行政处罚“首违不罚”事项清单〉的公告》的解读

关于《国家税务总局关于发布〈第二批税务行政处罚“首违不罚”事项清单〉的公告》的解读

国家税务总局办公厅　　2021年12月30日

为进一步贯彻落实中共中央办公厅、国务院办公厅《关于进一步深化税收征管改革的意见》，优化税收营商环境，税务总局制发《国家税务总局关于发布〈第二批税务行政处罚“首违不罚”事项清单〉的公告》(以下简称《公告》)。现解读如下：

**一、有关背景**

为贯彻习近平法治思想、优化税务执法方式，税务总局制定了第一批税务行政处罚“首违不罚”事项清单。清单推行以来，对纳税人容错纠错空间扩容明显，行政处罚教育为主、惩戒为辅作用持续放大，广大市场主体感受到了税务执法的“温度”，积极社会效应正在逐步显现。为进一步发挥“首违不罚”积极作用，在制发第一批税务行政处罚“首违不罚”事项清单的基础上，税务总局制发《公告》发布第二批税务行政处罚“首违不罚”事项清单，并对执行中的若干问题进行明确。

**二、主要内容**

《公告》强调了适用税务行政处罚“首违不罚”的三个条件，即一是首次发生清单中所列事项，二是危害后果轻微，三是在税务机关发现前主动改正或者在税务机关责令限期改正的期限内改正。符合上述三个条件的，税务机关应主动对当事人适用“首违不罚”。如当事人认为其符合适用“首违不罚”的条件，但税务机关未主动适用的，可以进行申辩并要求适用“首违不罚”。同时，《公告》在“危害后果轻微”的认定上，排除了两种情形，即违法行为造成不可挽回的税费损失或者较大社会影响的，不能认定为“危害后果轻微”，不能适用“首违不罚”。

《公告》明确，税务机关应当按照《中华人民共和国行政处罚法》的相关规定，在法定期限内对适用“首违不罚”的当事人做出不予行政处罚决定，充分保障当事人的合法权益。不予行政处罚决定应当包括违法事实、相关法律依据、不予行政处罚结论和救济权利告知等内容。

《公告》要求，在适用“首违不罚”时，各级税务机关要加强管理，准确把握上述三个适用“首违不罚”的条件，不得变相扩大范围、借“首违不罚”之名行疏于履行管理职责之实，也不得擅自缩小范围，导致纳税人不能“应享尽享”。

为落实国务院印发的《关于进一步贯彻实施〈中华人民共和国行政处罚法〉的通知》(国发〔2021〕26号)相关要求，充分发挥税务行政处罚普法教育功能，《公告》要求，对于适用“首违不罚”的当事人，主管税务机关要采取签订承诺书等方式教育、引导、督促其自觉守法，同时明确对再次违反的当事人将严格按照相关规定予以行政处罚，体现税务行政处罚“宽严相济”原则。

《公告》同时对税务机关加强“首违不罚”风险管理提出了明确要求，要明确和完善相关岗责流程，打造权责一致、边界清晰、协调配合、运转高效的职能体系，要将税务行政处罚“首违不罚”风险防范措施嵌入信息系统，依托信息系统开展“首违不罚”预警提醒、违法阻止和分析评估，定期对“首违不罚”施行情况进行总结，取得“事前放、事中管、事后评”效果。

第二批税务行政处罚“首违不罚”清单列举了4个适用“首违不罚”的事项，兼顾了资料报送、税务登记和票证管理等多类型轻微税收违法行为。

**三、施行时间**

《公告》自2022年1月1日起施行。

## 16. 最高人民法院关于印发《关于审理行政案件适用法律规范问题的座谈会纪要》的通知（法［2004］96号）

最高人民法院关于印发《关于审理行政案件适用法律规范问题的座谈会纪要》的通知

（法〔2004〕96号）

各省、自治区、直辖市高级人民法院，新疆维吾尔自治区高级人民法院生产建设兵团分院：

现将《关于审理行政案件适用法律规范问题的座谈会纪要》印发给你们，请参照执行。执行中有什么问题，请及时报告我院。

2004年5月18日

### 关于审理行政案件适用法律规范问题的座谈会纪要

行政审判涉及的法律规范层级和门类较多，立法法施行以后有关法律适用规则亦发生了很大变化，在法律适用中经常遇到如何识别法律依据、解决法律规范冲突等各种疑难问题。这些问题能否妥当地加以解决，直接影响行政审判的公正和效率。而且，随着我国法治水平的提高和适应加入世贸组织的需要，行政审判在解决法律规范冲突、维护法制统一中的作用越来越突出。为准确适用法律规范，确保行政案件的公正审理，维护国家法制的统一和尊严，促进依法行政，最高人民法院行政审判庭曾就审理行政案件适用法律规范的突出问题进行专题调研，并征求有关部门意见。2003年10月，最高人民法院在上海召开全国法院行政审判工作座谈会期间，就审理行政案件适用法律规范问题进行了专题座谈。与会人员在总结审判经验的基础上，根据立法法、行政诉讼法及其他有关法律规定，对一些带有普遍性的问题形成了共识。现将有关内容纪要如下：

## 一、关于行政案件的审判依据

根据行政诉讼法和立法法有关规定，人民法院审理行政案件，依据法律、行政法规、地方性法规、自治条例和单行条例，参照规章。在参照规章时，应当对规章的规定是否合法有效进行判断，对于合法有效的规章应当适用。根据立法法、行政法规制定程序条例和规章制定程序条例关于法律、行政法规和规章的解释的规定，全国人大常委会的法律解释，国务院或者国务院授权的部门公布的行政法规解释，人民法院作为审理行政案件的法律依据；规章制定机关作出的与规章具有同等效力的规章解释，人民法院审理行政案件时参照适用。

考虑建国后我国立法程序的沿革情况，现行有效的行政法规有以下三种类型：

一是国务院制定并公布的行政法规；

二是立法法施行以前，按照当时有效的行政法规制定程序，经国务院批准、由国务院部门公布的行政法规。但在立法法施行以后，经国务院批准、由国务院部门公布的规范性文件，不再属于行政法规；

三是在清理行政法规时由国务院确认的其他行政法规。

行政审判实践中，经常涉及有关部门为指导法律执行或者实施行政措施而作出的具体应用解释和制定的其他规范性文件，主要是：国务院部门以及省、市、自治区和较大的市的人民政府或其主管部门对于具体应用法律、法规或规章作出的解释；县级以上人民政府及其主管部门制定发布的具有普遍约束力的决定、命令或其他规范性文件。行政机关往往将这些具体应用解释和其他规范性文件作为具体行政行为的直接依据。这些具体应用解释和规范性文件不是正式的法律渊源，对人民法院不具有法律规范意义上的约束力。但是，人民法院经审查认为被诉具体行政行为依据的具体应用解释和其他规范性文件合法、有效并合理、适当的，在认定被诉具体行政行为合法性时应承认其效力；人民法院可以在裁判理由中对具体应用解释和其他规范性文件是否合法、有效、合理或适当进行评述。

**二、关于法律规范冲突的适用规则**

调整同一对象的两个或者两个以上的法律规范因规定不同的法律后果而产生冲突的，一般情况下应当按照立法法规定的上位法优于下位法、后法优于前法以及特别法优于一般法等法律适用规则，判断和选择所应适用的法律规范。冲突规范所涉及的事项比较重大、有关机关对是否存在冲突有不同意见、应当优先适用的法律规范的合法有效性尚有疑问或者按照法律适用规则不能确定如何适用时，依据立法法规定的程序逐级送请有权机关裁决。

（一）下位法不符合上位法的判断和适用

下位法的规定不符合上位法的，人民法院原则上应当适用上位法。当前许多具体行政行为是依据下位法作出的，并未援引和适用上位法。在这种情况下，为维护法制统一，人民法院审查具体行政行为的合法性时，应当对下位法是否符合上位法一并进行判断。经判断下位法与上位法相抵触的，应当依据上位法认定被诉具体行政行为的合法性。从审判实践看，下位法不符合上位法的常见情形有：下位法缩小上位法规定的权利主体范围，或者违反上位法立法目的扩大上位法规定的权利主体范围；下位法限制或者剥夺上位法规定的权利，或者违反上位法立法目的扩大上位法规定的权利范围；下位法扩大行政主体或其职权范围；下位法延长上位法规定的履行法定职责期限；下位法以参照、准用等方式扩大或者限缩上位法规定的义务或者义务主体的范围、性质或者条件；下位法增设或者限缩违反上位法规定的适用条件；下位法扩大或者限缩上位法规定的给予行政处罚的行为、种类和幅度的范围；

下位法改变上位法已规定的违法行为的性质；下位法超

出上位法规定的强制措施的适用范围、种类和方式，以及增设或者限缩其适用条件；法规、规章或者其他规范性文件设定不符合行政许可法规定的行政许可，或者增设违反上位法的行政许可条件；其他相抵触的情形。

法律、行政法规或者地方性法规修改后，其实施性规定未被明文废止的，人民法院在适用时应当区分下列情形：实施性规定与修改后的法律、行政法规或者地方性法规相抵触的，不予适用；因法律、行政法规或者地方性法规的修改，相应的实施性规定丧失依据而不能单独施行的，不予适用；实施性规定与修改后的法律、行政法规或者地方性法规不相抵触的，可以适用。

（二）特别规定与一般规定的适用关系

同一法律、行政法规、地方性法规、自治条例和单行条例、规章内的不同条文对相同事项有一般规定和特别规定的，优先适用特别规定。

法律之间、行政法规之间或者地方性法规之间对同一事项的新的一般规定与旧的特别规定不一致的，人民法院原则上应按照下列情形适用：新的一般规定允许旧的特别规定继续适用的，适用旧的特别规定；新的一般规定废止旧的特别规定的，适用新的一般规定。不能确定新的一般规定是否允许旧的规定继续适用的，人民法院应当中止行政案件的审理，属于法律的，逐级上报最高人民法院送请全国人民代表大会常务委员会裁决；属于行政法规的，逐级上报最高人民法院送请国务院裁决；属于地方性法规的，由高级人民法院送请制定机关裁决。

（三）地方性法规与部门规章冲突的选择适用

地方性法规与部门规章之间对同一事项的规定不一致的，人民法院一般可以按照下列情形适用：

（1）法律或者行政法规授权部门规章作出实施性规定的，其规定优先适用；

（2）尚未制定法律、行政法规的，部门规章对于国务院决定、命令授权的事项，或者对于中央宏观调控的事项、需要全国统一的市场活动规则及对外贸易和外商投资等需要全国统一规定的事项作出的规定，应当优先适用；

（3）地方性法规根据法律或者行政法规的授权，根据本行政区域的实际情况作出的具体规定，应当优先适用；

（4）地方性法规对属于地方性事务的事项作出的规定，应当优先适用；

（5）尚未制定法律、行政法规的，地方性法规根据本行政区域的具体情况，对需要全国统一规定以外的事项作出的规定，应当优先适用；

（6）能够直接适用的其他情形。不能确定如何适用的，应当中止行政案件的审理，逐级上报最高人民法院按照立法法第八十六条第一款第（二）项的规定送请有权机关处理。

（四）规章冲突的选择适用

部门规章与地方政府规章之间对相同事项的规定不一致的，人民法院一般可以按照下列情形适用：

（1）法律或者行政法规授权部门规章作出实施性规定的，其规定优先适用；

（2）尚未制定法律、行政法规的，部门规章对于国务院决定、命令授权的事项，或者对属于中央宏观调控的事项、需要全国统一的市场活动规则及对外贸易和外商投资等事项作出的规定，应当优先适用；

（3）地方政府规章根据法律或者行政法规的授权，根据本行政区域的实际情况作出的具体规定，应当优先适用；

（4）地方政府规章对属于本行政区域的具体行政管理事项作出的规定，应当优先适用；

（5）能够直接适用的其他情形。不能确定如何适用的，应当中止行政案件的审理，逐级上报最高人民法院送请国务院裁决。

国务院部门之间制定的规章对同一事项的规定不一致的，人民法院一般可以按照下列情形选择适用：

（1）适用与上位法不相抵触的部门规章规定；

（2）与上位法均不抵触的，优先适用根据专属职权制定的规章规定；

（3）两个以上的国务院部门就涉及其职权范围的事项联合制定的规章规定，优先于其中一个部门单独作出的规定；

（4）能够选择适用的其他情形。不能确定如何适用的，应当中止行政案件的审理，逐级上报最高人民法院送请国务院裁决。

国务院部门或者省、市、自治区人民政府制定的其他规范性文件对相同事项的规定不一致的，参照上列精神处理。

**三、关于新旧法律规范的适用规则**

根据行政审判中的普遍认识和做法，行政相对人的行为发生在新法施行以前，具体行政行为作出在新法施行以后，人民法院审查具体行政行为的合法性时，实体问题适用旧法规定，程序问题适用新法规定，但下列情形除外：

（一）法律、法规或规章另有规定的；

（二）适用新法对保护行政相对人的合法权益更为有利的；

（三）按照具体行政行为的性质应当适用新法的实体规定的。

**四、关于法律规范具体应用解释问题**

在裁判案件中解释法律规范，是人民法院适用法律的重要组成部分。人民法院对于所适用的法律规范，一般按照其通常语义进行解释；有专业上的特殊涵义的，该涵义优先；语义不清楚或者有歧义的，可以根据上下文和立法宗旨、目的和原则等确定其涵义。

法律规范在列举其适用的典型事项后，又以“等”“其他”等词语进行表述的，属于不完全列举的例示性规定。以“等”“其他”等概括性用语表示的事项，均为明文列举的事项以外的事项，且其所概括的情形应为与列举事项类似的事项。

人民法院在解释和适用法律时，应当妥善处理法律效果与社会效果的关系，既要严格适用法律规定和维护法律规定的严肃性，确保法律适用的确定性、统一性和连续性，又要注意与时俱进，注意办案的社会效果，避免刻板僵化地理解和适用法律条文，在法律适用中维护国家利益和社会公共利益。

## 17. 最高人民检察院 全国整顿和规范市场经济秩序领导小组办公室 公安部 监察部关于在行政执法中及时移送涉嫌犯罪案件的意见（高检会［2006］2号）

最高人民检察院 全国整顿和规范市场经济秩序领导小组办公室
公安部 监察部关于在行政执法中及时移送涉嫌犯罪案件的意见
（高检会〔2006〕2号）

各省、自治区、直辖市人民检察院、整顿和规范市场经济秩序领导小组办公室、公安厅（局）、监察厅（局），新疆生产建设兵团人民检察院、整顿和规范市场经济秩序领导小组办公室、公安局、监察局：

为了完善行政执法与刑事司法相衔接工作机制，加大对破坏社会主义市场经济秩序犯罪、妨害社会管理秩序犯罪以及其他犯罪的打击力度，根据《中华人民共和国刑事诉讼法》、国务院《行政执法机关移送涉嫌犯罪案件的规定》等有关规定，现就在行政执法中及时移送涉嫌犯罪案件提出如下意见：

一、行政执法机关在查办案件过程中，对符合刑事追诉标准、涉嫌犯罪的案件，应当制作《涉嫌犯罪案件移送书》，及时将案件向同级公安机关移送，并抄送同级人民检察院。对未能及时移送并已作出行政处罚的涉嫌犯罪案件，行政执法机关应当于作出行政处罚十日以内向同级公安机关、人民检察院抄送《行政处罚决定书》副本，并书面告知相关权利人。

现场查获的涉案货值或者案件其他情节明显达到刑事追诉标准、涉嫌犯罪的，应当立即移送公安机关查处。

二、任何单位和个人发现行政执法机关不按规定向公安机关移送涉嫌犯罪案件，向公安机关、人民检察院、监察机关或者上级行政执法机关举报的，公安机关、人民检察院、监察机关或者上级行政执法机关应当根据有关规定及时处理，并向举报人反馈处理结果。

三、人民检察院接到控告、举报或者发现行政执法机关不移送涉嫌犯罪案件，经审查或者调查后认为情况基本属实的，可以向行政执法机关查询案件情况、要求行政执法机关提供有关案件材料或者派员查阅案卷材料，行政执法机关应当配合。确属应当移送公安机关而不移送的，人民检察院应当向行政执法机关提出移送的书面意见，行政执法机关应当移送。

四、行政执法机关在查办案件过程中，应当妥善保存案件的相关证据。对易腐烂、变质、灭失等不宜或者不易保管的涉案物品，应当采取必要措施固定证据；对需要进行检验、鉴定的涉案物品，应当由有关部门或者机构依法检验、鉴定，并出具检验报告或者鉴定结论。

行政执法机关向公安机关移送涉嫌犯罪的案件，应当附涉嫌犯罪案件的调查报告、涉案物品清单、有关检验报告或者鉴定结论及其他有关涉嫌犯罪的材料。

五、对行政执法机关移送的涉嫌犯罪案件，公安机关应当及时审查，自受理之日起十日以内作出立案或者不立案的决定；案情重大、复杂的，可以在受理之日起三十日以内作出立案或者不立案的决定。公安机关作出立案或者不立案决定，应当书面告知移送案件的行政执法机关、同级人民检察院及相关权利人。

公安机关对不属于本机关管辖的案件，应当在二十四小时以内转送有管辖权的机关，并书面告知移送案件的行政执法机关、同级人民检察院及相关权利人。

六、行政执法机关对公安机关决定立案的案件，应当自接到立案通知书之日起三日以内将涉案物品以及与案件有关的其他材料移送公安机关，并办理交接手续；法律、行政法规另有规定的，依照其规定办理。

七、行政执法机关对公安机关不立案决定有异议的，在接到不立案通知书后的三日以内，可以向作出不立案决定的公安机关提请复议，也可以建议人民检察院依法进行立案监督。

公安机关接到行政执法机关提请复议书后，应当在三日以内作出复议决定，并书面告知提请复议的行政执法机关。行政执法机关对公安机关不立案的复议决定仍有异议的，可以在接到复议决定书后的三日以内，建议人民检察院依法进行立案监督。

八、人民检察院接到行政执法机关提出的对涉嫌犯罪案件进行立案监督的建议后，应当要求公安机关说明不立案理由，公安机关应当在七日以内向人民检察院作出书面说明。对公安机关的说明，人民检察院应当进行审查，必要时可以进行调查，认为公安机关不立案理由成立的，应当将审查结论书面告知提出立案监督建议的行政执法机关；认为公安机关不立案理由不能成立的，应当通知公安机关立案。公安机关接到立案通知书后应当在十五日以内立案，同时将立案决定书送达人民检察院，并书面告知行政执法机关。

九、公安机关对发现的违法行为，经审查，没有犯罪事实，或者立案侦查后认为犯罪情节显著轻微，不需要追究刑事责任，但依法应当追究行政责任的，应当及时将案件移送行政执法机关，有关行政执法机关应当依法作出处理，并将处理结果书面告知公安机关和人民检察院。

十、行政执法机关对案情复杂、疑难，性质难以认定的案件，可以向公安机关、人民检察院咨询，公安机关、人民检察院应当认真研究，在七日以内回复意见。对有证据表明可能涉嫌犯罪的行为人可能逃匿或者销毁证据，需要公安机关参与、配合的，行政执法机关可以商请公安机关提前介入，公安机关可以派员介入。对涉嫌犯罪的，公安机关应当及时依法立案侦查。

十一、对重大、有影响的涉嫌犯罪案件，人民检察院可以根据公安机关的请求派员介入公安机关的侦查，参加案件讨论，审查相关案件材料，提出取证建议，并对侦查活动实施法律监督。

十二、行政执法机关在依法查处违法行为过程中，发现国家工作人员贪污贿赂或者国家机关工作人员渎职等违纪、犯罪线索的，应当根据案件的性质，及时向监察机关或者人民检察院移送。监察机关、人民检察院应当认真审查，依纪、依法处理，并将处理结果书面告知移送案件线索的行政执法机关。

十三、监察机关依法对行政执法机关查处违法案件和移送涉嫌犯罪案件工作进行监督，发现违纪、违法问题的，依照有关规定进行处理。发现涉嫌职务犯罪的，应当及时移送人民检察院。

十四、人民检察院依法对行政执法机关移送涉嫌犯罪案件情况实施监督，发现行政执法人员徇私舞弊，对依法应当移送的涉嫌犯罪案件不移送，情节严重，构成犯罪的，应当依照刑法有关的规定追究其刑事责任。

十五、国家机关工作人员以及在依照法律、法规规定行使国家行政管理职权的组织中从事公务的人员，或者在受国家机关委托代表国家机关行使职权的组织中从事公务的人员，或者虽未列入国家机关人员编制但在国家机关中从事公务的人员，利用职权干预行政执法机关和公安机关执法，阻挠案件移送和刑事追诉，构成犯罪的，人民检察院应当依照刑法关于渎职罪的规定追究其刑事责任。国家行政机关和法律、法规授权的具有管理公共事务职能的组织以及国家行政机关依法委托的组织及其工勤人员以外的工作人员，利用职权干预行政执法机关和公安机关执法，阻挠案件移送和刑事追诉，构成违纪的，监察机关应当依法追究其纪律责任。

十六、在查办违法犯罪案件工作中，公安机关、监察机关、行政执法机关和人民检察院应当建立联席会议、情况通报、信息共享等机制，加强联系，密切配合，各司其职，相互制约，保证准确有效地执行法律。

十七、本意见所称行政执法机关，是指依照法律、法规或者规章的规定，对破坏社会主义市场经济秩序、妨害社会管理秩序以及其他违法行为具有行政处罚权的行政机关，以及法律、法规授权的具有管理公共事务职能、在法定授权范围内实施行政处罚的组织，不包括公安机关、监察机关。

## 18. 行政执法机关移送涉嫌犯罪案件的规定（国务院令第310号公布，国务院令第730号修订）

行政执法机关移送涉嫌犯罪案件的规定

（国务院令第310号公布，国务院令第730号修订）

（2001年7月9日中华人民共和国国务院令第310号公布，根据2020年8月7日《国务院关于修改〈行政执法机关移送涉嫌犯罪案件的规定〉的决定》国务院令第730号修订）

第一条　为了保证行政执法机关向公安机关及时移送涉嫌犯罪案件，依法惩罚破坏社会主义市场经济秩序罪、妨害社会管理秩序罪以及其他罪，保障社会主义建设事业顺利进行，制定本规定。

第二条　本规定所称行政执法机关，是指依照法律、法规或者规章的规定，对破坏社会主义市场经济秩序、妨害社会管理秩序以及其他违法行为具有行政处罚权的行政机关，以及法律、法规授权的具有管理公共事务职能、在法定授权范围内实施行政处罚的组织。

第三条　行政执法机关在依法查处违法行为过程中，发现违法事实涉及的金额、违法事实的情节、违法事实造成的后果等，根据刑法关于破坏社会主义市场经济秩序罪、妨害社会管理秩序罪等罪的规定和最高人民法院、最高人民检察院关于破坏社会主义市场经济秩序罪、妨害社会管理秩序罪等罪的司法解释以及最高人民检察院、公安部关于经济犯罪案件的追诉标准等规定，涉嫌构成犯罪，依法需要追究刑事责任的，必须依照本规定向公安机关移送。

知识产权领域的违法案件，行政执法机关根据调查收集的证据和查明的案件事实，认为存在犯罪的合理嫌疑，需要公安机关采取措施进一步获取证据以判断是否达到刑事案件立案追诉标准的，应当向公安机关移送。

第四条　行政执法机关在查处违法行为过程中，必须妥善保存所收集的与违法行为有关的证据。

行政执法机关对查获的涉案物品，应当如实填写涉案物品清单，并按照国家有关规定予以处理。对易腐烂、变质等不宜或者不易保管的涉案物品，应当采取必要措施，留取证据；对需要进行检验、鉴定的涉案物品，应当由法定检验、鉴定机构进行检验、鉴定，并出具检验报告或者鉴定结论。

第五条　行政执法机关对应当向公安机关移送的涉嫌犯罪案件，应当立即指定2名或者2名以上行政执法人员组成专案组专门负责，核实情况后提出移送涉嫌犯罪案件的书面报告，报经本机关正职负责人或者主持工作的负责人审批。

行政执法机关正职负责人或者主持工作的负责人应当自接到报告之日起3日内作出批准移送或者不批准移送的决定。决定批准的，应当在24小时内向同级公安机关移送；决定不批准的，应当将不予批准的理由记录在案。

第六条　行政执法机关向公安机关移送涉嫌犯罪案件，应当附有下列材料：

（一）涉嫌犯罪案件移送书；

（二）涉嫌犯罪案件情况的调查报告；

（三）涉案物品清单；

（四）有关检验报告或者鉴定结论；

（五）其他有关涉嫌犯罪的材料。

第七条　公安机关对行政执法机关移送的涉嫌犯罪案件，应当在涉嫌犯罪案件移送书的回执上签字；其中，不属于本机关管辖的，应当在24小时内转送有管辖权的机关，并书面告知移送案件的行政执法机关。

第八条　公安机关应当自接受行政执法机关移送的涉嫌犯罪案件之日起3日内，依照刑法、刑事诉讼法以及最高人民法院、最高人民检察院关于立案标准和公安部关于公安机关办理刑事案件程序的规定，对所移送的案件进行审查。认为有犯罪事实，需要追究刑事责任，依法决定立案的，应当书面通知移送案件的行政执法机关；认为没有犯罪事实，或者犯罪事实显著轻微，不需要追究刑事责任，依法不予立案的，应当说明理由，并书面通知移送案件的行政执法机关，相应退回案卷材料。

第九条　行政执法机关接到公安机关不予立案的通知书后，认为依法应当由公安机关决定立案的，可以自接到不予立案通知书之日起3日内，提请作出不予立案决定的公安机关复议，也可以建议人民检察院依法进行立案监督。

作出不予立案决定的公安机关应当自收到行政执法机关提请复议的文件之日起3日内作出立案或者不予立案的决定，并书面通知移送案件的行政执法机关。移送案件的行政执法机关对公安机关不予立案的复议决定仍有异议的，应当自收到复议决定通知书之日起3日内建议人民检察院依法进行立案监督。

公安机关应当接受人民检察院依法进行的立案监督。

第十条　行政执法机关对公安机关决定不予立案的案件，应当依法作出处理；其中，依照有关法律、法规或者规章的规定应当给予行政处罚的，应当依法实施行政处罚。

第十一条　行政执法机关对应当向公安机关移送的涉嫌犯罪案件，不得以行政处罚代替移送。

行政执法机关向公安机关移送涉嫌犯罪案件前已经作出的警告，责令停产停业，暂扣或者吊销许可证、暂扣或者吊销执照的行政处罚决定，不停止执行。

依照行政处罚法的规定，行政执法机关向公安机关移送涉嫌犯罪案件前，已经依法给予当事人罚款的，人民法院判处罚金时，依法折抵相应罚金。

第十二条　行政执法机关对公安机关决定立案的案件，应当自接到立案通知书之日起3日内将涉案物品以及与案件有关的其他材料移交公安机关，并办结交接手续；法律、行政法规另有规定的，依照其规定。

第十三条 公安机关对发现的违法行为，经审查，没有犯罪事实，或者立案侦查后认为犯罪事实显著轻微，不需要追究刑事责任，但依法应当追究行政责任的，应当及时将案件移送同级行政执法机关，有关行政执法机关应当依法作出处理。

第十四条 行政执法机关移送涉嫌犯罪案件，应当接受人民检察院和监察机关依法实施的监督。

任何单位和个人对行政执法机关违反本规定，应当向公安机关移送涉嫌犯罪案件而不移送的，有权向人民检察院、监察机关或者上级行政执法机关举报。

第十五条 行政执法机关违反本规定，隐匿、私分、销毁涉案物品的，由本级或者上级人民政府，或者实行垂直管理的上级行政执法机关，对其正职负责人根据情节轻重，给予降级以上的处分；构成犯罪的，依法追究刑事责任。

对前款所列行为直接负责的主管人员和其他直接责任人员，比照前款的规定给予处分；构成犯罪的，依法追究刑事责任。

第十六条 行政执法机关违反本规定，逾期不将案件移送公安机关的，由本级或者上级人民政府，或者实行垂直管理的上级行政执法机关，责令限期移送，并对其正职负责人或者主持工作的负责人根据情节轻重，给予记过以上的处分；构成犯罪的，依法追究刑事责任。

行政执法机关违反本规定，对应当向公安机关移送的案件不移送，或者以行政处罚代替移送的，由本级或者上级人民政府，或者实行垂直管理的上级行政执法机关，责令改正，给予通报；拒不改正的，对其正职负责人或者主持工作的负责人给予记过以上的处分；构成犯罪的，依法追究刑事责任。

对本条第一款、第二款所列行为直接负责的主管人员和其他直接责任人员，分别比照前两款的规定给予处分；构成犯罪的，依法追究刑事责任。

第十七条 公安机关违反本规定，不接受行政执法机关移送的涉嫌犯罪案件，或者逾期不作出立案或者不予立案的决定的，除由人民检察院依法实施立案监督外，由本级或者上级人民政府责令改正，对其正职负责人根据情节轻重，给予记过以上的处分；构成犯罪的，依法追究刑事责任。

对前款所列行为直接负责的主管人员和其他直接责任人员，比照前款的规定给予处分；构成犯罪的，依法追究刑事责任。

第十八条　有关机关存在本规定第十五条、第十六条、第十七条所列违法行为，需要由监察机关依法给予违法的公职人员政务处分的，该机关及其上级主管机关或者有关人民政府应当依照有关规定将相关案件线索移送监察机关处理。

第十九条　行政执法机关在依法查处违法行为过程中，发现公职人员有贪污贿赂、失职渎职或者利用职权侵犯公民人身权利和民主权利等违法行为，涉嫌构成职务犯罪的，应当依照刑法、刑事诉讼法、监察法等法律规定及时将案件线索移送监察机关或者人民检察院处理。

第二十条　本规定自公布之日起施行。

## 19.《中华人民共和国刑法》涉税犯罪条款

### 第六节　危害税收征管罪

第二百零一条 【逃税罪】纳税人采取欺骗、隐瞒手段进行虚假纳税申报或者不申报，逃避缴纳税款数额较大并且占应纳税额百分之十以上的，处三年以下有期徒刑或者拘役，并处罚金；数额巨大并且占应纳税额百分之三十以上的，处三年以上七年以下有期徒刑，并处罚金。

扣缴义务人采取前款所列手段，不缴或者少缴已扣、已收税款，数额较大的，依照前款的规定处罚。

对多次实施前两款行为，未经处理的，按照累计数额计算。

有第一款行为，经税务机关依法下达追缴通知后，补缴应纳税款，缴纳滞纳金，已受行政处罚的，不予追究刑事责任；但是，五年内因逃避缴纳税款受过刑事处罚或者被税务机关给予二次以上行政处罚的除外。

第二百零二条 【抗税罪】以暴力、威胁方法拒不缴纳税款的，处三年以下有期徒刑或者拘役，并处拒缴税款一倍以上五倍以下罚金；情节严重的，处三年以上七年以下有期徒刑，并处拒缴税款一倍以上五倍以下罚金。

第二百零三条 【逃避追缴欠税罪】纳税人欠缴应纳税款，采取转移或者隐匿财产的手段，致使税务机关无法追缴欠缴的税款，数额在一万元以上不满十万元的，处三年以下有期徒刑或者拘役，并处或者单处欠缴税款一倍以上五倍以下罚金；数额在十万元以上的，处三年以上七年以下有期徒刑，并处欠缴税款一倍以上五倍以下罚金。

第二百零四条 【骗取出口退税罪】【逃税罪】以假报出口或者其他欺骗手段，骗取国家出口退税款，数额较大的，处五年以下有期徒刑或者拘役，并处骗取税款一倍以上五倍以下罚金；数额巨大或者有其他严重情节的，处五年以上十年以下有期徒刑，并处骗取税款一倍以上五倍以下罚金；数额特别巨大或者有其他特别严重情节的，处十年以上有期徒刑或者无期徒刑，并处骗取税款一倍以上五倍以下罚金或者没收财产。

纳税人缴纳税款后，采取前款规定的欺骗方法，骗取所缴纳的税款的，依照本法第二百零一条的规定定罪处罚；骗取税款超过所缴纳的税款部分，依照前款的规定处罚。

纳税人缴纳税款后，采取前款规定的欺骗方法，骗取所缴纳的税款的，依照本法第二百零一条的规定定罪处罚；骗取税款超过所缴纳的税款部分，依照前款的规定处罚。

第二百零五条 【虚开增值税专用发票、用于骗取出口退税、抵扣税款发票罪】虚开增值税专用发票或者虚开用于骗取出口退税、抵扣税款的其他发票的，处三年以下有期徒刑或者拘役，并处二万元以上二十万元以下罚金；虚开的税款数额较大或者有其他严重情节的，处三年以上十年以下有期徒刑，并处五万元以上五十万元以下罚金；虚开的税款数额巨大或者有其他特别严重情节的，处十年以上有期徒刑或者无期徒刑，并处五万元以上五十万元以下罚金或者没收财产。

单位犯本条规定之罪的，对单位判处罚金，并对其直接负责的主管人员和其他直接责任人员，处三年以下有期徒刑或者拘役；虚开的税款数额较大或者有其他严重情节的，处三年以上十年以下有期徒刑；虚开的税款数额巨大或者有其他特别严重情节的，处十年以上有期徒刑或者无期徒刑。

虚开增值税专用发票或者虚开用于骗取出口退税、抵扣税款的其他发票，是指有为他人虚开、为自己虚开、让他人为自己虚开、介绍他人虚开行为之一的。

第二百零五条之一 【虚开发票罪】虚开本法第二百零五条规定以外的其他发票，情节严重的，处二年以下有期徒刑、拘役或者管制，并处罚金；情节特别严重的，处二年以上七年以下有期徒刑，并处罚金。

单位犯前款罪的，对单位判处罚金，并对其直接负责的主管人员和其他直接责任人员，依照前款的规定处罚。

第二百零六条 【伪造、出售伪造的增值税专用发票罪】伪造或者出售伪造的增值税专用发票的，处三年以下有期徒刑、拘役或者管制，并处二万元以上二十万元以下罚金；数量较大或者有其他严重情节的，处三年以上十年以下有期徒刑，并处五万元以上五十万元以下罚金；数量巨大或者有其他特别严重情节的，处十年以上有期徒刑或者无期徒刑，并处五万元以上五十万元以下罚金或者没收财产。

单位犯本条规定之罪的，对单位判处罚金，并对其直接负责的主管人员和其他直接责任人员，处三年以下有期徒刑、拘役或者管制；数量较大或者有其他严重情节的，处三年以上十年以下有期徒刑；数量巨大或者有其他特别严重情节的，处十年以上有期徒刑或者无期徒刑。

第二百零七条 【非法出售增值税专用发票罪】非法出售增值税专用发票的，处三年以下有期徒刑、拘役或者管制，并处二万元以上二十万元以下罚金；数量较大的，处三年以上十年以下有期徒刑，并处五万元以上五十万元以下罚金；数量巨大的，处十年以上有期徒刑或者无期徒刑，并处五万元以上五十万元以下罚金或者没收财产。

第二百零八条 【非法购买增值税专用发票、购买伪造的增值税专用发票罪】非法购买增值税专用发票或者购买伪造的增值税专用发票的，处五年以下有期徒刑或者拘役，并处或者单处二万元以上二十万元以下罚金。

【虚开增值税专用发票罪，出售伪造的增值税专用发票罪，非法出售增值税专用发票罪】非法购买增值税专用发票或者购买伪造的增值税专用发票又虚开或者出售的，分别依照本法第二百零五条、第二百零六条、第二百零七条的规定定罪处罚。

第二百零九条 【非法制造、出售非法制造的用于骗取出口退税、抵扣税款发票罪】伪造、擅自制造或者出售伪造、擅自制造的可以用于骗取出口退税、抵扣税款的其他发票的，处三年以下有期徒刑、拘役或者管制，并处二万元以上二十万元以下罚金；数量巨大的，处三年以上七年以下有期徒刑，并处五万元以上五十万元以下罚金；数量特别巨大的，处七年以上有期徒刑，并处五万元以上五十万元以下罚金或者没收财产。

【非法制造、出售非法制造的发票罪】伪造、擅自制造或者出售伪造、擅自制造的前款规定以外的其他发票的，处二年以下有期徒刑、拘役或者管制，并处或者单处一万元以上五万元以下罚金；情节严重的，处二年以上七年以下有期徒刑，并处五万元以上五十万元以下罚金。

【非法出售用于骗取出口退税、抵扣税款发票罪】非法出售可以用于骗取出口退税、抵扣税款的其他发票的，依照第一款的规定处罚。

【非法出售发票罪】非法出售第三款规定以外的其他发票的，依照第二款的规定处罚。

第二百一十条 【盗窃罪】盗窃增值税专用发票或者可以用于骗取出口退税、抵扣税款的其他发票的，依照本法第二百六十四条的规定定罪处罚。

【诈骗罪】使用欺骗手段骗取增值税专用发票或者可以用于骗取出口退税、抵扣税款的其他发票的，依照本法第二百六十六条的规定定罪处罚。

使用欺骗手段骗取增值税专用发票或者可以用于骗取出口退税、抵扣税款的其他发票的，依照本法第二百六十六条的规定定罪处罚。

第二百一十条之一 【持有伪造的发票罪】明知是伪造的发票而持有，数量较大的，处二年以下有期徒刑、拘役或者管制，并处罚金；数量巨大的，处二年以上七年以下有期徒刑，并处罚金。

单位犯前款罪的，对单位判处罚金，并对其直接负责的主管人员和其他直接责任人员，依照前款的规定处罚。

第二百一十一条 【单位犯危害税收征管罪的处罚规定】单位犯本节第二百零一条、第二百零三条、第二百零四条、第二百零七条、第二百零八条、第二百零九条规定之罪的，对单位判处罚金，并对其直接负责的主管人员和其他直接责任人员，依照各该条的规定处罚。

第二百一十二条 【税收征缴优先原则】犯本节第二百零一条至第二百零五条规定之罪，被判处罚金、没收财产的，在执行前，应当先由税务机关追缴税款和所骗取的出口退税款。

## 20. 最高人民检察院 公安部关于公安机关管辖的刑事案件立案追诉标准的规定（二）（涉税部分）

最高人民检察院 公安部关于公安机关管辖的刑事案件立案追诉标准的规定（二）（涉税部分）

第五十二条 〔逃税案（刑法第二百零一条）〕逃避缴纳税款，涉嫌下列情形之一的，应予立案追诉：

（一）纳税人采取欺骗、隐瞒手段进行虚假纳税申报或者不申报，逃避缴纳税款，数额在十万元以上并且占各税种应纳税总额百分之十以上，经税务机关依法下达追缴通知后，不补缴应纳税款、不缴纳滞纳金或者不接受行政处罚的；【原公通字〔2010〕23号规定为五万元】

（二）纳税人五年内因逃避缴纳税款受过刑事处罚或者被税务机关给予二次以上行政处罚，又逃避缴纳税款，数额在十万元以上并且占各税种应纳税总额百分之十以上的；【原公通字〔2010〕23号规定为五万元】

（三）扣缴义务人采取欺骗、隐瞒手段，不缴或者少缴已扣、已收税款，数额在十万元以上的。【原公通字〔2010〕23号规定为五万元】

纳税人在公安机关立案后再补缴应纳税款、缴纳滞纳金或者接受行政处罚的，不影响刑事责任的追究。

第五十三条 〔抗税案（刑法第二百零二条）〕以暴力、威胁方法拒不缴纳税款，涉嫌下列情形之一的，应予立案追诉：

（一）造成税务工作人员轻微伤以上的；

（二）以给税务工作人员及其亲友的生命、健康、财产等造成损害为威胁，抗拒缴纳税款的；

（三）聚众抗拒缴纳税款的；

（四）以其他暴力、威胁方法拒不缴纳税款的。

第五十四条 〔逃避追缴欠税案（刑法第二百零三条）〕纳税人欠缴应纳税款，采取转移或者隐匿财产的手段，致使税务机关无法追缴欠缴的税款，数额在一万元以上的，应予立案追诉。

第五十五条 〔骗取出口退税案（刑法第二百零四条）〕以假报出口或者其他欺骗手段，骗取国家出口退税款，数额在十万元以上的，应予立案追诉。【原公通字〔2010〕23号规定为五万元】

第五十六条 〔虚开增值税专用发票、用于骗取出口退税、抵扣税款发票案（刑法第二百零五条）〕虚开增值税专用发票或者虚开用于骗取出口退税、抵扣税款的其他发票，虚开的税款数额在十万元以上或者造成国家税款损失数额在五万元以上的，应予立案追诉。【原公通字〔2010〕23号规定为一万元、五千元，法〔2018〕226号规定虚开税额为五万元】

第五十七条 〔虚开发票案（）〕虚开刑法第二百零五条规定以外的其他发票，涉嫌下列情形之一的，应予立案追诉：

（一）虚开发票金额累计在五十万元以上的；

（二）虚开发票一百份以上且票面金额在三十万元以上的；【原公通字〔2011〕47号规定为一百份或金额四十万元以上】

（三）五年内因虚开发票受过刑事处罚或者二次以上行政处罚，又虚开发票，数额达到第一、二项标准百分之六十以上的。

第五十八条 〔伪造、出售伪造的增值税专用发票案（刑法第二百零六条）〕伪造或者出售伪造的增值税专用发票，涉嫌下列情形之一的，应予立案追诉：

（一）票面税额累计在十万元以上的；

（二）伪造或者出售伪造的增值税专用发票十份以上且票面税额在六万元以上的；

（三）非法获利数额在一万元以上的。【原公通字〔2010〕

23号规定为专票二十五份或者票面额在十万元以上】

第五十九条 〔非法出售增值税专用发票案（刑法第二百零七条）〕非法出售增值税专用发票，涉嫌下列情形之一的，应予立案追诉：

（一）票面税额累计在十万元以上的；

（二）非法出售增值税专用发票十份以上且票面税额在六万元以上的；

（三）非法获利数额在一万元以上的。【原公通字〔2010〕23号规定为专票二十五份或者票面额在十万元以上】

第六十条 〔非法购买增值税专用发票、购买伪造的增值税专用发票案（刑法第二百零八条第一款）〕非法购买增值税专用发票或者购买伪造的增值税专用发票，涉嫌下列情形之一的，应予立案追诉：

（一）非法购买增值税专用发票或者购买伪造的增值税专用发票二十份以上且票面税额在十万元以上的；

（二）票面税额累计在二十万元以上的。【原公通字〔2010〕23号规定为专票二十五份或者票面额在十万元以上】

第六十一条 〔非法制造、出售非法制造的用于骗取出口退税、抵扣税款发票案（刑法第二百零九条第一款）〕伪造、擅自制造或者出售伪造、擅自制造的用于骗取出口退税、抵扣税款的其他发票，涉嫌下列情形之一的，应予立案追诉：

（一）票面可以退税、抵扣税额累计在十万元以上的；

（二）伪造、擅自制造或者出售伪造、擅自制造的发票十份以上且票面可以退税、抵扣税额在六万元以上的；

（三）非法获利数额在一万元以上的。【原公通字〔2010〕23号规定为五十份或者票面额累计在二十万元以上】

第六十二条 〔非法制造、出售非法制造的发票案（刑法第二百零九条第二款）〕伪造、擅自制造或者出售伪造、擅自制造的不具有骗取出口退税、抵扣税款功能的其他发票，涉嫌下列情形之一的，应予立案追诉：

（一）伪造、擅自制造或者出售伪造、擅自制造的不具有骗取出口退税、抵扣税款功能的其他发票一百份以上且票面金额累计在三十万元以上的；

（二）票面金额累计在五十万元以上的；

（三）非法获利数额在一万元以上的。【原公通字〔2010〕23号规定为一百份或者票面额累计在四十万元以上】

第六十三条 〔非法出售用于骗取出口退税、抵扣税款发票案（刑法第二百零九条第三款）〕非法出售可以用于骗取出口退税、抵扣税款的其他发票，涉嫌下列情形之一的，应予立案追诉：

（一）票面可以退税、抵扣税额累计在十万元以上的；

（二）非法出售用于骗取出口退税、抵扣税款的其他发票十份以上且票面可以退税、抵扣税额在六万元以上的；

（三）非法获利数额在一万元以上的。【原公通字〔2010〕23号规定为五十份或者票面额累计在二十万元以上】

第六一四条 〔非法出售发票案（刑法第二百零九条第四款）〕非法出售增值税专用发票、用于骗取出口退税、抵扣税款的其他发票以外的发票，涉嫌下列情形之一的，应予立案追诉：

（一）非法出售增值税专用发票、用于骗取出口退税、抵扣税款的其他发票以外的发票一百份以上且票面金额累计在三十万元以上的；

（二）票面金额累计在五十万元以上的；

（三）非法获利数额在一万元以上的。【原公通字〔2010〕23号规定为一百份或者票面额累计在四十万元以上】

第六十五条 〔持有伪造的发票案（）〕明知是伪造的发票而持有，涉嫌下列情形之一的，应予立案追诉：

（一）持有伪造的增值税专用发票或者可以用于骗取出口退税、抵扣税款的其他发票五十份以上且票面税额累计在二十五万元以上的；

（二）持有伪造的增值税专用发票或者可以用于骗取出口退税、抵扣税款的其他发票票面税额累计在五十万元以上的；

（三）持有伪造的第一项规定以外的其他发票一百份以上且票面金额在五十万元以上的；

（四）持有伪造的第一项规定以外的其他发票票面金额累计在一百万元以上的。【原公通字〔2011〕47号规定为专票五十份或者票面额累计在二十万元以上的，用于骗取出口退税、抵扣税款的其他发票一百份或者票面额累计在四十万元以上的，其他发票二百份或者票面额累计在八十万元以上的】

## 21. 最高人民法院 最高人民检察院关于办理危害税收征管刑事案件适用法律若干问题的解释（法释［2024］4号）

最高人民法院 最高人民检察院

关于办理危害税收征管刑事案件适用法律若干问题的解释

（法释〔2024〕4号）

（2024年1月8日最高人民法院审判委员会第1 911次会议、2024年2月22日最高人民检察院第十四届检察委员会第二十五次会议通过，自2024年3月20日起施行）

为依法惩治危害税收征管犯罪，根据《中华人民共和国刑法》《中华人民共和国刑事诉讼法》的有关规定，现就办理此类刑事案件适用法律的若干问题解释如下：

第一条 纳税人进行虚假纳税申报，具有下列情形之一的，应当认定为刑法第二百零一条第一款规定的“欺骗、隐瞒手段”：

（一）伪造、变造、转移、隐匿、擅自销毁账簿、记账凭证或者其他涉税资料的；

（二）以签订“阴阳合同”等形式隐匿或者以他人名义分解收入、财产的；

（三）虚列支出、虚抵进项税额或者虚报专项附加扣除的；

（四）提供虚假材料，骗取税收优惠的；

（五）编造虚假计税依据的；

（六）为不缴、少缴税款而采取的其他欺骗、隐瞒手段。

具有下列情形之一的，应当认定为刑法第二百零一条第一款规定的“不申报”：

（一）依法在登记机关办理设立登记的纳税人，发生应税行为而不申报纳税的；

（二）依法不需要在登记机关办理设立登记或者未依法办理设立登记的纳税人，发生应税行为，经税务机关依法通知其申报而不申报纳税的；

（三）其他明知应当依法申报纳税而不申报纳税的。

扣缴义务人采取第一、二款所列手段，不缴或者少缴已扣、已收税款，数额较大的，依照刑法第二百零一条第一款的规定定罪处罚。扣缴义务人承诺为纳税人代付税款，在其向纳税人支付税后所得时，应当认定扣缴义务人“已扣、已收税款”。

第二条　纳税人逃避缴纳税款十万元以上、五十万元以上的，应当分别认定为刑法第二百零一条第一款规定的“数额较大”、“数额巨大”。

扣缴义务人不缴或者少缴已扣、已收税款“数额较大”、“数额巨大”的认定标准，依照前款规定。

第三条　纳税人有刑法第二百零一条第一款规定的逃避缴纳税款行为，在公安机关立案前，经税务机关依法下达追缴通知后，在规定的期限或者批准延缓、分期缴纳的期限内足额补缴应纳税款，缴纳滞纳金，并全部履行税务机关作出的行政处罚决定的，不予追究刑事责任。但是，五年内因逃避缴纳税款受过刑事处罚或者被税务机关给予二次以上行政处罚的除外。

纳税人有逃避缴纳税款行为，税务机关没有依法下达追缴通知的，依法不予追究刑事责任。

第四条　刑法第二百零一条第一款规定的“逃避缴纳税款数额”，是指在确定的纳税期间，不缴或者少缴税务机关负责征收的各税种税款的总额。

刑法第二百零一条第一款规定的“应纳税额”，是指应税行为发生年度内依照税收法律、行政法规规定应当缴纳的税额，不包括海关代征的增值税、关税等及纳税人依法预缴的税额。

刑法第二百零一条第一款规定的“逃避缴纳税款数额占应纳税额的百分比”，是指行为人在一个纳税年度中的各税种逃税总额与该纳税年度应纳税总额的比例；不按纳税年度确定纳税期的，按照最后一次逃税行为发生之日前一年中各税种逃税总额与该年应纳税总额的比例确定。纳税义务存续期间不足一个纳税年度的，按照各税种逃税总额与实际发生纳税义务期间应纳税总额的比例确定。

逃税行为跨越若干个纳税年度，只要其中一个纳税年度的逃税数额及百分比达到刑法第二百零一条第一款规定的标准，即构成逃税罪。各纳税年度的逃税数额应当累计计算，逃税额占应纳税额百分比应当按照各逃税年度百分比的最高值确定。

刑法第二百零一条第三款规定的“未经处理”，包括未经行政处理和刑事处理。

第五条　以暴力、威胁方法拒不缴纳税款，具有下列情形之一的，应当认定为刑法第二百零二条规定的“情节严重”：

（一）聚众抗税的首要分子；

（二）故意伤害致人轻伤的；

（三）其他情节严重的情形。

实施抗税行为致人重伤、死亡，符合刑法第二百三十四条或者第二百三十二条规定的，以故意伤害罪或者故意杀人罪定罪处罚。

第六条　纳税人欠缴应纳税款，为逃避税务机关追缴，具有下列情形之一的，应当认定为刑法第二百零三条规定的“采取转移或者隐匿财产的手段”：

（一）放弃到期债权的；

（二）无偿转让财产的；

（三）以明显不合理的价格进行交易的；

（四）隐匿财产的；

（五）不履行税收义务并脱离税务机关监管的；

（六）以其他手段转移或者隐匿财产的。

第七条　具有下列情形之一的，应当认定为刑法第二百零四条第一款规定的“假报出口或者其他欺骗手段”：

（一）使用虚开、非法购买或者以其他非法手段取得的增值税专用发票或者其他可以用于出口退税的发票申报出口退税的；

（二）将未负税或者免税的出口业务申报为已税的出口业务的；

（三）冒用他人出口业务申报出口退税的；

（四）虽有出口，但虚构应退税出口业务的品名、数量、单价等要素，以虚增出口退税额申报出口退税的；

（五）伪造、签订虚假的销售合同，或者以伪造、变造等非法手段取得出口报关单、运输单据等出口业务相关单据、凭证，虚构出口事实申报出口退税的；

（六）在货物出口后，又转入境内或者将境外同种货物转入境内循环进出口并申报出口退税的；

（七）虚报出口产品的功能、用途等，将不享受退税政策的产品申报为退税产品的；

（八）以其他欺骗手段骗取出口退税款的。

第八条　骗取国家出口退税款数额十万元以上、五十万元以上、五百万元以上的，应当分别认定为刑法第二百零四条第一款规定的“数额较大”“数额巨大”“数额特别巨大”。

具有下列情形之一的，应当认定为刑法第二百零四条第一款规定的“其他严重情节”：

（一）两年内实施虚假申报出口退税行为三次以上，且骗取国家税款三十万元以上的；

（二）五年内因骗取国家出口退税受过刑事处罚或者二次以上行政处罚，又实施骗取国家出口退税行为，数额在三十万元以上的；

（三）致使国家税款被骗取三十万元以上并且在提起公诉前无法追回的；

（四）其他情节严重的情形。

具有下列情形之一的，应当认定为刑法第二百零四条第一款规定的“其他特别严重情节”：

（一）两年内实施虚假申报出口退税行为五次以上，或者以骗取出口退税为主要业务，且骗取国家税款三百万元以上的；

（二）五年内因骗取国家出口退税受过刑事处罚或者二次以上行政处罚，又实施骗取国家出口退税行为，数额在三百万元以上的；

（三）致使国家税款被骗取三百万元以上并且在提起公诉前无法追回的；

（四）其他情节特别严重的情形。

第九条　实施骗取国家出口退税行为，没有实际取得出口退税款的，可以比照既遂犯从轻或者减轻处罚。

从事货物运输代理、报关、会计、税务、外贸综合服务等中介组织及其人员违反国家有关进出口经营规定，为他人提供虚假证明文件，致使他人骗取国家出口退税款，情节严重的，依照刑法第二百二十九条的规定追究刑事责任。

第十条　具有下列情形之一的，应当认定为刑法第二百零五条第一款规定的“虚开增值税专用发票或者虚开用于骗取出口退税、抵扣税款的其他发票”：

（一）没有实际业务，开具增值税专用发票、用于骗取出口退税、抵扣税款的其他发票的；

（二）有实际应抵扣业务，但开具超过实际应抵扣业务对应税款的增值税专用发票、用于骗取出口退税、抵扣税款的其他发票的；

（三）对依法不能抵扣税款的业务，通过虚构交易主体开具增值税专用发票、用于骗取出口退税、抵扣税款的其他发票的；

（四）非法篡改增值税专用发票或者用于骗取出口退税、抵扣税款的其他发票相关电子信息的；

（五）违反规定以其他手段虚开的。

为虚增业绩、融资、贷款等不以骗抵税款为目的，没有因抵扣造成税款被骗损失的，不以本罪论处，构成其他犯罪的，依法以其他犯罪追究刑事责任。

第十一条　虚开增值税专用发票、用于骗取出口退税、抵扣税款的其他发票，税款数额在十万元以上的，应当依照刑法第二百零五条的规定定罪处罚；虚开税款数额在五十万元以上、五百万元以上的，应当分别认定为刑法第二百零五条第一款规定的“数额较大”“数额巨大”。

具有下列情形之一的，应当认定为刑法第二百零五条第一款规定的“其他严重情节”：

（一）在提起公诉前，无法追回的税款数额达到三十万元以上的；

（二）五年内因虚开发票受过刑事处罚或者二次以上行政处罚，又虚开增值税专用发票或者虚开用于骗取出口退税、抵扣税款的其他发票，虚开税款数额在三十万元以上的；

（三）其他情节严重的情形。

具有下列情形之一的，应当认定为刑法第二百零五条第一款规定的“其他特别严重情节”：

（一）在提起公诉前，无法追回的税款数额达到三百万元以上的；

（二）五年内因虚开发票受过刑事处罚或者二次以上行政处罚，又虚开增值税专用发票或者虚开用于骗取出口退税、抵扣税款的其他发票，虚开税款数额在三百万元以上的；

（三）其他情节特别严重的情形。

以同一购销业务名义，既虚开进项增值税专用发票、用于骗取出口退税、抵扣税款的其他发票，又虚开销项的，以其中较大的数额计算。

以伪造的增值税专用发票进行虚开，达到本条规定标准的，应当以虚开增值税专用发票罪追究刑事责任。

第十二条　具有下列情形之一的，应当认定为刑法第二百零五条之一第一款规定的“虚开刑法第二百零五条规定以外的其他发票”：

（一）没有实际业务而为他人、为自己、让他人为自己、介绍他人开具发票的；

（二）有实际业务，但为他人、为自己、让他人为自己、介绍他人开具与实际业务的货物品名、服务名称、货物数量、金额等不符的发票的；

（三）非法篡改发票相关电子信息的；

（四）违反规定以其他手段虚开的。

第十三条　具有下列情形之一的，应当认定为刑法第二百零五条之一第一款规定的“情节严重”：

（一）虚开发票票面金额五十万元以上的；

（二）虚开发票一百份以上且票面金额三十万元以上的；

（三）五年内因虚开发票受过刑事处罚或者二次以上行政处罚，又虚开发票，票面金额达到第一、二项规定的标准60%以上的。

具有下列情形之一的，应当认定为刑法第二百零五条之一第一款规定的“情节特别严重”：

（一）虚开发票票面金额二百五十万元以上的；

（二）虚开发票五百份以上且票面金额一百五十万元以上的；

（三）五年内因虚开发票受过刑事处罚或者二次以上行政处罚，又虚开发票，票面金额达到第一、二项规定的标准60%以上的。

以伪造的发票进行虚开，达到本条第一款规定的标准的，应当以虚开发票罪追究刑事责任。

第十四条　伪造或者出售伪造的增值税专用发票，具有下列情形之一的，应当依照刑法第二百零六条的规定定罪处罚：

（一）票面税额十万元以上的；

（二）伪造或者出售伪造的增值税专用发票十份以上且票

面税额六万元以上的；

（三）违法所得一万元以上的。

伪造或者出售伪造的增值税专用发票票面税额五十万元以上的，或者五十份以上且票面税额三十万元以上的，应当认定为刑法第二百零六条第一款规定的“数量较大”。

五年内因伪造或者出售伪造的增值税专用发票受过刑事处罚或者二次以上行政处罚，又实施伪造或者出售伪造的增值税专用发票行为，票面税额达到本条第二款规定的标准60%以上的，或者违法所得五万元以上的，应当认定为刑法第二百零六条第一款规定的“其他严重情节”。

伪造或者出售伪造的增值税专用发票票面税额五百万元以上的，或者五百份以上且票面税额三百万元以上的，应当认定为刑法第二百零六条第一款规定的“数量巨大”。

五年内因伪造或者出售伪造的增值税专用发票受过刑事处罚或者二次以上行政处罚，又实施伪造或者出售伪造的增值税专用发票行为，票面税额达到本条第四款规定的标准60%以上的，或者违法所得五十万元以上的，应当认定为刑法第二百零六条第一款规定的“其他特别严重情节”。

伪造并出售同一增值税专用发票的，以伪造、出售伪造的增值税专用发票罪论处，数量不重复计算。

变造增值税专用发票的，按照伪造增值税专用发票论处。

第十五条　非法出售增值税专用发票的，依照本解释第十四条的定罪量刑标准定罪处罚。

第十六条　非法购买增值税专用发票或者购买伪造的增值税专用发票票面税额二十万元以上的，或者二十份以上且票面税额十万元以上的，应当依照刑法第二百零八条第一款的规定定罪处罚。

非法购买真、伪两种增值税专用发票的，数额累计计算，不实行数罪并罚。

购买伪造的增值税专用发票又出售的，以出售伪造的增值税专用发票罪定罪处罚；非法购买增值税专用发票用于骗取抵扣税款或者骗取出口退税款，同时构成非法购买增值税专用发票罪与虚开增值税专用发票罪、骗取出口退税罪的，依照处罚较重的规定定罪处罚。

第十七条 伪造、擅自制造或者出售伪造、擅自制造的用于骗取出口退税、抵扣税款的其他发票，具有下列情形之一的，应当依照刑法第二百零九条第一款的规定定罪处罚：

（一）票面可以退税、抵扣税额十万元以上的；

（二）伪造、擅自制造或者出售伪造、擅自制造的发票十份以上且票面可以退税、抵扣税额六万元以上的；

（三）违法所得一万元以上的。

伪造、擅自制造或者出售伪造、擅自制造的可以用于骗取出口退税、抵扣税款的其他发票票面可以退税、抵扣税额五十万元以上的，或者五十份以上且票面可以退税、抵扣税额三十万元以上的，应当认定为刑法第二百零九条第一款规定的“数量巨大”；伪造、擅自制造或者出售伪造、擅自制造的可以用于骗取出口退税、抵扣税款的其他发票票面可以退税、抵扣税额五百万元以上的，或者五百份以上且票面可以退税、抵扣税额三百万元以上的，应当认定为刑法第二百零九条第一款规定的“数量特别巨大”。

伪造、擅自制造或者出售伪造、擅自制造刑法第二百零九条第二款规定的发票，具有下列情形之一的，应当依照该款的规定定罪处罚：

（一）票面金额五十万元以上的；

（二）伪造、擅自制造或者出售伪造、擅自制造发票一百份以上且票面金额三十万元以上的；

（三）违法所得一万元以上的。

伪造、擅自制造或者出售伪造、擅自制造刑法第二百零九条第二款规定的发票，具有下列情形之一的，应当认定为“情节严重”：

（一）票面金额二百五十万元以上的；

（二）伪造、擅自制造或者出售伪造、擅自制造发票五百份以上且票面金额一百五十万元以上的；

（三）违法所得五万元以上的。

非法出售用于骗取出口退税、抵扣税款的其他发票的，定罪量刑标准依照本条第一、二款的规定执行。

非法出售增值税专用发票、用于骗取出口退税、抵扣税款的其他发票以外的发票的，定罪量刑标准依照本条第三、四款的规定执行。

第十八条　具有下列情形之一的，应当认定为刑法第二百一十条之一第一款规定的“数量较大”：

（一）持有伪造的增值税专用发票或者可以用于骗取出口退税、抵扣税款的其他发票票面税额五十万元以上的；或者五十份以上且票面税额二十五万元以上的；

（二）持有伪造的前项规定以外的其他发票票面金额一百万元以上的，或者一百份以上且票面金额五十万元以上的。

持有的伪造发票数量、票面税额或者票面金额达到前款规定的标准五倍以上的，应当认定为刑法第二百一十条之一第一款规定的“数量巨大”。

第十九条　明知他人实施危害税收征管犯罪而仍为其提供账号、资信证明或者其他帮助的，以相应犯罪的共犯论处。

第二十条　单位实施危害税收征管犯罪的定罪量刑标准，依照本解释规定的标准执行。

第二十一条　实施危害税收征管犯罪，造成国家税款损失，行为人补缴税款、挽回税收损失，有效合规整改的，可以从宽处罚；犯罪情节轻微不需要判处刑罚的，可以不起诉或者免予刑事处罚；情节显著轻微危害不大的，不作为犯罪处理。

对于实施本解释规定的相关行为被不起诉或者免予刑事处罚，需要给予行政处罚、政务处分或者其他处分的，依法移送有关主管机关处理。有关主管机关应当将处理结果及时通知人民检察院、人民法院。

第二十二条　本解释自2024年3月20日起施行。《最高人民法院关于适用〈全国人民代表大会常务委员会关于惩治虚开、伪造和非法出售增值税专用发票犯罪的决定〉的若干问题的解释》（法发〔1996〕30号）、《最高人民法院关于审理骗取出口退税刑事案件具体应用法律若干问题的解释》（法释〔2002〕30号）、《最高人民法院关于审理偷税、抗税刑事案件具体应用法律若干问题的解释》（法释〔2002〕33号）同时废止；最高人民法院、最高人民检察院以前发布的司法解释与本解释不一致的，以本解释为准。

## 22. 最高人民法院关于在司法机关对当事人虚开增值税专用发票罪立案侦查之后刑事判决之前，税务机关又以同一事实以偷税为由对同一当事人能否作出行政处罚问题的答复（2008年9月19日［2008］行他字第1号）

最高人民法院关于在司法机关对当事人虚开增值税专用发票罪立案侦查之后刑事判决之前，税务机关又以同一事实以偷税为由对同一当事人能否作出行政处罚问题的答复

（2008年9月19日　〔2008〕行他字第1号）

山东省高级人民法院：

你院《关于枣庄永帮橡胶有限公司诉山东省枣庄市国家税务局税务行政处罚一案的请示》收悉。经研究，答复如下：

根据《行政执法机关移送涉嫌犯罪案件的规定》第三条、第五条、第八条、第十一条的规定，税务机关在移送公安机关之前已经给予当事人罚款处罚的，法院在判处罚金时应当折抵罚金。

税务机关在发现涉嫌犯罪并移送公安机关进行刑事侦查后，不再针对同一违法行为作出行为罚和申诫罚以外的行政处罚；刑事被告人构成涉税犯罪并被处以人身和财产的刑罚后，税务机关不应再作出罚款的行政处罚。

如当事人行为不构成犯罪，则公安机关应将案件退回税务机关，税务机关可依法追究当事人的行政违法责任。

此复。

## 23. 最高人民法院研究室《关于如何认定以“挂靠”有关公司名义实施经营活动并让有关公司为自己虚开增值税专用发票行为的性质》征求意见的复函（法研［2015］58号）

最高人民法院研究室《关于如何认定以“挂靠”有关公司名义
实施经营活动并让有关公司为自己虚开增值税专用发票
行为的性质》征求意见的复函
（法研〔2015〕58号）

公安部经济犯罪侦查局：

贵局《关于如何认定以“挂靠”有关公司名义实施经营活动并让有关公司为自己虚开增值税专用发票行为的性质的函》（公经财税〔2015〕40号）收悉，经研究，现提出如下意见：

一、挂靠方以挂靠形式向受票方实际销售货物，被挂靠方向受票方开具增值税专用发票的，不属于刑法第二百零五条规定的“虚开增值税专用发票”。

主要考虑：

（1）由挂靠方适用被挂靠方的经营资格进行经营活动，并向挂靠方支付挂靠费的经营方式在实践中客观存在，且带有一定普遍性。相关法律并未明确禁止以挂靠形式从事经营活动。

（2）虚开增值税专用发票罪是行政犯，对相关入罪要件的判断，应当依据、参照相关行政法规、部门规章等，而根据《国家税务总局关于纳税人对外开具增值税专用发票有关问题的公告》（国家税务总局公告2014年第39号），挂靠方以挂靠形式向受票方实际销售货物，被挂靠方向受票方开具增值税专用发票的，不属于虚开。

二、行为人利用他人的名义从事经营活动，并以他人名义开具增值税专用发票的，即便行为人与该他人之间不存在挂靠关系，但如行为人进行了实际的经营活动，主观上并无骗取抵扣税款的故意，客观上也未造成国家增值税款损失的，不宜认定为刑法第二百零五条规定的“虚开增值税专用发票”；符合逃税罪等其他犯罪构成条件的，可以其他犯罪论处。

主要考虑：

（1）虚开增值税发票罪的危害实质在于通过虚开行为骗取抵扣税款，对于有实际交易存在的代开行为，如行为人主观上并无骗取的抵扣税款的故意，客观上未造成国家增值税款损失的，不宜以虚开增值税专用发票罪论处。虚开增值税专用发票罪的法定最高刑为无期徒刑，系严重犯罪，如将该罪理解为行为犯，只要虚开增值税专用发票，侵犯增值税专用发票管理秩序的，即构成犯罪并要判处重刑，也不符合罪刑责相适应原则。

（2）1996年10月17日《关于适用〈全国人民代表大会常务委员会关于惩治虚开、伪造和非法出售增值税专用发票犯罪的决定〉的若干问题的解释》虽然未被废止【法〔2018〕226号已废止】，但该解释制定于1997年刑法施行前，根据我院《关于认真学习宣传贯彻修订的〈中华人民共和国刑法〉的通知》（法发〔1997〕3号）第五条“修订的刑法实施后，对已明令废止的全国人大常委会有关决定和补充规定，最高人民法院原作出的有关司法解释不再适用，但是如果修订的刑法有关条文实质内容没有变化的，人民法院在刑事审判工作中，在没有新的司法解释前，可参照执行。其他对于与修订的刑法规定相抵触的司法解释，不再适用”的规定，应当根据现行刑法第二百零五条关于虚开增值税专用发票罪的规定，合理选择该解释中可以继续参照适用的条文。其中，该解释中关于“进行了实际经营活动，但让他人为自己代开增值税专用发票”也属于虚开的规定，与虚开增值税专用发票罪的规定不符，不应继续适用；如继续适用该解释的上述规定，则对于挂靠代开案件也要以犯罪论处，显然有失妥当。

（3）《刑事审判参考》曾刊登“芦才兴虚开抵扣税款发票案”。该案例提出，虚开可以用于抵扣税款的发票冲减营业额偷逃税款的行为。主观上明知所虚开的运输发票均不用于抵扣税款，客观上使用虚开发票冲减营业额的方法偷逃应纳税款，其行为不符合虚开用于抵扣税款发票罪的构成要件，属于偷税行为。2001年福建高院请示的泉州市松苑绵涤实业有限公司等虚开增值税专用发票案，被告单位不以抵扣税款为目的，而是为了显示公司实力以达到在与外商谈判中处于有利地位的目的而虚开增值税发票。我院答复认为该公司的行为不构成犯罪。

以上意见供参考。

最高人民法院研究室

二〇一五年六月十一日

## 24.《最高人民检察院关于充分发挥检察职能服务保障“六稳”“六保”的意见》相关条款

6.依法维护有利于对外开放的法治化营商环境。充分认识“稳外贸”“稳外资”“稳投资”对稳定宏观经济、扩大对外开放的重大意义，有效维护相关领域的市场秩序。一是围绕自贸试验区、海南自由贸易港、粤港澳大湾区建设等重大战略，依法惩治侵害外国投资者和外商投资企业合法权益，以及扰乱投资秩序、妨害项目推进的各类犯罪，保障外商投资法顺利施行，营造安全、透明的投资环境。二是聚焦当前对外贸易、外商投资领域的新形势，依法惩治利用外贸合同诈骗，虚开出口退税、抵扣税款发票，骗取出口退税以及对外贸易经营活动中的走私、逃汇骗汇等犯罪，促进稳住外贸基本盘，保障外贸产业链、供应链、资金流畅通运转。三是依法慎重处理企业涉税案件。注意把握一般涉税违法行为与以骗取国家税款为目的的涉税犯罪的界限，对于有实际生产经营活动的企业为虚增业绩、融资、贷款等非骗税目的且没有造成税款损失的虚开增值税专用发票行为，不以虚开增值税专用发票罪定性处理，依法作出不起诉决定的，移送税务机关给予行政处罚。